從王權、專制到民主

西方民主思想的開展及其問題

蔡英文◎著

目次

第二篇　人民主權與憲政民主

自序

　　本書匯集了我十多年來研究西方政治思想的習作，其中有些已以單篇論文發表於國內的期刊雜誌，有些則是為此書的出版而寫；但為了使整本著作有一連貫性的論述，對於已經出版的論文也做了許多的調整與修改。從威權轉向民主的過程中生活過來的世代總會關心民主轉型的問題，我也不例外。是故，以《從王權、專制到民主：西方民主思想的開展及其問題》作為本書的標題，這也表示個人長期探討這個問題所得的一些成果。台灣的民主轉型才經歷十四年的光景，這段期間的民主體驗宛如嬰兒學步，搖搖晃晃、東倒西歪、問題叢生、危機四伏，悲觀論者難免心生國家頹喪衰敗的焦慮。但歐美國家自18世紀末的民主革命以來，歷經二百多年的衝突鬥爭，甚至自我毀滅才走向了現在的自由憲政的民主。即使如此，這個民主政體在當前資本主義全球化的處境中，亦顯現重重危機。我對西方民主的開展所做的政治思想史的探討或許有助於我們了解當前所處的民主險境。

　　本書得以出版首先感謝聯經出版公司發行人林載爵先生的支持，也感謝兩位匿名審查人善意且中肯的評論。我個人在學界的生涯備受許多師長與朋友的鼓勵與提攜。在此特別感謝中央研究院人文社會科學研究中心的同仁，以及《政治與社會哲學評論》雜誌與Societas學術社群的朋友情誼。最後，撰寫本書各篇論文

期間，得到科技部（前國科會）研究計劃的挹注，任教於成功大學的李國維先生幫我潤飾文字及編輯本書，助理黃惠泠小姐幫我打印各篇章，在此一併致謝。

在準備本書的出版期間，父親蔡瑞桐先生與母親李秀蘭女士相繼過世，雙親在台灣經濟尚未起飛之前，拉拔我與弟妹成長，含辛茹苦，衷心感謝的是雙親建立了一個充滿溫暖與歡笑的家庭，並且放任我與弟妹隨自己興趣發展成長。現書已出版，謹以此書感念他們。

蔡英文　識於

南港，中央研究院人文社會科學研究中心

2015 年 1 月 12 日

第一章

導論

　　在台灣民主化的過程中，公民享有先前沒有的政治自由，但陷入了民主所承諾的良好生活與現實的落差、政府治理的失能與社會經濟進展的期望、道德的標榜與政治的腐化、社會正義的籲求與社會貧富差距的糾結纏繞，姑且不論台灣的主權不完整所帶來的困境。置身這種處境，台灣民主是否能穩健發展，而不至於走向「民主的自我毀滅」的途徑，遂成為關切的問題。

　　資歷尚淺的台灣民主尚未累積豐富的實踐經驗與理論解釋，致使無法形成「民主的傳承」（inheritance of democracy），藉之得以緩解民主的困境。民主的理念來自西方，在了解民主的意義上，我們有必要走進西方的經驗世界，探究其民主的傳承。自 19 世紀現代民主理論形成以來，有關民主的論述推陳出新。面對浩瀚無窮的論著，任何人皓首窮經皆不可盡。是故本書不能說全面性地闡釋了民主的政治思想史，更不能說有系統地建立了民主的理論。

　　現代民主源出 18 世紀的美法兩國的民主革命；透過暴力與戰爭，這兩個國家以「人民主權」為意識型態，推翻了「舊政制」

及其等級身分的社會結構，制定了以人權與公民權為公法的憲法，設立分權的政府組織以及選舉的代表制，據此形塑了現代的「代議式民主」（或謂「自由憲政民主」）的架構。但民主並非一蹴可幾，也非畢其功於一役，經由19世紀以來的勞工與婦女的抗爭運動，直至20世紀上半葉，民主才發展出不分性別與資產資格的「普選制」而走進所謂的「群眾民主」（mass democracy），其間遭遇極權主義與法西斯政權的頓挫，直到1990年代，民主才普遍地被承認為具有正當性的體制，是構成良好政府的基本條件。

　　現代民主（不論你稱為民主體制或民主體系）在歐美的發展經歷百年，相較於先前人類生活過來的君主專制（monarchy）與帝國的政治體制，其時間委實短暫。就此而言，民主尚且處在動態的發展當中，而沒有所謂「歷史的終點」（如福山所言）。現代民主藉由人為的力量或甚至暴力，裁斷歷史的延續性，顛覆舊有的體制，就這一點來說，民主代表一種歷史的斷裂。另一方面，從民主化的過程中，我們亦可發現民主永遠不會滿足既成的事物，甚至它自己建構的制度；它既是自我批判，也向未來開放，但民主的這種傾向使它在過程中處處是險境，在特殊的境況中，會走向民主自我否定的途徑。舉兩個例子，法國革命在1792年到1794年之間，革命分子羅伯斯比為防禦新建立的民主以免遭到內外敵人的攻擊，以及鞏固民主秩序，而訴諸反民主的恐怖統治。同樣地，德國在1918年從君主專制走向了所謂威瑪的民主共和，這個新建立的民主共和處於政黨林立、相互鬥爭而無法形成一穩定的秩序，加上1930年代的全球經濟危機以及一戰的戰爭賠償，將這個新起的民主共和推向危機的境況，在其中醞釀納粹政黨的興起，這個政黨以合法的民主程序掌握了政權。但它以反民主的種族主義為意識型態，並且藉由全面控制的手段，解決了民主的

危機，但也埋葬了這個民主共和。法國當代「解構論」的哲學家
德希達（Jacques Derrida, 1930-2004）在他的《非法亂紀的國家：
理性二論》（*Rogues: Two Essays on Reason*）的〈論強權的理性〉
中，用「自體免疫」（auto-immunity）作為譬喻來闡釋民主內在
的自毀傾向。若不論他如何說明民主內蘊的無可化解的弔詭
（aporias，或譯為「死胡同」），德希達以此概念指出民主的「非
確定性」（indetermination）與開放性，這種特性讓民主得以保持
其自由與平等的動態擴展，但民主也因這種特性使它遭受內生的
反對者或甚至政敵的強勁攻擊。面臨這種危機處境，民主如同生
物有機體一樣必須以自己的抗體來對抗這些危機，以防禦自身。
但在某種情況下，免疫的抗體在對抗外來的病毒之時，亦可能反
向攻擊自身，而造成免疫系統的崩潰，這就形成所謂「自體免
疫」的自殺（Derrida, 2005: 45）。

　　然而，這種民主動態的發展也伴隨著另一種追求穩定性的趨
勢。在推翻舊政制之後，民主革命面臨的難題即是如何在廢墟之
中重建新的國家體制以及社會秩序。新國家體制的建構必須有其
典章憲政，以確立國家治理的公共權威，以及組織政府，建立
「權力的布置或機制」（the apparatus of power），並賦予人民享有
基本權利的公民身分（citizenship）。民主的動態必須有其憲政的
規約。

　　本書即以民主的動態與憲政制度這兩個面向，闡述歐洲如何
從王權專制走向自由民主的理念。民主是一古老的名詞，它源自
古希臘雅典城邦在西元前第6與第5世紀的政治實踐，其意涵表
示人民（demo）的力量、作為與自治。作為一種體制（regime），
它意指人民以自由與平等的身分共同參與，以及審議與決斷公共

事務，並形成憲法（constitution）、組織政府，安排制度（如從公民大會以至法庭等），這種民主體制的形成，就如德國歷史家邁爾（Christian Meier）所稱，乃是史無前例，為古希臘人所獨創（Meier, 1990）。古雅典的民主城邦在西元前第5世紀末因伯羅奔尼薩戰爭（Pelonnesian Wars, 431-404B.C.）逐漸走向衰微，至331B.C.為馬基頓的菲利浦（Philip of Macedon）所征服。在這一段期間，羅馬共和逐漸興起。羅馬共和創建於509B.C.，歷經由三次的「布匿克戰役」（Punic War, 264-146B.C.），征服迦太基（Carthage），而成為支配地中海地區的霸權。羅馬共和亦如古雅典民主是一自由城邦，但其體制的構成是以人民權力為基礎，而以貴族所形成的元老院為治理的權威。同時，由於羅馬法頒布，羅馬共和比古雅典民主更注重公民的法律人格及其權益。在本書的第二章中，我對這兩個政體的差異，做了扼要的說明，以此為背景，闡述亞里斯多德與西塞羅的政治共同體（或謂公民社會）的理論。他們的政治理念一般被稱為古典的共和思想，其論證的主軸在於解釋共同體的構成乃以人民（與公民）共享的公共性的「福祉」（happiness或goodness，或謂「共善」）為基礎，此「共善」既是物質性的（如財富、資產，或者滿足個人生存的必需品）也是非物質性的（如和平、安全、正義公理等倫理上的要求）。以此共同體之構成為起點，他們進一步說明憲法及其政府的組織與公民的身分與權益和德行。

　　不論古雅典或古羅馬的政治共同體，它們皆具有民主的特性，如古雅典的自由與平等的公民的身分，以及公民參與公共事務的責任，古羅馬共和的「權力在民」的理念。可是在亞里斯多德與西塞羅所表現出的共和思想中，卻隱含一種對民主的懷疑論調。亞里斯多德強調良好的憲法及其政府的治理是以自由與平等

的公民為本，而且公民的集體的審議和決斷是構成良治之政府的基礎，換言之，良好的憲法與政府顯現民主的特性。儘管如此，他指出民主政體既然是下階層的「人民」（如農民、工匠與商人）的多數掌握了最高權力，以及支配了「權力的機關」（如人民大會、法庭與最高法院），這個「人民」的多數很容易走向極端的政治。在「煽動者」（demagogue）聳動的言詞的刺激下，「人民」多數會不分青紅皂白地抨擊既定的體制、對抗權威、拉平一切價值，而走向「混淆一切的平等主義」（indiscriminative equalitarianism），「人民」的多數遂集體喪失了識別與分辨價值高下的能力，因此對於一切優越秀異的事物，常常表現怨憎的情緒。在凡事皆被允許的激情的鼓勵下，「人民」多數變得自我放縱，不思節制，繼而造成民主秩序的動盪不安。亞里斯多德所批判的民主政治是否有其歷史的真實性？對於這個問題，當前的專研古希臘史的學者亦多有懷疑，認為亞里斯多德因其貴族階級出身，扭曲了當時古雅典民主的實情。姑且不論此評論，我們可以說亞里斯多德一方面肯定如前所述的民主的價值，但亦基於政治規範的考量，反思批判民主可能走向「腐化變態」（pathology）的境況。從西方政治的思想史的角度觀之，這種對民主政體既肯定又批判的兩難（ambivalence）構成西方政治思想的趨向。

　　銜接第二章的論述，本書在第三章先闡釋奧古斯丁（St. Augustine, 350-430）對於古典共和的政治理念所提出的神學的批判。人的原罪、救贖、上帝的「恩賜」（grace）與「旨意」（providence）以及基督教的德行（即：信仰、希望與普世之愛）等，乃構成他神學的主要觀念。基於人的原罪與墮落的觀點，奧古斯丁批判古典的人本中心的政治理念。他指出凡相信人可憑藉一己之力在塵世中實現圓滿自足之生活，以及創立良好的憲政體

制者，皆出自於傲慢自大（hubris）。這種傲慢自大使人們無法透視其美德是建立在凌駕他人之上而來的自我炫耀，如古羅馬人所標榜的「貴族性的美德」（如勇敢、剛毅）基本上乃是建立在征戰與殺戮之上。這種傲慢自大也使人們無法正視他們在建國創制之時雙手沾滿了鮮血，如古羅馬的共和的創制是由兄弟相殘而來，帝國的建制亦從內戰而立。從這種激進的神學的批判而來的觀念即是：人生存在這個充滿殘缺的塵世中，只能想像自己宛如旅人過客，企求從這個充塞不義、血腥的塵世中，求得救贖與解放。換言之，只能以對上帝堅定的信仰，期望其恩賜，因此，圓滿的福祉不在此世，而在彼世；以奧古斯丁的話來說，人的一生猶如往上帝之城朝聖的旅程。奧古斯丁的這種神學一方面成為日後政治激進論的思想資源；另一方面也使人「從政治的征服與物質世界，轉向個人內在生活的培育、修養」（Minogue, 1995: 33）。

　　古羅馬共和在27B.C.，因屋大維的稱帝（*princept*或謂「大統領」）而轉向帝國，自此之後，歐洲長期延續「王權專制」（monarchy，或譯「君主之治」）與帝國的體制，直到18世紀末的革命；也在此時，對於民主體制有正面肯定的理論在托克維爾（Alexis de Tocqueville, 1805-1859）的《美國的民主》（*Demcracy in American*, 1835〔上冊〕、1840〔下冊〕）才啟其端緒。本書在第四章闡釋了自古羅馬帝國以降，經過中古封建時代以至17世紀，歐洲政治思想針對專制與民主的課題所表達的觀念。

　　在屋大維執政時，偉大詩人維吉爾（Virgil, 70-19B.C.）創作了史詩《亞涅德》（*Aeneid*）歌頌屋大維帶來了「羅馬和平」（Pax Romana），並且追溯羅馬人乃是特洛伊（Troy）貴族亞涅德的後裔。這種敘事創造了羅馬「創制的神話」（founding myth）。

維吉爾的理念也成為文藝復興初期偉大詩人但丁在《論世界帝國》（*Monachia*, 1311年出版）伸張帝國（即：神聖羅馬帝國）統治之正當性的論證資源。然而為帝國的皇權帝制確立其統治正當性論證者，乃是斯多葛學派的哲學家塞尼嘉（Seneca, 4B.C.-65A.D.），其論證的特色在於運用人身作為譬喻來闡釋皇權在政治社會秩序中所居的樞紐地位，而形成了「政治體」（body politic）的概念語言，他亦勸誡帝王能行仁義、守法律，嘗試以道德倫理來規範政治權力。這種理念也構成文藝復興時期的「明君寶鑑」（the mirror of prince）著作類型的基本內涵。

　　古羅馬帝國在西元第4世紀崩潰瓦解，歐洲自此走向中古封建的時代（400-1500），在其間，歐洲的政治體制大致來說，是以君主專制（monarchy）與帝國為主軸。這兩個體制治理之良窳，基本上，乃依賴君主與皇帝的作為與品格是否明智與幹練，是否有美德而定，是故顯現出強烈的人治色彩的理念。這種政治思維貫穿中古歐洲的政治理論，即使到文藝復興時代的但丁的《論世界帝國》與馬基維利的《君王論》（*The Prince*, 1513）依舊以君主的領導與統治為政治思辨的重心——儘管共和民主的理念亦是馬基維利的政治理論的重要面向。這種以君主之人治為導向的政治思維至17世紀而有明確的轉變。這種轉變的關鍵在於，從君主人治的道德規範性論述轉向國家之制度性主權的正當性論證。首開此論證途徑者乃是英國偉大的政治哲學家霍布斯（Thomas Hobbes, 1588-1679）。儘管他擁護君主專制體制，認為這種體制最有能力維繫政治與社會秩序，但他在《利維坦》（*Leviathan*, 1651）中，不再討論君主的才幹與品德，而是闡釋國家主權及其制度性安排的根源，並論證其統治之正當性的理由。霍布斯依循傳統的「政治體」的譬喻，認為主權猶如人身體中的

靈魂，它給予人身生命與動力，喪失了它，身體就死亡。主權乃
是人透過約定的信任，是來自於眾民所賦與的權威，其目的在於
調節與解決人群的糾紛與衝突，以及維護人民的財產與人身的安
全，並且保障和平。主權者能發此治理的功能，其所憑藉的，即
是法治與軍事的威勢。

　　沿順霍布斯的主權理論的論證脈絡，本書的第五章進一步闡
釋史賓諾莎（Spinoza, 1632-1677）與盧梭（Jean-Jacque Rousseau,
1712-1778）如何透過社會契約論的論證，重新詮釋主權的意義。
霍布斯的社會契約論內蘊循環論證（即論證所得結論是論證的前
提），也顯現民主與絕對性之主權的治理兩者之間的矛盾。史賓
諾莎與盧梭如何克服這問題乃構成本章解釋的主要課題。針對霍
布斯的問題，史賓諾莎肯定人的自由與平等的結社即構成民主的
社群，他認為民主的結社是最自然的社群，因為這種自由與平等
的結社才有可能形成集體審議與決斷公共事務，以及防衛共同體
的和平與安全。在此，史賓諾莎承認霍布斯式的個人主義倫理，
也接受其社約論所論的個人自然權力與權利（或謂「自然權能」）
的讓渡，但不同的是，史賓諾莎的讓渡不是眾民經過立約的程
序，讓渡其自然權利與權力給一個超越立約關係之上的主權者
（這個主權者可以是單一個體，也可以是一個少數人的集會），而
是每一個人把他各自擁有的自然權能轉讓給整個共同體，這個共
同體的權能即是民主。這種轉讓不是消極性地結束如霍布斯式的
「自然狀態」的無政府情境，而是積極地形塑更為強大有力的共
同體。以這個民主的共同權利與權力，才能進一步論及憲法以及
制度的安排。
　　盧梭在某種程度上，乃承襲了史賓諾莎的社會契約論的基本

觀點，即：立約的轉讓是將個人的權利轉讓給「整個共同體」。
這種讓渡對所有人的條件而言都是均等的，既是如此，立約者就
無意使自己成為其他人的負擔，也不需要有一個主權者作為他們
的主人，因為每一個人都是契約的創作者，故而都具有主權者的
地位。依這種立約關係為基礎，盧梭形塑了「普遍意志」（或謂
「全意志」）的理念，由此意志所形成的共同體則具有公共性的道
德，也體現集體性的審議與判斷。當這個意志一旦經由宣示，就
成為一種主權行為，並構成法律，這即是人民主權的觀念。在
此，盧梭否定主權者乃是眾民立約所賦予權力與權威，是人民的
代表。盧梭強調人民主權是不能被代表的，人民作為主權者必須
在公共領域展現其主權。凡人民所指派的政府官員都不是人民的
「代表」，而只是他們的「辦事員」（deputies）。

　　如上所言，現代民主即經由18世紀末的兩次革命（1776年
的美國獨立的革命與1789年的法國民主革命）啟其端緒。對於這
兩次革命，我並沒有具體說明其發生的歷史條件，而是在第六章
中闡述當代三位重要政治思想家：鄂蘭（Hannah Arendt, 1906-
1975）、施密特（Carl Schmitt, 1888-1985）與列弗（Claud Lefort,
1924-2010）對革命意義所做的理論解釋。在此，先扼要地闡明他
們所表達的民主革命的問題，這些問題也構成自19世紀以至於今
日「民主化」過程恆定的問題。
　　民主革命的行動與創制建國乃訴求「人民主權」（或謂「人
民整體的主權意志」）作為論證其正當性的依據。相對於「舊政
制」的君主主權，民主的人民主權則顯得含混與空洞。含混是因
為它被擠壓於「部分」與「整體」之間的矛盾，空洞是因為人民
整體沒有眉目形狀可辨認。是故，如果承擔主權的人必須對其言

行負責，那麼，人民作為一個整體如何要求它負起作為主權者的責任？人民的主權就此而論是無法援引任何恆定的原則以證成其正當性的，它只能證成自身，但這種證成卻是自我循環，而且永遠深陷人民相互的矛盾。若把這種矛盾視為辯證關係，那麼這種辯證將呈現一種開放性的動態，民主遂不可能以人民整體的共同命運或者民族的構成，作為最後目的。

　　在民主革命創制之初，不論美國的建國之父或法國的革命分子，都面臨民主的建制是否可以依循古典的民主模型的困擾——其構成要素包括公民集體參與公共事物，以及透過抽籤或推舉的程序，輪流擔任執政官——針對這個問題，他們除了考慮這種「純粹民主」不適合現代國家的規模與經濟社會的勞力分工之外，他們還認為純粹民主容易帶來派系的鬥爭，以及多數壓迫少數……等造成社會動亂的因素。基於這些考慮，民主革命的建制遂以代表制的民主（即間接民主）取代古典的參與式民主（即直接民主）。就如美國革命的建國之父麥迪遜（James Madison, 1751-1836）在《聯邦黨人文集》（*Federalist Papers*）第63號文章中所言，美國政府的真實特性在於不讓人民集體的能力能夠分享政府；它是不折不扣的共和制。在第10號文章中，他明確地區分民主與共和制的不同，前者指古希臘的「純粹民主」，後者是以選舉的代表制為綱領的民主，1788年時漢彌爾頓（Alexander Hamilton, 1755-1804）將此「民主共和」稱之為「代表制民主」（a representative democracy）（Wood, 1992: 98）。在法國革命期間，「制憲議會」（National Assembly）的政治思想家西耶爾（Abbe Sieyes, 1748-1836）亦提出代表制的民主理念，其主要理由是：在現代商業化的分工體制中，每一個人必須從事職業工作，以維持生計，而不容許他有閒暇參與公共事務，因此政治事務必須經由

民選的政治代表來承擔。民主革命的建制啟示了人民以自由與平
等的身分參與政治的理念，制定了保障公民權的憲法，組織了權
力分立與制衡的政府，確立了民選的代表制作為體現人民立意的
機制，伸張國家與政府的建立乃以人民主權為其正當性的論據。
民主是一種承諾，給予人民自由、平等以及生命與財產的保障。

　　美法兩國的民主革命雖有其不足與脆弱（如前者的「黑奴
制」及其引發的國家認同的分裂，後者則以拿破崙的稱帝與菲利
普二世的波旁王朝的復辟為終結），但民主的理念與實踐在革命
之後的19世紀，則形成一股沛然莫之能禦的勢力，支配歐美的歷
史進程，如法國政治思想家托克維爾（Alexis de Tocqueville,
1805-1859）所言，「偉大的民主革命正在我們之中進行著……它
是普遍性的，是牢固不可破，它日復一日逃離了人為的干涉；每
一件事件，就如同每一個人一樣推促它的發展。」（Tocqueville,
2000: Vol. 1.1）但是，歷史的趨勢儘管強而有力，但它並不是單
向的。針對民主革命的遺產（特別是代表制的民主政體）的解釋
形成了「保守主義」、「自由主義」、「社會主義」與「馬克思主
義」，以及反民主的「反動主義」等意識型態。我並沒有直接闡
釋這些意識型態的爭論，而是在第七章中，闡述艾德蒙‧柏克
（Edmund Burk, 1729-1797）的保守主義與龔斯當（Benjamin
Constant, 1767-1830）的自由憲政的理論。柏克在1790年出版的
《法國革命的反思》中，嚴厲批判法國革命的瘋狂暴虐，指責法
國革命分子推翻了皇室貴族所孕育的禮儀文雅的社會，帶來了粗
鄙、紛亂的無政府狀態。在反思批判法國革命帶來政治與社會災
難之同時，柏克也批判法國啟蒙思想運動所揭示的理性主義的建
構論的政治原則，及其反傳統主義的思想趨向。在這種批判論的

脈絡中，柏克強調政治改革必須兼顧歷史延續的脈絡性。在政治思想始終的脈絡中，他也改變了先前社會契約論的論述型態，而賦予市民社會之解釋的肌理；在民主激進的作風中，他肯定穩健適度的實踐與具寬容氣量的教養，以及務實但具批判性的政治判斷。柏克雖被稱為現代保守主義的思想先驅，但他的保守主義並非反動式的保守主義，而是在民主革命狂飆的時代，他倡導足以牽制民主激進的原則。在革命之後的處境中，龔斯當關切的問題是，當廣大人民因革命而取得自由時，為什麼新取得的自由反而讓他們陷入桎梏？在舊政制中，人民受專擅之暴君所奴役，但在革命之後，人民集體取代君主，成為主權者，卻成為支配個體的奴役主。龔斯當的政治思維一方面批判君主制的原則與任何暴君與僭主的支配統治，另一方面也批判以盧梭的人民主權為基礎的共和民主的理論。從這種批判論中，龔斯當發展出自由主義的基本原則，凡一切權力都必須受約束，並從這種批判論中，發展出「現代性的自由理念」（據艾薩・柏林〔Isiah Berlin, 1909-2007〕的解釋，即消極性的自由概念）與自由憲政的理念。龔斯當的「現代性的自由理念」強調共和國的公民不必要如古典共和思想所設想的，承擔參與公共（或政治）事務的責任，反而有權利可以從政治參與中撤退，而關切自己個人的生活，以及個人所選擇的有價值的事物。在這個論點上，龔斯當亦了解這種「消極自由」的保障必須透過「積極性之自由」（以龔斯當的用語，「政治自由」）的實踐方得以有所成——只是這種政治自由的實踐必須受到某些道德倫理所規範（如公義、理性、自我節制、尊重公共秩序、不妨害他人的自由，不以多數壓迫少數人的意見等）。在闡釋革命之後的自由憲政的理想上，龔斯當肯定人權與公民權的保障乃是公法的基本原則，是構成國家統治之正當性的依據；他

也接受孟德斯鳩的三權分立的制衡原則。但他指出：憲法不只是憲章條文的書寫（如他所說，任何人都可以在書齋中草擬完美的憲法），它的落實必有待公民的良好素質以及自由的政治文化。除此之外，他也洞察三權分立的政府組織容易走向權力彼此之間的相互杯葛與鬥爭（特別是行政部門與立法部門），為救濟這種民主政府的困境，龔斯當嘗試援引「君主制」的原則，以求緩解之道。這個原則的要義在於君主作為國家的主權者乃居於最高權位，「當政但不統治」（reign but not rule），其功能僅在於仲裁內政與外交政策的分歧意見，調和衝突；他是一位中立的「第三者」，以及是憲法的守護者，這種理念是日後自由主義的「中立性國家」理念的濫觴。

　　民主革命之後，「自由憲政民主」（liberal democracy）（或謂「代議式民主」）乃構成民主之政治的主要模式。但這種型態的民主在其實踐過程中充滿爭議：首先，民主既然以「人民整體的主權意志」作為正當性的論據，那麼，這個整體意志如何可以轉讓給所謂人民的代表，就如上所論盧梭的「人民主權」理論揭示：人民主權不能被代表，他們只能在場。其弔詭在於：如果人民的主權的代表能充分體現這個整體的意志，那麼代表就成為多餘；如果代表只能體現整體中部分人民的意志，那麼民主內在就不斷出現黨派與派系的衝突。其次，代議式民主在19世紀的發展中攝入了自由主義的理念，自由主義強調尊重個人自由，也肯定法治的程序性正義，藉以約束任何權力（不論國家或人民之權力），但自由主義的這些基本理念是跟民主所講求的人民的直接政治參與與自治自決是對立的。就此而論，代議式民主內含了矛盾的理念。
　　本書在第八章闡述了施密特在1930年代對代議式民主（或他

所謂的「議會法治國」）的批判，藉此討論這個民主型態的問題。沿順這個解釋脈絡，第九章中則分析施密特的政治代表性的概念，並跟鄂蘭與列弗所提出的概念做比較。

施密特與鄂蘭基於不同的政治關懷，批判了「代議民主制」，也思考如何救濟此制度的偏頗與無能。由於兩人的關切及立論的依據不同，其提出的救濟方案亦相差異。

施密特關切威瑪共和的「議會立法國」體制因多黨的紛爭利益的傾軋，以及執政階層的無能而造成的政治社會的分崩離析，為了救濟這個瀕於解體的共和，施密特走向了一個激進的思想途徑。基本上，施密特診斷了議會民主及其自由主義的意識型態在面對「群眾民主」的挑戰時神經衰弱、軟弱無能。為此，他強調自由主義者應擺脫對民主的懷疑與恐懼，而正視民主與代表制即是整個政治共同體的統一性的建構，具體來說，這一個統一性在於統治者與被統治者、主權者與居民、國家權威的主體與客體、人民與他們的議會代表、國家與現實的投票人口、國家與法律，以及數量與質性（如法的公正性）的同一。以同樣的論理途徑，施密特亦論證「代表的統一性」在於民族作為整體人民，才能被代表；既然是國家統一的政治形式，它跟民主一樣，是絕對性的，不容許分割。在此，施密特承襲了盧梭的觀點，一方面區分了代表與「代理」（deputies，如一般所稱的議會的代表）的不同，也改造了霍布斯的「主權者作為國家人格的代表」的觀念，另一方面則轉向民族作為人民之代表的觀念。就此論證，我們大致可說，施密特建立起民主與民族同一性的關聯。但這個同一性必須依賴主權者在例外狀態時所做的敵與友的政治決斷。施密特在威瑪共和危機處理的處境中，力圖建立穩定的具體的政治秩序，其終極目標即在於塑造民主與民族同一性，而完成此目標的

途徑則在強勢的主權者的政治決斷力。

　　相對而言，鄂蘭在思考如何解除代議民主的腐敗病徵上，則是走向另一種激進民主的思維。她既然力圖解構西方自布丹、霍布斯以來的絕對性主權以及「唯意志論」的政治思想傳承，因而鄂蘭的民主論述就容不下國家的建制，或者任何制度性的思維。儘管她承認革命的立憲與制度的安排也是構成革命實踐的環節之一，但她的民主論述只偏向人民實踐的層面。她肯定個人與人結社的實踐行動，以及人透過互為主體的言論的溝通，形成輿論，並相互結社參與公共事務，而得以體現公共精神，以及追求「公共的福祉」。如此，個人與集體才能開展出可見的「自由的空間」（或者說，個人與集體得以顯現的空間）以及實現人彼此互為行動者之同儕身分的平等價值。政治不是如施密特所倡議的主權者於例外狀態時的敵與友的決斷，而是人民透過個人實踐卓越的言行，以及形成多樣性的結社，參與公共事務。她為補救「代議民主制」因缺乏人民直接的政治參與所導致的公共精神的喪失，提出了「協議體系」（council system）或者以傑佛遜的用語，即「初級共和」（elementary republic）的方案，這個方案是以直接民主的理念為其根據。但鄂蘭也承認，即使連「鄉里協議」的組織也不能不由推舉的代表來表達共同的意見，只是這類的代表是經由協議結社中的人民共同審議而選任的。

　　列弗一方面承襲這兩位政治思想家互不相容的民主思維，一方面也重新闡釋現代民主的意義。基本上，他維護並辯解自由民主（liberal democracy）的正當性，就這一點來說，他跟施密特與鄂蘭的民主思維有很大的不同。列弗強調，民主不能只被視為一種政府的形式而已，而必須被視為一種「政體」（regime）。一個政體的構成（shaping，或以法文表示即：mise en forme）有二個

層次：一是意義的產生（giving meaning，以法文表示即：mise en séns），以及意義的分享；另一則是「公共性的代表或再現」（staging，以法文表示，即：mise en scéne），換句話說，一個體制必要運用各種符號或象徵（符號與象徵，以及觀念與原則）以達成「近似自身的代表或再現」（qusai-representation）。民主之所以構成一個體制，是有其權力的結構與關係，其最高的權力，或者說「民主的主權」（democratic sovereignty）必須藉由象徵、符號（或涉及民主的觀念或原則，如人民主權、民族）在公共領域中再現自身，或者說具代表性格，而得以被目睹、命名與解讀，也就是說，可以被「問責」（accountability）。在這裡，列弗所提的權力必須是「代表的」（representation），這個「代表」的觀念蘊含施密特式的政治神學的論證，亦即讓不可見的、不在場的存在得以再現，如同中古世紀上帝及其權威作為一種不可見的存在而再現於專制君王的權位及權力，君王代表了上帝的權威，據此而取得其權力的正當性。18世紀末的革命推翻了君王制，也消解了論證君王權力之正當性的原則，取而代之的是一種新的統一性的意象，它們無法成為一種具實質性內涵的觀念，而是一種象徵，是想像的，或甚至是一種「虛構」（fiction），它們的對立面是「實際的」（real），可實證的，以及可切實地被實現。換一個方式說，作為論證民主權力及其最高主權的觀念與原則都不可能具體地全然被實現，這些原則與觀念與它們的實現永遠有落差，之所以如此，是因為民主的權力是一種「虛位」。所謂民主權力及其主權的虛位性格不是表示權力的真空，或無政府狀態，而是指在民主政體中，任何權力無法被某個人、某個政黨永遠地占有，而是必須循經一種法治的秩序，透過激烈的競爭，而暫時性地據有這個權位；另一方面，民主社會不像封建社會有一個統

一體（或者說，少了一個以君主之權威為凝聚中心而形成的層級分明的社會體），因此這個社會必會呈現內在的分裂、分離與無窮的衝突。在民主體制中，任何人，任何團體，甚至民選的代表或領導者，都可以運用民主的觀念與原則來證成其政治實踐的正當性，但由於民主權力的虛位性以及民主社會內在的分裂性，沒有任何人或政黨、團體可以取得政治意識型態的霸權或領導權。民主的觀念或原則的解釋如同民主權力一樣，永遠有爭議、分歧以及相互的抗爭。除此之外，觀念與原則作為一種「象徵性的指意」與政治實踐的實際操作永遠有落差，而呈現民主之指標的不確定性。當列弗賦予民主權力以一種虛位性，把民主的觀念與原則視為一種「象徵性指意」時，他無異擺脫了如施密特與鄂蘭對民主各執兩端的實質性解釋，這反而讓民主政體因虛實之間，而有了更加寬廣的自由實踐空間，也因此更具有開創性的活力，就如列弗經由他對極權主義與法西斯政權的研究而得來的洞識：民主的不確定性讓民主充滿了險境，如約翰·鄧恩所言：「民主難得而易失」，但最大的險境在於，冀圖以一強大的政治勢力終結民主政體在其虛實之間必然永遠存在的落差。

　　儘管民主在當前已被視為一種普遍性的價值（如自由與平等的價值），其建制（如選舉制、議會制、三權分立與制衡的政府組織等）也被視為良好之政治的條件，但民主隨各個國家的政治與社會處境及其文化的差異，而有不同的型態。在本書第十章中，闡述了當代英國重要的政治社會理論家蓋爾勒（Ernest Gellner, 1925-1995）的市民社會與民族主義的理論，並根據這種闡述，說明民主在西方發展的過程中所依據的政治、社會、經濟與文化的脈絡，同時解釋民主與民族主義（或民族的同一性）彼此的關係。

　　蓋爾勒從現代性的轉變，解釋西歐藉由宗教改革與新教倫理，以及市場經濟與科學工業的發展，而得以突破傳統農業社會的「匱乏經濟」與神權政治，是故，經濟的成長與市場的勞動分工進而醞釀人的個體性倫理，促進多元獲價值與結社，這些乃構成市民社會的基本條件。依市民社會的形構，自由民主的理念才得以被實現。蓋爾勒也依此進路闡釋西歐的民族主義的形成，他論證的主題在於：西方現代國家從18世紀末葉開始，因應資本主義與工業化社會及其形成的所謂「高級文化」的需求，而從事統治機制的調整與變革。國家必須有能力在它統治的疆域內，促進經濟生長；另一方面，必須廣設教育、法律，或者訓練的機構，讓公民能夠滿足工業化社會的文化需求，這些需求，舉其重要的，諸如科學技術的理性、資訊的溝通媒介、數據化的規格、經濟之合理計算等。就此而言，民族主義意指現代國家因應資本主義與工業化社會的建制及其「高級文化」，試圖結合權力與同質性文化，而成為一種統治的正當性原則。民族主義就此解釋而言，和血緣、宗教、種族性，以及民族文化（volk culture）並沒有直接的關係。

　　從這種解釋的脈絡，我們了解在蓋爾勒的市民社會理論中，自由民主、市場經濟、多元價值及結社與民族主義，是相互依賴但彼此又對立緊張。現代國家必須以經濟發展、民族主義與自由民主作為其統治正當性的依據，但他也指出，現代市民社會中，過度的經濟個人主義、消費主義、社會階級的分化與對立、宗教的宗派主義；對一種非理性的、神祕的「巫術」的乞靈；以及因社會疏離而回歸傳統的、封閉的「共同體主義」；還有由於經濟生產的停滯而引偏激的民族主義……等，都足以摧毀市民社會與自由民主。

　　民主之構成的另一個條件即是「公共領域」的開展。「公共領域」的意象來自古雅典民主的「廣場」（agora），是公民集會、審議與決斷公共事務的場所。這意象表現出自由開放與言行展演（performance）的空間，相對於此空間的是「私人領域」（從個人內在心靈、人際之間的私密關係，以至家庭生活與家族關係）。這種古典的公共領域概念如何演變？公共領域如何跟自由民主有什麼關係？本書在第十一章中，闡述鄂蘭、哈伯瑪斯與查理・泰勒（Charles Taylor）等當代重要政治思想家的公共領域理論，以解釋這些問題。

　　民主預設公共領域的存在，這個公共領域不論是廣場，或者任何公共集會的場所，甚至現在的資訊網絡，作為公民表達其言論或抗議政府言行的場所，它既存在民主體制之內，受法律的保障與規約，但也可與這個體制脫鉤。在當前的資訊網路世界，它甚至可以跨越疆域的界線。若不論及公共領域之概念的歷史嬗遞，其理念型態即是：公民相互討論與結社，而且是大眾媒體貫穿其間的公共空間；人們所討論的是他們共同關注的課題；在進行這些討論或溝通時，參與者肯認「不偏私」的公共理性，並設定與遵守一定的程序；公共領域跟經濟、家庭生活及其親暱之關係、個人主體性及其內在心靈與感情，以及美感的享受與品味……等（即所謂的私人性事務）區分有別。公共領域的概念也蘊含規範性的考量；它既然是凝聚成輿論、公共心靈與集體判斷的場域，參與其中的公民必須能冷靜且理智的，願意傾聽他人的不同意見，不會以道德的多數壓迫少數；同時，大眾媒體作為公民意見傳播的機制必須是不偏黨派利益與意識型態的。但是，更重要的是公共與私人領域必須要有一界線。公與私是一組「成雙配對」（binary）的概念。公與私的界線雖然難明，但其分界之所以

有其必要，基本理由在於防範人的私領域的生活受到干擾，甚至
侵犯。就這一點來說，任何一位公民都應學習有哪些事物是可以
帶進公共領域討論，並且藉由此一討論，可以獲得某種程度的共
識，以及有哪些事物是必須隱匿於私人領域的。舉最明顯的例
子，個人的私密性生活與態度，甚至是宗教信仰，是無法經由公
共討論而有定論。因此，媒體揭露公共人物的隱私，對於公共議
題的討論而言，是毫無關係的，也了無意義。再者，任何一種公
共領域所能容受的爭議與衝突亦有其限度，有些爭議，如牽涉廣
泛但抽象的文化、民族的認同，或者憲政之根源的問題，不是經
由公共的討論而可以得到滿意的結論；在某些時刻，公共討論這
些問題，反而造成極端的對立，帶來無法化解的衝突，甚至暴力。

　　本書的最後二章探討民主的倫理與分配正義的問題，在第十
二章中，闡釋鄂蘭如何解釋納粹之極權的政治罪惡，以及思索公
民的政治責任的問題與寬恕的可能性。她的解釋雖然局限在戰後
德國的處境，但其問題意識可以是普遍性的，即是：一個從極權
統治解放而行民主制的國家，如何面對先前這個政府所犯下的諸
種政治罪惡？對於這罪惡，鄂蘭區分體制的罪惡（如納粹政權屠
殺六百萬的猶太人）與在體制中執行國家命令的公職人員（如鄂
蘭所討論的納粹黨衛軍的高級將領艾克曼〔Eichmann〕）所犯的
罪行；她稱前者的罪惡為「根本（或極端）之罪惡」（radical
evil）是美德無法寬恕、刑法無法懲治的罪惡，稱後者為「平庸
之惡」（banality of evil，或譯「罪惡之浮淺性」）。雖然這種概念
的區分引發爭議，但鄂蘭真正關切的是，從極權政體生活過來的
人民是否必須整體承擔這個政權的罪惡而有所謂「集體的罪惡」？
在極權政府任公職的文武高級官員為什麼會盲從國家「反人性」

的政治命令，對此種作為，我們該如何判定他們的罪行？面對犯下「種族屠殺」的罪行者，寬恕如何可能？針對這個複雜的問題，鄂蘭思辨集體與個人政治責任的區分，以及道德思慮與政治行動及其判斷的關係，並思辨針對罪行者寬恕的可能性。

　　在第十三章中，我討論二戰後福利國家如何實施「公平正義」的理念及其遭遇的困境。就民主國家的轉變而言，歐洲國家在1940年代因實施福利政策，落實分配正義，而轉向福利國家的型態。在探討西方民主的轉型上，這是一個重要的課題，在理論上，這也涉及「社會主義式民主」（social democracy）的可能性的問題。自民主革命後，自由與平等被視為是普遍價值，但在19世紀所形成的「自由民主制」承認公民皆具法律的平等地位，以及享有市民（civil）與政治權利，也強調「程序性」的法治正義的原則，但對於「分配正義」的理念卻持保留態度；這種態度也引發來自社會主義與馬克思主義的批判，而形成所謂左、右兩派意識型態的爭論。在該章中，我除了討論這個爭論之外，也闡明法國當代重要的政治思想家霍尚維隆（Pierre Rosanvallon, 1948-）如何對「分配正義」的福利措施鋪陳正當性的論證，並分析福利方案在實踐上面臨的各種困境。他論證福利國家的正當性在於整個共同體共同承擔未可知，但可評估的風險，而這種理念必須建立在整個共同體的成員彼此有相互虧欠或彼此負債的道德意識。然而福利國家雖具正當性，但其維繫必須依賴高度的經濟成長、高稅率以及政府有效的行政能力，一旦這些條件減弱，國家必須縮小福利措施的範圍，減輕個人福祉對國家的依賴。政府的福利措施必須「去中心化」而能由私部門分擔，簡言之，福利國家所具有的社會主義傾向必須受古典自由主義的調和，並強化民主社會的功能。

本書的十三篇文章有八篇發表於如下的期刊：

第二章與第三章源自〈古典共和之公民社會的理想與奧古斯丁的政治神學之解釋〉，登載於《台灣哲學研究》，第2期，1999年3月，頁71-107。

第四章源自〈政治領導與民主：一種政治觀念史的闡釋〉，登載於《政治與社會哲學評論》，第39期，2011年12月，頁1-57。

第五章源自〈現代政治之基礎及其正當性之依據：社會契約論蘊含的民主與自由主義的緊張〉，收錄於蔡英文、張福建主編，《現代性的政治反思》，台北：中研院人社中心，2007年6月，頁15-42。

第九章源自〈政治的代表性與自由民主體制：施密特、鄂蘭與勒弗論國家與人民的關係〉，登載於《政治與社會哲學評論》，第32期，2010年3月，頁1-64。

第十章源自〈市民社會與自由民主——蓋爾勒對歷史唯物論的挑戰〉，收錄於蔡英文、張福建主編，《自由主義》，台北：中央研究院中山人文社會科學研究所，2001年4月，頁105-141。

第十二章源自〈政治之罪惡與寬恕的可能性：以漢娜・鄂蘭的解釋為焦點〉，張福建編，《公民與政治行動：實證與規範之間的對話》，台北：中研院人社中心政治思想研究專題中心，2009年12月，頁1-40。

第十三章源自〈公平正義的實踐及其困境：比爾・霍尚維隆的福利國家理論〉，登載於《政治科學論叢》，第57期，2013年9月，頁1-34。

在此感謝出版上述論文的出版單位容許我修改這些論文並在本書中出版。

第一篇

民主思想的古典脈絡

第二章

古典共和思想中的公民政治共同體
——亞里斯多德與西塞羅的解釋

一、引言

　　古希臘城邦與羅馬共和雖有體制上的不同（前者是民主城邦，後者是貴族的共和）但在本質上乃是由公民所構成的政治共同體（*koinonia politike*）也可稱之為公民社會（*civilis* societies）[1]。如我們所熟悉的，亞里斯多德在闡釋此概念時，界定人的本質在於過政治的生活（*phusin zoon politikon*），並且區分 *polis*（城邦的公共生活）與 *oikos*（家業的管理），把政治視為「公共之善」（*res publica*）的具體落實，以及明確表述「公民之德」[2]。亞里斯多

---

[1]　參見蕭高彥，〈共同體的理念：一個思想史之考察〉，刊登於《台灣政治學刊》，第1期，1996，頁271-277。

[2]　參見J.G.A. Pocock，〈自古典時期以來的公民身分理想〉（"The Ideal of Citizenship Since Classical Times"），收錄於《公民身分之理論》（*Theorizing*

德的「政治共同體」概念，在古羅馬共和時期，因為「羅馬法」
的實踐而有了新的概念內涵。古羅馬共和思想雖然承襲亞里斯多
德的「公民的政治共同體」的理想，可是更強調法律的權威；同
時，公民身分之認定不只是在於公共事務之參與，更是指稱「法
律社會的成員」。這些成員（或所有的公民）享有法律賦予的權
利以及受法律的保護。簡言之，在亞里斯多德的「政治動物」
（*zoon politikon*）之概念上賦予更明確的法律人（*legalis homo*）的
意義（J.A. Pocock, 1992/1995: 36-37）。

　　如何較詳細地闡釋古典共和的公民政治共同體的概念的轉
變？針對這個問題，本章闡述西塞羅的公民社會（*civilis societatis*）
與共和國（*civitas* 或 *respublica*）的觀念，而說明古典共和之「政
治共同體」呈現人民的權益（*res populi*）與法治的含意。古典共
和的公民政治共同體理念是跟當時的民主城邦與貴族共和的實際
經驗有關，是故，在闡述他們的理念之前，簡要說明民主城邦與
貴族共和的特徵。

二、古雅典城邦的民主與古羅馬共和的貴族政體

　　古雅典城邦，經歷了索倫（Solon）在西元前594年，以及克
萊吉尼斯（Cleisthenes）在508年（或507年）的政治與社會改
革，而形成（或者說創造了）民主制。不論其歷史的機緣與這些
改革的方案，古雅典城邦的民主政體表現下列的特質：民主城邦
是由公民所構成的共同體，公民身分是有其限定（譬如婦女與外

Citizenship), ed. by Ronald Beiner. New York: State University of New York Press,
1995, pp. 29-52。中文部分見江宜樺：1995a及1995b。

邦人,奴隸皆不得成為公民)。公民皆有責任參與公共事務,以及擔任執政官。因此從法律的制定、司法的審查,城市的公共政策的審議與執行皆由公民承擔。這種民主的城邦,引用卡斯托利亞底斯(Corelius Castoriadis)的話,即是由公民集體構成的自我建制(the self-institution of the collectivity)。這種自我建制呈現動態性格,但這種動態乃受其憲法的主導,也由公民的知識與理念的傳播所支援與推促,就如雅典公民所言,法律既然由我們所制定,也可以由我們改變(Castoriadis, 1996: 122)。

古希臘創造出民主,其概念語詞乃結合「人民」(*demos*)與「治理」(*kratos*,也意指力量、智能、意志與作為)。就此而言,民主意指人民的作為、權力與治理。在古希臘的政治中,人民乃指特定疆域(如城邦)的居民,它與「貴族」(*aristori*,或謂「寡頭」)相對立。除此之外,人民也指實行民主的城邦的所有公民。在此,值得提示的是,民主的概念也跟其他兩個概念語詞相關,一是「表達言論的平等權利」(isegoria),另一則是「參與法律的制定與接受司法的平等權利」(isonomy),這兩個概念語詞的使用,乃先於民主的概念,它意指公民的平等地位(Vidal-Naquet, 1996: 109)。在民主政體中,所謂政治乃是指公民集體的參與、審議、判斷與行動,這一切作為的正當性不須援引超越性的論證(如上帝的權能或天意),也非來自一人或少數及獨制的權力(如君主制與寡頭制的權力),而是純粹由人民(公民)本身的作為。因此,如維多・拿奎德(Pierre Vidal-Naquet)所言,「民主之所以可能是因為政治是可能的,而政治就其定義而言,乃是所有公民的事務。」(*ibid.*: 111)

相對而言,古羅馬從西元前509年,當貴族推翻王制,至西元前27年屋大維稱帝,其間所形成的「共和制」並非如古雅典城

邦的民主制，而是「寡頭制」（oligarchic regime，或可譯為「貴族制」），主導政治的不是平民大眾，而是社會上有名望，且擁有龐大財富與扈從（clients）的家族。這些貴族掌握元老院作為他們治理平民大眾的重要機構，體現政治的權威（*autorita*）。儘管共和的平民大眾沒有資格參與公共或政治事務的權利，但貴族深知其權威必須來自人民的支持，他們的政治事功，榮耀必須贏取人民的讚許與信賴。因此，羅馬共和的政府，在理念上，乃是「權威在元老院，權力在民」（*senatus populusque Romanus*）。貴族與平民雖相互倚賴，但亦彼此衝突，甚至鬥爭。平民欲躋身於公民階層，進入元老院，必須透過顯赫的事功與財富的累積，以及由此得到社會的聲望。在西元前第4世紀公民經由所謂「社會等級的鬥爭」（struggle of the orders），取得抗衡執政權威的權利，而得以自組議會（plebeian assembly），以及自選其行政長官（tribunes）。就此，元老院的權威必須受到人民議會及監察官的制衡（Rosenstein, 1999: 374）。

　　然而，古羅馬共和並非民主制，其主要的因素在於政治權力與權威跟社會的名望與財富糾葛一起，無法如古雅典城邦一樣，形成一個獨立自主的公共空間，容許自由公民審議與決斷政治事務。共和雖有公共討論的場所（forum），但是羅馬人民不是透過政治參與的途徑，發揮其影響力，而是運用街頭抗議、騷動，甚至暴亂的方式表達政治的不滿。除此之外，羅馬共和的行政長官雖經由公民的選任，但他們不是人民的代表，因此，沒有責任實現人民的願望（Yakobson, 1999: 391）。共和體制因元老院的權威以及注重法治而得以維繫其穩定性，但由於掌握元老院的貴族來自社會的望族以及財富的累積，致使政治權力、權威的行使與社會的實力相結合，排除了人民的政治參與。除此之外，貴族內部

派系的傾軋、鬥爭造成元老院決策權的癱瘓，無法有效地因應內外的問題與危機。因元老院制度的失靈，解決內外的政治與軍事事務而只能循經制度外的途徑，決斷權最後則由軍事強人所掌控，在共和體制喪失其正當性的處境中，從貴族門第出身的軍事強人的干政，以及平民大眾的要求，將共和制推向皇權帝制（*principte*）。以上述的政治體系為背景，本章試著闡釋亞里斯多德與西塞羅的政治共同體理論。

三、亞里斯多德的公民政治共同體的理念

依照亞里斯多德的解釋，任何共同體（*koinõnia*）的形成必須預設其成員可以共享、溝通與參與的共同事務，以及共同的結合紐帶。就城邦的共同體而言，亞氏基於目的論與自然演化的觀點，闡釋它乃是從家庭、農村公社演化成的，最具廣延性（comprehensive）、自足性（*autarky*）的結社形式。另一方面，如果說任何結社皆是建立在「善」之目的的條件上，那麼，依照亞氏的觀點，城邦的政治共同體乃是人的「至善」的實現。

城邦的政治共同體既是一廣延性與自足性的結社型態，那麼，它必然包含各種自發自願結合的結社團體（如農業的、技術工藝的團體），這些結社團體，相對於城邦的政治共同體而言，是部分的，無法成就自足的條件。這種「整體與部分」的關係取決於一個社群之「善」的本質意義，譬如，大學作為一個追求知識之善的目的而形成的共同體，知識遂成為此共同體生活的「界線」（a limit），組成此共同體的「部分」（如校務的行政管理）成為達此目的之輔助性的設置。城邦政治共同體既然代表「最高善」的實現，那麼，這「至善」所指為何？

　　「善」，在個人與結社的層面上，指「良好的生活」與「人的卓越秀異」（human excellence）。從一普遍的意義來說，它可以意指人的實踐（praxis）與構成社群的倫理，如公道、正義，或者是友誼，當然，它亦包含實質性的福祉，如健康、利益與優厚的物質生活狀況等。亞氏在思考政治共同體的「至善」的意義時，著重於倫理之善的組合關係，其理由在於政治共同體既是一廣延的、整全與自足的社群，它的「至善」必須包容與超越其組成之「部分」的個別與特殊的「善」，而得以滿足此條件的「至善」就必須是倫理性的「善」。在這裡亞氏強調「正義」（不論是數學式的，或幾何學式的分配正義）乃是政治共同體構成的基本條件。

　　城邦的政治共同體，乃是在一種憲政下由公民所構成的共同體。在界定「公民身分」時，亞氏排除了宗族血緣與地緣的關係[3]；其次，否定從事勞動生產與製造業者（包含外邦人和商人）的公民身分[4]。在這裡不討論古希臘城邦公民的經濟和社會基礎[5]，就「公民身分」的理論解釋而言，所謂公民乃指「享有參與政治事務，以及身兼行政與司法職司的權益。依照我們的定義，享有

---

[3]　就如鄂蘭所解釋的，城邦的建立是在摧毀了所有的以血緣宗族關係（kinship）為主的組織單位（如，Phratria和phylé）之後，方有穩固的基礎。這不只是亞里斯多德的理論解釋，也是歷史事實（1958: 24）。

[4]　如亞氏所言：「公民必須不依靠勞動與商業為生，因為這些生活方式是卑微的，是跟（公民的）品德相違背的。同樣的，農民也不能成為公民，因為公民需要閒暇以培養德行，以踐履政治行動。」（1985: 1328 b39-1329 a2）

[5]　關於古希臘城邦之階級問題，見Jean-Pirre Vernant, "Struggle of Classes"，收錄在他的 *Myth and Society in Ancient Greece* (trans. by Janet Lioyd, New York: Zone Books, 1990), pp. 11-29，以及 Ellen Meiksins Wood, *Peasant, Citizen and Slave: the Foundation of Athenian Democracy* (London: Verso, 1988)。

這些權益者才有資格成為城邦之公民。一般而言，一個城邦乃是像這樣具有自足生活的成員所構成。從是觀之，公民是指擁有產業，得以免除勞動與工作，而享有閒暇、具有能力參與城邦公共事務的『統治階級』（*politeuma*）。他們在上軌道的城邦中，是平等且彼此相似，也就是說，他們具有同質性的生活方式，能表現公共德行（civic virtue）。他們自由合作，彼此相互治理，能達成一個共同體『共善』之目的。」（1985: 1227 b7-16～1332 b12-41）。

　　政治共同體具有政治的屬性（the political），在此，亞氏所使用的「政治」（*politikos*）一詞具有如下的含意：政治表示公民（*polites*）對於城邦公共事務的關心，以及增進公共福祉的作為，這乃是「政治屬性」（*politiké*）的基本意義。除此之外，政治亦表示「治理」（the ruling）的意涵，它有兩方面的意義，一是指城邦的「統治階層」（*politeuma*）依照法律（通常是指習慣法）的規約，處理城邦的公共事務；另一方面，指公民彼此之間的關係乃是建立在道德倫理的聯繫。再者，「政治體制」（*politeia*）這個名詞亦含有城邦之憲政構成的意義，以及表示亞氏所說的擷取寡頭政體（oligarchy）與民主制（democracy）的長處而形成的理想政體（polity）[6]。

　　不論及亞氏對政治體制的類型之論述，他的公民政治實踐的理念，其論證的主題在於公民的政治實踐並非技術性的專家政治──如我們現在所稱的「科技官僚」的行政管理──而是指公

6　關於亞氏之「政治」概念之意義，參見江宜樺，〈政治社群與生命共同體：亞里斯多德城邦理論的若干啟示〉，登載於陳秀容、江宜樺主編，《政治社群》（台北：中央研究院中山人文社會科學研究所，1995），頁39-77，以及 Charles Howard Macilwain 上揭書，頁63-106，以及 Michael Oakeshott, *On Human Conduct* (Oxford: Clarendon, 1975), p. 167。

民參與政治實務時，言行的具體表達，以及彼此之間言行之溝通、分享。他所關切的是公民「合作共事」（act in concord），以增進與實現城邦的共同福祉。

　　亞氏在闡述此公民政治實踐的理念時，提示了人的本質或意向的觀點，就如同一般所論的，亞氏肯定人為「政治動物」（*zoon politikon*）以及「具言說與行動能力的存有」（*zoon logos ekon*）。相對於現代的「個人主義」，此觀念強調人相互結社的傾向，而非孤立單獨的個體存在。同時，「理性言說」（logos）是指「公民在市集或公共場域」（agora）的言辯、溝通，以及經由此過程，對於公共議題有一種釐清，以鄂蘭的用語，即是「透過言辯，解釋、論述我們生活之共同世界的種種事物」，它所指的不是一種「理性計算」，或者也不是「依照一項不證自明的原理作獨白式（monological）的推論與證明」（Oakefshott, 1991: 84-85），語言的表明與溝通，乃是一種彰顯與釐清。

　　亞氏以古希臘城邦的政治社會經驗，建立了「政治共同體」（*koinõnia politiké*）的理念，在其中，他闡釋公民身分與德行的意義，肯定政治共同體的道德倫理性格；另一方面，他塑造出人的「公共或政治人格」和「理性言辯溝通」的存有，這些均構成了「公民共和主義」思想之濫觴。羅馬共和時期的西塞羅承續了這些理念，提出了政治共同體的構成基礎。筆者依據他的 *De Re Publica*（《論共和》）與 *De Legibus*（《論法律》）為本，說明其公民社會的理念[7]。

7　這兩本論著由王煥生譯成中文《論共和國，論法律》（北京：中國政法大學出版社，1997）。

四、西塞羅的公民社會的概念

西塞羅的公民社會理論，其論證的主題在於共和憲政的正當性秩序如何被建立與維繫。公共事務（*res publica*）在西塞羅的政治論述脈絡中，儘管有多方面的意義（譬如，公共事務、公共精神，或者指由城邦〔*civitas*〕或人民〔*populus*〕構成的共同體〔*koinõnia*〕），但其基本概念在於指稱城邦共同體的屬性，以及表示公民社會（*civilis societatis*）的含意[8]，或許我們可以說西塞羅的這種理念乃是亞里斯多德之「政治共同體」（*koinõnia politiké*）的拉丁翻版，但這並不表示西塞羅的公民社會理論沒有其原創性所在。這兩位哲學家，針對公民社會的問題，均思考人結社而形成的政治共同體所呈現的基本性格，以及一個好的或正當性的政治共同體的構成條件。他們也同樣強調人本性具有的理性與言說的能力以及合群性[9]。然而，在闡釋城邦政治共同體的構成時，西塞羅直指它乃等同於人民的權益。在此，人民（*populi*）不是指混然雜陳的群聚（*multitudinis*），而是「群居和一」（*sociatus*）的社會，它的形成是經由正義的共識（*iuris consensu*）與共享的利益

8　依照Malcolm Schofield的詮釋，若以古希臘的語詞概念來表示*res publica*，則其意義比較接近於*polis*與*koinõnia*。參見他的 "Cicero's Definition of *Res Publica*," in J.G.E. Powell ed. *Cicero: The Philosopher*, Oxford: Clarendon, 1995, pp. 68-69.

9　在《論正義責任》（*De Officiis*）中，西塞羅如此解釋人的本性：「人共享理性，這種本性使他得以了解事物的前因後果，即它們的前身與先例，以及有能力比較事物的相似性，同時，關聯現在與未來之事件、洞識生命之整體歷程，以籌畫生活之必需。基於這種理性能力，相同的本性將人彼此相結合，以形成具共同語言與生活的友誼同伴，特別地來說，激發愛護後代子孫的情意。這種本性也驅使人們相互交往、共同生活。」（1991, I: 11-12）

（*utilitatis communione*），也就是說，人際的交互性及其倫理道德性乃是構成一「城邦共同體或公民社會」（*civitas* 或 *civilis societatis*）的基本條件。除此之外，更重要的是保障人民的自由與法律的治理。關於共同利益、正義的共識、法治與自由之保障的關聯，西塞羅闡述如下：

> 如果人民得以維護其權益（*ius suum tenere*），那麼，他們會說，就自由（*liberius*）與福祉（*beatius*）而言，沒有任何政府會比這個（能產生與維護其權益的政府）更優越，因為（在這個政府中）人民乃是法律（*legum*）、王庭、戰爭（*belli*）與和平（*pacis*）的主人。他們將主導國際協約，以及保護他們個人的生命與財產，並且相信只有這樣的政府可以被正確地稱之為「城邦共同體」，它即是人民所屬之事物（*res populi*，或譯「人民的事務」或「人民的福祉」）。也因為這個理由，他們會說，人民（*populi*）往往掙脫君王或元老院的支配……。法律（*lex*）是公民社會（*civils societatis*）的紐帶，同時，法律所強化的正義，是對所有人皆一視同仁。當公民不是平等時，有哪一種正義可以聯繫公民成為「群居合一」的社會呢？假若我們無法同意均分公民的財富，也承認天賦的才能是不可能平等的，那麼，至少「共和國」（*res publica*）的公民之法律權利應該是平等的。除非以正義相結合（*iuris societas*），否則如何成為一個城邦共同體（*civitas*）？（1928 I: 48-49）

　　在這段論述中，西塞羅的公民社會鋪陳了「民主的論證」：城邦共同體即是人民的結合與人民之事務（the affairs of the

people），而建立此共同體的一項基本條件，在於解放君主專政與
寡頭政治的支配，以實現政治自由。公共事務不是由個人或少數
人專斷任意的支配，而是由人民來主導[10]。

　　這種「人民主權」的民主論證帶來的問題，乃是人民如何自
發地建立「正義之共識」以及共同分享利益？自由若是由人民集
體運用，那麼如何防止它被濫用，而造成漫無約束的「暴民」
（mob）統治？解釋這兩項問題乃牽涉西塞羅的憲政理論，在此不
說明他如何論述羅馬共和國自羅穆勒斯（Romulus）的創建與盧
馬（Numa Pompillius, 715-673B.C.）以來的憲政嬗遞。針對憲政
構成的理念而言，西塞羅論證的主題在於：「人民主權」的行使
若沒有經過法律的約束，以及人民之代表（representative）機關
的媒介，必將導致暴民的統治（用我們現在的術語，「多數暴
力」）的結果。在《論共和國》第三卷第十三章，西塞羅如此說
明人民之權力不受約束所導致的暴民統治：「如果人民擁有絕大
部分權力（*populus plurimum potest omniaque*），一切都按照他們
的意見辦理，這被稱之為自由，但實質上是放縱。」（採王煥生
之譯文）在第四十三章中，他借用柏拉圖的論述，說明暴民所導
致的無政府狀態：「（在人民可以為所欲為的國家裡）必然一切都
享有自由（liberius），不僅在家庭而且擴展到整體，甚至到動物
身上：父親懼怕兒子、兒子蔑視父親，廉恥之感喪失殆盡；人人
皆自由，相互之間沒有任何差別，不管是公民，還是外邦人；教
師害怕學生，奉承他們，學生鄙視老師；年輕人故作老成持重，
老年人不顧體面地玩年輕人的遊戲，以求不遭年輕人的厭惡，不
顯得過分莊重……這種漫無節制的放縱將導致如此嚴重的後果：

10　關於西塞羅的民主論證，參見Malcolm Schofield（1995: 75-76）。

公民的心理變得任性，如此放縱，以至於即使政府的權威稍做要求，他們便怒不可遏，不能忍受，他們從此甚至蔑視法律，變得似乎不存在任何統治者。」（依王煥生之譯文稍做修改）

在此，西塞羅洞察了自由的弔詭：自由具有新奇、不守成規約束，自作主張與自我中心的傾向，它一旦放任自由，便會凡遇權威必抗爭，凡受約束便怨懟，而帶來小者社會紛爭，大者政治派系鬥爭。

在斯多葛學派的「自然法」（*lex naturalis*）的影響下，西塞羅把「人為之法」（*ius civile*）奠定於絕對之法（Law，或自然法）之上，強調「法乃是根植於自然的最高理性」，這理性規約何者當為，以及防止不當為之事。「這種理性一旦深入人心，以及為人心智所發展，它就是法。」（1928 I: 19）在《論共和國》一書，西塞羅對「法」下了如下的定義：

真實之法（*vera lex*）乃是跟自然相吻合的正確之理性（*recta ratio*）；它是普遍施用，是恆定且永恆的；它的規約喚起了人的責任，它的禁制防範了惡行……我們都不能因元老院或人民而擺脫對它的義務。也不可能在雅典有一個法，在羅馬有另一個法，或者在現在一個法，在未來另一個法。法是唯一且永恆的，對於所有民族（*gentes*）以及任何時代，都是有效的。同時，唯有一位導師與統治者，那就是上帝，祂支配我們全體，是這法的制定者與裁判者。任何人逃避這法，即是逃避自身，以及否定自己本身的理性，也因為這樣，他將遭受嚴屬的懲罰——即使他可以躲避一般人所認為的刑法。

　　西塞羅以此法的理念為基礎，說明法律之意義的正義概念，以及一般性的道德意涵。在此，我們不談《論法律》中的「自然法」與實證法和習慣法（風俗習慣之規約）的爭議。西塞羅的法哲學論證的主題在於：從「自然」的規範性與目的性之概念，推演出普遍之法以及實質性的道德理念，譬如在論「善」之概念意義時，西塞羅陳述：「不論我們所欣賞的善之事物是什麼，它們必定是在其內在本質上有值得讚賞的品質，善本身不是基於意見，而是自然之理。」（*ibid.* I: 47）這些即是建立起公民社會（城邦共同體）政治道德的基礎。

　　城邦共同體雖然是以「人民主權」為基礎，但是，如果欲維持其穩定性，就必須有某種憲政體制的治理（*consilium*）[11]。如何防制人民主權的治理淪喪，而形成人民的自我放縱、私利作主，以及黨派的傾軋、鬥爭，這是古典共和之民主理念所關注的重要議題，也構成古典時期政治哲學懷疑，甚至否定民主政治的理由。在思索民主之鬥爭、混亂的議題上，亞里斯多德，如上所闡釋，強調政治倫理，諸如公民德行、政治自由與分配正義、共同利益（或共善）作為公民共同體之所以能夠形成和諧秩序的基本條件。西塞羅承襲了亞氏的政治倫理的觀點，但比亞氏更強調法治與自然法則的條件。換句話說，由人民構成的城邦共同體必須形成某種治理的體制或機構，否則它就任隨「機運」（*fortuito*）的擺布，這猶如「一條船由乘客中抽籤決定的人出來掌舵，隨即

11　*consilium*一詞表示一種「審議之體制」（a deliberative body），也表示某種政策的擬定（policy）。在《論共和國》第二十六章，西塞羅如此說明*consilium*的意義：「任何一個如我所說的，作為*res populi*（人民之權益）的*res publica*（城邦共同體），為了能長久存在，都應該由某種*consilium*（審議體制、政策或機構）管理。這種*consilium*通常源於公民結社之所以產生的始因。」

翻覆。」（*ibid.* I: 51）西塞羅就此論述「共和國」（*res publica*）的憲政權威。

　　如前所論，一個城邦共同體，作為人民之體制而言，必須滿足(1)對於法律和公義的共識（*iuris consensu*），以及(2)共同利益之分享（*utilitatis communione*）。西塞羅並不反思人民如何可能達成這兩項條件而形成一城邦共同體。他在《論共和國》第二卷中，以歷史的闡述，說明在羅馬的城邦共同體之中，人民如何從的創制，經歷盧馬、杜魯斯・霍提利烏斯（*Tullus Hostilius*）、安格斯・馬提烏斯（*Ancus Martius*）的「王政」（monarchy），逐步取得某些權利，在這制度的演進過程中，決定性的一件事乃是魯西奧特・布魯特斯（Lucius Brutus）放逐了塔昆（Tarquinius）及其家族，「終於讓人民擺脫了不公正、殘暴之『王政』的奴役枷鎖。」（*ibid.* II: 46）「人民的自由」（*popolus liber*）以及「憲政的制衡」乃是這段歷史敘述的主題。但是，城邦共同體的「憲政構成」（*consilium*）的理想型態是什麼？從《論共和國》一書的論證脈絡來說，是指人民主權與「推選之貴族制」混合的政治體制——如果自由的人民推舉出值得託付的人，並且考慮到自身的利益，那麼，「他們只選舉最優秀的人的智慧，特別是當自然本身便已經做出了這樣的安排；以及不僅讓德行和智慧超群的人統治較為軟弱的人，而且讓較為軟弱的人樂意聽命於最優秀的人。」（*ibid.* I: 51）

　　英國的古典學者修費爾（Malcolm Schofield）就此闡釋：西塞羅的「憲政構成」（*consilium*）的論證主題乃是在於說明「人民主權之架構中的貴族統治」（the aristocratic rule within the framework of popular sovereignty）的正當性。而人民與統治貴族之間的聯繫乃基於信賴的關係。就此，他進一步指出西塞羅的城

邦共同體的理念跟古希臘以至亞里斯多德的理念之最大的不同，在於「羅馬法的概念架構」，這架構讓西塞羅在反思公共事務的問題時，得以表述「自由人民享有權利以擁有、借讓、讓渡，或交付自身給信任之權力。而他們以財產相關之事務所屬的模式來了解這種政治權力。」（1995: 82）

亞里斯多德與西塞羅的政治共同體（*koinōnia politiké*）與共和國（*res publica* 或 *civitatis*）的理念構成了西方公民社會論述的思想起源，它們代表一種描述性也含蘊規範性意義的概念。它們既處理人結社與政治體制之憲政構成的議題，也深含倫理道德的理想。

在西元第5世紀，這種古典共和公民社會理論受到來自基督教信仰及其神學論述的反思批判。就這方面而論，奧古斯丁（St. Augustine, 354-430）的《上帝之城》（*De Civitate Dei*）的政治神學是一關鍵。奧古斯丁一方面承續西塞羅的「共和國」（*res publica* 或 *civitate*）的理念，另一方面則以基督教神學的觀點批判他的倫理道德根據。奧古斯丁這種政治神學之批判的論證主題是什麼？以及在公民社會的論述中，它激發什麼難題？這是下一章所要闡述的主題。

第三章

聖奧古斯丁的政治神學的批判

一、引言

我們在了解西方古典共和的政治共同體（或謂「公民社會」）以及18世紀以後「市民社會」的概念時，往往忽略神學的解釋環節，也因此無法洞識這個理論傳統深含的兩元對立觀念的緊張，以及因此呈顯的無限之自我反思的動態。當奧古斯丁在《上帝之城》（*De Civitate Dei*）楬櫫在俗世之城中朝聖的異鄉人（*civitate peregrini*）的理念時，古典共和時期以人為中心（humanism）建立的公民社會及其憲政秩序（包括法治與公民權的概念）再也無法如亞里斯多德所肯定的，享有「自足」（*autarky*）的地位。自此之後，「公民社會」（以及18世紀以後之「市民社會」）的理論思辨被引進了超越與內在、永恆與偶然、神性與人性、自由或自主與恩賜（grace）或預定（predestination）、知識與信仰、法律與慈悲、救贖與天譴、教會與國家，或教會與政權……等兩元對立的質素。是故在思辨的歷程中既呈現動態之自我反思趨向，但也帶給心靈無盡的困思與磨難。若無法掌握基督教神學的這一思

辨環節，我們則無法理解西方之公民社會（以及啟蒙以來現代性
的市民社會）理想的發展內蘊的基進與保守、自毀與自制的思想
糾葛。本章處理古典共和之「公民社會」理想以奧古斯丁的政治
神學之批判與解釋為終點，其旨趣一方面是充實我們在了解西方
公民社會（與現代性之市民社會）在解釋觀點上的不足，另一方
面則論證古典共和人本主義式之「公民社會」理想若沒有奧古斯
丁神學的批判，則容易走向「自足」的自滿，就如同奧古斯丁在
批判當時的柏拉糾（Pelagius）異端學派時所指出的，人若自信可
以自我完美，而無法承認人的自由以及自我創設的善惡準矩有其
限制，那麼，這種「人本主義」的理想反而導向無所定見的道德
的懷疑作風；在政治上，它往往會以「公民社會」之理想為名，
把任何一位個體視為達成這完美理想的工具，這反而挫傷人的尊
嚴與自由。

二、奧古斯丁的關懷

　　奧古斯丁在他晚年從事《上帝之城》的寫作，這部花費他十
三年（413-425）光陰的鉅著，其論證的課題在於反駁一項議論，
即把羅馬帝國410年遭哥德人（Gothic）劫掠的因素歸結於基督
教信仰的論點[1]。針對這樣問題，奧古斯丁以基督教神學為理論架

---

[1]　西元410年西羅馬帝國的被劫對羅馬人而言誠然是一見歷史大事，在理解這
　　件大事，當時一般流行的闡釋觀點，認為諸神拋棄了羅馬，因為那些自稱基
　　督教的「無神論者」侵入了羅馬，壓制了和取締異教諸神的崇拜。奧古斯丁
　　的《上帝之城》論證的一重要主題在於反駁這種解釋觀點。然而，我們是否
　　能夠就此說，410年的事件是促使奧古斯丁撰寫《上帝之城》的主要因素？
　　依照布朗（Peter Brown）的看法，把《上帝之城》的撰寫歸諸於410年之事

構，闡述羅馬人建造共和與帝國的歷史意義。就如同其他偉大的
著作一樣，奧古斯丁建立的理論，其繁複宏偉超出他所要議論的
課題。單就「基督教信仰促使西羅馬帝國崩壞」這一解釋，奧古
斯丁引述西塞羅（106-43B.C.）與羅馬史學家薩路斯提烏斯
（Gaius Sullustius Crispas, 86-35B.C.，或簡稱Sullust）的歷史解
釋，論證早在基督教興起之前，羅馬共和因道德之腐化，已經呈
現衰敗的跡象。如果羅馬人敬拜的諸神不規訓他們的貪欲與奢
靡，以防止羅馬崩毀，那麼，為什麼基督教必要承擔這個重責大
任[2]？從這單純的歷史解釋的課題，奧古斯丁啟發了西方政治和道

件，對了解這本論著的意義而言，是膚淺的。他說：「即使不發生這件偉大
事件，奧古斯丁還是會寫成一本《論上帝之城》的著作」，其理由在於，奧
古斯丁從改宗為基督教徒，以及成為主教，一生的志業在於基督之證道，以
對抗古典共和之思想與異教，如摩尼教、多納特教派（Donanists）與柏拉糾
教派（Pelagianism）（1969: 312）。

2　奧古斯丁在《上帝之城》第二書第十九章，表達了這種解釋：「看一看羅馬
共和：『它逐漸地改變其崇高偉大，而變成惡劣與醜陋』，這不是我的創見之
言，是我們繳納學費從羅馬共和的作家中學習得來的知識，這些作家早在基
督降臨之前已經嚴厲批判羅馬人的惡德。再看一看羅馬人在基督降臨之前與
攻克迦太基之後，『如何不再如從前一樣慢慢地改變其祖先的道德，而是被
巨大的洪流給吞噬，致使沒有一個年輕的羅馬人不被貪欲與奢侈給腐化？』
讓他們為我們朗讀羅馬諸神告誡其人民廉潔與樸實的律則。如果這些神祇只
是對於守貞潔與溫和謙讓保持緘默，以及不要求其人民不潔的事物，那麼就
讓這些謬誤的神性充當他們的權威！讓他們閱讀由先知、《聖經》與〈使徒
行傳〉（"the Acts of the Apostles"）和〈使徒書〉（"the Epistles"）給予他們毋
奢華、毋貪婪的訓誡，這些戒律在任何地方都朗讀給群聚的人民，他們聽起
來多麼美好與神聖，不像是哲學家爭論的喋喋不休的雜音，而是如上帝從雲
端傳達的神諭。終究而言，羅馬人不會責怪其神祇擔負起放縱、奢靡、狂亂
的敗德，這種腐敗早在基督降臨之前，已經使羅馬共和變得腐敗、不潔。羅
馬人不反躬自省，而把他們的放縱與自大所帶來的危難歸諸於基督宗教。」

德倫理的新的思辨。

　　依照卡爾‧洛維特（Karl Löwith）在《歷史中的意義》（*The Meaning in History*）的解釋，奧古斯丁以基督宗教的道德與實踐為切入點，有系統地批駁了古典時期的時間與自然秩序理念，同時確立了由「上帝計畫」（God's providential plan）為主導的「救贖歷史」的規模，而影響歐洛西烏斯（Paulus Orosius）與約琴（Joachim of Fiore, 1130-1202）以至於黑格爾與馬克思的「思辨式歷史哲學」之發展（Löwith, 1949: 160-173）[3]。

　　奧古斯丁一方面承續，但另一方面又無法安頓於古典的以城邦的政治共同體（*koinõnia politiké/civitates*）為中心的政治理想，正如同他無法安頓於深刻影響他的柏拉圖與普羅丁納斯（Plotinus, 204-270）的形上學一樣。他自十九歲「有志於學」[4]一直到西元386年改宗以及在391年成為羅馬大公教主教為止，正是這麼一段時間內發生了精神與思想之掙扎的歷練。如他在《懺悔錄》中所自述的，他如何掙脫柏拉圖主義與摩尼教的宇宙論、形上論與人性論的糾葛，而皈依以《聖經》與《使徒書》為主的基督宗教，最後，肯定上帝之創造、人之原罪、神恩（grace）、救贖與新生。但奧古斯丁對於古典共和之公民社會的理想之批判，乃是基於他對於基督宗教之真理的體悟，因此，在此說明他的政治道

3　洛維特的 *The Meaning in History* (Chicago: Chicago University Press, 1949)，由李秋零與田薇合譯為《世界歷史與救贖歷史》（香港：漢語基督教文化研究所，1997）。

4　依奧古斯丁在《懺悔錄》（*Confession*）的自述：我在十九歲閱讀西塞羅的 *Hortensius*，深受他的啟發而立志從事哲學研究，自此以來，已虛擲多年的光陰——如果沒有記錯，大概是十二年的光陰——我仍然沒有放棄世俗的享樂生活。引自布朗 *Saint Augustin* (Berkeley, 1970), pp. 107。

德的基本關懷。

三、超越性的論證原則

　　奧古斯丁以他個人存在的體認與問題，參驗基督教上帝之真理的深刻意義。在他經歷懷疑、迷惑、絕望的歷練，而肯定深思上帝之真理體現於個人信仰的實踐（虔誠的禱告，以及踐履「博施濟眾之愛」〔caritas〕）[5]。從形上學的層面來看，奧古斯丁雖然否定柏拉圖主義，但他並沒有完全脫離柏拉圖式的、尋究一永恆不滅的究竟原理的思維。本質上，奧古斯丁以他參驗的上帝之真理作為一普遍至高無上之「善」的終極原則，而建立他的歷史與政治神學。

　　這項原則蘊含基督教原始教義的上帝之創造、原罪、救贖與至福的觀念：

> 至高無上與真實之上帝，以祂的 logos（道）與聖靈（Holy Spirit）形成三位一體的全能之上帝，祂創造每一個靈魂與肉體，祂藉由人民對祂的參照（participate），而賦予他們真實的幸福，祂造人是一具有靈魂與肉體的理性動物，祂權操審判之權，當人有罪，祂既不會不加懲罰，也不會不施慈悲而殘酷地遺棄他們。……從上帝，形成各種族類與各種秩序，從祂那兒，有了權衡輕重，從祂那裡，任何事物，不論它們所屬的種類，以及具有的價值，皆存之於自然；從祂那裡，

5　關於奧古斯丁的信仰歷程以及改宗的生命經驗，同上揭書，特別是頁158-181。

有了形式與運動的種子，亦有了種子的形式與運動。上帝給
予任何形體根源、美麗、健康、豐饒，以及部分與整合的和
諧與健全的均衡；上帝亦賦予非知性的靈魂以記憶、感覺與
欲望，以及在這些心靈、智能（intelligence）與意志之上，
增添了理性的靈魂；上帝從未忘記給予天地、天使、人類，
甚至低等之生物、飛鳥之新羽、植物之花苞、以及樹木之嫩
芽以一種部分與整體的和諧，以及穩當的和平安寧。這位上
帝從未想過要求人類之王國，因為它們的支配和勞役乃疏離
了祂的神意法則（the laws of his providence）。（1950, *De
Civitates Dei*: Book V, chap. 11）

從倫理道德與政治秩序的層次來說，這位創生萬物的上帝代
表一種超越性的存在，以及至善的原則：

上帝乃是幸福的來源，因為唯有祂才是真實的，唯有祂才能
給予俗世王國善與惡。祂的這種作為並非盲目，亦非機
運──正因為上帝並非代表運氣──而是依照事物的秩序與
時間的順序，這些都是我們無法認識而只有上帝才能了解。
無論如何，上帝並不受到這時間順序的支配，相反地，祂以
一真主（Lord）的身分治理著它，以一統治者的地位，支配
著它。祂給予良善一種幸福。奴僕可能擁有或失去它，君主
亦是如此。在祂恩典所賜之地，不存在任何奴隸、僕役。職
是之故，上帝給予俗世王國善或惡，如此，祂的信眾──就
從道德進展而論，他們仍是孩童──不至於從祂那裡要求這
些「賜與」（gifts）是為一種貴重的禮品。承諾俗世之賜
與……真實的幸福只能在上帝的賜與中才能發現。（*ibid.*:

BookV, chap. 33）

　　這個根本與究竟之原則，乃是奧古斯丁對上帝之存在與活動（祂的創造、祂的權威、力量與慈悲）的參證。奧古斯丁也依據此原則在《上帝之城》中區分人生命活動的兩個界域，一是堅定且虔誠地信仰上帝之真理與美善原則而形成的生活方式，以及由此而構成的信仰的共同體，即所謂的 *Civitas Dei*（上帝之城）。另一則是背離（*alienatio*）上帝，而追逐俗世的當下欲望的滿足，追求事功與現世的榮耀，自詡人世之巧智，對於俗世的成就自滿且驕傲（*superbia, hubris*），過分相信人自己的能力與力量，這構成了所謂的俗世之城（*civitas terrena*）：

　　兩種情愛（一是人間情慾〔*amor*〕，另一則是博施濟眾之愛〔*caritas*〕）造就了兩個邦國（*civitas*）。自私之愛，以及輕蔑上帝造就了俗世之城。敬愛上帝，甚至忘我無私，則成就了上帝之城。前者驕傲自大，後者榮耀上帝。前者追尋人間顯赫功名。上帝作為良知之見證乃是後者的最高榮耀。前者自誇功名利祿，後者則是遵從上帝說：「上帝是我的榮光，因上帝我才尊榮。」（《讚美詩》3: 3）前者，他們的君王以及它們所支配的王國，皆由統治之欲望（*libido dominandi*）所鞭策。後者，人人皆以博施眾濟之愛相互照應，統治者透過他們的諮議機關與人員，而行仁德之治，其屬民則透過敬愛而遵從這些統治者。俗世之城以其君王，熱中自己的力量，而上帝之城則祈使上帝：「主啊！我敬愛你，你是我的權能！」（*ibid.*: Book XIV, chap. 28）

　　我們如何闡釋奧古斯丁的這種區分？對此，我們必須具體解釋奧古斯丁評論西塞羅的「共和」（res publica）的政治理想，以及馬可士・維洛（Marcus Varro, 116-27B.C.）為代表的「異教」（paganism）的道德倫理。然而，奧古斯丁的評論是依據他對基督教原始教義的參證體認，因此，首先必須說明他所做的這種區分所涉及的基督教教義的批判，特別是有關人的原罪、墮落（the Fall）、疏離（alienation）與末世論和啟示錄的救贖。

四、上帝之城與俗世之城

　　奧古斯丁《上帝之城》論證人的原罪與墮落，若從這種基督教教義來看，「俗世之城」所指的不純粹是人在現實的城邦國家中的作為，而是指人因自由意志所導致的驕傲自大，自比為上帝（hubris）而背離上帝之旨意，俗世之城邦即意指人的這種墮落而呈現的存在處境。英國的古典學者布朗與馬庫斯（R.A. Markus）皆以世俗化（Saeculum）與疏離（alienatio）的概念詮釋俗世之城的此種宗教批判含意[6]。

　　在基督教的原始教義中，人罪惡的根源乃是一項難以證明的問題：如果人是上帝依其形象（image）所創造，那麼，上帝不會創造出一個本質是惡的存在。再者，如果上帝是全能且慈悲，那麼，他為何不阻止塵世的不義與苦難？奧古斯丁早年亦困思於

---

[6]　參見Peter Brown, *Saint Augustin*與R.A. Markus, "Alienatio: Philosophy and Eschatology in the Development of an Augustinin Idea"，收錄於John Dunn與Ian Harris合編*Augustine*, 1997, Vol. 1, pp. 392-412, pp. 456-475。另見R.A. Markus, *Saeculum: History and Society in Theology of St. Augustine*, Cambridge: Cambridge University Press, 1970。

這項「神義論」的問題，也嘗試從摩尼教的善惡兩元的宇宙論與
形上論中尋求答案。當他在西元386年改宗為基督教徒後，肯定
上帝乃是精神實在（the reality of spirit）之整體的根源與基礎，
據此，他對此問題提出人的自由意志，以及個人承擔其自由抉擇
之責任的解釋[7]。針對罪惡之來源的問題，奧古斯丁的基本論旨在
於，上帝在創造天地萬物與人時，亦賦予人自由之意志[8]，也因為
人的意志自由與抉擇，人才會有背離上帝之旨意和戒律的可能
性。以馬庫斯的話：「背離了安心立命之家園（patria）或者說背
離了神意之生命（the divine life），而這種背離是經由違反真實的
價值秩序，而犯錯或罪惡的過程。」（1966: 470）

　　人背離了上帝，從亞當開始，拒絕了全能上帝的恩賜，立意
以自己的力量、資源與運氣過屬於「個人自決」的生活。以奧古
斯丁的觀點，這乃是人的支配欲望與「貪欲」（cupiditas）的表
現，也是人之「墮落」的根源。奧古斯丁所闡述的「俗世之城」
乃是「墮落」（或帶有「原罪」）之人類整體的存在處境，這是上
帝刑罰背離其旨意與戒律的人類之存在狀況：人相互搏鬥以及充
滿狂亂、暴力、悲痛與苦難的人間世。以布朗的闡述：「在這個
俗世（Saeculum）中，人們的生活注定是殘缺的，人不具任何潛

7　依照馬庫斯的闡述，奧古斯丁跟摩尼教的決裂絕大部分來自他肯定人自由抉
　　擇的責任承擔，他否定摩尼教所認為的兩種外在的、對立勢力與意志的鬥
　　爭，以及由此解釋人罪惡來源的觀點。現在，對立衝突發生於我個人內在的
　　心靈，也在其中，對立可以被克服。（1966: 470）

8　在《上帝之城》第五書第十九章，奧古斯丁鋪陳兩個主要論證：個人意志包
　　含在上帝所帶動的「原因之序列」（the order of all causes）當中，以及人的
　　意志跟上帝意欲與預知人意志之動向具有相同之力量。上帝的全知全能跟人
　　意志之自由與抉擇並不是矛盾的兩個命題。

能得以實現圓滿的生活：人相互鬥爭的緊張不可能完全被消除。人，不在此世而在彼岸，才能充分完成其圓融之人格與完美的生活，他無限地拖延，直到最後的審判日，以及耶穌基督的光榮復活。不做如此想，就如奧古斯丁所說的：『人將不了解他所追求的，也不了解人到底是什麼？』」（1997: 403）

　　人在「俗世」的這種存在，乃是獲得上帝神恩之救贖的歷練，人不具有自我救贖的能力，他的救贖端賴上帝的賜與（gifts）以及人是否願意接受這賜與。在這裡，奧古斯丁表述基督教原始教義的「末世論─啟示論」（eschatological-apocalyptic）的救贖理念：期望上帝之城的降臨，期望在未來的某一時刻，彌賽亞（Messiah）將會顯現，以上帝之城取代俗世之城，建立起救世主、重生者與信徒之間相互聯繫的共同體，而開啟一新的紀元，同時在適當的時刻，上帝之子的再度降臨（parousia），將審判不知悔悟之罪者（Eric Voegelin, 1997: 166）。

　　在最後審判之日來臨之前，基督教之信徒是在「俗世」當中，他們不是「朝聖者」，因為「上帝之城」是隱匿的，不成為人追求的「目的王國」。他們，若以卡爾‧施密特（Carl Schmitt, 1888-1985）的用語，即是「在俗世世界中的陌生人，他們遙望上帝之城」（Peregrina in saeculo et pertinens ad Civitatem Dei）[9]，置身於其中，他們接受俗世之欲望的試煉，把「俗世」當作宛如是一座巨大的「實驗室」，經由歷練，回歸與體認基督宗教之生活與真實之自我[10]。換句話說，上帝之真理與美善之原則必須在俗世中

---

[9]　引自 Carl Schmitt 的《羅馬天主教與政治形式》(*Roman Catholicism and Political Form*), trans. by G.L. Ulmen, Westport Connecticut Greenwood Press, 1996, p. 56。

[10]　布朗在其著作《奧古斯丁傳》與論文〈聖‧奧古斯丁〉中闡釋「上帝之城」

被考驗而彰顯。基督教的生活不是沉思冥想，而是在「俗世」中的行動實踐；不是「遺世獨立」，而是跟其他人共同承擔「原始之罪孽」，盡力完成某些「善業」，並欣然與他人共享，也盡其可能克服罪惡。對於塵世所提供的處境，永遠心懷感激。奧古斯丁在《上帝之城》所闡述的主題，乃是「在這個共同的、必然腐朽的世界中我們所承擔的志業」，也就是說承擔「在這個世界中的彼世」（Brown, 1970: 324）。

　　奧古斯丁以這樣的基督教之教義如何詮釋與評論古典共和的公民社會理論，以及就此產生什麼議題，這是以下所要討論的課題。

五、對古典共和之公民政治共同體的批判

　　本質上來說，奧古斯丁以基督教之「末世論—啟示論」的救贖觀點批評古典共和的公民社會理論及其倫理道德基礎。在《上帝之城》第十九書中，奧古斯丁以維洛（116-27B.C.）為古典道德倫理思想之代表，討論了「至善」（the supreme good）與「德行」（*virtus*）的觀念。

　　古典倫理的「最高善」建立在目的論之上，其基本的含意

的意義：「基督徒（在《上帝之城》當中）被描述是為遠方異域的成員，稱他們是『朝聖者』遠不及奧古斯丁本人的用語來得深切：他們是『聖徒』（*Peregrini*），以這一詞的古典意義來說，即是註冊的異鄉人（aliens），他們被容許生活在充滿敵意的俗世世界中（*in hoc maligno Saeculo*）。他們生活於俗世，宛如存在於一座巨大的實驗室：奧古斯丁用譬喻說明，就像是橄欖在磨坊中被榨取出油來。奧古斯丁承認宗教生活若是沒有在俗世中被壓迫，是無從理解的。」（1997: 402）

乃是：「人所欲求的事物不成為達成另外可欲求之事物的手段，而自為目的本身」，奧古斯丁把此「至善」解釋為「主要的自然之善」（primary goods of nature）：「在此，最高善指涉我們所作所為之善，我們欲求它並不是為了別的事物，而是為了它自身。為了幸福，我們取得了它，也就無進一步之所求，它真正地被稱之為『目的』（finnis），因為我們欲求其他事物是為了這個目的，但對這個目的而言，我們只欲求它本身。」（De Civitate Dei, Book VIII, chap. 8）這個「最高善」，依古典理論的詮釋，呈現繁複多樣的觀點，它可被解釋為肉體的快樂，如「享樂主義」（Epicureanism）所肯定的，它亦被解釋為心靈的和平，如斯多葛學派（Stoicism）所企求的。若以生活的方式而論，「至善」是指公民之政治實踐，或者指向「觀想的活動」。奧古斯丁在闡釋「最高善」的意義上，把它跟德行相提並論，如他所言：「德行本身並不屬於主要的自然之善，因為它是經由教育的過程而被附加上的，因此可稱為『至之善』。」這個德行，依照奧古斯丁的解釋，包含了「中道」（sóphrosyné, temperance），「明智的判斷」（phrönéss, prudence）、正義與勇氣。依照我們對奧古斯丁所接受的古典共和思想──特別是古羅馬共和時期的西塞羅與薩路斯提烏斯（Sullust）的政治道德理念──來看，德行特指城邦共同體中的統治階層（公民或貴族團體）在從事公共事務中表現出來的諸如剛毅、睿智、機敏、手腕……等高貴之言行，這些德行也跟古羅馬貴族追求政治事功的榮耀相關聯。就此來看，德行雖然跟人格的尊嚴有關，但主要的特色還是指向人「外在彰顯」（extrovert）的言行表現。

　　奧古斯丁並沒有否定上述的善與德行。然而，他指出這一套古典的道德倫理無法正視與克服人生命本身遭受「偶然性」

（contingency）而帶來的悲苦之磨難。古典的倫理道德強調人自身所擁有的理性資源可以使人帶來德行，以及成就生活的「福祉」（well-beings），在奧古斯丁看來，這種虛榮驕傲（*superbia*）正是古典道德倫理的盲點所在[11]。

除此之外，奧古斯丁指出古典的道德倫理純屬「外在彰顯」的行動，它們無法完全保障行為的道德質性。在《上帝之城》第五書中，奧古斯丁論辯不良或甚至是邪惡的動機也可能激發出良好道德質性的行為（*mores* 或 *bonae artes*）。譬如古羅馬人在共和政制時期表現出剛毅、自制與愛好榮譽的德行，可是，以奧古斯丁的詮釋，這些德行出自於古羅馬人博取征戰事功的野心。古羅馬人從征服異族的土地財富與殺戮中，培育這種被共和傳統所頌揚的德行，可是這種德行是否真實的德行呢？奧古斯丁基於這種「道德弔詭」的反省，質疑外在目的德行若沒有內在純正善良的意向或動機，則只是一種矯飾。就此，奧古斯丁以「正直良善的意志」（upright will）重新詮釋古典共和的道德倫理，並以此確立道德實踐的基礎[12]。

11　奧古斯丁在《上帝之城》第九書第四章中，表述這種反省觀點：「那些堅持在今生今世得以實現最高善與遭遇惡的人們，無論他們把『最高善』安頓於肉體或者靈魂——以及，若更明白的表示，認為『最高善』在於享樂或者德行，或者兩者兼具；或者在於觀想或美德，或者兩者兼具；或者在於享樂或優閒，或者美德，或者這一切；無論認為『最高善』在於『主要的自然之善』（primary goods of nature）或者所有這一切——他們皆欲求當下（here and now）的幸福，他們表現一種虛榮驕傲，相信只要靠著自己的行動便可以得到想要的幸福生活。」

12　依照鄂蘭的解釋，西方在奧古斯丁的《懺悔錄》中首次體驗了人心靈的意志活動，有此體認才構成西方從外在彰顯的道德理性轉向以內省與良善意志（a good will）為基礎的道德（1975: Vol. II）。

　　透過這樣的反省，奧古斯丁重新表述基督教的德行概念：真正的德行並不是由外在行為的質性作為判斷的準則，而是源自人內在「正直良善意志」的真誠性。人的「至福」（*beatitudo*）不是靠人的理性德行所可能造就的，人在承受偶然性所帶來的苦難、死亡、疾病等不幸的磨難，必須承認人的謙卑。在轉化個人虛榮驕傲的內省中，人才有可能體認德行乃是上帝的神恩給予人的一項贈與。遵從與禮讚上帝的真理、智慧與美善，人方可能得到永生之至福[13]。

　　奧古斯丁依據基督教之美德觀念，對於古典共和的公民社會理念提出什麼解釋觀點？奧古斯丁基本上接受我們上面所闡釋的西塞羅的城邦政治共同體的理念，依此，奧古斯丁亦承認城邦的政治共同體是由人民基於「共享的利益」（*communio utilitatis*）與「正義（或正當性原則）的共識」（*consensus iuris*）而構成。但針對這個理念，奧古斯丁提出了下列幾項反思的議題：

　　(1)如果我們把「共享的利益」界定為主要的自然之善，不論它們是指城邦的繁榮壯盛，或者和平、安寧與安全，皆脫離不了人的支配欲與虛榮驕傲。因此，所謂的「共享利益」（或「共善」）是否只是城邦的統治階層為有效統治其屬民而製造的合理化藉口，或只是羅馬共和與帝國透過武裝拓殖而強加於異族的一套自認為正當性與普遍性的文化理想？（*De Civitate Dei*, Book XIX, chap. 7）英國的古典學者歐多諾凡（Oliver O'Donovan）在解析奧古斯丁的「共利之社群」（*commmmunio utilitati*）概念

13　關於奧古斯丁對古典倫理道德之新詮釋，參見 Penelope D. Johnson, "Virtus: Transition from Classical Latin to the *De Civitate Dei*"，收錄於 John Dunn 與 Ian Harris 編 *Augustine*, Volume II, Cheletenham: An Elgar Reference Collection, 1997, pp. 110-118。

時，下了如此的結論：在城邦的共同體中，只有一種共同的目的，那就是，上帝永恆的懲罰，而沒有一般我們所說的共同之利用（use），因為並不存在「功利」（*utilitatis*），沒有所謂的「至善」（*bona fide*）給予任何追求之善一種價值（O'Donovan, 1987/1997: 98）

　　(2)針對西塞羅所強調的「城邦的政治共同體（*res publica*）即是人民之所屬與事務」，奧古斯丁從城邦創制之根源，反思與批判西塞羅的這些觀念。任何城邦之政治共同體在創建之初皆已犯下不義的血腥罪行（譬如羅馬共和之創制來自於 Romulas 殘殺其弟 Remus）（*De Civitate Dei*, Book XV, chap. 5），而且城邦政治共同體的所謂「正義或正當之秩序」的維繫，現實地來看是透過壓迫、威嚇、迫害……等「不義」的途徑[14]，因此，西塞羅所肯定的法治與人民公德所形成的正義與正當的秩序只是一種修辭，不具真實之意義。

　　另一方面，奧古斯丁從人民相結合的原初條件，重新詮釋西塞羅的人民主權的理念。西塞羅從法律的觀念界定「人民主權」：城邦的政治共同體乃是人民所屬及其共同之事務，以及人民之結合是基於正義或法律的共識。但是，人民作為一個整體如何可能建立起有關「正義」的共識？姑且不論「正義」的理念在哲學解釋上已有多元分歧的觀點。人民的相結合，基本上，依賴人民本身的根本性格。在此，奧古斯丁提出了疑難：如果人民本

---

14 奧古斯丁在《上帝之城》的第二書第十七與第十八章中，描述了羅馬共和從其創建之初的血腥歷史，並如此說明：「羅馬貴族企圖支配其人民，人民面對貴族的專橫霸道，充滿憤恨，不論貴族或人民，他們的行為不是出自於平等和德行的考量，而是支配欲以及好爭勝，說到這裡，羅馬人犯下的種種令人羞恥的不義行徑，真是罄竹難書。」

身是溫和且真誠，而且在處理公共的事務方面，總是把「公益」（the public good）擺在「私利」之前，那麼，制定法律允讓這群人民選舉出管理其共同事務（republic）的執政官，這是否有道理？假若相同的這一群人民皆鑽營私利，而不顧及「公益」，容易受到貪婪之引誘，一切公職都可以用金錢買賣，那麼，我們是否可以否定人民的自主權力，而承認君主制或貴族制才是正當有效的政體[15]？

透過這樣的疑難，奧古斯丁指出：西塞羅的法理學式的「人民主權」若得以成立，必須預設一個「前法律的人民之存在」（the prelegal existence of the people）（Voegelin, 1997: 28），據此，奧古斯丁在《上帝之城》第十九書第二十四章中，重新界定「公共事物」即是「人民事物」的意義：

> 如果我們放棄（西塞羅的理論），那麼對於「人民之事物」（res populi），我們給予另一種意義。所謂人民事物乃是理性動物透過對於他們所喜愛的事物（或對象）而相結合在一起。從是觀之，我們若要發現人民的基本性格，我們必須觀察他們喜愛的對象。無論所愛的對象為何，一群人只要他們是理性之存有而非野獸，以及經由「對於共有之喜愛事物的共識」（concordi communion），那麼，我們可以合理地稱他們為人民。如果他們當中絕大部分的人喜愛高尚之事務，那麼，就稱他們是優越之人民（a superior people），若非如

---

15 見奧古斯丁《論自由選擇》（On Free Choice）第一書第五卷與第六卷，引自 M.W. Tkacz 與 D. Kries 譯 Augustine: Political Writings, Indianapolis: Hackett Publishing Company, Inc., 1994, p. 216。

此，則是卑劣之人民。

　　就此，我們可以說奧古斯丁的人民主權概念並非法理學的概念。具體而言，一個城邦政治共同體無法完全建立在正義與法治的基礎，而必須依賴更根源的、以愛（caritas，博施濟眾之愛）為基礎的公共性的宗教道德文化。依照基督教「原罪」與「墮落」的教義來看，奧古斯丁的政治共同體的理念是否有落實的可能性？在「俗世」之處境中，如何可能期望盲昧無知（既無法自知也無法知人）、貪戀物質之享受、喜支配他人、好玩弄權術的人能夠自我捨棄，而服膺上帝的真理與美善之原則，繼而能夠造就虔誠、謙卑的人格？再者，奧古斯丁肯認人民的相互結社（concors hominum multitudo）乃是基於情愛的關聯，但是情愛是良善或者是卑劣，還得依賴正直純良的意志（De Civitate Dei, Book XIII, chap. 6）。如果人的意志，誠如奧古斯丁個人的體認，乃是自我糾葛、薄弱且易變（akrasia），那麼，如何可能被引導至正當的愛欲對象？依照奧古斯丁的宗教理念，人不具有任何個體之自主性，必須依靠上帝的神恩才能掙脫世俗的處境[16]，若此，

---

16 布朗（Peter Brown）在闡述奧古斯丁晚年跟柏拉糾所領導的異端相搏鬥時，分析了兩者針對自由和個人責任之議題所表達的不同理念：「兩者最大的不同在於有關人與上帝關係的論點的差異。在此我們可以從兩人所引用的語言譬喻，總合說明其中的差異衝突：奧古斯丁一向著迷於新生嬰兒；從醞釀撰寫《懺悔錄》一開始，他在某種程度上感觸新生嬰兒的無助，在撰寫此書的過程中，他毫無猶豫地以嬰兒和母親之哺乳的關係比擬人與上帝的關聯。人們全然依賴，不論牽涉善與惡，皆來自於這個生命的唯一根源。相反地，柏拉糾輕蔑嬰兒，他認為把這些嗷嗷待哺的嬰兒看成上帝之子，再也沒有比這個說法更讓人感到不悅。成為人之子即是成為完全獨立的人，不再依賴父母，具有自主之能力，以及實踐任何善之戒律。Pelagius 乃是 emaancipatus a

人如何得知他受上帝的恩典而卸除其原罪？

　　這些問題（包括神權與政權，以及教會的地位職能的議題）皆成為日後在中古世紀神學政治的爭論。就奧古斯丁的宗教思想而論，這些牽涉到政治與宗教的根本問題也沒有獲得完善的解釋，反而是對立觀點彼此的緊張。奧古斯丁肯認神聖與俗世同時並存於人現實經驗的社會，如同人的意志同時並存「我—願意」與「我—不願」兩極的拉鋸，如同人一方面企求永恆圓融的完美，可是另一方面被人現實之條件拉曳（R.A. Markus, 1970: 83）。誠如奧古斯丁在《上帝之城》第十九書，第十七章所言：「上帝與俗世之城個別建立在人絕對信奉的價值之上，因這終極價值的不同，而使這個相互對立，貫穿了現實經驗的社會群體生活。」儘管如此，這兩個對立之城邦依舊共有一種相同的價值取向，依照沃格林（Eric Voegelin）的詮釋，這即是「和平乃是所有社會秩序及其正當目的的基本原則」，不論在動物世界，或者在人的家庭、城邦與帝國，甚至是整個世界，和平乃是一種價值──雖然奧古斯丁在《上帝之城》中揭示的永久和平乃是基督教的「永久和平」（*pax aeterna*），是在世界終結時的一種「規約原則」（the regulative principle）（Voegelin, 1997: 219）。

　　即便如此，奧古斯丁在反思西塞羅的法理學式的公民社會理想時，斷言：「真實的正義只會存在於由基督所創制與統治之共和──如果我們因為無法否定共和即是人民之事物，而承認它乃

---

　　deo：這來自羅馬之家庭法的意象，它意指兒女在成年之際脫離家戶族長對他們的全權支配，以及掙脫一種全面的且封閉的權利，他們就如羅馬法所認定，從依賴『父權家庭』（*pater familias*）中解放，以一個自主、成熟的個人走入世界，以一種英雄式的作為保存其祖先的聲譽。『成就完美，甚至像天父一般的完美』。」（1967: 351-352）

是一個城邦之政治共同體——無論如何，真實的正義只能在如
《聖經》所稱的『一切榮耀皆歸屬於上帝，上帝之城』當中（《詩
篇》87：3）。」（*De Civitate Dei*, BookII, chap. 21）神聖與俗世在人
現實社會生活中仍呈現永恆的對立緊張，神聖，或者說「上帝之
城」既不是一種可見可衡量的原則，也無法成為人追求救贖的具
體目標，但它卻是超越的，以及是內在於人現實的政治社會。在
此，奧古斯丁反對古典共和之公民社會的人之意象——意即：人
乃理性與政治性動物——而塑造出一種異地與朝聖的「旅人」形
象，沒有定居之所，雖有皈依之家園（*patria*），可是無法企及與
安頓。

六、結論

　　古典共和的政治共同體理念透過奧古斯丁的宗教神學的批
判，已不再如古典思想所肯認的，可以自成一個自足的政治社
會。在奧古斯丁的宗教神學的解釋下，古典共和理念所肯定的正
義、公民德行、人民主權與法治的概念，由於人的「原罪」與
「墮落」，必須建立在具超越性的上帝的真理與美善的原則，才有
更穩固的根基。同時，古典共和的政治共同體的道德與法治的理
想也必須在上帝的「恩賜」下，方有落實的可能性。奧古斯丁在
闡釋西塞羅的人民主權的概念時，把「人民」（*res populi*）解釋
成為人基於情愛，而不僅是基於「利益共享」和「法律與正義共
識」而形成的結合體。這種以「情愛」為公民共同體形成之紐
帶，基本上，蘊含宗教的意義，它意指對上帝的虔誠與博施濟眾
的情愛（*caritas*）。依照奧古斯丁的觀點，一個以法律與正義為
基底的公民社會若缺乏這種「情愛」的結合，是無法達成永久和

平與安寧的秩序。這種公民共同體是否表示一種基於基督教之信仰所形成的共同體？若以奧古斯丁的《上帝之城》的解釋綱領來看，這信仰者所組成的共同體必然生活於現實的政治社會當中。在此引發一項根本的問題：信仰者的共同體跟現實的政治社會的關係是什麼，就如同「神聖」的公民政治共同體與「俗世」同時在現實政治社會中兩者的關係如何被安排？這些問題牽涉到奧古斯丁政治理念的洞識與限制。

　　奧古斯丁在闡釋古典共和的公民政治共同體理論時並沒有討論政治體制的憲政構成及其特質。他所著重的是統治者（不論是一人、少數或多數的統治）只有服膺上帝的真理與美善之原則，而行正義與慈悲的治理，其統治權力方有正當的權威可言。至於古典共和所強調的「公民參與」理念，奧古斯丁僅提示統治者的治理必須把人民整體視為一個諮議機關，時時徵詢人民的意見。但這如何可能？以及在制度上如何設計？奧古斯丁並不著一辭。

　　更進一步言，在奧古斯丁的政治神學的脈絡裡，「神聖」與「上帝之城」乃代表一種不可見的終極的權衡原則，但是，在現實政治當中，如果奧古斯丁肯定現世之政治必須遵循上帝之真理與美善原則的規約，而此原則必須依照對於《聖經》與《使徒書》的忠實解釋，那麼，這個解釋權操之於誰手中？換句話說，誰有資格代表上帝之語言（logos）與權威？再者，當《聖經》之解釋產生分歧性的觀點時，誰能夠正當地充當仲裁者？

　　奧古斯丁在擔任北非的希波（Hippo）地區的主教時都經歷了這些問題。在他對抗當地的異端，如多納特教派與柏拉糾教派時，為「大公教會」（Ecclesia catholica）的統一而奮戰，也引經據典證明使用武力反對異端與分裂者的合理性，用神學證明「強迫性的信仰轉變、宗教法庭審判、聖戰，以及反對任何偏離的教

義」皆是合理的[17]。

這些問題從西元800年當大公教會因歷史機緣形成一個組織龐大的官僚機構開始，歷經11世紀的「權杖授予論爭」（Investiture Contest, 1057-1122），以至於16世紀的宗教改革運動，貫穿了西方政治神學的爭議。從西方的歷史來看，這長達七百多年的有關基督教神學與政治的紛爭在1568年當 Michel de l'Hôpital 寫給法王查理九世（Charles IX）的備忘錄中明示：「宗教不再成為政治秩序的主要成分」，以及亨利四世（Henry of Navarre）在1598年頒布《南特詔書》確立胡格諾（Huguenots）新教教派的合法地位時，才告一段落。在公民社會的論述上，托瑪斯‧霍布斯的國家理論代表一種新的典範[18]。

從第9世紀至16世紀，在闡釋公民社會理論上，值得關切的課題乃是古典共和的政治共同體理念與基督教神學彼此之間的互動關係。依照布雷克（Antony Black）的闡釋，11世紀的「權杖授予論爭」，以及在這個時期產生的中古市鎮的發展代表公民社會之理念與實踐新發展的起點。一方面，大公教會要求「教會的自由」（*libertas ecclesiae*）因而開啟政權與教權之爭，另一方面，市鎮要求自治權，而開啟了所謂「市鎮的共同體運動」（Block, 1984: 62-63）。因為市鎮自治的現實要求，古典共和的理念，如亞里斯多德的「公民參與」與西塞羅的「人民主權」理念

---

17 關於這些解釋，參見布朗上引之書，頁235，以及漢斯‧康（Hans Küng）《基督教大思想家》（*Grosse Christliche Denker*, 1994），中譯本由包利民譯（香港：漢語基督教文化研究所，1995），頁78-97。

18 參見 Ernest-Wolfgang Bökenforde, *State, Society and Liberty: Studies in Political Theory and Constitutional Law*, trans. by J.A. Underwood (New York/Oxford: Berg, 1991), pp. 32-40。

方可能落實於社會生活。另外，從政治理論的層面來看，在政權
與教權爭論之脈絡中，亞里斯多德的政治學在 13 世紀中，透過阿
奎那（Thomas Aquinas, 1224/5-1323）的詮釋，而有了一種奧古
斯丁之宗教神學的解釋觀點，也在同時，阿奎那的學生，也是奧
古斯丁教派的法國修士吉理斯（Giles of Rome, 1243-1316）把亞
里斯多德的「政治共同體」（*Koinõnia Politiké*）譯成「市民社會」
（*Societas Civilis*），而給予一種政治神學的解釋。自此之後，在文
藝復興時代的布魯尼（Leonard Bruni of Arezzo, 1369-1444）以及
宗教改革時代的馬丁路德（Martin Luther, 1483-1546）及其教友
梅拉赫頓（Philipp Melanchton, 1497-1560）的闡發下，構成一種
政治神學式的公民社會解釋的傳統。這個傳統因政教衝突的平
息，以及資本主義市場經濟、現代國家的興起、科學理性知識的
成長，以及個人主義的萌芽，而喪失其現時性與生機活力。自 17
世紀以來，個人主義的「唯意志論」（voluntarianism）與資本主
義之市場經濟的活動，成為闡釋公民政治共同體意義的主要取
向。然而，古典共和的公民社會理念與奧古斯丁的政治神學論述
依舊構成公民社會之政治道德論述的主要思想資源。

第二篇

人民主權與憲政民主

第四章

從君主的威勢到國家主權者權位
的轉變

一、引言

　　如果我們綜觀歐洲政治思想史的發展，則可以看出17世紀之前所謂的政治思想家大都以政治統治者或領導者的觀點闡釋政府（或政治制度的安排）的好壞，以及政治統治者的領導所需具備的能力、品德與個性，如柏拉圖在《理想國》（*The Republic*）所提的「哲君」，以及在《政治家》（*The Statesmam*）所提的「統治者作為編織匠」（ruler-weaver）的意象，以及基督教所提的「統治者作為牧羊人」（ruler-shepherd），或者如古典共和所說的「領導者是為舵手」的理念。除此之外，在中古時期以至文藝復興時代，有關國君道德修養的課題的政治論述也形成了一種名為「明君寶鑑」（the Mirror of the Prince）的著作類型。

　　但是這種論述趨向到17世紀，在所謂現代性之政治思想轉向的時期，有了極明顯的轉變。對於這種轉變，猶如當代義大利的政治哲學家波比歐（Norberto Bobbio）所解釋的：「現代的政治學

說關切個人的自然權利，以及公民的自由、福祉、富裕與幸福，
而不是政府或國家的權力……而且對政府的績業的判斷依據是個
人所享有的人權的質量，而不是依賴統治者權力的程度。……現
代性之政治思想的轉向在美國與法國革命的《人權宣言》（*The
Universal Declaration of Human Right*）中有了更明確的表現，它
們莊嚴地宣示如下的基本原則：政府是為個體而存，而不是個體
為政府而活。這個原則不但影響後來的憲法的訂立，也影響了有
關國家的政治思維，而且成為不可逆轉的趨向。」（Bobbio, 1989:
55-57）在這裡，我們也可以說，這個有關國家的政治思維的趨向
乃呈現政治領導、政府的治理與個人權利、民主的實踐之間的緊
張。

　　本章嘗試從觀念史的角度闡釋這個政治思維的現代性轉變及
其內在所呈現的這個對立緊張。

　　我們首先從「民主」一詞的字源說明民主與領導統治的對立
與民主實踐本身的基本問題，以這個問題意識，本章試著闡述古
羅馬自屋大維（Octavian）稱帝，樹立「皇權帝制」（*principate*）
以來，一人專制（monarchy）與帝國理念的形成。這個專制、帝
國的理念在西元16世紀因義大利的城邦政治與共和思想的興起而
有所轉變；也在這個時期，西歐的英法兩國逐漸脫離中古封建制
序帝國理念而形成現代主權國家的型態，國家之主權的理念成為
政治理論的重點。在闡述這個課題上，本章解釋下列幾個主題：
(1)說明古羅馬帝國時代的斯多葛（stoicism）哲學家塞尼嘉
（Seneca, 4B.C.-65A.D.）如何論證皇權帝制統治的正當性，以及
中古封建神權政治的理念；(2)闡釋但丁（1265-1321）在《論世
界帝國》（*De Monarchie*，或譯《君王統治》）如何論辯神聖羅馬
帝國（Holy Roman Empire）統治的正當性，「帝國的觀念」（the

idea of the Empire）是構成中古世紀統治之重要的意識型態，對此意識型態，但丁提出了較完整的政治學理；(3)以中古封建的神權政治與帝國觀念為脈絡，馬基維利的共和思想一方面掙脫神權的「超越性論證」，另一方面帝國體制及其理念。是故，他的共和的政治理念，其論旨在於思辨：在俗世世界中，一國之君如何憑藉他的狡智與氣量，審時度勢，施展有效的統治力，並擺脫帝國（如神聖羅馬帝國）與君主專制國（如法國）的侵略與政治干涉，以建立一個獨立自主的國家。(4)跟馬基維利的反帝制與反君主專制的共和理念足以相提並論者，乃是法國一位早逝的思想家拉‧波艾西（La Boétie, 1530-1563）[1]，他在其1576年出版的《自願為奴》（*The Discourse of voluntary Servitude*）一書中，嚴厲批判君主制的獨斷、高壓的統治，也指責人民順從這種統治的習性。他否認任何統治者與被統治者的關係，因這種關係蘊含「主奴」關係。就此言之，他的政治思想顯現幾近共和的理念，就如同他否定自己國家的君主專制而崇尚義大利的威尼斯的共和制。

　　最後，沿順上面的論述的脈絡，本章闡釋霍布斯（Thomas Hobbes, 1588-1679）在其《利維坦》（*Leviathan*, 1651）一書所建立的主權理論。涉及政治統治的問題，霍布斯已不再像16世紀的政治理論家，如馬基維利那麼關注政治領導者（主權者）的品

---

[1]　La Boétie（拉‧波艾西）於1530年11月1日生於法國的Sarlat。年輕時受學於當時有名的法理學家Anne De Bourg門下。二十二歲時被舉波爾多（Bordeaux）議會（皇家法庭）的議員，從事公職，直到1563年死於瘟疫為止。這位名不見經傳的思想家，其生平因其好友蒙田的敘述（見《蒙田散文集》中〈論友誼〉）而有一鱗半爪的資料，可供了解。對於他的政治思想的評論，論文與著作亦不多，國內最早詳述La Boétie政治思想的編著，參見孔令侃（1930）的《暴君政治》。在此，感謝蕭高彥教授介紹孔令侃的著作給我。

格、才幹與德行，而毋寧是「國家作為人群結合為一的共同體」
是如何可能被建構。他的主權理論，依我個人的見解，一方面回
應拉・波艾西的否定君主制的激進共和的理念；另一方面則回應
馬基維利所未曾系統地解釋的有關民主之政治秩序如何可能的問
題。

二、政治領導者（主權）與民主的問題

　　治理與領導的概念源出古希臘字的接尾辭 *arkêin*，意指開端
啟新（或謂根源）、引導、權力、統治；在指明政體性格時，它
意謂執政的職位或指政府的官職設置安排，在指涉城邦之間的關
係時，它意謂一個城邦控制或主導另一個城邦的意思，即我們現
在所謂的「霸權」（hegemony）（Ober, 2008: 6）。就此而言，治
理、統治（rulership）與領導（leadership）的意義很難區分，若
勉強做區別，就如鄂蘭在《人之境況》（*Human Condition*, 1958）
一書中，特別強調政治領導的開端啟新的行動力，而將領導與自
由關聯在一起（Arendt, 1958: 189），或者如韋伯在〈政治作為一
種志業〉一文，將「治理」解釋為文官體制中一般官員按法規或
上級命令，處理日常的行政事務的作為。而一位政治的「領
導」。則是將政治視為他生命的全部，而具有其內在的意義。他
之所以從事政治，是基於一種真誠的抉擇，有一種信念或承諾作
為其參政的「原因」（cause），是有其立場與熱情，以及政治實
踐的計畫與遠景，而且對他所抉擇的事業與勾勒的遠景有一種責
任的擔負，以及在實踐的脈絡中，能做恰當的判斷，即韋伯所說
的「心志倫理」與「責任倫理」的恰當比例（Weber著，錢永祥
等譯，2004）。在此，韋伯跟鄂蘭一樣，強調政治領導不是全然

受規則或法規所束縛，他能開創新局，革新舊業，即使援引舊規，他亦能給予它一種切合實際環境的解釋。他所規約的或主導的價值與信念，不論其成敗，是不依既定的成規，因此具有一種突破成規的力量（關於此解釋，參見Philp, 2007: 83）。

　　政治的領導者必有其追隨者，領導者能吸引追隨者除了他個人的難以理性說明的魅力（charisma）之外，領導人所策劃的政治目的必須是具規範性的，而且對追隨者形成有一種威勢。他的作為必須有擔當，以及在裁量上能輕重恰當，而且能依據立場與尊嚴——這一些皆構成了領導者的自我判斷與評價。除了他必須具有調和與安排政治勢力之衝突所具備的政治手腕之外，這些都是領導權所應有的倫理性格（Philp, 2007: 85）。

　　在當前民主處境中，強調政治領導者與追隨者的關係似乎帶有政治菁英主義的意味，這種關係往往會滑向主從關係。當民主制強調公民自主性或道德的自律時，這種政治上的領導者與追隨者的關係如何可能被證明為有效。在這裡，筆者再次以鄂蘭的政治實踐的理念做進一步的闡述。如上所述，鄂蘭在闡釋「實踐」（praxis）的意義時，引用了 arkêin（或 archei）說明實踐的開端啟新與主導，以及領導與追隨的意義，可是在《論革命》（On Revolution, 1963）中，當論及民主實踐，她引用古希臘 isonomy（平等）的理念強調民主政體本身是不設有這種關係，換句話說，民主政體不區分統治者與被統治者的關係的，每一位公民皆以平等的同儕身分共同參與政治事務（Arendt, 1963: 30-31）。這種解釋相應於美國古典學者歐伯（Josiah Ober）從詮釋古希臘的接尾辭 kratos 與 arche 的意義，重新闡釋民主的真實意義：

　　Kratos 被引用在說明政體性格的接尾辭時，它就成為具有

「強勢」（strength）、「倍能」（enablement，或譯「賦予能力」），或者「做事之能力」意涵的權力概念。這就是古典（或古代）希臘在運用這個字詞及其動詞型態時所涉及的字義範圍。以這種解釋，*isokratia* 就意指每一個人只要立足於「那些平等地位（指公民）」的範圍內，就有這種能力取得公共權力，包括不受限制，得以取得公共職務的官階頭銜。總言之，以 *Kratos* 為接尾辭的概念語詞具有共享共有的意象，但以 *arche* 為接尾辭的概念語詞卻與此相反，它的旨意所關切的是，控制一個「憲政的機制布署」（constitutional apparatus），是故，我認為這個 *Kratos* 這個概念原初是指涉一種（新的）政治能力。這也可以解釋為什麼在古希臘語詞不曾出現 *monakratia*，或 *oligokratia* 的原因：不論「一個人」或「少數人」天生具有強勢力與能力，這些力量是得自於財富控制、特殊的教育以及高貴的出身。在這裡，就沒有到底一個人或少數人是否具有「做事之能力」的問題，也沒有這一個人或這少數人是否控制政府之機制的問題。就此言之，民主的基本意涵在於人民的強勢力、從事政治事務的能力而非指人民控制憲法及其制度之安排的權力。（Ober, 2008: 7）

接著這種概念語詞的釋義，歐伯進一步詮釋 *isokratia* 的民主意涵，他指出民主成為一種政體的型態是在革命的歷史時刻（西元前508年與507年），在這個體制當中，人民形成一種集體力量，並伸張自己具有改變政治事務的能力與權利。它真實的意義不是指人民多數獨占預先存在的憲政權威，毋寧是「被賦予權力的人民」（the empowered *demos*）；若說它是一種體制，那麼民主體制只意味人民在公共領域上行動的強勢力與能力，以及透過行

動重構這個領域。在此，歐伯也指出民主制的一個根源性的問題，即是：「人民是由社會的各種差異的個人與團體所組成，每一個個人與結社體都以自己的利益，做自由的選擇。它的成員無法全然統合其欲求；簡言之，若要使人民有政治行動的能力，人民如何可能合作，並構成集體的行動，這即是民主的基本問題。」（Ober, 2008: 7）

在民主體制中，人民既然構成一個集體行動的權力，這就沒有所謂領導者與追隨者，或統治者與被治者的關係存在，就此而言，自由與平等從古典時期以來就構成民主制的基本價值，而公民的自治乃是體現這些價值的政治實踐。民主的體制及其實踐乃與君主制或貴族制的相互矛盾。然而，民主本身亦有其內在的問題，亦即：人民作為一種集體行動的能力，這如何可能？這構成了現代民主政治論議的基本問題。

三、古羅馬的帝國理念──塞尼嘉的「皇權帝制」的正當性論證與中古封建的「君主制」原則

屋大維（Octavian）於西元前27年結束了羅馬共和末期的軍閥的鬥爭與內戰，締造了羅馬及義大利政治與社會的和平秩序，他的偉業被元老院及護民官賦予「奧古斯都」（Augustus）的尊榮，其地位及人格德行高於所有貴族及執政之上，是謂「國家的元首」（Princeps，即：the first man in the state）。居處這種合法的尊榮地位，屋大維憑藉其才智與手腕，在維持共和憲政體制之完整性的情況下，將共和的元老院的權威（auctoritas）、執政官的行政權力（imperium或potestas）、護民官的人民權力、行省的總監權限與軍隊的指揮權力總攬於一身，就此，在他長達四十年的

統治期間（27B.C.-14A.D.），屋大維確立了「皇權帝制」
（Augustan Principate）。

　　在證成皇權帝制的統治的正當性上，屋大維強調自己至高無
上的權威即來自他作為國家元首（princeps）能夠締造羅馬及義
大利人民的和平秩序（Pax Augusta），保護人民免受外敵的侵略
與內戰的痛苦；另一方面，這個權威也由個人的人格德行所維
繫，這些德行即是如「奧古斯都之金盾」上所銘刻的勇敢剛毅、
仁慈（clemency）、公正（justice）與虔敬（piety）的美德。

　　對於屋大維的改制及新秩序，古羅馬的思想家並沒有如古希
臘的伯拉圖與亞里斯多德一樣建立完整與連貫的理論解釋，可見
到的論述只是在古羅馬皇帝尼祿執政時期，塞尼嘉在勸諫他如何
治理帝國的論著《論赦免》中，對君主（或皇帝）的地位及其德
行所提出的觀點，這個觀點值得加以解釋，其理由是他以人的身
體作為譬喻來說明「皇權帝制」的結構性特質，而形成了「政治
體」（body politic）的圖像，這個政治的圖像持續為日後政治理
論家所運用，甚至一直到霍布斯與盧梭，他們依舊用此意象來說
明現代國家的構成。除此之外，塞尼嘉亦辨別皇權與專制
（autocracy）的區分，其分別的要點在於前者謹守體制的規約
（如接受元老院在政策上的建議）、尊重法治，以及以「奧古斯
都」的德行，如勇敢剛毅、仁慈、公正與虔敬作為修身的規範，
並以實現公共福祉為自己的職責，後者則完全憑藉軍事武力奪掠
奪權位，並以暴力控制國家與人民。現扼要說明塞尼嘉的基本論
點。

　　在古羅馬帝國的尼祿（Nero, 37-68）王朝時期，斯多葛學派
的哲學家，也是尼祿帝王的老師塞尼嘉，確立了「君主制原
則」，而致使古典共和主義的思想，呈現君主統治與公民自治之

理念相互矛盾，但又相倚的思想趨向。塞尼嘉在他所寫的，勸誡尼祿王的著作《論帝王的赦免權》（*On Mercy*）當中，為古羅馬自屋大維（Octavian）在紀元前27年建立的「皇權帝制」（*principate*）確立起正當性的統治原則。過去斯多葛學派在論政治統治之正當性的問題上，不是支持「君主制」，就是支持元老院的權威；在這個學派的心目中，民主、貴族與君主的混合制乃是最佳的政府形式（Giffin, 1992: 202-221）。但塞尼嘉以屋大維結束軍事獨裁的內戰為歷史事例，肯定皇權帝制乃是古羅馬政制的必然。他描述這個帝制的元首（*princeps*）或謂君主即作為帝國最高統治者，其領導的地位既是「公民的管轄支配者，亦如家族中的父親、亦如學園中的教育者，以及軍隊的統帥」（Seneca, 1995: 148），這種地位如同中國朝廷帝國的皇帝一般，作之君、作之父、作之師；不論其頭銜為何，這位最高的領導者是帝國的樞紐，凝聚「萬眾」（multitudes of men）為一體，而且監護帝國的公共秩序。塞尼嘉以人身作為譬喻，說明這位最高的政治領導者猶如人身的「心靈」（mind）一般，指揮與統領身體的手足與雙眼。類比而論，「萬眾聚合於他身旁，宛如他是其心靈，受他精神的統治，受他理性的引導。沒有這位領導者的具睿智的判斷力的支持，萬眾因自身強勢力而自我摧毀而分崩離析。」（*ibid.*: 133）萬眾需要一位政治領導者的主導與監護，這種理念蘊含著否定古典共和思想的公民自治的理想。

君主既是萬民的首領，他不但在社會的層級上，超越其臣民，其道德也必須是超凡偉大的。職是之故，君主之為君主，是因其高貴優越的德行而使然。這些君主之德包括：寬宏大量、自我節制、言行謹慎、仁慈，公正等。塞尼嘉就此確立了「君主制原則」的人治與德治的基本理念。德治與法治是不可分的，塞尼

嘉強調君主的統治必須遵守普遍之法則（universal law）的規約，即遵從與實施王國的法律，同時不能干犯社會的習慣法則（或如一般所言的習慣法）（Seneca, 1995: 252），缺乏法治與德治的君主就成了暴君（Tyranny）。塞尼嘉的這種「皇權帝制」的理念成為中古以至於文藝復興時代有關「有限之君權」論述的思想資源。就如英國學者史達西（Peter Stacey）所論：

> 塞尼嘉式的論證促進「皇權專制」（royal absolutism）在「市民法」傳統中的正當性，它分析了君主專制的性質，在此它特別地採取了《查士丁尼法典》中的兩項對立的解釋性概念，並嘗試做一種調和。這兩項解釋性概念一是來自法典的 *princeps legibus solutus*（君王之法外特權），另一則是君主的司法權，其有效宣稱來自法律的約束，其權威乃建立在法治的權威上。君主之權力既是至高無上的，它是超越法律之上，容許君王在法之外行最後的決斷權，為免除這種決斷變成專制暴虐，除了訴諸自然法之理性（即：均平公正的理性）之外，最後訴諸於君王的悲憫（leniency）與「寬恕」（forgiveness）的寬宏大量。（Stacey, 2007: 62-85）

從西元第 10 世紀至 13 世紀，歐洲「封建君主制」（feudal monarchy）的君主因為基督教教會授與一種超越性的、神聖的權力根源（即：「上帝的恩賜」〔the grace of God〕），而取得一種神權的正當性權威。在此，封建君主取得了兩種身分：一是作為統治封建領主（feudal tenants-in-chief）的君主，他藉由與這些領主的契約關係，而行「俗世」統治。他一方面因管轄這些封建領主而成為他們的統治者；另一方面也管理自己的「皇家的產業」，

就此而言，封建君主的領導就如產業經濟的管理者（Oakeshott, 2004: 283-300）。二是封建的君主因上帝的恩賜，而被上帝授與權柄，成為其塵世的代理，進行治理。君主如同教宗是為臣民的主權者，位高於其臣民之上，因而「沒有任何的法庭、機關，或者任何的途徑足以讓君主負起他的法令與行為的責任。君主的權力高於法律，『沒有任何法案可以反對君主』，『君主永不犯錯』，……另一方面，無論君主的臣民擁有什麼，無論他們握有什麼官職，無論他們完成什麼功能作用，他們都是君主所賜，……或者說君主的恩賜，就如同君主的權力乃是上帝的恩典承讓，臣民的權力與權利亦是君主所賜與。」（Ullmam, 1965: 132）

封建君主雖是位高權重，缺乏任何制度的框限，但他的治理並非可以任意獨斷。他的主權一方面受到教宗（另一位主權者）的牽制，也受封建契約的約束。另一方面，當時的知識階層（包括律師），不論是教會法或民法的律師以及哲學家，援引羅馬法治的傳統，並各自憑藉其支持的權力，彼此論爭。這種來自各方的意識型態的爭論亦在某種程度上約束了君主之主權的任意獨斷性（Guenee, 1985: 36）。除此之外，塞尼嘉的君主之德的論述在中古歐洲亦形成一種名之為「君主之明鑑」的著作形式，其宗旨在於以一種規範性的理念指導與教育君主的道德人格與統治，其論旨的主題不外乎教誨君主服膺公義以及實踐悲憫、寬恕的至德，或者要求君主的治理必須時時刻刻從事靈魂深處的良知的反省，或者教誨君主的治理必須以上帝的神聖法則作為典範，以萬能的上帝的判斷作為治理的最高的仲裁（Stacey, 2007: 161-167）。

在這裡，有必要說明的是，中古時期的政治思想因受到基督教之原罪觀念影響，而帶來論君主之德的難題：如果人類因亞當

與夏娃違抗上帝的意志，而犯下高傲自大（hybris）的罪，因而必須受上帝的懲罰。每一個人因這個罪行而銘印了原罪，他的一生即是尋求上帝之恩典的救贖過程。堅信上帝的恩典，在上帝面前學習謙卑、仁慈，以及終生抱持救贖之彼岸的期望，方有可能卸除原罪之負擔。如果每一個人本質上皆銘印原罪，那麼我們如何期望現世的君主能表現聖明之君的人格與作為？「君主之明鑑」的論述在塑造理想的聖明之君主的同時也描繪了「暴君」（tyranny）的人格與作為的型態，但是暴君論也引發了誅殺暴君之正當性的爭議。在此，本章不討論這個課題及其爭議，而只簡略提示有關暴君論的觀點。所謂暴君，最明顯者即是以不正當（或不合法）的暴力手段篡奪國君之權位者；除此之外，也指稱那些貪婪、殘酷不仁，以弒殺為樂的，濫用其合法權力的君主。在基督教信仰盛行的時代裡，一位君主若能敬畏上帝，而謙卑仁慈，能恪守王國的法律，尊重社會的習俗，能體恤民情、誠心照顧人民的生活的君主，這就足以稱之為聖明之君；但如果不敬畏上帝卻有治國之才能的君主是否可稱之為明君？這個問題在文藝復興時代中被馬基維利的《君王論》（*The Prince*, 1513）中給重新解釋。

四、但丁的帝國理念

中古歐洲的教權與王權之間的鬥爭自1070年的「權杖授與論爭」（Investiture Contest），經歷13世紀法王菲利普四世（Philip IV）與教宗博尼法斯八世（Boniface VIII）的爭論，以至14世紀教皇克萊孟五世（Clement V）的「巴比倫囚禁」（Babylonish Captivity），在這一般歷史進程中，羅馬教宗所宣稱的至高無上且

完整的權力及權威（plentitudo potestatis）受到各地區如英、法的王權以及義大利自由城邦的挑戰。針對羅馬教宗的權力及權威，王權論者宣稱君主權力的正當性不必經由教宗及其聖禮（如加冕與塗聖油的儀式）的肯認，而是直接來自上帝的恩賜（grace）及意旨（providence）。從這個意識型態的爭端發展出「等級制」（hierocraticism）與「平行論」（parallelism）的解釋與論證模式，前者強調歐洲的王國及其社會整體都必須建立在一種等級位階的秩序之上，這個等級位階是以羅馬教宗及其教會系統為最高權威；後者則主張教宗與君王的權位同是上帝的恩賜與旨意，因此，王權統治的正當性不必受教宗的肯認。在其管轄的領域內，王權自有其至高無上的權力，教宗的權威亦是至高無上，且獨立於王權的，猶如14世紀的神學家約翰（John of Paris）所言：「在塵世中，沒有任何權力高於君王之上，如同教宗在精神領域的權威一樣。」但這兩種論證並無法消弭教宗與君王的權力與權威的爭論與鬥爭。

　　在發生「巴比倫囚禁」事件的期間（1309-1377），義大利的人文學者及文學家但丁於1311年左右出版了《論世界帝國》（*De Monarchia*）。但丁成長於義大利佛羅倫斯的自由城邦，但厭惡其國家內部的黨派鬥爭以及羅馬教宗博尼法斯八世的貪婪腐敗。重申古羅馬帝國統治的正當性，冀望當時的神聖羅馬帝國能恢復「羅馬和平」的世界統一秩序。在這本著作中，但丁論證以一人之治所形成的皇權帝制才能帶來世界的和平，同時主張這個王權的統治不必經由羅馬教宗的承認才有其正當性。在此，但丁批駁當時論證教宗之最高權威的，如上述的「等級論」的觀點（以但丁的用語，即「日月陰陽」的譬喻），雖偏向「平行論」（或謂「兩個太陽」的譬喻），但是他的論證主軸乃放在人本身的作為，

以及人類整個的文明秩序上（即文藝復興的人文主義的「以人為
中心」〔humanitas〕的觀念），這個論證的主題在於：在不排斥
基督教的信仰下，將人本的價值從基督教的政治神學中抽離，而
形成獨立自主的價值（Kantorowicz, 1957: 465）。

　　依照但丁的界定，「所謂帝國乃指一個獨一無二的至上的權
威，這個權威是為在時間流變中的其他所有事物而設，它高於所
有在這些事物中所運作的權威，也高於那些時序所衡量的事物。」
（Dante, 1995: 5）這個帝國不是指奧古斯丁的「上帝之城」，而是
指「塵世中的普遍王權」（temporal monarchy），它不超越人間
世，而是置之於其中，是在時間的流變與歷史的進程當中，但又
高於這些事物之上。在此，我們可以說，但丁的帝國理念蘊含了
恆定性的規範，但如何論證這個規範？跟這個問題相關的則是，
如何論證帝國統治的正當性？如果正當性的論證不是建立在上帝
的「恩賜」與「旨意」，那麼秉具「原罪」的人類如何可能自我
證明統治的正當性？掌握帝國統治權力的君王（或皇帝）既是凡
人，他如何免除人性天生的貪婪、傲慢自大、巧取豪奪的野
心……等傾向？

　　對於這些問題，但丁運用亞里斯多德的「因果關係」、「目的
論」、「整體論」、「至善論」、「人智性的潛能與實現」與「公理
正義」（justice）……等概念，形塑其帝國理論的第一原理，依這
個原理，以及配合三段論的邏輯推論，而進行演繹推論
（deduction）。但丁雖運用亞里斯多德的概念，但並沒有放棄中古
時期的政治神學的基本觀點，即：上帝乃是宇宙天地、萬物及人
類的創造者，是萬有的第一因，是自在不動的動者（first
mover）。誠然，上帝及其意志是不可見的，但只要人類能清楚地
了解上帝所為諸事及其表現的各種形跡（signs），包括奇蹟在

內，即可領會上帝的旨意，猶如印璽與封蠟的關係（Dante, 1995:
51）。上帝以其造化，即自然，所為諸事都是正當的，其中帶給
人類最好的福祉即是「普遍的和平」（universal peace）（*ibid.*:
9）。在此，但丁強調人是依靠其「智性能力」（intellect）理解上
帝及其意志所為諸事及其終極目的，即和平、公理、正義。但人
的智性能力只是潛在的，欲了解上帝所為諸事，無法單靠個人，
而必須透過「人類中絕大多數人」的共同努力與學習，才得以實
現（*ibid.*: 10-11）。

　　但丁以這個第一原理作為起點與論證的基礎，思辨政治，在
此，所謂政治乃指「政府的正當形式的資源與起點，以及在政治
領域中由人類所能控制的一切事物。」（*ibid.*: 7）但丁在此所論的
「政府的正當形式」不是指他本人所生活其中的義大利的城邦共
和制，也不是指當時歐洲英法國家的封建君主制，而是指向古羅
馬的帝國形式。古羅馬帝國已不在，因此我們可以說但丁的論述
帶有「以古諷今」的意味。在此，我們不免會問：為什麼不是君
主制的「王國」（kingdom）而是帝國才能保障普世性的和平？依
照但丁的論述，王國與帝國的政體均是一統一性的王權，唯有這
種王權才能帶來和平。但是，彼此獨立的王國常處於交戰的狀
態，若缺乏一個超越各自獨立王國之上的統一體，則無法防止戰
爭，並締造普遍的和平。對此觀點，但丁運用亞里斯多德的「部
分與整體」的解釋，論證這個觀點，現扼要說明其論證：

　　(1)政治共同體的形構有兩種方式：一是由其部分（如每一個
體以及社群）彼此關聯而形成秩序，另一則是這些部分是跟另一
個不同於這個部分的實體相互關聯，而形成秩序。兩相比較，後
者優於前者，其理由在於它一方面能夠形成由部分彼此相關的目
的與目標，另一方面，這樣的關係的存在乃是為了跟這個單一的

實體有所關聯（Dante, 1995: 37）。

　　(2)政治共同體內在的部分彼此產生爭論或鬥爭時，如果由內在產生「第三者」作為仲裁，那麼只會陷入爭論的「惡性循環」。因此，當王國彼此產生糾紛時，任何其他的王國都無法擔任仲裁者，唯有超越這些王國之上的帝國才有權限，得以調停與仲裁糾紛（*ibid.*: 22-23）。

　　(3)所有的「和諧一致」（concord）有賴於意志的統一性，這種統一性不但在各個王國，也必須擴展到帝國，才得以完全落實，如但丁所言：「人類在其理想的國度表現出一種和諧致一，因為就如同一個人在其理想國度中無論在精神上或物理上都是和諧致一……人類整體亦是如此。職是之故，人類整體在其理想的國度乃依賴人意志的統一性。」（*ibid.*: 39）

　　這個帝國，在規範的層次上，不是以力服人，而是以公理（right）、正義（justice）、自由（liberty）的原則從事治理；簡言之，這個帝國的統治權力必有其正當性（legitimacy）的論據。在此，正義意味「正直」（rectitude）或謂「規矩」（rule）（*ibid.*: 23），就此也意涵「公理」。公理乃「行之於人際之間，它維繫與保存整個社會，公理一旦遭受破壞，社會也就解體……如果所有社會的目的乃是相互結社之個體的『共善』（common good），那麼，公理即是『共善』。」（*ibid.*: 62-63）除此之外，正義也意味每一個人能取得他應得的，正義也跟「對鄰人之愛」與「博施眾濟之情」（caritas）相關，這種情愛「使得他們對正義更為明確清澈。無論任何人，這種情愛可以表現極致，如此，正義得以發現其最有效的位置，……由於和平的生活是人類的最主要福祉……也由於正義才能完整地實現這種福祉，因此情愛（caritas或charity）才有效地推促正義，以其力量，其他力量才能被強化。」

（*ibid.*: 27）正義與公理最大的敵人即是貪欲無度（cupidity）因為它會扭曲人的心智與判斷，阻撓正義公理的實踐（*ibid.*: 35）。政治的野心亦是如此，對於這一點，但丁特別指向帝王。帝王手握至高無上的權柄，他的統治是為人民的福祉，而不是人民為他的統治而存在，其執政團是為公民的福祉，而不是公民為執政團而存在，說到底，「帝王是所有人的僕役。」（*ibid.*: 33）

　　但丁在論證帝國統治的正當性時，同時肯定人的理性與上帝的權威，如他所言：「有關事物之真理不但由人的理性也由神性的權威所啟示；兩者一旦合意，那麼天地必須給予同意……」（*ibid.*: 49），但在鋪陳論據上，但丁取其資源於古典（或謂異教〔paganism〕）的思想，就如康托羅維茲（Kantorowicz）所闡釋的，但丁「自發地運用『異教—人本的德行』（paga-human virtues），其目的在於提供給他的『普遍王權』（universal monarchy 或稱『世界帝國』）一種智性的終極目的，這個目的不依賴教會的恩賜。如果人能適當地被引導，就有可能透過其設施，運用其自然理性的力量以及古典的四達德（即：謹慎、堅毅、節制與正義公理）達成塵世的天堂。」（Kantorowicz, 1957: 468）

　　以此觀點，但丁駁斥帝國統治的正當性必須建立在教宗權威的承認之上。換言之，他否定當時為教宗辯解的「等級論」，以但丁的用語，否定「日月兩個光體」（或謂「日月陰陽」）的論證，這個論證揭示教宗好比太陽，君主如同月亮，月亮自身沒有光芒，必須藉由太陽之光，才能發亮。依此類比，君主必須從屬教宗，受教宗的權威的肯認，才有統治的正當性。對此論證，但丁以上帝創生的說法加以駁斥，他強調上帝創造天地，在第四天，同時創造日月兩個光體，兩者同時存在，並無主從關係，除此之外，但丁從當時天文學的知識，論辯說月亮本身是有微弱的

亮光的，它為了增強自己的功能與效力才從光源充足的太陽吸取光輝。依此類推，但丁闡明「塵世的權力，不論其存在、功能或權威，甚至嚴格地說，它的權力的行使，都不是得自教會權力；它所獲得的卻是神恩的光輝，是上帝與教皇的教宗的祝福使它沐浴於這神恩的光輝，以使它發揮的更有成效。」（ibid.: 113）在此論證中，但丁並沒有否定教宗及其教會的存在及其功能，他否定的是教宗與君主的主從關係。就此，他揭示帝國之君主的統治權力不必經由教宗權威的授與，而是直接來自上帝的神恩與意旨。除此之外，但丁雖肯定教宗及其教會對每一個人的精神生活的提升有所助益，但涉及「原罪」的救贖，每一個人是否必須透過教會為媒介，才得以卸除「原罪」？對此問題，但丁特別地駁斥「教令派」（Decretals）的論證，這個派別強調教會的傳統是信仰的基礎，沒有教會，就沒有信仰可說，依此而論，一個人不依教會也就無法得到救贖。但丁反駁說：在沒有教會之前，人們已信仰基督，因此，對基督的信仰才是構成教會的傳統。另外，但丁再舉上帝的創生，說明上帝在第六天創造了人，在創造之初，人是純潔無知的，後因受引誘而誤食了「知識之果」而犯了違反上帝之旨意以及自比為上帝的自大（hubris）之罪。以基督教的原始教義來說，每個人因信而的救贖，如此，教會若宣稱教會代表信仰，信仰教會才得以救贖，那麼，這種宣稱是否有其效力（ibid.: 105）？在這裡，但丁並沒有說每一個人都可以因自己的信仰與修為，而得以救贖——就如16世紀路德新教所倡導的個人主義式的信仰理念。他所強調的是透過全人類合作的集體努力，可以獲得知識的整體，就如能到導向全人類，統一地實現一種在塵世的智性的自然之善（Kantorowicz, 1957: 472）。

但丁的帝國理念雖然依舊維持基督教的信仰，但已明顯地表

現出具俗世性的政治思維，即：人類靠著集體的智性能力的發展，以及實踐古典異教的德行，在帝國君主（或以康托羅維茲的用語：哲學家─皇帝）的領導統治下，是可臻至人間的天堂的，天堂不在彼岸而在今世，基督教的信、望、愛的德行已退居輔助性的地位。如果說但丁的政治論述已踏進「現代性」的門檻，那麼，下一節所要解釋的馬基維利之政治理念則進一步分離了基督教信仰與政治治理。

五、馬基維利的政治領導的理念

　　以前文所闡述的「君主制原則」的脈絡來說，馬基維利的《君王論》（*The Prince*, 1513）論述可謂衝破了舊有論證的窠臼；確立了政治領導者的觀念典範。他承認君主依憑「慧黠與勢力的統治」是有其效力的，也認可篡奪君位的新興君主統治的正當性；他甚至認為，從這些新君如何建立與維繫邦國的實際作為中，更可以了解政治領導者的性格與才幹的品質。馬基維利的君主論述一般被認為「非道德性」，甚至「反道德」的，並開啟了現代「政治現實主義」的先河，但他論君主之領導觀點是否如此？

　　馬基維利在闡述政治之領導力時，亦抱持人民自治的理想，並且闡發不受宰制的自由價值。但是，馬基維利如何可能一方面宣稱政治的領導憑藉「慧黠與勢力」的法則，但另一方面強調人民不受宰制的自由？針對這個問題，馬基維利承認：政治領導者及其追隨者之間永恆處於一種緊張的對立關係，同時也能承認因這種緊張的對立，一個邦國才能維繫其自由的體制。

　　馬基維利的政治領導的論述，一般而論，被認為是以人性的

真實，而非以其道德的應然面作為立論的起點。在探討政治領導的處境時，馬基維利關切的是邦國之內階級的分化與對立，特別是貴族（或社會權貴）與人民的勢力彼此的對立；前者性好宰制支配，後者性喜自由[2]。一位政治領導者，必須善於處理社會階級的對立與衝突，必須懂得「如何贏得民心，以及如何處置權貴」（Machiavelli, 1988: 83）。一位政治領導者受廣大人民的支持是比獲得權貴的擁戴，更能有效地維持統治的權力。馬基維利告誡當時的君主必須「時時刻刻注意權貴的動向，戒慎恐懼，好似他們與君主為敵一般」（ibid.: 36）。除了因為權貴天性好壓迫人民之外，他們比人民有遠見、狡猾，且善於迎逢那些取勝於他們的人。因此一旦君主身陷困難的處境，顯現統治的弱點，他們就會盡其力推倒君主（ibid.: 36）。也正因為權貴的性格，一位英明的政治領導者更需要善用謀略，將權貴的這些負面因素轉變成為有助其統治的積極因素。

在闡釋君主的領導力上，馬基維利比強調君主的才幹與統治能力，雖然他不否認「好運」（lucky）的重要性。他以摩西、居魯士（Cyrus）與羅穆勒斯（Romulus）這些古代的英明領導者為例證，闡釋這個觀點如下：「如果我們考察他們的言行與生涯，不難發現他們的偉業不是好運所賜，而是他們善用機會，讓他們得以將材料塑造成最適合它們的形式。如果他們缺乏機會，那麼，他們強韌的精神將無用武之地；如果他們缺乏才幹能力，那

2　關於這個解釋，參見G.A. Pocock (1975), *The Machiavellian Moment: Florentine Political Thought and Atlantic Republican Tradition*。在這本著作中，他強調馬基維利的政治思想的意義在於，教導我們不以共和美德與建制來評價羅馬的偉大，羅馬的偉大是因為平民與貴族之間的衝突，而能夠維持其動態性的自由。

麼，白白浪費降臨其上的時機。」（Machiavelli, 1988: 20）

　　一位能開端啟新、更新與締造體制的偉大領導者是否只憑慧點與勢力的原則，猶如獅子般勇猛，狐狸般慧點，而去除掉道德的考量？答案既是亦非。針對傳統所論的君主之德，馬基維利批判其缺乏現實的依據。

　　就此，馬基維利指出，君主所處的各種處境與環境不容許他過著一種完滿的道德生活，更何況道德本性又含混曖昧，譬如，寬宏大度是君主之美德，但在某種場合被視為縱容奸邪；悲憫與寬宥是至高德行，但在某種場合會被視為婦人之仁；公正不阿的德行在某種場合會被認為剛愎自用。既是如此，「他必須能智慮謹慎，足以了解如何避開那些會摧毀其權力的惡德（vices），而不至於惡名昭彰；不僅如此，他也必須精明幹練，而能迴避那些可能造成政治危難的惡德……。」（Machiavelli, 1988: 53）

　　一位君主處於這種政治與道德的疑難處境時，馬基維利教導這位君主智慮謹慎，精明幹練。培養這種能力的前提在於，君主必須學會如何從君主的高位觀察其臣民，以及了解平民如何從其低位仰視君主。具備了這兩個視角，君主才能夠自我審查。

　　從君主的高位來觀察其臣民時，他必須洞察人性的一般質素，這些質素並不是高貴的，而往往是卑劣的，諸如忘恩負義、朝三暮四、虛情假意、偽善、趨利避害、貪得無厭、見利忘義、欺善怕惡、急功近利。人之本性既是如是，君主就必須了解，任何的恩情、友誼、互信、情意這些德行在私人交往的關係上，雖然可能被實現，但是，君主與臣民的關係純係利害與勢力強弱的較勁，因此，一位君主不能抱有取得臣民愛戴的幻想。基於這種人性之洞識，一位君主之統治的最起碼的準則在於，讓臣民畏懼但不致於產生憎恨，「愛是靠恩義這條紐帶給維繫的；然而由於

人性卑劣，在任何時候，只要對自己有利，臣民便切斷這條紐帶。可是畏懼卻由於憂懼受懲罰而有效。」（Machiavelli, 1988: 59）一位被他的臣民畏懼，但同時不為他們所憎恨的君主，就是一位成功的君主。相對而言，一位反覆無常、輕率淺薄、軟弱怯懦、優柔寡斷的君主，會被其臣民所輕視鄙薄（*ibid.*: 64）。

從臣民仰望君主的視角來看，馬基維利告訴當時候的君主：

> 臣民能仰望你，但只有極少數能接觸你，每一位臣民都看見你的表現是怎樣的，但很少人能摸透你的實質是如何，而且這些少數人不敢挑戰人民的多數意見，因為這少數人是受統治者的權位所維繫。就所有行動而言，特別是對君主的行動而論，人民無法課責君主的行為，所以人民只關注君主行為的後果。如果一位君主籌謀征戰，且保存政治共同體，他所採取的手段總是容易被認為是一種榮耀，並且受到每一個人的稱頌。因為一般人民總是感受表象與結果。凡一般人民占多數的地方，當這多數與政府合而為一時，少數人是被隔離的。（Machiavelli, 1988: 63）

一般人民所見所聞只是君主的外在表現，因此很難洞察君主所言所行背後的實際意圖或動機。論及君主治國的道德性問題時，馬基維利認為，人的道德性有其「不透明」或解釋上的歧義，因此君主必須審時度事，「隨時順應時運形勢的風向和事物的變化情況而轉變」（*ibid.*: 62），在某種特殊的異常的處境中，為了國家之緣故，「不得不背信忘義，不講仁慈，逆情悖理，違反宗教。」儘管如此，一位君主在人民面前，必須表現出莊嚴崇高、慈悲為懷、篤守信義、講究人道，敬神信教的人。君主的這

種作為並非虛偽的行徑，這是因為一般人民總是從低處仰望君主，君主的所言所行必須綻放出令人民炫目的榮耀光芒。

　　一位君主唯有善用這兩種視角，才能切當地了解自己，以及適當地施用治國之術。馬基維利特別告誡當時的君主，必須時時刻刻防範自己陷於「自我感覺良好、志得意滿」的自欺，這種自欺讓君主易於識人不明，易受臣僚的諂媚與蒙蔽。馬基維利就此論道：君主處於高位，身旁環繞因其權位而享有權貴的王公大臣，這些人物一方面作為君主的侍從，但也是他的幕僚，參與國政，為君主運籌帷幄。一位君主若運用他們得宜，則能成就政治大業，但若不得宜，則身陷政治危機。因此，馬基維利告誡君主「在選任股肱之臣時，必須有識人之明，並銳利且富技巧。」（Machiavelli, 1988: 81）關於這一點，馬基維利認為最難者在於處理諂媚者；但弔詭的是，一位寵信諂媚者的君主，往往是一個喜好自我諂媚者，就如同一位不善於治國的君主，往往是一位不善於自我治理（譬如無法自我節制）的人。馬基維利說道：「一位自滿自足，沾沾自喜，如此地沉湎自欺的君主，便難以防範來自諂媚者的逢迎、欺騙。」（ibid.: 81）如何防範這種情況發生？馬基維利對此提示某些方略，但歸根究柢，其關鍵在於君主本身是否足夠賢明睿智，這不是光靠任何忠告建言而得以培養的（ibid.: 82）。馬基維利雖否認基督教義下的「聖君」的理想，但無可否認的是，他心目中的明君，是一位體現諸如機敏、睿智、處事手腕高明、臨事果斷，且富不畏艱難之勇氣等「德行」（virtú）的政治領導者。這位領導者有遠見，有能力創制、改制，與抵禦逆勢環境。這些美德唯有在君主應付那翻覆不定、混沌未明的「機遇形勢」（fortune）當中，才能充分地彰顯。

　　在討論領導權的問題上，與馬基維利同屬文藝復興時代的法

國人文主義學者拉‧波艾西形構出激進的政治理論。他對馬基維
利所肯定的人民熱愛自由的觀點，提出了一個相反的觀點，即人
民甘願作為君主專制的奴隸。拉‧波艾西以這個命題否定了君主
制的原則以及政治領導者及其隨從的政治關係。

六、拉‧波艾西的反君主制原則

　　拉‧波艾西在《論自願為奴》一書中，提出一個盧梭式的問
題：人生而自由，但為何處處受桎梏？對此問題，他指出癥結所
在即是君主制的支配。在君主制中，君主一人獨攬所有權力，享
有不受法律與社會成規及道德原則所規約的特權（prerogative），
藉此，君主可以不斷強化其專制權力，透過各種紀律馴化其臣民，
進而役使、奴化他們。在此，拉‧波艾西反問：如果只有少數人
自願受君主的役使，那不足為奇，但如果「群眾」（multitudes）
受君主的役使、剝削、奴化，而不假思索、心甘情願，那麼，這
就值得探討這種支配的根源與因素，繼而窮究專制統治權的基礎
所在。針對此問題，他提出了三項主要的解釋：
　　(1)從人性的觀點來看，拉‧波艾西強調人天性稟賦理性的能
力、共同體之意識、人平等相對待的道德感，享有和平生活的意
願，四海之內皆兄弟的互助情誼；更重要的是，自由的自然權
利，如他所言，「自由乃是我們的自然狀態，因此我們不只擁有
它，而且必須盡力維護它。」（La Boétie, 1942: 10）儘管他肯定人
性的這種積極性的稟賦，但他指出人性內蘊的弱點，其中跟君主
之支配有關的是，人易於順從統治者的任意獨斷意志的支配，以
及安於現狀的惰性。因此，君主制之支配之所以成其有效，其部
分因素來自人的這種天性。

　　(2)從社會的觀點來看，社會的習慣形塑了「人順從的習性」（habituation to subjection）。人的行為根植於天性，抑或來自社會習俗的塑造（所謂的「第三天性」）？針對這個當時的爭議，拉‧波艾西強調社會的習俗成規的影響力遠大於人的自然天性（ibid.:15）。人的自然天性是脆弱的、稚嫩的，若非經由良好的社會風尚的照料與滋養，其良好的本性就枯萎而亡，從而助長了劣質的天性。

　　(3)從體制本身的控制來說，君主制賦予統治者極大的權力來剝削與壓迫其臣民，但光憑權力的支配是無法鞏固君主的統治。因此，君主必須經營諸多可以愚弄、馴化與弱化其臣民心智的手段。對此，拉‧波艾西舉出兩項最明顯的手段：一是君主利用或創發「各種遊戲、鬧劇，肉搏競技，或諸如此類的娛樂，讓其臣民沉湎於其中，猶如吸食鴉片一樣不能自拔，並以此為誘餌，讓他們不知自由是為何物，甘願為奴。」（ibid.: 18）二是君主建立起「恩雇的關係網絡」（the network of patron-client relationships），藉此聯繫了君主及其少數之扈從的關係；同時這少數的扈從藉由同樣的「恩雇關係」，再造更多的隨從，依次建立起一張大網，透過以君主為中心的各種大小與多寡的恩賜，籠絡了大半的臣民，成為君主一人統治的鷹犬爪牙，對於其他基層的人民施與剛柔並濟的管理與控制。這些基層的一般人民任隨君主及其扈從的剝削，毫無抗拒地奉獻其勞力，甚至生命。但是愈接近君主之權力中心的扈從並沒有因為親近君主而更為自由，他們雖受君主的籠絡恩賜，成為統治權貴，但身心更受桎梏。對此，拉‧波艾西如此解釋：在君主獨裁統治下，農民及工匠無論他們如何受奴役，其所為只要服從與完成被要求的義務；但是，獨裁者的親信扈從是那些乞求他的關愛與恩賜的人們。這批人不僅要服從命令，他

們更必須揣測思忖獨裁者的心思與期待；為了讓獨裁者心滿意足，他們必須用盡心思預知他的欲望；他們必須勞苦耗費，只為獨裁者一人之利益。他們以獨裁者的享樂作為自己的享樂，為此而忘了自己的偏好，扭曲了自己的個性；他們亦步亦趨緊跟獨裁者之後，關注其言語及其言外之意，密切注意他的腔調、姿態、眼神，他們的五官覺識全部為獨裁者一人所思所為而活動（La Boétie, 1942: 22）。

君主獨裁制不僅抹殺了人的自由，也腐蝕了人的道德性，「獨裁者在踐踏了臣屬的所有價值時，他才認為其權力是穩若泰山。」（La Boétie, 1942: 17）在這種體制下，人際之間很難有真實的友誼、情感、共同體意識；取而代之的是漫無法紀、殘酷不仁、偏私不義，以及野心陰謀。其所塑造的人民的性格則是暴民的性格，這種暴民不顧廉恥、掠奪財貨、賄賂公門，他們相互踐踏，刻薄寡恩；另一方面，他們易受煽動、欺騙，而且怯懦，沒有勇氣聲張自己的自由權利，去完成應當追求的善業，抵抗獨裁者施予的暴力壓迫。

拉‧波艾西的《論自願為奴》雖明示地批判君主獨裁制的支配壓迫，扭曲人之道德性，以及抹殺人的自然權利，但是這種批判論也隱含一種基本論點，即：所有的統治者的權威皆傾向獨裁的威勢與宰制，就此推論，不論在君主制或民主制中，治人與被治的關係必然是宰制與奴役的關係。既是如此，那麼人如何保存其自由權利？對此問題，只有兩條出路：一是人民奮起抵抗獨裁者的壓迫，進而取消任何治人與被治的政治關係；另一則是從任何政治關係中，撤退至內在的心靈，以保持自由與人性道德的尊嚴。拉‧波艾西的君主制的批判論似乎意涵了無政府的論點。

七、國家主權理論的轉向

　　時至17世紀，隨著現代國家的形成，歐洲政治思想的趨勢從關注政治統治者或領導者的品格、才幹與德行，轉向對國家作為一個統治機制的構成及其正當性的探討。霍布斯的主權理論一般認為乃開啟了這個思想趨向的端緒。他的主權理論雖然延續著君主制的模式，就如奈格理（Antonio Negri）與哈德（Michael Hardt）所論：「主權只能存在於君主制，因為唯有單一之個體才能成為主權者。如果兩人或三人或多數人從事治理，那麼就沒有主權者存在。主權者無法從屬其他人的治理。民主的、多元的與『民眾』（popular）的政治形式可以被伸張。但是，現代主權真實地只有一種政治的角色，即是獨一無二、超越性的權力。」（Hardt and Negri, 2000: 85）但是，霍布斯的主權理論，其論旨在於探討所有政府形式（或體制）——不論是君主制、貴族制或民主制的起源，以及闡釋其正當性統治的論據。對於這個主權理論，本節關切下列兩個基本問題：一是回應民主的根本問題，霍布斯如何解釋互有差異的單一個體及其結社，即霍布斯所用的「雜眾」（multitude）可以形塑出一個「萬眾合一」的集體性的權力或行動的能力？二是回應類似拉‧波艾西的「人民自願為奴」的政治觀點，或者以當時共和論者的觀點來說，即「唯有在自由民主國家中，人民才是自由人，在君主制中，人民則是奴隸」，霍布斯如何解釋政治治理的壓迫或支配的問題。

　　霍布斯在1642年之《論公民》一書中陳述：任何種類的「國家」（commonwealth/*civitas*）的創制在於人民的集會結社（*societas*）。因為「集會結社」這個事實，創制即是民主的作為，「創制者受到多數同意之決斷所約束。只要集會結社持續下

去,或者,在某些確定的時刻,集會被重新召開,這正是民主(的作為)。一項集會結社,其意志係公民的意志,它具有『至高無上的權力』(sovereign power),這正是因為參與這項集會結社的成員都被認定擁有投票權,就此而言,這即是民主。」(1642/1998: 94)唯有人民自由的(或自願的)結社,並以此結社形塑某種程度(多數人)的集體決斷的意志力,這才能成為任何體制之正當性的基礎。從自願的結社到體制的構成必須經過人民集體之決斷、同意(consent)與集體意志的轉讓(或抉擇),簡言之,即是經過契約的環節。但不論人民決斷與抉擇什麼樣的體制,其基礎乃在於民主。但是,這種基源民主的觀點在1651年的《利維坦》中卻被消解。

霍布斯的社會契約論是回應憂懼(fear)與威脅(threat)的政治。在17世紀歐洲層出不窮的宗教戰爭、憲政危機、民主的抗爭與君權式微的脈絡中,社會契約論旨在克服鬥爭由來的恐懼與危難,並且視和平、安全與秩序為基本價值。它的終極原則即是統合(unity)的原則。既是如此,社會契約論的價值取向與原則會跟民主基源的基本論證(即:抗爭與分離、分裂或則多元價值)產生緊張的關係。這問題意識在於:統一性的體制如何可能容忍民主的抗爭以及分裂的傾向?換句話說,一個體制如何可能兼具民主的抗爭與穩定秩序?以歐克秀的解釋來說,霍布斯以及17世紀之社會契約論的政治哲學的問題在於,政治哲學嘗試建立「政治與永恆……彼此之間的關係」(Oakeshott, 1975: 5)。「永恆」一詞是基督教神學的用語,意指一無限、恆定不變的彼世。但在17世紀,當科學實證的研究程序與機械論取代神聖性的原則與程序之後,「永恆性」的問題遂變成為根本地重新思考何者為真理的、何者為確實的信仰的問題。在政治上則思考現世政治如

何可能恆定不變與穩定。

　　霍布斯自1642年之《論公民》至1651年的《利維坦》的理論形構，最後得出的結論即是：絕對主義的主權國家的觀念（或者說，為當時英國君主制鋪陳君主憲政的正當性理據）。換句話說，霍布斯在《利維坦》中消解了民主的動力。論證的關鍵在於，權威、授權（authorization）與代表權的論述。主權者及其國家的正當性乃建立人民的同意上，或者說，取得人民意志的認可。在「自然狀態」中，「雜眾」不管出於什麼動機或因素，而得以相互承認，願意約定，共舉超越你與我之上的第三者（即主權者），由他來從事各種制度的安排，藉此締造和平共存與保障人身與私產的條件。

　　霍布斯在《利維坦》一書中，從人之個體性的角度，闡釋國家的起源，這種角度改變了過去政治思想家從統治者（君主）的立場論證政治統治及其道德正當性的趨向，但這種解釋觀點的轉變讓霍布斯面臨民主制的一個基本問題，即：相互差異的個體如何可能形成出一種「共同的權力」（a common power），繼而能夠塑造出一個「公民的政治體」（civil body）？按照他的人性論，正如他在《利維坦》的第十一章所解釋的，人的基本情性表現出自負虛榮、私欲深重、貪求無厭、愚昧盲昧、眼光短小的傾向，其中為我們所熟悉的，乃是人「始終不斷地追求權力，至死方休，其因素不在於人從掠奪比現時所擁有者更多的權力中，取得更大的快樂，也不在於人不容易滿足於適當的權力，而是因為每個人無法確定若不爭奪更大量的讓他得以生活安適的權力與手段，他是否能夠保障現時所擁有的事物。」（Hobbes, 2003: 78-80）這種追逐權力的傾向使得每個人不斷地處在「憂懼」的存在境況，也激發他無窮的占有欲望。霍布斯正視人的這種欲望與激情，但他

不認為這是人的原罪（*ibid.*: 102）。

個人的情性既是如此，當他們相互聚合時，每一個人就會處於一種相互競爭、要求被肯定以及取得榮耀的處境，而導向相互掠奪與支配，產生了「每一個人對抗每一個人」的戰爭狀態，即霍布斯所提的「自然狀態」。在描述這種狀態時，他特別強調每一個人無論在體能、力量、智能上，以及所享有的權利都是平等的，同時也指出在這個狀態中，每一個人都自我孤立，不喜夥伴（打個比喻來說，如同一盤石塊，互不相屬，也不聯繫。）霍布斯說明，在這種狀態中，「每一個人彼此對抗及其帶來的結果並不是不公義（unjust），在這裡，對與錯、正義與不正義都沒有其位置。在沒有共同權力的地方，就沒有法律，沒有法律，就沒有正義可言稱。在交戰中，力量與狡猾欺詐即是主要德行。正義與不正義都不是人之身心的職能（Hobbes, 2003: 103）。

在解釋「自然狀態」上，霍布斯一再追究的問題是，除非在此狀態中的「雜眾」能同意並設造一個「共同權力」，以主導並監督其言行活動，並建立與維繫一種秩序，否則每一個人必定「生活在憂懼不斷，且時常處於慘遭『橫死』（violent death）之險境，生命朝不保夕、孤單、貧窮、骯髒與艱苦。」（Hobbes, 2003: 12）

然而，依照霍布斯的人性理論，這種共同權力如何可能被形成？它的可能性，依霍布斯的解釋，其條件乃來自人本身的欲望、激情，以及衡量得失的理性；人的欲望與激情造成了自然狀態的主要成因，但也是這種情性帶來了和平的願望，如他所言：「讓每個人能想望和平的激情者即是憂懼死亡；欲求如此的事物乃是安居樂業之生活所必需的，也是勤勞而能有所收穫的希望。理性建議一種人們得以同意的和平條款。這些條款換句話說可被稱之為自然法則。」（Hobbes, 2003: 104）這種憂懼死亡的激情將

帶來對和平與安全的生活的企求，以及因鬥爭交戰而共同承認具道德性的自然法則的有效性。

　　以這個條件為基礎，這個「雜眾」尚且必須將其權力與力量託付於──或者說指派──一個人或一個集會（assembly of men），並順從這個人或這個集會的意志與判斷，致使他（或他們）得以承載「群眾」的整體人格，將其分歧、分散的單一意志，整合成一個集體的意志，藉此有強大的力量建立起和平的生活條件，保障每一個人生命與財產的安全。在此，每一個相互差異並分歧的個體形成一個統一性的整體，這乃經過雜眾彼此的約定，或者契約的關係。

　　在闡釋這個約定的關係上，霍布斯援引劇場中的「演出者」（actor）與「作者」（author）為譬喻，分析代表者與被代表者，以及「授予權威」與「權威」的意義；並將法律性的「法人格」理念帶到主權權位與國家的論述當中。扼要來說[3]，「雜眾」經由彼此的同意，指派一個人或一個集會，並與之約定，將他們的自衛與自治權利讓渡給這個人或這個集會，這個讓渡的程序亦是「賦予權威」的程序。完成了這個程序，「雜眾」就結合統一在一個「人格」上，而轉變成為集體性的所謂「人民」，就產生了國家（common-wealth 或 *civitas*），或者霍布斯所稱的「利維坦」，或者說「會死亡的上帝」（mortal God）。在此，這個人或這個集會即代表著「人民」，承載著「人民」作為一個集體的人格，這即是主權者，他擁有主權權力，其他的每一個人都是他的「屬民」

3　關於霍布斯的「代表性」之觀念的研究，因限於篇幅，在此無法詳述各概念意義及其彼此間相互關聯性，可參見 Quentin Skinner（2005; 2007; 2008）。本節對解釋霍布斯的「代表性」觀念的解釋基本上乃跟隨 Skinner 的論述。

（subject）（Hobbes, 2003: 136-137）。主權者作為人民的代表，即以群眾的每一個人的名義，履踐他們所託付的政治治理的權利，承擔護衛和平與安全的責任。所謂國家的統一性就在於主權者作為代表者的身上（*ibid*.: 131），因主權者的權位及其治理，自然狀態中的「人民」才能整合為一，而成為「人民」。這種主權者及其權位被稱為「制度性的主權」。在此，值得一提的是，主權者作為人民的代表者，並不參與立約的過程，否則約定就難以達成（*ibid*.: 139），就此而言，主權者的權威乃超越這些立約者之上；同時立約者對於主權者的權威不能有所限制，就如同主權者除了國防與人民個別的生命與財產的保障之外，不能干涉與限制人民的行動。霍布斯經由約定或契約關係的論證確立了主權者政治治理的正當性，並建立了治人與被治彼此的權利、責任與義務的關係。就此，霍布斯將正當與不正當、正義與不正義等道德理念引進了政治治理當中。

　　霍布斯在說明主權權位及其政治治理上，除了闡釋主權者所擁有的不容侵犯的權利之外，他依次闡明主權者的判斷、決策，以及擔任立法、司法與國防的職司，並享有權利，得以指派政務官員；除此之外，他亦有權利讓渡經濟活動給公民，並給予監督（Hobbes, 2003: 140-144）。就此觀之，霍布斯的主權權利的論述將政治統治或領導轉向權位（the seat of power）的職司，而不像過去的政治思想家如馬基維利注重政治的實質領導力與品格、德行。另一方面，主權者從其產生與治理，都顯現出居處於相抗爭之各方之上的「第三者」的位置，就此而論，他是判斷是非、正義與不正義，並調節糾紛的「仲裁者」。

　　最後，霍布斯的主權理論如何回應他那個時代類似拉・波艾西的「自願為奴」，如當時的匿名著作《主權者的奴隸》（*The*

Slavery of the Sovereign, 1642）的觀點？這個問題涉及霍布斯對自由所下的基本定義，如他在《利維坦》第二十一章中所界定的：自由乃是一個人依其意願，在不受任何外在的反作用力（或謂阻撓）的情況下，從事他的各種活動。而所謂自由人乃是指一個人能運用力量與能力去做他立意要做的事（has a will to do）而不受任何限制（Hobbes, 2003: 166-167）。參照這個自由的基本觀念，以下論證的問題在於，從約定中產生主權者及其統治權利的整個過程，這種自由是否受到破壞？上面在闡釋「制度性的主權」的起源及其治理時，已部分回答了這個問題，以下從另一種主權的型態，即「征服性主權」做進一步的解釋。

　　在自然狀態中的每一個人相互立約，指派主權者時，是以平等與自由的身分，並經由理性的考量、審議（deliberation）而同意這個約定，儘管他們立約的心態或動機來自於彼此畏懼，以及對慘遭橫死的憂懼。但是，以霍布斯的觀點來看，人因憂懼而做出的行為，跟自由的行動是一致的；進而論之，人的行為皆事出有因，就此，我們也不能說行為受各種因素或原因的鎖鍊所致，而認為此行為是不自由的。在闡釋主權的另一種型態：即所謂「征服性主權」時，霍布斯認為征服者取得其主權者的地位純粹以力征服的結果，以及源自被征服者對他的畏懼（而不是源自被征服者彼此的畏懼），即使如此，兩者之間也必須產生一種約定，「這種約定可以是言語表達，也可以是一種意志的表現」（Hobbes, 2003: 161），否則治理的關係就無法成立。但是，這種約定並不是如上述的「自然狀態」中每一個人以平等與自由的身分彼此的約定，而是一種征服者與被征服的不等稱關係，或者說是一種主從的關係。然而，我們是否可以說它是一種主奴關係，或者如上所論的拉・波艾西的觀點，被征服者自願成為征服者的

奴隸？霍布斯論辯說：主從關係不是主奴關係。所謂奴隸是指那些「被監禁，或被束縛的囚犯，或者其身體被主人所擁有，可以隨意被處置或拍賣。」（ibid.: 161）主從關係中的「從屬者」或侍從基於懼怕被征服者摧殘其生活，而自我約定，向征服者承諾不逃跑、不對其主人暴力相向，因而能取得主人的信賴，並給予他行動的自由，因此征服（或勝利）本身並不帶給統治支配的權利，而是他的約定；同理，被征服者不是因為他被征服本身，而成為征服者的侍從，而是因為約定順從征服者的支配。因憂懼生命的被摧殘而向征服者約定順從的關係，這出自於自願，因而是自由的；因立約時，立約者約定生命與財產安全的保障，因而不論是「制度性之主權」的「屬民」或「征服性主權」的「侍從」，若這保障受到威脅（不論是合法或不合法的威脅），都可以盡其力逃避，或者抵抗──雖然這些舉動因違反約定而是不正當的。從是觀之，不論是「制度性主權」或「征服性主權」，都是經由立約的程序而形成統治者或被治者，或者主人與侍從的政治關係。約定出自於人憂懼橫死，以及無力保障自己的生命與財產的安全的考量（就這一點來說，人沒有自治的能力），而願意將其自治的權利轉讓給主權者，讓他（或他們）能夠以立約者之名，擁有治理的權利。經由這樣的約定形成政治關係之後，霍布斯也承認：不論是「屬民」或「侍從」，基於自己之生命與財產受到威脅的考量，是可以反抗主權者的命令的，就此而論，契約的同意也預設了不同意。霍布斯透過這種契約論式的主權理論駁斥如上所提的共和主義者的「反君主制」或者當時出現如《主權者的奴隸》的言論[4]。

4　關於這個17世紀政治思想史的課題，Quentin Skinner在他的著作中透過觀念

八、結論：在社會契約論下的主權理論的弔詭

　　從古典時期以至16世紀政治領導與統治的理論，在霍布斯的國家主權理論中有了變化，在論證國家正當性的統治上，他不再依循政治統治者的立場，而是從人民的自由意志為出發點，並反思批判古典共和思想中的人民自治以及反君主制的理念。他經由人彼此的約定關係，解釋如何產生主權者，並由此確立國家機制的道德與法律人格性。在他的「制度性主權」的論證中，將實質的政治的領導統御轉變為制度性的「權位」，政治治理承擔判斷是與非、正當與不正當、公義與不公義的仲裁者的地位。這種觀點卸除了過去政論家所給予政治統治者的軍事的領導者與教育者，或甚至是家族長的角色。針對共和民主的自治與「反君主制」理念，霍布斯以消極性的「唯意志論式」的自由觀念以及主權論為依據，論證由約定所帶來的政治治理並不損害每一個人的自然性之自由，反而每一個人因成為主權者的「屬民」而享有真實的自由，即使在最專制的君主制中，每一個人的自然自性的自由依舊可想像的，而不是自願為君主的奴隸。

　　霍布斯的主權與國家理論試圖結合君主制與民主，他的理論一方面顛覆中古歐洲的「君權神授」的正當原則，強調國家的主權者雖至高無上，但其正當性來自人民自願的同意，因此國家成為保障人民的基本權益；但另一方面也防堵17世紀共和主義的激

史的解釋，做了非常詳盡之解釋（Skinner, 2008: 124-176）。Skinner論證的基本主題在於即使在最專制的君主制中，人的自然自性的自由是可想像的，而且可保有最大範圍的公民自由與自然權利（2008: 170）。由約定帶來政治治理並不損害人在自然狀態中所享有的自由，反而因成為主權者的「屬民」而享有真實的自由（2008: 165）。

進的民主理論與實踐。不過，他理論其實蘊含自由主義與民主之間的對立緊張。巴利巴（Etienne Balibar）指出：人的自然權力（或力量）在主權國家被壓制；另一方面，法治（juridical rule）則超越自然的盲目勢力與人的激情之上（1997: 51）。從日後自由主義發展的角度來看，霍布斯之社會契約論確立了人權法治的基本原則，以及個人主義的倫理。從民主實踐的角度來看，霍布斯之社會契約的論證，藉由同意理論與代表權的概念，防制了人民的政治參與。這帶出了理論與實踐內在的緊張，一方面社會契約論承認任何政權的基礎在於人民的構成；可是另一方面，則分離了同意的形成與實質的政治參與（Wolin, 2001: 175）。我在下一章會探究史賓諾莎與盧梭的社會契約論如何回應這個國家主權與民主之間的對立。

第五章

史賓諾莎與盧梭的社會契約論蘊含的民主的弔詭

一、引言

在前一章中，我們闡明了霍布斯如何透過社會契約論的論證，否定了過去君主的「君權神授」（或謂「超越性」）之正當性論據，並將君主實質統治的威權轉變成為由人民同意與信託的主權者的權位。在1642年的《論公民》一書中，霍布斯以民主作為創制之基源，此處所謂「民主」，乃指人民自願的結社，形成「議會」（assembly），以及由此凝聚的集體意志力的決斷，決斷何種體制是最適當的。就此而言，霍布斯所言的民主亦如古希臘城邦的民主實踐，以自由與平等為前提。然而，在1651年的《利維坦》中，霍布斯卻以假設性的「自然狀態」為起點，闡明國家與主權者的起源，此狀態，如前所述，乃是個體彼此之間相互對抗、鬥爭的無政府狀態。面對這兩種不同的理論形構的起點，我們如何解釋其差異？

如一般的了解，霍布斯的政治觀點是擁護當時君主制而反對

古典共和主義的民主理念。因此，在霍布斯看來，儘管民主的結社所形成的「議會」乃是所有體制的基源，但民主絕不可能形成自己的建制。霍布斯懷疑古雅典民主城邦的人民是否真的能集體構成「自我建制」。在此，我們可以看出霍布斯依舊承襲從柏拉圖以來的政治思想的趨向，表現了懷疑甚至否定民主的理念，此理念的核心：乃是民主本身若缺乏一個領導的權威，則會是各黨派彼此的傾軋鬥爭，繼而帶來暴力相向的處境。依此言之，「自然狀態」亦可被解釋為人民因缺乏同意與共識，以及缺乏領導權威，而造成的無政府狀態。欲克服這種狀態的唯一條件在於：鬥爭的各方必須同意一個超越他們全體之上的「第三者」（即所謂的主權者）的權位，他的權位來自他們的約定與授權，而且其威勢足以讓他們超越各自的私慾，且能因這個威勢而行必然之道。有了如是的條件，每一個人的生命與財產才能受到保障，有了這個保障，人民才有義務遵從主權者的威權。英國學者哈理森（Ross Harrison）針對霍布斯的民主與君主之主權的矛盾關係，做了如下的詮釋：

> 霍布斯嚴格地限制我們對於民主的了解，這個了解有兩個層面：一是，在民主中有什麼可能性；二是，民主對其公民有什麼可能的吸引力。霍布斯就此澄清我們的民主理念。除此之外，霍布斯明白地表示他反對民主。當他特別地討論民主時，他認為人民的決斷確定地與極大可能地會訴求人民的整體福祉，假若君主一人的統治比起黨派競爭激烈的民主集會在實現人民整個福祉上來得有效，那麼人民肯定會選擇君主制。（Harrison, 1993: 43）

　　儘管如此，主權者及其國家的建制，這個能締造和平秩序的樞紐，乃來自人民之民主結社與會議的同意與決斷。

　　另一方面，霍布斯的社約論的論證蘊含某些無法融貫的地方：以他的人性論的基本觀點，人純然是一種自利自為、追求無限權力的存在，若此，人如何可能相互結社而成為一個團體？假設人能基於互利，相互承諾放棄以力相爭，而彼此合作，這種合作關係也可能會因自利的考量而背信，變得脆弱不堪。再者，若以霍布斯本人設想的民主多數決來解決這個困難，但如上所言，人彼此合作的可能性甚為渺茫，即使可能，也相當脆弱；既是如此，多數決亦幾近不可能。據此而論，霍布斯的民主結社與集會，因必須基於彼此的同意，而難能被達成。在《利維坦》中所論，從自然狀態到相互約定而產生主權者，其論證如克藍瑪（Kramer）所批評的，會陷入循環論證，即：唯主權者的存在，才能安頓自然狀態中個人之私慾所帶來的混亂、鬥爭，但在自然狀態中所產生的主權者的權力及其建制卻必須依賴先於自然狀態先行的、由約定來的共識（即使這個共識是多數的決意）而這個共識得以產生反過來說必須有主權者及其建制方得以成立。如克藍瑪所言：「原始契約之可能性必須先存在一個高度發展的社會合作，但若缺乏一個社會交往、溝通的管道，則不可能形成共享的語言與語意的型態，就此，社會合作就成為不可能。依賴社會契約論本身的構成，是無法解釋共享之語言與語意的型範如何形成。依此論之，唯有主權者的權力才可能形塑社會的安排及其共享的語言與語意的型範，但後者是確立主權者權力的前提。從是觀之，霍布斯顯然沒有覺察出它所界定的社會契約的前提即是他的結論。」（Kramer, 1997: 130）

　　藉由如上的觀點，在本章中，將闡釋史賓諾莎（Spinoza,

1632-1677）以及盧梭（Jean-Jacques Rousseau, 1712-1778）之社
會契約論的民主的主張及其論證上的弔詭。

二、史賓諾莎之絕對性民主主權的理念與憲政法治的緊張

　　從史賓諾莎政治思想的構成來看，他嘗試整合馬基維利的民
主理念，以及猶太／基督教的神學傳統。不過，在此並不處理他
對於《聖經》的觀念、以色列建國的理論，以及歷史的敘事詮
釋，而是著重於他在《神學政治論》（*Tractatus Theologico-*
Politicus, 1670）與《政治論》（*Tractatus Politicus*, 1676）所形成
的政治思想。本章所要說明的問題是，史賓諾莎針對霍布斯式的
自由理念與民主理念的緊張，是否發展出有效的調和路徑？或者
亦陷入同樣的困境？

　　霍布斯的社會契約論的論證方式影響了史賓諾莎政治思想的
形塑。然而史賓諾莎並不以「自然狀態」作為起點來推論主權的
產生，因而他避免了解釋主權與國家之起源所遇到的邏輯上的循
環論證。史賓諾莎在闡釋主權的權利基礎時，平行地運用了「自
然狀態」與「文明狀態」（即主權所主導的「公民共同體」的狀
態）。這兩個概念交織於史賓諾莎的主權與國家的論述當中。是
故，他的分析沒有將民主的基源導向了絕對主義（或君主制的）
主權與國家。但儘管如此，史賓諾莎的民主國家理論還是有其問
題：一方面缺乏了民主制度的設計；另一方面，內在潛伏著主權
與人民之權能彼此的對立與衝突。對此，史賓諾莎並沒有提出有
效的解決方案。

　　史賓諾莎亦如霍布斯，從民主之基源為出發點，闡述主權與
國家的正當性論據。跟霍布斯一樣，他的政治理論亦由人性之存

有論、自然法、自然權利的論述所構成。跟霍布斯之主權理論相異之處在於，史賓諾莎的主權理論一貫地持著民主的理念，就此，他沒有透過社會契約論的論證，分離了主權與人民的權能。他將兩者擺置於平行論證的關係。在討論這主題上，本章解釋的重點擺在權能的轉讓。

　　史賓諾莎在《神學政治論》第十六章中，以民主之共同體的權能（community's right）[1]為出發點，闡釋主權與國家的正當性。依他的民主理念而論，民主乃是共同體的權能，如他所論：

> 一個共同體在不損害自然權能的情況下，可以被形構。同時，一項契約可以因經常地與忠實地遵守其約定的條件，而存續；這些條件即是：任何人把他所有的「權能」轉讓給共同體。因此，唯有這個共同體才擁有支配任何事物的「主權者的自然權能」（the sovereign natural right）；換言之，擁有至高無上的統治（與權衡），任何人對此必須服從，不論這服從是出自於自由的選擇，抑或畏懼刑罰。如此的「共同體的權能」即是民主。職是之故，對民主，我們可以下這樣的定義：它是一個「人相互結合一致的體制」（a united body of men），此體制在它的權力範圍內，統合地擁有支配任何事物的主權者權能。（Spinoza, 1670/ 1989: 241）

　　民主國家乃是最自然的政治體制，這是因為「民主國家是最

1　本章在此將史賓諾莎的community's right譯成「共同體的權能」，其理由在於，史氏的權利（right）與人的能力與權力（power）相關，在此，權利與人有能力，或權力從事他所應當為之者互涵。

接近自然的，它讓予每一個人自由。在民主國家中，沒有一個人
會把他享有的自然權能完全轉讓給他人，致使他日後沒有任何置
喙的餘地；他把自然權能轉讓給他所屬的共同體的多數。就這樣，
所有人依舊平等，如同他們在自然狀態中的情況。」（Spinoza,
1670/1989: 243）

　　涉及權能轉讓的議題，史賓諾莎一如霍布斯，從個人主義的
倫理為論述的起點。他肯定：人在缺乏宗教信仰與法律約束的
「自然狀態」中，能依其稟賦的自然權能，使得他可以依其所
願，從事任何事務，而不涉及任何善惡與是非。在這裡，史賓諾
莎的自然權能概念，其要義在於強調權利與權力乃「共同延伸」
（coextensive）。這表示：一個人享有的權利越多，他實現此權利
的能力（或權力）也就越大。史賓諾莎的自然權能觀念是建立在
自然法的論述上，依此論述，他在《政治論》中指出，自然權能
意指「自然法，是所有事物與之對應相合，並由此律法而生；也
就是說，依『自然的真實力量』（the very power of nature）而生
而為。是故，自然整體的自然律法，以及由此每個人的自然權利
與他的力量，是共同延伸的。從是論之，凡每一個人出自其本性
法則所為者，皆是藉由『自然的最高權能』（the sovereign right of
nature）所為，他的力量延伸有多大，他對自然的權能也就有多
大。」（Spinoza, 1676/2000: 38）

　　這種自然律法與自然權能的概念跟霍布斯的主要差異在於自
然律法不只是如霍布斯所指的「人的理性所發覺的普遍法則」，
也是支配自然事物與人本身的自然律。同時，權利也不僅是人理
性的證成，而是凡人的力量所能及的皆是。因此，如史賓諾莎所
提示：「自然權利與權力，不是由理性所界定，而是由其『欲力』
（canatus）所界定。欲力推促每一個人的行動以及自我生存。」

（*ibid.*: 39）人的行動皆由自然律法與自然權能所支配與驅使，理性與欲力同時構成人的本性。依據這樣的論點，每一個人不論在什麼狀態中，同受理性與欲力的驅使（*ibid.*: 49）。從比較的觀點，霍布斯的極端個人主義的人性論使他無法適切解釋，在自然狀態互為鬥爭的個體如何可能達成合作的條件。在史賓諾莎的自然狀態中，「每一個人的權利只受他個人獨自的力量所決定，並且為他獨自所擁有。這是不重要的，只是概念上的而不是事實。」事實是，人的權利依其能力所決定，人越有致使他恐懼的理由，就會越造成他力量的衰弱，結果他擁有的權利也就更少。進而言之，人如果缺乏彼此的互動，他就不可能支持自己的生活，以及培育自己的心智。就此，史賓諾莎發展出「群居合一」之道：

> 自然權能為人所持有，但除非人擁有其共同的權能，而且能夠成功地結合，共同捍衛他們居住或耕作的疆土，保衛他們自己、驅逐所有的外患勢力，以及依照整個共同體的判斷而生活，否則此權能是難以被理解。結合在一個體制的人數越多，集體所擁有的權能也就越大。這個集體的權能即是「眾民的潛能」（*potentia multitudinis*），它決定所謂的主權，以及最高的決策、宣戰、媾和、立法與司法的權力。（*ibid.*: 43-4）

每一個個體欲求其權能的實現與擴大，而尋求結社合作（*societas*），進而形構出具有最高權力的共同體（或「共和」*respublica*）。這個過程亦歷經個人透過彼此的共識，轉讓自然的權能。但是，個人權能的轉讓，只表示個人轉讓「任意的權能——此權能只受個人力量（能力）的限制——換句話說，他所轉讓的是任意的自由，以及自我防衛的力量。」（Spinoza,

1670/1989: 244）這種轉讓是信任主權能保障公民福祉，捍衛居住地的安全。

　　理想地來說，共和之主權的權能能依「理性為基礎，而且受理性所主導。」同時，「共和之主權能受人民之權力所決定，因此人民的權力宛如受『萬眾一心』（a single mind）所維繫。然而，除非共和能符合健全理性所教導的『共善』，否則它是無從理解的。」（Spinoza, 1676/2000: 51）

　　共和主權的形成並沒有讓每一個人全然放棄他判斷事物的權能。在此，共和主權的權威建立在寬容每一個人心智之判斷及其言論。一個最殘暴的主權者妄想全盤控制每一個的思想與判斷，也以為透過屠殺、嚴刑峻罰，就可以威嚇人民，使之臣服（*ibid.*: 58-59）。

　　史賓諾莎的主權理論一貫堅持民主的基源，雖然在某種程度上沿襲霍布斯之社會契約論的論證方式，但他並沒有透過個人自然權利轉讓給主權所經歷的「授權」與「代表權」的論證環節，把民主的基源轉變成為絕對主義（或專制）的主權國家。相反地，任何特殊的主權形式只要它是為某些人所持有，即是為「眾民」的潛在權力所界定（*potentia multitudinis quate nus*）。但是，唯一的絕對性的主權只要為「眾民」所持有，即是「眾民」的力量（Matheron, 1997: 216）。亦即：共和的主權及其權利乃是眾民相互的約定、合作而形成的集體權力，此權力亦自我構成而形成憲法，如他所言：

　　　　憲法（constitution）乃是國家的靈魂，憲法的保存即是國家的
　　　　存續，但是，除非憲法受到人民的理性與情感所支持，它無
　　　　法保持完整；相對而言，如果，打個比喻來說，法律只依賴

理性的支持，它們就顯得脆弱而且很容易被推翻。（*ibid.*: 132）

　　然而，史賓諾莎並沒有從民主的基源，進一步發展出民主的制度結構。依據史賓諾莎的論證，任何市民社會（或共和）乃奠基於民主。但民主的基源並不保證它們必然形成的憲政制度是民主制；它亦可能發展出君主制或神權制（Balibar, 1997: 44）。雖然在《政治論》中，史賓諾莎推崇行代議制的貴族政體，但並沒有從這裡處理「民主憲政」的構成。就這一點來說，如史密斯（Steven Smith）所論：

> 史賓諾莎的民主理論的核心在於「自由眾民」（*libera multitudo*）的觀念，亦即：使自由眾民追求自己的生活。誠然，他沒有詳論一個自由之眾民依什麼制度的安排而能生活。譬如「自由眾民」是否可以集體地自我治理，或者必須經由其代表方可如此？如果是後者，那麼代表如何被選出，是從眾民整體，或者從某些階級選出？（Smith, 2005: 24）

　　因此，史賓諾莎可以精詳地說明君主制與貴族制的憲政，但如何說明絕對之民主主權如何形構自身的憲政，卻難以著墨。儘管我們可以為史賓諾莎辯解說，他的《政治論》在寫完君主制與貴族制的憲政構成，欲闡釋民主制的憲政時，便撒手人寰。但誠如巴利巴（Balibar）所言，即使史賓諾莎能終享天年，他亦無法完成這一部分。理由在於，從他的政治思想發展的脈絡來說，民主呈現「眾民」的動態權力，這種權力並非制度所能全然規約。

　　總結來看，史賓諾莎的民主共和與權能的概念蘊含民主的解放，以及對抗任何專斷之政治與宗教的權力，這種解放與鬥爭體

現在「眾民」的政治實踐。儘管如此，史賓諾莎沒有提出明確的
憲政制度的構想。是故，他的理論就無法說明人民如何可能形塑
某種組織的力量（這種力量只有在制度的架構中才有可能體現。
譬如政黨的組織）俾以對抗既定的權力。當然，也在這一點上，
針對眾民之權能與既定的權力（如主權國家的權能）彼此的衝
突，我們在史賓諾莎的政治理論中發現不了任何調節與緩解的出
路。

三、盧梭的人民主權的批判觀點

以闡釋霍布斯與史賓諾莎的主權理論為脈絡，我接著扼要說
明盧梭的「人民主權」的觀念。盧梭承續了類似拉‧波艾西的激
進共和的「反君主專制」的理念。而反對霍布斯所論證的，即使
在專制的君主統治下，每一個人只要在「法律沉默」的地方，都
可以保有最大範圍的公民自由與自然權利。對此，盧梭揭示一個
真正自由的國家，公民皆以自由、平等的身分，不必透過代表，
共同參與公共事務，並制定法律（Rousseau, 1997: 114）。他的
「人民主權」的理念在極大的程度上乃針對霍布斯「國家主權」
的批判而來。

他們兩人皆以每一個人所秉具的意志與行動之自由為出發
點，思考民主的一個基本問題，即秉具自由的每一個個體，在彼
此互有差異且分歧的情況下，如何可能結合為單一的共同權力
（以盧梭的概念，「普遍意志」〔general will〕或譯「公意」），而
產生主權者，由此而有了制度的安排與政府的設置。對於這個政
治共同體，盧梭一如霍布斯，亦用「政治體」（body politic）的
譬喻來說明：整個政治共同體如人的身體一樣，其生命的原則在

於「主權的構成，立法權是國家的心臟，行政權則是國家的大腦，大腦指使（身體的）各個部分活動了起來。大腦可能缺陷於麻痺，而人依然活著。一個人可以麻木不仁地活著；但是一旦心臟停止了它的機能，則任何動物馬上會死掉。」（Rousseau, 1997: 109）

這種共同性的事物（在霍布斯是權力，在盧梭則是意志）如何可能形成？如上所說明的，霍布斯在解釋這個問題上，乃透過每一個個體在相互鬥爭交戰的狀態中由於懼怕遭受橫死，而激發和平的意願，以及因計算長遠利益，而承認自然法則的有效性；在這個基礎上，每一個人相互約定，同意將自治的權利（或謂保障個人生命財產安全的權利）讓渡給非立約者的「第三者」（或謂「主權者」），賦予他權威，得以代表每一個個體，以他們之名，擁有統治的權利，從事政治的公斷與安排制度的工作。

相對於霍布斯這種論證的步驟，盧梭在解釋「普遍意志」的形成時，反對霍布斯的契約讓渡的觀點。以盧梭的論證，在約定的過程中，一旦出現如霍布斯的主權者，而成為人民的主人（或謂統治者），主權就消失了，何以如此？其理論的關鍵，在於盧梭將「普遍意志」的形構視為「內在性」的，直接性的。

在思考「普遍意志」的形構上，盧梭重新界定契約的讓渡，他強調契約的讓渡不是如霍布斯所說的，立約的各方只將部分的自然權利轉讓給非立約關係的「第三者」，而是每一個立約者將所有權利轉讓給「整個共同體」（the whole community）。這種轉讓對所有人的條件是均等的，條件既然均等，所有的立約者也就沒有意念想要使它成為其他人的負擔（Rousseau, 1997: 50）。在這種情況下，所有立約者也不需要有一個「主人」（所謂霍布斯式的主權者），因為每一個人都是契約的創作者，每一個人都具

有主權者的地位。透過這種結合的關係，就產生了一個「道德與集體的共同體」（a moral and collective body），以取代立約者的「私人人格」（private person）。「這個共同體就以這一相同的行為而取得了它的統一性、它的共同的自我，它的生命、它的意志。這種具道德性與集體性的意志即是普遍意志。在這普遍意志的最高指導下，我們每一個人都將他的人格與其所有力量匯通合同，而且在這個共同體中，每一個人都必然被接納為作為全體的不可分割的一部分。」（ibid.: 50）這種統合致一所形成的公共人格即是共和國或「政治體」（body politic），因它的主動性或被動性分別被稱為主權者與國家；對所有的結合者，他們集體地就稱為人民；作為主權威權的參與者，他們分別地被稱為公民；作為國家法律的服從者，就被稱為「屬民」（subject）（ibid.: 51）。盧梭的契約式的讓渡跟史賓諾莎的理念相似，差別在於史賓諾莎沒有以立約方式形成如盧梭所稱的「普遍意志」，而是將人民的約定視為一種動態性的潛在權力，所有的建制都以此權力為基源。

盧梭在解析普遍意志的意義時，他認為此意志不是每一個人的意見與利益的總和（即他所稱的「總意志」〔will of all〕），它也不是多數決，而是一個團體的意志，對於這個「普遍意志」，盧梭做了如下的定義：

「總意志」與「普遍意志」之間經常有很大的區別；「普遍意志」只關注公共的利益，而「總意志」只關注私人的利益，「總意志」只是個別意志的總和，但是這些個別意志間正負相抵銷的部分之外，則剩下的總和仍然是「普遍意志」。（Rousseau, 1997: 60）

　　對於這個定義，除了盧梭所指的「個別意志間正負相抵銷」的意義難解之外，最大的問題在於，盧梭承認每一個人的意志在具體的處境中，其對象都是特殊性的，正如每一個人的利益都是私人的、特殊的一樣，既是如此，「普遍意志」如何可能從特殊的、私人性的轉變成為普遍性的意志與利益？盧梭論契約的讓渡時，論證普遍意志的構成乃在於每一個人皆將其所有的權利、力量轉讓給一個「共同體」；就此而論，「普遍意志」的形構已預設一個共同體存在，但作為一個論證共同體及其建置之正當性的基源性論據，「普遍意志」不能預設其所要論證結果；再者「普遍意志」如上所示乃秉具道德性，但個別意志與利益就本身而論並不蘊含道德性的意義，而只有實質的目的性。職是之故，在論證「普遍意志」的道德性上，就必須預設其「道德性」，換句話說，人民在契約之前每一個人就必須形成其道德性，即純然無私欲，而且天生秉具公共性的道德情操，否則無法形成道德性的「普遍意志」。除此之外，「普遍意志」既是一個人基於平等與自由的身分共同立約創造出來的。但是，盧梭在論及契約的規定時，說「任何人拒不服從普遍意志者，全體就要迫使他服從這個意志。這恰好就是說，人們要迫使他自由。」（Rousseau, 1997: 53）「普遍意志」因其這種強迫性就違反了立約之初衷。

　　論及主權，盧梭論證受「普遍意志」所指導的最高權力，此權力被賦予一個政治體得以支配其成員的治理權利，這就是主權。主權者作為一位權威性的職司，承擔其制度性的功能，在於他是一位裁判人，判斷「每一個人由契約轉讓給整個共同體的一切權力、財富、自由，其中有哪些是有用於共同體。」（Rousseau, 1997: 61）在這裡，特別要指出的是，主權乃是「普遍意志的作為」，而普遍意志乃是經由每一個人的契約轉讓共同形成一種共

同性的意志，因此，由每一個人所構成的人民就成為這個共同性意志的載體，當這種意志一經宣示就成為一種主權行為，並構成法律，這即是我們所說的，「人民主權」的基本意義。針對這種主權的立法權，盧梭做了如下的說明：

> 當全體人民對全體人民立法時，他們只是考量他們；如果這時候形成了對比關係的話，那也只是某種觀點之下的整個對象之間的關係，而全體並沒有任何分裂。這時人們所規定的事情就是公共的，正如立法的意志是普遍意志一樣。正是這種行為，我就稱之為法律。（Rousseau, 1997: 67）

　　法律就此而論乃是結合了意志本身的普遍性與意志對象的特殊性，法律便與命令有了區分。普遍意志的宣示即構成了人民的主權，這個主權的運作，其重點在於制定法律，由法律而社會得以有結合的條件。服從法律的人民即是法律的制定者。或以契約的基本論旨來說，凡要求人民服從者，必取得人民的同意。

　　人民主權是人民所形成的「普遍意志」的宣示，其運作在於立法，但盧梭在論證這個主題上，顯現出某種困思，其問題在於，人民作為一個主權者如何可能立法？對於這個問題，盧梭在論證上表達了他的疑惑，他認為群眾（或說人民整體）雖想望幸福，可是人民自己並無法永遠都看得清楚什麼是幸福，「普遍意志永遠是正確，但是那指導『普遍意志』的判斷卻永遠都是不明智的。」（Rousseau, 1997: 68）簡言之，盧梭賦予人民極大的權力，但卻也懷疑在這個權力在運作上是否睿智[2]。

2　關於盧梭立法權與人民主權的問題，參見蕭高彥（2001，頁25-46）。

　　除此之外，更大的困難在於盧梭否定了「普遍意志」與人民主權的代表性，就如盧梭所言：

> 正如主權是不能轉讓的，同理，主權也是不能代表的；主權在本質上是由「普遍意志」所構成的，而意志又是絕不可以代表的；它只能是同一個意志，或者另一個意志，而絕不能有任何中介。因此人民的議員就不是，也不可能是人民的代表，他們只是人民的「辦事員」（deputies）罷了；他們並不能做出任何肯定的決斷。凡是不曾為人民所親自批准的法律，都是無效的；（或者說）那根本就不是法律。英國人民自以為是自由的；他們是大錯特錯了。他們只有在選舉國會議員的期間，才是自由的；議員一旦選出之後，他們便是奴隸。（Rousseau, 1997: 114）

　　否定人民主權的代表性，那麼人民如何行使其主權？人民必須時時刻刻在場，以此表達他們的決斷的意志力，然而，人民是由個別的個體所組成的集體，一個集體如何可能在場，而不必透過選舉出來的代表，從事立法的繁雜工作？對此，盧梭雖然承認「在行政權力上，則人民可以並且應該被代表的，因為行政權力不外乎是把力量運用在法律上而已。」（Rousseau, 1997: 115）由行政權力所組成的政府，基本上，是與人民及其主權有所區別，它是介之於國家與人民之間的制度性安排。但無論如何，政府也是由於人民的主權而存在的，是由人民主權所賦予的具一定能力的「道德人格」（*ibid.*: 85）。政府的執政者雖是人民的代表，但執政者，特別是最高的行政長官（即當時的君主）與人民的關係並不是契約的關係；作為人民的代表，君主及其官員是「受委託

的，被任用的；在這裡，他們僅僅是主權者的官吏，是以主權者的名義在行使著主權者所託付給他們的權力，而且只要主權者高興，他就可以限制、改變和收回他們的權力。」（*ibid*.: 83）解釋至此，行政權亦跟立法權面臨同樣的問題，無論法律的制定或者行政官員的任用（或委任），人民作為主權者必須在場，行使其主權權力。但這種理念如何可能落實於現代國家的體制中？

　　上述的困思，在盧梭的理論中找不到出路，作為一種激進的共和理想，人民主權的理念只能「朝向批判，或者全然否定憲政理念的途徑發展，在其中，人民主權的原則強迫一種非彼即此的選擇：是走向官僚制的『政治形式主義』或者走向 *dēmo*（人民）『立法權』的行使？這帶出了強大的、有機性的以及普遍性的革命。」（Balibar, 2004: 151-152）當人民主權的觀念被帶進現代之政治論述時，它便與國家主權（以「君主制」為主軸的國家主權）產生對立，這種對立尖銳地出現在法國革命的處境當中。

第六章

革命與民主政治的正當性
——鄂蘭與列弗的解釋

一、引言

　　自 1990 年代以來,西方政治理論家除了關注「文化性之政治」之外,也逐漸注意革命與現代性之構成的關聯,這種關聯,切確來說,即:革命既是西方現代性的驅策動力,它本身亦是締造現代性的要素。正如奈格理(Negri)與哈德(Hart)所言:「西方現代性的開端即是革命」(Negri & Hart, 2000: 74)就如我們從歐洲近代歷史所觀察到的,歐洲自 16 世紀以來,即經歷漫長的社會、經濟、政治與思想的變遷過程;這種變遷也隨著時代的進程,更形激烈。在政治實踐與思想的層面上,現代性的變遷肇始於義大利的城邦政治,這種解釋雖有爭議,但可確認的是,這個地區新興的商業活動方式(或稱之為擬似商業資本主義)帶動了政治的更新,這種政治的更新乃是自 13 世紀興起的「城市共同體運動」(communal movement)的一環,其動力在於抗拒中古歐陸封建體系的莊園經濟、社會身分等級制,同時要求城市的自

治、市民身分的平等以及對城市公共事務的參與。當時的城市雖
然依舊維繫寡頭派閥的政治型態，但其自治、平等的要求已顯現
出民主的理念與價值（Pellicani, 1994）。又如我們所知的，自14
世紀興起的「人文主義」（humanism）衝擊了教權的威權，直至
16世紀的馬基維利倡議古典共和的異教的政治「德行」，並聲稱
為「為了政邦的榮耀，寧讓靈魂下地獄」；在這裡，馬基維利的
理念動搖了以天主教「神聖」信仰立基的政治社會思想系統，並
強調「人民」相對於「貴族」階層，明顯表現出抵抗政治壓迫與
喜好自由的天性。隨著這個現代性之啟動而來的是17世紀中葉的
英國革命，這場革命乃是新興的資產階級對抗君主威權與要求自
由與平等權利的政治鬥爭，接踵而至的是18世紀末的民主革命。
這個世紀末，發生於法國與美洲大陸的民主革命才確立了現代政
治的基本形式，一則將啟蒙運動時代的哲學家所設想的人權、自
由、平等以及人民主權的抽象理論落實於政治實踐的場域，而締
造了以憲法為架構的代議民主制，另一則是開啟了以「民族同一
性」為依歸的國家體制。自此之後，民主革命的動力如濤濤洪
流，沖毀了一切的舊政制。在這一漫長的「民主轉型」或以鄧恩
（John Dunn）的語詞來說，即是沒有終點的「民主化」歷程當
中，激進與保守的政治意識型態彼此交鋒，相互攻擊。儘管如
此，歐洲在19世紀由自由主義的推動之下，乃恆定地發展出代議
制及自由的社會。這個代議制的模式是以「法治與制度」為建制
的經緯，而立下以憲法來約束國家主權與人民權力，以及保障公
民權（civil rights）與社會經濟權利的自由國家；另一方面，在憲
法的規範下確立議會、政黨與選舉制的政治系統，透過這系統的
運作，社會的多元分歧的意見有了相互協調的管道，而緩解了激
烈的政爭與社會的衝突；也就是說，在憲政法治的架構中，社會

潛在或明顯的衝突能夠被轉移到議會中政黨的協商與相互妥協；同時，藉由司法的管轄，社會中各種具顛覆性的勢力得以被疏導，或抑制。但這種受自由主義的基本理念所引導的憲政式議會制一再受到民主創制之初的革命之力的激盪，無法維持其穩定性，連帶地它的正當性理據也受到挑戰。

　　針對革命與民主政治體制正當性的問題，本章試著闡釋漢娜‧鄂蘭（Hannah Arendt, 1906-1975）的公民共和主義式的民主理念，以及法國當代政治哲學家克勞德‧列弗[1]揭櫫的「野性民

1　克勞德‧列弗（Claude Lefort）於1924年生於法國巴黎，父親是為工藝畫家，母親則從事服裝設計。1941年入卡諾公學（Lycee Carnot），在這裡遇見了影響他一生的偉大哲學家梅洛‧龐蒂（Maurice Merleau-Ponty, 1908-1961）。這位現象學存在主義的哲學家給予他一生最大的影響在於教導他哲學思辨乃是「打破所有確定性（的事物與觀念）並且在一般人視為單純之處追究複雜性。所有一切真實問題不僅來自我們自身，也源自於我們與（生活之）世界、他人以及（存有本身）（being itself）的相遇交接，這些問題永無最後的答案。」也因為這位大師的啟蒙，列弗接觸了馬克思的思想。在1943年，列弗轉學至亨利四世公學（Lycee Henry IV），在這裡，加入了法國的「托派」共產主義（Trotskyism）。戰後，列弗遇見當代另一位重要左派政治哲學家卡司托利亞蒂斯（Castoriadis, 1922-1997），他們兩人成為志同道合的好朋友，並且一起脫離法國之國際共產黨，在1949年共同創辦了《社會主義或野蠻》（Socialism ou Barbarie）之左派評論雜誌。在這段期間，列弗進入了巴黎（索邦）大學（University of Sorbonne）就讀人文與社會科學，致力於闡釋馬基維利的政治哲學，取得博士學位（博士論文於1972年出版，標題：Le Travail de Ioeuvre: Machiavel）。畢業後在法國南部的尼姆（Nimes）與雷米（Remis）的高中擔任教職。從1954年一直到1967年，列弗先後在法國中央科學研究院、巴黎（索邦）與西恩（Caen）大學任職。從1976年，列弗轉任巴黎高等社會科學院（Ecole des Huautes Etudes en Sciences Sociales）擔任研究主任，直到1989年退休。

主」（savage democracy）²。

　　這二位重要的政治思想家一致認為18世紀的「民主革命」乃
開啟並形塑當前代議民主制的雛形。他們以其關注的現實政治問
題闡釋了經驗，他們的解釋在一定的程度上決定了各自民主論述
的取向。

　　鄂蘭與列弗均屬於戰後世代的政治思想家，跟其他的政治思
想家一樣關切「極權主義」的起源，以及嚴肅地思辨「後一極權
主義」時代自由民主的深化的問題。兩人政治立場雖不同（勉強
言之，鄂蘭可稱之為「公民共和主義」，列弗可稱之為「馬克
思一社會主義」的政治立場），但他們思想的構成深受現象學一
存在主義的影響（鄂蘭深受海德格的「基本存有學」與雅斯培的
「溝通」倫理的影響，而列弗受梅洛‧龐蒂的存有之「可見與不
可見」（或稱幽明）互動的存有學所影響）；在闡釋極權主義的起
源上，兩人採取的進路不同，但他們同樣強調極權主義的政治特
質在於：藉由強大的政黨及其元首的力量，消弭根植於歐洲現代
性中的「多元、分歧或破碎零散的政治現實」，繼而建構出不容
分歧的集體性與封閉性的政治社會秩序；除此之外，兩人也同樣
強調意識型態在極權主義的權力宰制（或全面控制）中，扮演著
重要的角色。這種意識型態的緣起與發展在一定程度上跟民主革

2　「野性民主」一詞取自法國當代思想家Miguel Abensour對列弗的民主理論所
　　提出的解釋，所謂「野性」乃指任何根本原則，諸如「人民主權」、「功
　　利」、「正義」或「民族」原則皆無法安頓民主的實踐，就如列弗本人所說，
　　現代民主的主要特徵在於：任何確定指標皆一概喪失，民主即是一抗爭與妥
　　協交織的動態過程，這個過程永無止境，缺乏任何終極目標。任何原則皆無
　　法框架這個過程，話句話說，民主既無根基，亦無原則可遵循，見Abensour,
　　"Savage Democracy and Principle of Anarchy," *Philosophy and Social Criticism*,
　　Vol. 28 no. 6, 2002: 703-726。

命及其形成的代議民主制的不連貫性或內在矛盾性相關。這種系譜學式的解釋並沒有導致他們「反民主」的理念；相反的，他們從民主革命與代議民主制的張力中，探索如何在維繫代議民主的基本建制下，強化自由民主的動力。

　　鄂蘭與列弗認為，唯有了解18世紀的民主革命如何從國家主權轉向人民主權的歷程，才能確實掌握現代民主理論與實踐的基本問題。對於他們而言，民主革命的意義在於：人民整體透過集體決斷，推翻了舊政制的君主專制與等級制的社會結構，並且締造了民主共和憲政，據此保障人民作為公民所享有的基本權力，更積極來說，如鄂蘭所言，保障人民持續擁有革命時刻所體現的政治行動的「公共福祉」（public happiness）。依此而言，18世紀的民主革命，其意向或目的有二：解放舊政制及其社會的不平等結構，是其一；制定自由憲政，開創「新時代的政治秩序」，是其二。

二、人民主權與民族的絕對主義

　　對於鄂蘭而言，革命實踐乃體現個人行動所秉具的「創發性」或「策動性」，即「開端啟新」（to begin a new beginning）的自由能力。在此，自由不僅僅是不受干涉或支配的消極性自由，它更是積極性的，力圖解放任何支配與宰制，並且立意建立一個能維繫與強化自由之原動力的政治體制（即：建立「自由的憲政」〔*Constitutio Libertatis*〕）。但是，「開端啟新」，只是一項策動（initiative），是一種潛在未明的狀態。從推翻舊體制到新法的制定與新體制的建構，是紛亂無治的狀態，是一種「自由的鴻溝與深淵」（the abyss of freedom），是一種險境。著眼於此，鄂蘭

提出了如下的民主革命的困境：革命既是「開端啟新」的自由實
踐，那麼革命的意涵就不是以天體的循環復始為類比推論的更
替，因此，革命不是從體制腐化的狀態回復到原初的健全的型
態，有如古典時期從亞里斯多德至波里比烏斯（Polybius, 203-
120B.C.）對體制嬗遞的基本解釋架構。現在，革命即是切斷過去
舊有的一切腐敗的事物，而得以創立新體制，制定新法律，形塑
新的良好的政治秩序。但是，革命分子是否能夠依其「開端啟
新」的行動，來論證其創制的正當性以及確立其新憲法的權威？
他們是否可以有效地運用古典的政體循環的觀點，論證新制、新
法的正當性及權威性？再者，他們是否有效地運用中古封建時期
的「神學—政治」的「超越式」論據，論斷新制定的憲法代表絕
對性的最高存有（即上帝）的權能，因而有其正當性及權威？答
案是否定的。革命分子的創新是推翻舊有的專制王朝的宰制壓
迫，繼而創立新的代議民主共和體制，因此他們的作為不是舊政
制的復始。相反地，他們是舊政制的「篡奪者」（usurpers）或者
反叛者，而不是繼承者。再者，如果舊政體的正當性論據在於超
越塵世的最高存有（上帝），那麼他們在推翻舊政制的同時亦取
消了這種「超越性」的論證。宗教信仰已不能成為維護新共和權
威的根據。

　　法國革命，或者任何其他革命（包括美國革命在內）都透過
「人民」的實踐力，開創了新的政治局面。如果此實踐力源自自
由與平等的理念，那麼新創立的憲政體制，必須落實這些理念。
但是，任何的「開端啟新」本身都帶有任意性的動力，不受因果
律的束縛，無所依持，缺乏任何空間上的位置以及時間延續中的
定點（Arendt, 1963: 146）。處於這種「創新」的端點，革命分子
著手創立新體制與制定新法，及落實自由與平等的理念。姑且不

論任何制度的安排必然框限了革命原先的創新的動力（或者以當前的用語，框限了民主本身具有的反抗與顛覆既定秩序的權力），同時政治體制內蘊的「統治菁英」與「被統治眾民」的區分必然違背了革命實踐所要求的平等。就創制本身而言，革命分子本身沒有任何權威足以創立一個新的憲政。在這裡，鄂蘭也闡釋了西耶斯所區分的「制憲權」（*pouvoir constituant*）與「憲法權」（*pouvoir constitué*），但鄂蘭也依此闡明革命創制本身的惡性循環，亦即：新創制之權力的正當性，其權威無法由制憲的「國民大會」所確立，因為國民大會先於「憲法」本身，而不具憲法性格，換言之，「不合憲法」（unconstitutional）；除此之外，新立的法由於憲法未建立，缺乏了「合法性」（legality），除非在實定法之外，確立「高級法」，藉此賦予實定法的「合法性」。但是，這「高級法」本身缺乏立法者，因而是一種「非位格性的」（non-personal）的超越人性之力量，就如自然法一樣。這個自然法若要成為實定法的權威根源，因而能賦予實定法以合法性，那麼這個法必須是上帝的自然法則。但是，經過18世紀啟蒙運動思想的批判，上帝已不再是具有如中古封建時期在道德上與政治上的束縛與規約的啟示力量（*ibid.*: 190）。進而言之，任何「高級法」必須經由人為的立法，否則不具有效性（validity），如此一來，兩者形成一種惡性循環。（蔡英文，2002：196-198）

在解決這種關於法律與權力的循環論上，依鄂蘭的解釋，西耶斯將盧梭的人民主權轉化成「民族」的絕對性的統合原則，並界定「人民」為「第三等級」（或所謂的「小資產階級」），「民族」遂具有排他性，強烈地對抗君王、教士與貴族階級所代表的「特權社會」。在1793年，當革命走向內有激烈的黨派鬥爭，外有強敵的威脅時，羅伯斯比（Maxmilien Robespierre, 1758-1794）

以「雅克賓」政黨為軸心，發動第二次革命，訴諸「公民德行」與「愛國主義」，進行革命整肅的恐怖統治。鄂蘭如此解釋：羅伯斯比的恐怖統治「恰恰是企圖將法國人民整體組織成一單一的、龐大的政黨機器——『偉大的人民社會即是法國民族』——透過這個機器，雅克賓黨可以將黨的細胞網遍布於全法國，其功能不再是意見的討論與交流，也不是對公共事務相互的認知與督導，而是相互監控，同時，不分黨員或非黨員一概被迫害。」（Arendt, 1963: 247）

　　法國革命從「開端啟新」的自由與平等的創制，從釋放人民的多元性的共同行動與協議，走向了一黨的獨裁專政，這個黨祭出偉大高貴的民族統合、公民德行與愛國主義的絕對原則，而行監控與殘酷迫害黨之同志與政敵的統治。一個自詡為革命的政黨竟然以獨裁專制的「反革命」勢力終結了革命的開創壯舉。在解釋何以如此的問題上，鄂蘭分析了許多的因素，舉其要者，諸如法國革命必須同時解決自由創制與經濟匱乏的問題，革命分子將悲憫的私人情懷轉化成公共治理的德行、革命分子深受盧梭式的人民意志之哲學的影響，以人民主權取代了君主王權——「人民的腳足穿戴了君主的鞋靴」——而成為政體之權力與法律之權威的根源（Arendt, 1963: 156），然而，作為舊王朝的權力「篡奪者」，革命分子雖自稱人民權力的代表，但是缺乏了創制的權威。在政爭慘烈的革命處境中，革命分子只得藉由塑造內外敵人來凝結人民的意志。在諸多解釋中，最引人注意的論證主題即是：法國革命的「開端啟新」的創制被歐陸自中古世紀以來的「絕對主義」（absolutism，專制王權與單一主權的理念）所支配，而帶來了民主革命的弔詭，亦即：革命分子無法肯定其「開端啟新」之創制本身的正當性，而仍然依附舊傳統的主權論證，

因而在實踐上，民主的多元性、自由與平等的理念一概被取消。
如鄂蘭所闡釋：

> 絕對性之（資源與原則）問題顯現於革命，它根植於革命事
> 件本身……如果我們單從歐陸的偉大革命（如17世紀英國內
> 戰、18世紀法國革命以及20世紀俄國十月革命），尋求此問
> 題的線索，眾多的歷史證據強有力地指出，革命與專制王權
> 相關，以及隨後造成專政獨裁政權（despotic dictatorships）。
> 據此，我們會如下論斷：公共領域的絕對性問題不幸地完全
> 來自歷史的傳承，來自絕對性之專制王權的謬誤，錯將君主
> 一人的絕對權力置之於政治體制當中。對於這個專制的絕對
> 性，革命企圖取而代之，絕望地而且徒勞。……直至今日，
> 取代絕對主權的新絕對事物是否是西耶斯在法國革命之初所
> 建立的民族理念，或者是羅伯斯比在革命歷史最後四年所帶
> 來的革命獨裁，這都無關緊要。當前，把整個世紀帶上火線
> 的正是這兩者的結合，一是民族革命或革命的民族主義，其
> 次是以革命語言訴求的民族主義，或者是以民族主義的宣傳
> 動員民眾的革命。（OR. 1963: 158）

鄂蘭的革命論述表達如下的二個明顯觀點：第一，在闡釋民
主革命的政治實踐上，鄂蘭承繼西耶斯的「制憲權」的解釋，強
調「制憲權」是一種開端啟新的政治實踐力，這種政治實踐力，
在「俗世化」的現代處境當中，已無法援引傳統的超越式的論證
來證明其新憲法與新秩序的有效性。在思辨人的政治實踐與制憲
權力的正當性上，人民主權成為論證一新憲政體制正當性的內在
性論據，並在這論點上強調人民與民族的同一性原則。針對這種

觀點，鄂蘭極力克服絕對主義的主權與民族同一性的正當性論據，而轉向美國革命的經驗，從其中尋究另一種可欲求的、選替的論證條件；第二，在闡釋美國與法國的民主革命的意義上，鄂蘭認為法國革命乃延續專制主權建立的主權國家，透過人民主權的決斷，決定了以人民（與民族）的統一性為依歸的政治型態；相較之下，美國革命動用了人民的制憲權，同時決定了政治形式，並且創立了新的國家。鄂蘭據此批判法國革命無法完全超越歐陸專制主權的傳統，因此它給予的遺產即是革命的絕對（與專制）主義，以及人民（民族）統一性的理念；相對而言，美國革命的創制肯定了人民的權力，可是這種權力是經由人民結社所形成的各種勢力相互審議、協調而形成，在其中，雖有彼此的衝突與鬥爭，但美國的民主革命並不因此混淆了人民權力與憲法權威的區分。鄂蘭闡釋這種區分乃源出古羅馬共和的憲政原則：「權威在元老院，權力在民」（*senatus populusque Romanus*）[3]；另一方面，她也特別強調立法的制度安排既然已體現了權威，那麼，制憲即是建立新政治體制，而且在「開端啟新」的創制中，已立下其權威。然而，憲法權威並非僵化，它既是恆定的，也是變動的，它必須接受人民權力的監督、批判，而在既定的憲法架構中

3　關於羅馬共和體制的這個原則，依照米諾克（kemeth Minque）的闡釋，權力分別意指物理之力（physical power, *potentia*）與官職具有的法定權利與威勢（*potestas*）；而權威（authority, *ouctorias*），它意涵政治與宗教的關聯，在這裡，宗教指的是，家族的祖先崇拜與祭祀。就「權威」一詞本意來說，它意味「作者」（author）或謂任何創作者，不論是一座城市、一個家庭、一本著作，或一項觀念。「權威在元老院」遂意指這樣的一個制度是由其祖先所立。其權責超出諮議，但卻少於指揮命令的功能。它所展現的是政治的熟練技巧，它不是一種政治權利，但任何執政者在處理共和的公共事務上，都不能忽略它的建議（Minoque, 1995: 22）。

有所擴充。但無論是修正或擴充，都必須尊崇創制的憲法，在此，鄂蘭援引古羅馬的字詞 *"religare"* 的原意，即：「忠於創制之初」（in binding oneself back to the beginning），表示這種尊崇的情操。除此之外，鄂蘭也引用 *"pietas"* 的原意，即：「忠於羅馬歷史的創始」（being bound back to the beginning of Roman history），來表示對歷史之開端的虔敬（*ibid.*: 198）。創制所立的憲法必須由這種尊崇與虔敬，其權威才能獲得保存與擴充。

三、民主革命的極權政治傾向

對於列弗而言，法國革命的政治意義在於開啟了現代性無窮的變遷與更新。如果說在前現代或傳統的社會當中，人的行動及其創立的制度以及形成的信仰系統皆烙印「不朽」的特質，亦即：它們都自認其存在是永恆不變的，那麼，經歷民主革命的現代社會則投向變遷，而這種變遷的動力在於不斷地自我更新（Lefort, 2000: 38）。除此之外，法國革命作為一種民主革命，充分表現出政治自由與社會的平等乃是「無可逆轉」的，如他所言：「現代性乃針對舊政制的背景而形成……民主恰跟貴族制形成對立。條件之平等性的效應必須在與不平等效應的對立關係當中，才得以被衡量。」（*ibid.*: 37）這種民主革命將每一個人推向一種基本的存在處境，置身其中，每一個人皆掙脫了社會與政治特權所代表的權威。既是如此，「任何人對其行為之判斷的唯一準則就只能符應於正義與理性原則，而這原則又受到他個人良知的檢驗；同時，個人的意志也成為他行動的唯一根源。」在現代性的處境中，個人依據其意志而行動，並透過良知的檢驗，承擔理性與正義的解釋及其實踐，這種處境帶給人一種「不確定性的

磨難與負擔」（Lefort, 1988: 180），列弗從這種現代性的處境，反思法國革命所造成的政治上的偏差（或嚴重地來說：「病態」）。

　　法國革命推翻了舊政制，也取消了舊政制之正當性的理據，如同鄂蘭一樣，列弗亦關注與思辨法國民主革命之行動與建制的正當性問題。如上所闡釋，舊政制的正當性論據乃建立在超越式的終極原則之上，而具宗教神學與政治性（theologico-political）的性格。對於這個超越性的論證原則，列弗援引康托羅維茲（Ernest Kantorowicz）在其經典之作《國王的兩個身體：中世紀政治神學之研究》（*The King's Two Bodies: A Study in Medieval Political Theology*, 1957）的論證主題，對於這個論證主題，列弗做了如下的說明：「（在中古封建時期）君王既服從法律但也高於法律，在他身上，同時體現腐朽之身與不朽之體，這不朽之體亦是形成其王國秩序的原則。他的權力指向無條件的彼世，但同時他以一己之身擔負並維繫這王國的統一性。王國本身再現了君王的身體（或者說，為君王的身體所代表），而成為一種具實質性的統一體，就此方式，君王代表了其王國子民的等級，等級與階層的差異即奠基於非條件性的彼世之上。」（Lefort, 1988:16）

　　在中古世紀，盤據「最高主權」（sovereignty）地位者即是不可聞見的上帝，而非君王，能體現這不可聞見之主權者即是作為上帝之子的耶穌基督，而非君王。據此而言，唯有耶穌基督才兼具人與上帝的雙重本質，他真實的不朽之體乃外於塵世，其「奧祕之體」（*corpus mysticum*）乃透過「聖餐的儀式」（the Eucharist）而顯現；隨著耶穌基督之肉身如何真實地顯現的爭議，而發展出基督真實之身是在「聖餐儀式」中顯現，而基督之「奧祕之體」則體現於教會，因此教會之首乃是基督，而基督之首乃在於上帝；自12世紀以來的教權與王權之爭使得教會承認王權在塵世中

的最高權力的地位，至此「奧祕之體」本指涉聖禮與聖壇的神聖性，現被用來描述作為一「政治體」（body politic）的教會，其首乃是基督。類比推論，塵世中的王國亦如同一「奧祕之體」，其首乃是君王，而君王之首即是上帝，不過君王乃受上帝之「恩賜」而成「神－人」（God-man）之性格，如此，君王有兩個身體，一是塵世之肉身，是會腐朽的，另一則是受上帝「恩賜」而有的不朽之體；君王的身體就成為不可聞見之上帝及其「道成肉身」兩者之間的媒介，君王的身體乃體現其統治之社會的同一性，透過君王可見之身體，整個政治社會遂與另一個不可聞見的超驗的世界，或上帝，而有了聯繫。就此而論，君王之肉身因在塵世而會腐朽，但其權位因上帝的「恩賜」而是不朽[4]。

　　然而，自17世紀英國革命以至18世紀末的法國革命，查理一世與路易十六之頭顱被砍斷，弒君的舉動等同弒殺了君王的肉身與受「恩賜」的不朽之體；既是如此，本為君王之身所體現的政治社會的同一性，因為君王之頭顱被砍斷，整個社會也就缺乏了得以凝聚的統一體。以列弗的說法，這個現代社會缺少了一個身體。在這種情形下，民主革命如何在傳統的正當性理據已失效的處境中，重新自我構成其正當性？對此問題，列弗認為，在「世俗化」的現代性處境中，人雖然力圖自我證立其「自主性」的地位，但這不能全然保證人一己所創立的制度及其形塑的秩序是可以絕對正當的，「因為人性本身無法自我證立，無法自設其限度，無法將其根源與終結（或目的）含括在這限度當中。」（Lefort, 1988: 222）換言之，假若正當性的論證不是根據外在於

4　參見Brenard Flynn, *The Philosophy of Claude Lefort: Interpreting the Political*, Evanston, Illinois: Northwestern University Press, 2005, pp. xxiv, 108-109.

世界的「超越性」原則，而是內在性的自我證立，這種自我證立
即必須自我設定其限度，那麼根源與終點（或目的）無法被納入
這自我限度當中。在此，列弗如同施密特與鄂蘭一樣，皆面對基
源性的弔詭的問題：法國的民主革命如何在其「開端啟新」的基
源時刻，不依傳統的君主專制理念，設立一個「絕對主義」性格
的權力——這種權力如同君主的主權，乃是所有建制之正當性的
基源。既是基源性的權力，它就不受任何經驗性之建制的自我構
成所限制——作為建制（包括制定新憲法的「制憲權」）的正當
性的根據？進而言之，在傳統的超越性論證下，專制王權雖是
「絕對主義」性格，但此權力乃受超越塵世之上的上帝的「恩賜」
方有其正當性，因此，這個絕對性的專制權力不能是任意獨斷、
為所欲為，而必須謹守上帝的神聖法則，諸如公正、均平與公義
的原則；現在，這個超越性的、神聖的界域被取消了，那麼，內
在性的論據如何在自我構成中自我設限呢？

　　據此而論，列弗認為法國革命不僅推翻了舊政制與舊社會的
權貴等級，也在更造新體制上，構成一種政治性的生成原則，賦
予社會以一種政治的形式，這即是「一種行動與代表或再現
（representations）的安排，或計畫的綱領，它主導社會的形構與
『表現』（staging）及其動態（發展）。」（Lefort, 1988: 91）扣緊
法國革命的歷程，這種「政治性」的生成原則涉及權力與社會秩
序的基礎，因此跟真理、正當性與現實性的問題相關。在闡釋這
些問題上，列弗並非從歷史的實質研究著手，而是以評論法國歷
史家傅葉（Francois Furet）的《法國革命之解釋》的革命論述為
本，而提出自己的見解。在這方面，列弗側重法國革命的過程中
形成的「革命的想像」（revolutionary imaginary）。依他的觀點，
任何實際或經驗上的權力運作都跟此權力的運作在掌權者之心思

中的「再現」（representation）或想像相關，因這種再現，掌權者往往自居代表整個社會，以整個社會為名，操作權力。在法國革命的時刻，整個社會一再透過「政治性」的生成原則而「再現」，是故「所有的活動與制度都被認為推促了它的一般性的構成，以及為此做見證。」就此，列弗闡釋了「革命的積極分子」（the revolutionary militant）對革命的再現（或想像），如他所言：「這種社會的再現所預設任何事物，原則上，都是可以『被認知的』以及『被轉變』；同時任何事物皆從相同的價值被推導出來；它自身蘊含了對革命之『新人』（a new man）的定義，這個『新人』的天職在於成為一位普遍歷史的代理或行動者，他的公共性與私人性的存在是合而為一的。」（ibid.: 106）但「革命的積極分子」這種想像（或再現）卻是跟經驗上或事實上的對立面相互聯繫的，這即是革命的這種大仁大義、公私相合一的想像恰與社會上的實際人性即──「利益的自我中心作風」（the egotism of interests）──相對立；「革命的積極分子」所宣揚的普遍原則及其行動者（或代理）乃體現社會的整體，而這個整體是不會有分裂或衝突的。儘管如此，這種革命所塑造的社會整體無時無刻不被人的私利及其自我中心作風給威脅，因而可能導致革命的失敗，因此，眾多「敗德之人」必須受革命之力及其訓育而被迫為善。

　　依列弗的闡釋，這種對立在革命的意識型態中顯得明確；而這意識型態即由「一種不切實際（insane）的主張所構成，這主張肯定人民的統一體與同一性。因此，正當性、真理與歷史的創造性一概被認定聚集於人民當中。」人民的統一體與同一性必須跟經驗世界中的「人民群眾」（popular masses）區分開來，才能彰顯其本質；進而言之，唯有在人民自我構成了立法家，充分意

識其目的之條件下，他們才能表現其存在的本質（*ibid.*: 107）。換言之，人民的自我同一性即是所有正當性、所有真理與共和德行的根源。這種人民的觀念意涵「一種不斷地操作的觀念：人民進行這種操作，使自己得以成為自我孕育與生產的推手。」除此之外，它也意涵如下的觀念，亦即：「人民必須不斷地自我證明他們擁有自己的同一性。唯有如此，終極的價值與行動才能合而為一。」（*ibid.*: 107）

　　但是，當人民構成統一體與同一性，而宣稱具有一種正當性的權力時，如何確定誰擁有這種權力？革命的意識型態界定權力即是人民的權力，唯有人民才擁有權力，不僅如此，人民即是權力。但是，如上面所解釋的，唯有人民脫離經驗的社會而與社會中的「人民大眾」有所區分時，他們才能成其為自身；除此之外，「當一種普遍性的知識與決斷力的代理（或行動）顯現在可見的權位時，人民才能肯定其同一性。」（*ibid.*: 108）權力一旦運用了革命與人民的力量，它就變得巨大，但弔詭的是，當這種權力為某一個機關或某些人掌握時，它就跟革命與人民脫離，而成為迫害人民的威勢。這種弔詭不是出自任何個體或群體力圖以人民力量為號召，從事權力的鬥爭或掌權，而純粹來自權力的意象本身，「它是由人民產生的力量，這種力量也被意會是離異人民的力量，它具有反對與迫害人民的潛在威勢。」（*ibid.*: 108）革命的力量來自人民抵抗專政的勢力，這股人民勢力是無形的、流動的，但這股勢力一旦凝聚於某個人或團體，而且占據了某個機關，因而形成了可見的權力，在這個時刻，掌權者必須不斷地凝聚這股無形、流動的人民的勢力，因為這股勢力是讓他得以掌權的正當性基礎。為了這個目的，他有必要透過製造外部的敵人（不論這個敵人是真實的，或幻想的），或者運用「陰謀論」的策

略，來消除革命處境中的一個難題，這個難題即是：人民的統一體（或同一性）的想像（或再現）與現實的、混雜的「雜眾」兩者之間的差距；但革命的掌權者也理解這種差距是無法彌合的，因此人民的敵人永遠是不會被消滅的，革命就必須永遠有「反革命分子」、「通敵的陰謀分子」、「革命的背叛者」存在，它才有可能動員整個社會，以創造出「新人」，以實踐革命普遍主義的使命，如此為之，人民才有可能在自由、平等的信念中統合為一。進而言之，唯有如此，法律的原則、知識的原則與權力的原則才能融合為一。簡言之，「唯有敵人才能給予革命以一種同一性」（*ibid.*: 81）。

這種革命的想像造成了「革命的恐怖統治」（the revolutionary terror），在這段期間，掌握革命權力的雅克賓黨人透過各種公共的演說，在陳述革命大義的語言中，有意無意地表示反革命或破壞革命的「惡意，或惡勢力」（malevolence）乃永遠存在的，但「這股惡勢力」卻是潛伏著的，蓄勢待發，「其雙眼永遠暗地監視著我們」。這種普遍懷疑的心態強化了革命的想像，使之成為一種「狂想」（fantasy），列弗如此描述：「謀殺整個社會體的嫌犯遂與邪惡之眼相關聯。不言可喻，社會體的孕育現在恰恰意謂『人民之眼』（the eye of the people）的孕育；唯有純真無邪之眼可以揭穿邪惡之眼……革命之恐怖統治跟僭主暴君所施行的恐怖統治不同，其原因在於革命的恐怖統治自稱了解潛藏於善惡之分背後的原則，而暴政只是君主個人任意獨斷之意志的統治。」（*ibid.*: 80）雅克賓黨人的革命政府透過公安會，「暗地偵察一切事物」。儘管這個政府在短短不到一年，殺害與迫害近四萬名的法國公民，但任何公民一旦被懷疑，則不必經過任何法律的審理程序，即被宣判有罪，就如列弗所言：革命政府的法規「取消了

罪行的判定標準，株連之廣，無人可以脫逃革命大義之法網。」
（*ibid.*: 81）革命政府的法案取消了任何法律的判準、判斷、審理
的程序，而且無所限制，其目標在於強化對祖國之愛、革命共和
的勝利以及摧毀其敵人（*ibid.*: 82）。在法國革命的最後階段，革
命的正義被推向整肅、迫害、誅除，而且整個體制充滿無端、任
意之暴力，以及「極端憂懼之氛圍」的境況。

四、結論

　　鄂蘭與列弗都認為18世紀末葉的民主革命即開創現代性的一
重要的政治形式，即：代議民主制，以此民主制為基礎，西方在
19世紀形成了自由民主制，立下了民主的基本型態；除此之外，
他們亦強調，唯有了解18世紀末的民主革命如何從國家主權轉向
人民主權，我們才可能掌握現代民主制及其理念的問題。他們各
自以其關注的民主處境為取向，一方面談論18世紀末的民主革
命；另一方面，則由對此革命意義脈絡的闡釋中，形成他們各自
的民主見解，他們各自的民主理論與民主革命的論述乃互為表
裡。

　　經歷極權主義政治的鄂蘭與列弗，在他們政治思想的形成
中，對極權主義的反思批判以及對民主的闡釋，構成了重要的課
題。雖未明示，但這兩位政治思想家在法國革命的論述中，皆批
判革命的「雅克賓主義」。在此，鄂蘭雖然不認為「雅克賓主義」
乃推促了極權主義意識型態的形成，但她批判法國革命因無法真
正的「解除」歐陸的主權的絕對主義（或專制）傳統，因而將民
主推向唯意志論的民主（與民族）的絕對統一性，而摧毀了民主
的開放性，多元性與審議性。在這一點上，列弗與鄂蘭不同，他

強調雅克賓主義與極權主義（特別是史達林的共產主義）的意識型態有相當程度的關聯性，這種關係在於它們皆企圖根除現代性內在的分歧與破碎的政治與社會現實。面對這種現實，雅克賓主義以及後來的極權主義企圖透過人民、民族、種族或階級作為實質性的統一原則，並以威嚇、迫害的暴力統治，塑造一個整齊畫一的秩序。然而，因這個見解，列弗指出在現代性的處境中，任何「確定性的指標」均已喪失，他承認現代政治社會內在的多元分歧性格以及由此產生的矛盾與衝突是無法根除的；他以法國革命的雅克賓主義為例子，闡釋它之所以會走向「革命的恐怖統治」，原因在於雅克賓黨人的革命政府妄想將人民透過人民主權的原則，塑造出一個人民與自身絕對同一的實質秩序，一個完全沒有衝突、分裂的政治社會秩序。但這種妄想乃基於某種信念，即堅信革命的領導階層可以完全掌握政治社會構成的一切細節，換句話說，政治社會整體對人的理性與意志而言，是「通透明白的」（transparency），因此整個政治社會可以依據人理性規劃的理想藍圖，憑著堅強的意志力，全盤被改造。除此之外，列弗也強調人民的主權在現代性的處境中，是有其有效性來論證民主的正當性理據，但是這個原則充其量只能被視之為一種「象徵性的指意」（symbolic significance），而不是一種實質性的建構原則，因為，作為一種「象徵性的指意」，人民主權容許不同觀點與立場的闡釋，它是可爭議的。除此之外，它與現實政治的實踐有明顯的差距；民主即是承認這種爭議的正當性，也肯定「象徵性的指意」與實際的政治實踐兩者之間的差距。針對這種情況，民主可以將衝突、爭議給制度化，然而，如果企圖消除衝突分裂，而且彌合民主正當性原則的「象徵性的指意」與實際實踐的差距，那麼就易於走向「反民主」，甚至極權主義的途徑。

第七章

革命後的政治思辨
——柏克對法國大革命的批判，與龔斯當的自由憲政的觀點

　　古典共和主義與盧梭的人民主權的理念在18世紀末的民主革命中，匯聚成一股主導性的思潮，但其現實性與可行性亦受到試煉。當時的革命分子嘗試創造一個新自由民主體制，關切的基本問題在於：共和主義的理念是否能夠在現代的、革命的處境中，構成具體的政治方略（包括締造新體制）？針對這個問題，激進的、保守的與自由派的政治立場各發己見，針鋒相對。不論這複雜的政治意識形成爭論的內容如何，就革命建制而言，革命分子推翻了舊政體，也隨同放棄了古典共和主義中的君主制原則，但也修正了其中的有關公民（與人民）自治的原則（包括盧梭的人民主權的理念），而轉向以代表制為軸心的憲政民主體制。在這個脈絡下，本章將藉由闡釋艾德蒙・柏克（Edmund Burke, 1729-1797）對法國革命的反思批判以及龔斯當（Bejam in Constant, 1767-1850）的政治理念，呈現代議民主制與政治領導

權的問題[1]。

一、柏克對法國大革命的批判

艾德蒙・柏克（Edmund Burke, 1729-1797）被視為現代保守
主義的先驅，若我們不把保守主義看成為一套學說教義，而視它
為一種人的情性與政治態度的表現，那麼我們可以做如下的表
述：在涉及變革的議題上，保守的傾向反對任何根本性的劇烈的
改變（以柏克的語言，即革命），而強調在既有的政治社會的處
境中做局部的、漸進的改革。保守的傾向就此著重所謂「歷史的
延續性」，並且要求我們在接受任何普遍性的原則（自然法，以
及人權）上，必須同時兼顧在具體脈絡（contextualism）中的可
行性。在這裡，保守的傾向肯定「思慮謹慎」（prudence）的德
行，以及「穩健適度」（moderation）的政治作風，這種德行即是
在具體的政治社會的處境中，能衡量任何行動的得失利弊，能克
制任何激情（passion，不論這個激情是來自崇高的道德理想，或
者因現實不義而發的憤怒）而不至於走向政治的「狂熱作風」
（fanaticism）。保守的傾向雖強調歷史的延續性（如當代保守論者
Michael Oakeshott, 1901-1990的名言：政治即是尋求傳統的暗
示），但不是走向復古主義，而是認為任何傳承是多樣性與複雜
性，它們必須在現實的處境中被重新詮釋。對於它們，我們必須
辨識何者是死的傳統，何者是活生生的傳承，也應當了解傳承本
身已耗盡時，必須思考嫁接外來的文化的可能性（最顯著的例
子：是中國在魏晉之際，知識階層在了解儒家傳統因官方化，而

1　有關這個課題的論著，可參考Kalyvas and Katznelson（2008）。

耗盡此傳承的生命的資源時，迎接佛教的大乘教派。在歐洲，16世紀的宗教改革則是在教會腐化情況下，重新詮釋基督的原始教義）。最後，保守的傾向也兼容寬大為懷、尊重憲政的精神，以及肯定自由的價值。就此而言，保守傾向與自由主義在某種程度上是相互通聲氣的。柏克的政治思維表現出這種保守的傾向。

　　柏克被視為現代的保守主義者，其主要理由在於他的《對於法國大革命的反思》（*Reflections on the Revolution in France*, 1790）除了激烈抨擊法國大革命的瘋狂病態之外，也明顯表現出他對法國啟蒙思想運動的批判，以及維護英國君主立憲體制與貴族社會的政治立場。若我們以啟蒙思想作為「現代性」的指標，肯定其理性主義（包括科學理性）、進步論的歷史觀、個人主義的倫理、自由與平等的價值理念，那麼我們可能會認為柏克是「反現代性」的反動論者，但事實上並非如此。從他的政治思想的整體來看，柏克承繼歐洲自17世紀以來形成的自由與人權的政治思想的傳承；在承繼這個傳統上，他批判這個繼承忽略了具體的現實性與歷史文化的脈絡性，而致使它走向理性主義的建構論若（套用海耶克的概念）亦即試圖以一套抽象與普遍的原理重構政治社會的整體。這種由理性建構出來的體制，柏克批判說：「絕對無法具體顯現在人的身上，因此它們無法讓我們產生情愛、尊敬、仰慕，或依附的心意（attachment）。這種理性一旦掃蕩了人所有的情感、它是無法填補這種空虛。公共的情感結合了習俗慣例，禮儀，這種結合有時被要求作為增補、修正或助益法律的功能作用。在每一個國家中，必須有一種良好的心靈能夠提供饒富優雅氣度的禮儀、慣例、成規的系統。要使我們熱愛國家，我們的國家應該是可愛的。」（Burke, *Reflections on the Revolution in France*, 1790/2001, pp. 240-241）

　　法國的革命志士憑藉人民主權與權利，以及自由、平等與博愛等抽象的理念與原則，推翻「舊政體」（ancient regime），並建立一個新的政治體制。依柏克的批判觀點，這種光憑「玄想之理」（metaphysics）欲想建立理想的新政制，但不顧及現實的經驗與歷史文化的傳承的革命行動，勢必帶來政治的災難：

> 衡量你們法國人所得吧！看一看藉由這些誇大的、魯莽的玄想之理，得到了什麼！這些玄想之理教導你們的領導者蔑視所有的列祖列宗、所有的當代人，甚至他們自己，直到他們真的變得可輕侮的。遵從這些錯誤的見解，法國付出了比其他國家追求極為確定的福祉更昂貴的代價，帶來了更明確的災難……法國王室一旦喪失權威，便帶來革命志士放縱恣意的態度與肆無忌憚的言行，這種為所欲為的行徑蔓延到各個層級的生活……（*ibid.*: 190）

　　柏克批判法國革命，其理由除了上述所言及的觀點之外，他強調「人的本性複雜萬端、社會的事物更是極大可能的錯綜複雜，因此，沒有一個簡單的人的情性或權力的傾向可以適合人的本質，或者適應人的實際事務。當我聽說有一位設計師可以完成一種簡單的新政制的憲政機制，並因此自我炫耀時，我就毫無由猶疑地斷定他不是對自己的工作無知，就是輕忽了他的職責。一種簡單的政府的規劃是有瑕疵的……這些玄想之理的比例成分確實精準，但是道德與政治上卻是謬誤的……政治理性不是一種計算與衡量的原則，在道德上，也不是如在形上學或數學上的加、減、乘、除的運算……」（*ibid.*: 221）在此，柏克的政治理性及其健全的判斷是一種實際的政治實踐，其資源並非來自抽象理論

的推論，而是來自實際政治與道德生活的經驗與學習，在其運作上，這種理性盡其可能在保存既有與改革之間，取得一種平衡。

　　一個國家的存續不能不有變革，就如柏克所言：「一個國家若無法想出變革的途徑，也就沒有保全它自身的方法。沒有這樣的方法，它就得冒險，而有風險喪失其虔誠地想望保存其憲政的部分。」（*ibid.*: 177）一個國家的憲法即是有關權力的分配及其權限，以及政府的組織；政府作為一種權力運作的機制，其職責在於保障公民的權利及福祉。憲法的權威與政府治理的效能乃構成國家的基礎。在處理國家的憲法及其制度的安排（或政府的組織）上，柏克不再依賴17世紀的社約論的論證模式，而是以「市民社會」的實際的構成為起點，市民社會的形成是由生活其間的人相互的約定、同意與習慣而成，「如果市民社會是『約定俗成』（convention）的產物，這個約定俗成必須是它的法律；這個約定俗成必須修正這個約定下所形成的憲法的所有特性。每一種立法、司法與行政都是它的產物，它們在其他事物的狀態（如『自然狀態』中）就不存在。」（*ibid.*: 218）簡言之，是「市民社會」而非「自然狀態」才是柏克論證國家及其憲政之起源與正當性的根據。然而，在闡釋市民社會的起源，柏克亦援引社會契約的論述途徑，而跟人權的理論相涉。

　　人為其福祉與利益（advantage）而相互結合，形成了市民社會，「市民社會所帶來的福祉與利益遂成為人的權利，市民社會是一種有益於人福祉與利益的制度；法律就只是由規則而來的有利的行為。」（*ibid.*: 217）在闡明何謂人權的問題上，柏克不空談玄理，如他所言：「討論人有權利獲得食物與醫療，這種討論有何用處？問題在於我們可以透過什麼途徑，運用什麼方法去取得與管理這些權利？在這一方面的考慮，我總是勸人去請教農民和

醫生，而不是請教形上學的教授。」（*ibid.*: 219）由於柏克的人權
思想傾向實際經驗的考量，因此，他的人權觀的旨意在於，每一
個人在社會生活中努力所應得的，諸如財產權，以及要求「公平
地享有社會以其技術與力量為他的利益所能做的一切。」（*ibid.*:
219）這即構成人權的要求。權利也意涵責任，譬如教養與改善
家庭及子女的生活，以及不能侵犯他人。再者，權利意涵人彼此
的承認：一個人若宣稱自己享有哪些權利，他必須同時也承認其
他人亦享有這些權利。人權既是隨著市民社會的構成而來，那
麼，人權就是具有社會及歷史文化的特殊性。柏克對於所謂的
「原初性的權利」及「自然權利」都持著保留的態度，如他的名
言：沒有所謂普遍性的人權，只有英國人的權利，其理由在於他
注重實際的經驗，而懷疑抽象、普遍之原則的實證有效性。

　　在解釋市民社會的起源上，柏克，如上所提，援引社約論的
論證觀點。人相互結社形成社會事出於自願，但人彼此之間會因
價值、利益與觀念，以及生活方式的差異而帶來衝突，柏克在此
承認這種多樣性及其衝突才使得「一般性的自由有各種不同的保
障」（*ibid.*: 187），但是，如果人的結社秉具這種衝突對立的性
質，那麼，多樣性的差異如何取得協調，而不至於走向所謂「零
與整合」之鬥爭的「自然狀態」？以霍布斯式的社約論的觀點來
看，社會成之為社會的必要條件在於人民所信任的、具正當性的
國家。柏克接受這種觀點，但他的論證偏向洛克式的社會契約
論，即承認人彼此之間可以透過相互的協議與約定，共同捨棄
「自然法的第一條原則，即自衛的權利，以及放棄私益私利的權
利，並且以全體自由的信託依歸。」在此，柏克對於市民社會的
形成，有了一種道德倫理的訴求：「市民社會不只需要個人馴服
其激情，甚至在群眾與團體以及每一個人當中，人的偏好必須有

其節制，意志必須有所控制，激情必須有所馴服；能做這些事情的即是在於他們個人的權力。在這實踐的過程中……每一個人的自由及其限制在他所享有的權利中是被考量的。但是，自由與節制隨著時間與環境的變動而有所變化，因而容許無限的（或不斷的）修正；既是如此，我們無法以任何抽象性的法則來處理它們……」（*ibid.*: 217-219）市民社會雖然是一個人自願結社，彼此享有自由權利，而且相互約定所形成的結合體。但市民社會並不足以構成一獨立自主的活動領域，它的治理尚且依賴國家的憲法及其制度的安排，其理由在於，儘管為了共同生活在一種文明社會狀態中，人必須捨棄如上所述的自衛的權利與遂行己私的權利，而且必須以全體自由的信託為依歸，但「人既然擁有享有任何事物的權利，他就會要求任何事物」（*ibid.*: 218），也會不知限制地濫用這些權利，而且彼此相互妨礙，在這種情況下會帶來各種的不便利與紛爭。柏克就此認為政府的整個組織就成為一種必要的設置機制，藉由它的調節及法制，讓市民社會中的人們能在互不防礙的條件，滿足各自的需求。柏克描述這個國家的憲法及其制度安排是一種精巧且複雜的技藝（art），它「需要了解人性及其必然性（及其限制）的深刻知識，必要了解哪些事物有害或阻礙了各種有關市民之活動的制度所要追求的目的。國家必須跟隨時保存其威勢（strength），以及在其委靡不振時必須知道修正與振興之道。」（*ibid.*: 219）政治即是介之於保存與更新（變革）之間的可能的藝術，它需要經驗，這個經驗不僅是個人的，也是社會與國家的長久的經驗；經驗的積累可以讓我們透過理論的解釋，而建立諸多模型或型態，但它們永遠無法取代實踐本身。就如「人權的形上學的形式一旦進入我們日常生活的實踐中，就像光線穿透一種稠密的介質當中一樣，由於自然法，它們會反光折

射，無法成之為一條直線。在人的激情與關懷的粗糙的、複雜的整體中，原初的人權經歷了無數的折射與反射，因此，如果說它們始終處於其原初的取向，這種說法就變得荒謬無比。」（*ibid.*: 220）簡言之，政治實踐無唾手可得的普遍性原理或理論的模式可遵循，它的知識與判斷都是可能性的，因此其決斷與行動都是冒險。因此而論，政治實踐的德行在於「穩健適度」（moderation）；有關政府的治理即是如何處理「自由與約束」之兩難的政策。

政治的「穩健適度」常被誤解為投機取巧、缺乏原則與懦弱無能，如柏克所說：「穩健適度被污名化為懦弱，妥協被指控為背叛者的奸滑狡詐，我們希望孚眾望的政治領袖都能在某種場合中持之溫和、穩健的作風，但是在各種不同的譁眾取寵的宣傳教條中卻變得活躍，而且建立他的政權，但終究會挫敗其原先應冷靜思量的目標。」（*ibid.*: 413）在自由的社會，自由因鼓勵不顧權威，追求新奇，也強調不受約束、自我放任，而會形成一種偏激的論調，聲言：凡阻撓我自由的一切事物不論是傳統、常規以及權威，都應一概被我擊潰與支配，以確立我的自主性。自由一旦不受約束走向極端，就走向反自由的支配力。在自由社會中，一種極端必然帶來另一種極端，彼此爭鋒相對，造成無可化解的衝突。面對這種自由社會的處境，政府的治理一方面必須受民意的支持，另一方面必須建立一穩定的政治社會秩序，為達成這些目的，政府就必須能不受這些偏激的輿論與作風所擺布，而能緩解各種偏激的言論，調和它們，進而制定均衡的政策。對每一個人而言，亦是如此，他必須能領會各種不同的，甚至矛盾衝突的利益、價值，而且讓道德的原則出現在他行動的領域當中，在其間，沒有一種利益、價值與原則可以不受其他的限制，而得以自

行其是。在伸張自己的利益、價值上，他經由容納各種不同的主張，細加思量，才能取得正當性的理據。

二、龔斯當的「自由憲政」的理念

　　經歷法國革命，以及革命後拿破崙專政與波旁王朝的復辟，龔斯當隨著這個大時代的脈動，針砭時政，並殫精竭慮，思索如何建立一個穩定的自由體制的根本問題，其政治立場也因政治局勢的劇變而有所改變，政治思想也因此呈現多樣複雜與動態性的面貌。儘管如此，我們依舊可以確認龔斯當的政治趨向乃在於，介之於激進與反對保守的思維中，尋求一個溫和穩健的思想路線；這種「叩其兩端而竭焉」的思維方式[2]：洞察了「後─革命」時期自由民主的建制及其發展中一再出現的弔詭，譬如人民主權取代君主主權而成為論證政體的正當性論據，卻帶來了以人民之名的民主專政（如羅伯斯比的恐怖統治）與獨裁（拿破崙的專政）（Constant, 1988: 130-131），又如民主給予人民自由權利，可是「處處顯示他們喜好受奴役」（*ibid*.: 162）。另一方面，這種思維方式也讓他在尋求穩健適度之道時，顯現進退失據的困境，擺盪在激進與保守的政治立場之間。在1815年代後期的思想中，他

2　他既肯定人民主權作為自由民主體制的正當性論據，但也防範人民權力過分膨脹至無所節制的地步，他否定共和思想中君主制原則，認為在革命後的現代政治處境中，若嘗試恢復君主制，如復辟之反動思想所揭示的，那麼，就犯了時代倒錯的謬誤；儘管如此，同時也承認自由民主制乃以人民的自治為原則，但他不像激進共和論者一樣否認任何權力中心，也不像無政府主義一樣否認政府治理的必惡性；他處處防範如君主與人民的任意獨斷的權力，為此他肯定法治與程序正義的有效性，但也承認兩者有其不足之處等等。

以英國的君主立憲制作為建立穩定的自由民主秩序的理想模式。

　　龔斯當在尋求當時政治問題的答案時，古典共和主義的傳承提供了他反思的資源，但他不是一味遵從這個傳承，而是基於他對當時政治與社會處境的了解，給予一種新的闡釋，譬如我們所熟悉的，他對古典共和與現代處境之自由的區分，他肯定古典共和的公民直接參與公共事務的責任理念，但也強調若把這種政治參與的責任在現代處境中變成一種道德命令，勢必成為一種任意性與壓迫性的原則，而違反了現代個人自主性與選擇的權利[3]。

　　在承受上述的古典共和主義的公民自治與君主制原則上，他一方面肯定人民的自治，但也有所保留地接受盧梭式的人民主權的理念，認為人民參與公共事務與政治必須有身分（諸如教育水平、收入與資產）的限定；同時，他否定盧梭所說的，人民的意志不能被代表的理念，而肯定革命創制所立下的議會代表性的制度安排。對於代議式民主，龔斯當也洞察它易走向黨派鬥爭，不易形成政治共識的限制，以及選舉制本身並無法選出符眾望與才德兼備的代表（Constant, 1988: 203-205）。

　　針對共和思想中的君主制原則，革命雖推翻舊君主專制的政體，但龔斯當並沒有完全否定此原則的效用；依他的見解，在傳統君主政體中，君主所處的中立性的地位及其權威乃是促使自由民主維持其穩定性的關鍵之一。在掙脫激進民主與反動保守的兩端，他嘗試融合這兩種看似背反的原則。當代法國的政治思想家高契（Marcel Gauchet）就此論說：「龔斯當的思想進路，其最明顯者在於他有系統地將君主制的權力觀的要素融入那建基在代表制之上的自由體系當中。雖非明示，但他似是得出如下的結論：

3　關於龔斯當的政治思想的研究，參見江宜樺（2001: 63-94）。

完全以選舉制為基礎的『憲政』（constitution）必須克服嚴重的但未致命的缺陷，這缺陷來自憲政創制之初的權威的不確定性。針對這缺陷，國家建制需要一種得以促進優秀的、恆定的以及獨立質性的制度，這些質性跟『君主的人格』（the person of the monarch）相關。」（Gauchet, 2009: 28）簡言之，這個政治思維取向乃是如何調和政治領導者的權威與人民的權力。由這個問題，龔斯當開展了他的「中立性權力」（the neutrality of power）的理論，這個理論是跟隨他思考自由憲政（liberal constitution）的問題而發展。龔斯當為什麼認為憲法及其制度的安排（或所謂政府）必須設置此「中立性權力」？在他晚年的作品（1815）中，他明示：「幾乎所有憲政的重大缺失即是無法創造出一個中立性的權力，取而代之的是，安置一個『權力的整體總和』（the total sum of power），同時賦予它（政府部門的）一種『執行權力』（active power）。任何時候，這個權力一旦跟立法權與法律結合……就擴充到任何事物，而逾越了立法權與法律原本應當限於決定其對象物的界線。也就因此產生了任意性與獨斷的權力。」（Constant, 1988: 185-186）

　　不論龔斯當的政治立場及其思想的變化為何，他始終堅持自由派（liberal）的基本原則，即：強調個人的自由、人權與公民權的基本保障（諸如私產權、言論、出版與宗教自由的權利保障），以及抵抗專斷、任意性的權力（不論是君主，或者人民的無所限制的權力）。除此之外，他也強調法治及其「正當程序性」，以及建立在正義（justice）之上的公共安全。他相信「所有的政治制度，其主要的目的，或者說，神聖的目標」即是落實這些理念，「這是因為我們無法在其他地方，發現憲政的正當性所在。為求憲政的堅實與恆定，而另求其他，終究枉然。」（Constant, 1988:

229）又如他在早期（1805）的共和思想所強調的：「共和政體透過這樣的深層意識而存在，這意識即是：每一個公民享有其權利、幸福、理性、沉著鎮定，以及充沛的活力，這些都是因為享有自由而帶來的。」（*ibid.*: 97）

　　龔斯當的自由派信念並不把個人的自由推向極端，而與政府的干涉相對立；它不像激進共和民主的理念，認為人民可以完全自治，以及市民社會可以不受憲法的規約與治理，而得以自我構成。相反地，龔斯當認為人民需要領導者，這位領導者的統治不像他在早期著作中所批判的，「暴君」（despotism）與「篡奪者」（usurper）所表現的好戰、奴役人民的暴虐統治；政府不是權力集中化的，而是透過孟德斯鳩的三權分立而形成的制度安排；但它也不純然「忠實地反應公民的意志，也不僅止於完成多數的決議」（Gauchet, 2009: 38）。換言之，政府之治理的正當性來自人民的同意，其首長是人民的代表，政策的決議與執行乃採取多數決以及尊重少數的權益。假若依據龔斯當的憲法與政府組織的規劃方案來看，他所建議的「中立性權力」安置在何處？其功能作用為何？

　　龔斯當的「中立性權力」的理念深刻影響日後自由主義的「中立性國家」的理論，甚至也影響20世紀上半葉威瑪共和的法理家，卡爾‧施密特的憲法學說[4]。龔斯當在表述這個理念上，早先在1800-1803年的著作中用的概念是謂「保存性的權力」（*pouvoir preservateur*），後來在1815年的晚期著作中，才改用「中立性、中介性、規約性的權力」（*pouvoir neuter, intermediare and regulateur*）。其間涉及他思想立場與憲政思維的變化。關於

4　參見施密特著，李君韜、蘇慧婕譯（2005，第三章）。

這種政治立場的變化，扼要言之，在拿破崙執政時期，龔斯當因
拿破崙邀請參與憲法的起草，這時期，龔斯當為解決革命後因自
由憲政不穩定的問題，而設想一種能超越憲政體制之上的權力，
藉它的行使能保存憲政的完整性及維繫其穩定性。但後來對拿破
崙的政權走向獨裁，龔斯當認為這種保存憲政的權力，有其危險
性，而修正了這種權力觀，在晚年，發展出的「中立性權力」
（Kalyvas and Katznelson, 2008: 156-174）不論這兩種權力的區
分，兩者有下列兩個共同思維：

　　如上所示，無論在早期傾向激進共和的理念，或在後期傾向
保守的自由派的思想態度，他一貫堅持個人的自由及其權利的保
障、批判任何任意性與獨斷性的權力，強調法治與程序性正義。

　　他的政治思維總是朝向在兩極的理念與立場之間尋求一種穩
健適度之道。在思考憲法及其制度安排的變革上，他特別關切憲
政的穩定性問題，在晚期的著作中，他表達了對憲政及其改變的
基本觀點，他說：

　　憲法必須受到實踐的考驗，否則整部憲法只是一堆死文字，
　　唯有實踐才可以證明其效果，並決定其意義。我們通常以重
　　建憲法為藉口，而企圖全盤推翻它。就此，讓我們善於利用
　　唯有透過實踐而來的知識，為了以審智與中道（moderation）
　　逐漸地提供我們所有的各個部分的需求，並且緩慢地藉由時
　　間的資助，時間是助益我們達成需求的最溫和的、但卻是最
　　有力的盟友。（Constant, 1988: 226-227）

　　龔斯當的「中立性權力」的構想，其旨意在於尋求代議式民
主憲政的穩定性的資源。一個草創的體制不是單靠憲法的規約、

保障以及政府的治理，即可順當的運作，它必須深植於人民對其
所居住的地方（如鄉里、市鎮、省區）長期孕育的情懷，以及榮
譽感，如他所言：「地方習俗的聯繫培育了無私、高貴與虔敬的
情感。」（Constant, 1988: 255）龔斯當把這種情感稱為「愛國心」
（patriotism），如他所論：

> 愛自己的家鄉，特別在今天，乃是唯一真實的「愛國心」。
> 我們可以發現社會生活的喜樂遍及各處；唯有習慣（habit）
> 與記憶是不可能被重造的。職是之故，人必須為提供給他們
> 記憶與習慣的住處所牽繫，為達成此目的，基本上，必須承
> 認他們的家園與鄉里社群盡可能如同政治的重要性一般，而
> 不傷害普遍的利益。（Constant, 1988: 254）

唯有這種愛國心才可能培養「公共精神」（public spirit），而
這種精神，如龔斯當所強調的，即是憲政所藉以成立的基礎所
在。換句話說，特殊性的愛國心與普遍性的公共利益是互相為
用，職是之故，公共利益如龔斯當所論：

> 普遍的利益的確不是特殊的利益，但它也絕不是與特殊利益
> 相對立。人們常說個人所得即是其他人所失，所謂的普遍利
> 益即是特殊利益的總和，普遍利益不同於特殊利益，猶如一
> 個身體不同於個別器官。這些話語似是而非。個人利益必是
> 個人所感興趣的、片面的、區域性的利益才構成一個「政治
> 體」（the political body）。就此而言，這些個人的、片面的與
> 區域性的利益必須受保障。果真如此，一個人將會由這樣的
> 事實而消除任何可能損害其他人的個人利益。進而導致真正

的公共利益。（Constant, 1988: 205）

　　代議民主憲政的創立，其目的在於保障個人的自由權利、防範任意性的專斷權力。這個政體（或稱「共和體制」）的進展繫之於公民的公共精神，此精神體現於公民的關懷與參與，而這種對公共事務的熱心與參與激發了「愛國心」。就此而論，代議民主憲政的進展在某種程度上，乃依賴非制度性的因素。依同樣的論證，龔斯當的「中立性權力」，其目的亦在於尋求某一種超越制度之上的權威，以保存整個憲政的完整性與穩定性；就此而論，在龔斯當的共和與自由思想中，純粹的民主制本身難以維繫其穩定性的發展。

　　自由憲政（或代議民主）的不穩性，其制度之結構性的關鍵因素來自於君主制被推翻之後，產生權力虛位（empty place of power）的問題。新創立的民主體制的領導階層（包括國會與各級議會的代表）皆由民選而產生。龔斯當肯定普選制（儘管他強調公民身分的學識與資產的限制）以及代表制，但他也指出這些制度本身的限制或缺陷：民選有時候很難產生符眾望與才德兼備的政治領導者（包括議會的代表）（Constant, 1988: 203），是其一；選舉往往涉及黨派的競爭，甚至鬥爭，是故，難以形成選舉權的統一性（ibid.: 205），是其二；定期的選舉（或改選）很難在兩次選舉當中形成成熟、穩定的公共意見（輿論），選民難以取得可靠、穩定的資訊，以做恰當的選擇（ibid.: 209），是其三。最後，龔斯當則深入分析政府組織內部結構的問題。

　　依龔斯當在後期思想中對「君主立憲」（constitution monarchy）的政府組織規劃來看，除了君主主權之外，政府組織採取了孟德斯鳩的三權分立的學說，政府的組織分為行政權，代

表權（或謂立法權）的兩院設置，以及司法權。對此組織的功能，龔斯當陳述如下：「行政、立法與司法權乃是三種權限（competences），各有其界域，但必須以一相同的步調相互合作。」（Constant, 1988: 184）理想上來說是如此，但在實踐上，這三種權力個別會有朝向壟斷權力的傾向，因而產生相互杯葛、衝突的情況。三權分立不是像漢娜‧鄂蘭所說的，因權力的相互制衡而形成更大的權力，反而因各個權力部門想望權力的集中，不是造成權力的專橫性，就是權力的衝突，就此削弱了政策的決斷力與執行力，造成弱政府的情況。

依他對立法權的批判，民選的代表很容易形成「新貴」，他們擅用其權力，為自己與黨派的利益做打算，不顧及公共利益，而與民意脫節。立法權一旦無所限制，其權力的危害性就更甚於人民權力的被濫用[5]。如果立法權會有可能導致權力專斷與腐化的情況，那麼立法權如何有自我節制的可能性？在闡釋這個問題上，龔斯當一方面強調立法權的自主性；另一方面認為，要求立法機關制定法規來約束自己，這是「一種幻想而且是無效的」，其理由是，同意這些法規形式的議會多數會因便宜行事，而破壞它們（Constant, 1988: 197）。對於立法權與行政權相互的對立緊張關係，龔斯當做了如下的觀察：

> 國家的代表為公民所選舉，有一定的任期，為求連任，他們需要取悅其選民，因而往往恣憑其權位取自於民（popular origin），而且隨時可能被其他代表所取代。這種處境使他們依賴人民的偏好與符眾望。再者，他們時常被要求對抗行政

5　關於這項闡釋，參見Kalyvas and Katznelson（2008: 168-169）。

部門的政務官（ministers），因此他們可能成為這些行政首長
的控訴者，而不用心了解如何恰當地判斷行政首長的政策。
（Constant, 1988: 235）

　　當這三個權力產生擅權，並且攪亂了其功能作用，彼此逾越
其權限，彼此相妨害，致使政府的治理癱瘓，這個時候，整個體
制如何可能救濟這些嚴重的權力失調？

　　為扶正三權分立之政府的功能作用，龔斯當設想一種超越這
個政府組織之上的，而且能在行政權與立法權之間扮演著中立性
與仲裁性的權力角色。他把這種權力稱之為「中立性權力」。這
種權力的目的一方面在於防衛政府，以免政府陷入分裂的危機，
另一方面則防止政府壓迫其人民，因此，這種權力扮演著保護與
監督政府以及維繫憲政體制之完整性的角色；除此之外，更重要
的是，它也必須促進體制的穩定性。

　　如果代議式的民主憲政本身無法自我構成一種維繫體制穩定
的力量，那麼，這個中立性權力必須設置於代議民主制之外，它
雖聲稱代表人民的權力，卻不由民選而產生；另一方面它也不是
來自於政府內部組織的權力，或者說不能依傍於行政權或立法
權，否則這個權力將喪失其中立性。誠如高契對龔斯當早年所提
的「保存性權力」的解釋：這個權力一旦被構成，「它必須能免
除外在的任何控制，是一個絕緣體，全然地自主，而且外於其他
所有的政府的代理。」（Gauchet, 2009: 40）它近乎一種獨立於民
主常規與制度之外的「特權」，是一種「高於其他權力的自由裁
決的權威」（discretionary authority over the other power）（引自
Gauchet, 2009: 41）。但是，這種獨立的、自由的裁決權是否會變
成一種任意性、獨斷性的權力？在《論篡奪權位者》一書中，龔

斯當強調「權力一旦擺脫了法律的約束，就喪失其特殊性格，以及它的優越性。當黨派以相同的非法手段攻擊它時，公民整體就可能分裂為二，這是因為對於公民整體而言，他們別無選擇，只能在兩個黨派中擇其一。」（Constant, 1998: 136）就此論之，「一個常規的政府一旦訴諸任意性、獨斷性的裁量權，它就犧牲了它存在的目的，它所採取的自我保存的手段就變成了目的。」（ibid.: 134）在憲政體制處於危機的異常時刻，領導者及其政府動用此裁量權，是可能防制顛覆者、煽動家的謀亂叛變，並能夠有效地重建和平秩序，但是這也可能帶來更大的政治災難，如龔斯當所論：「隨著此權力的受害者而來的是，權威當局的敵人遽增；不但如此，不信賴（政府）權威的公民，其數目遠遠超過政敵。」（ibid.: 135）為防止這種權力變成類似「篡位者」的擅權、專制，它必須避免使用暴力，更不得損壞公益，並且尊重既定的法律與監護性的程序，以及扮演一個保存國家憲政之完整性的警衛角色（ibid.: 136）。由此推論，這種權力雖居最高權威的位置，但不從事任何積極性的統治工作。作為一種中介性與協調性的權力，它唯有在政府內在權限產生衝突時，扮演著居間協調的角色；作為一種監督者，它唯有在政府逾越其權限而損害至公民的權利時，才出面干涉。「這個權力確認市民社會及其代表們（或者說民主的領導人）能夠和諧，彼此的觀點能夠一致。」但這種作為也碰到一個弔詭：「它本身獨立於社會之外，而且不受社會的控制，但為了強化（人民）尊重集體意志，它必須不受其約束。」（Gauchet, 2009: 40）這種權力是否能夠如龔斯當的自由原則所約束而不至於走向專斷的統治？

　　總述以上所論，民主社會雖享有自治與自決的權利，但它必須經由政府的治理，才有可能形成一個統一體。然而，政府本身

因權力的分立與相互制衡，容易走向彼此的杯葛、衝突，因而造成政治的癱瘓；另外，政府的治理也常會逾越其權限損害人民的權益。再者，民主的領導階層大部分出自民選，其領導權因定期更替而不易形成一種長遠的與穩定的決策，選舉制本身除了帶來多數決的問題之外，選戰還造成黨派的傾軋與鬥爭，難以形成一種統一性的集體意志與輿論。為克服這些民主的難題，龔斯當設想一種置外於民主社會及其政府之外的獨立性的、自主性的裁量權力，俾能保存民主憲政的完整性，以及防範政府治理的任意、獨斷的治理權力。

這種權力如何落實？它既是置外於體系之外，是獨立的、中立的（即不偏倚任何黨派的立場、意見，甚至人民的意志），那麼它的產生不能來自定期的選舉，也不能依恃於政府中的任何權限（如立法、行政與司法權力）。針對此問題，龔斯當提出了制度性權力，以及最高法院的構想[6]，但無論這些構想如何，它們總會遇到難解的問題，譬如最高法院作為一種機制，藉此能體現市民社會控制其代表的權力，但這個機制的運作是否會將法律與司法政治化，或者將政治法律化或司法化？在晚期思想中，當龔斯當為「君主立憲制」籌劃憲政規模時，重返共和思想中的君主制原則，嘗試調和君主統治與公民自治的原則，俾以結合領導者的權威以及人民之權力（及其信賴）。然而，君主制既已被推翻，若企圖恢復它，則不免犯了龔斯當本人所批判的「時代倒錯」的謬誤。在現代的自由憲政的體制中，君主主權（royal power）不再指涉具體的君主之權柄以及人治的意涵，而是指國家之頭領（the head of the state）的權力，此權力被稱之為中立性，是指它

6　參見Kalyvas and Katznelson (2008: 158)、Gauchet (2009: 39)。

是恆定的、虛位的（empty）與抽象的權位，同時，它是跟政府各部門的政務官的實質權力脫鉤，猶如傳統君主制中的君主。作為此中立性之權位代理的國家最高領導者（或謂公民直選的總統）只象徵主權（至高無上之權力）的尊榮與崇高，而不負實際的行政統治。它只維繫既定的自由憲政秩序，保障個人自由的價值，促進公民權與人權的實踐，調節政府內部權力的衝突，替換不適任的政務首長，修補司法之嚴苛與不公正，當國會整個脫軌、失序，它甚至有權利解散這個國會。他提供整個國家的是不偏不倚的判斷以及遠見。這樣一個極具崇高尊榮的權位，及其由來的政治生涯「需要超凡的天賦，兼具強烈的、高貴的天職的意識」（Constant, 1988: 193）。

　　代議式民主的民主憲政，依上面所闡釋的，需要一種類似君主制的主權核心，其權位之獲得不像君主制依靠繼承，而是透過激烈的選戰競爭而得來，是定期更替的，因而有一種虛位以待的意味。掌握此權位的主權者縱然被剝除了人治的色彩，而成為看似「無為」的主權者，但依舊被期待是一位超凡優越的政治領導者。這位領導者能超越褊狹的利益、政治的騷亂，黨派的分裂以及意識型態的鬥爭，能有強韌的領導力護持憲法的完整性以及維護國家的統一性。他擁有如施密特所稱的異常（或危機狀態）的自由與自主性裁量權與決斷權，但其權限必須受憲法的規範，而不是任意性與獨斷性的[7]。

7　參見Kalyvas and Katznelson（2008: 170）。

第八章

民主憲政國家與人民主權之間的緊張
——卡爾·施密特對議會式民主的批判

一、引言

自民主革命以來，民主的理念及實踐常處於兩種民主模式：一是直接民主，另一是議會式民主（或憲政民主）兩者彼此的爭議糾葛。

基本上，直接民主的理念即倡導公民直接地參與公共或政治事務，直接地表達他們對政府政策的不滿，或者批判的意見；理想地來說，直接民主冀望公民能透過共同審議，而形塑有關公共議題（或實際政策）的「共識」，藉此得以有力地影響政府的施政。相對而言，議會式民主是以民選的代表（從國會的立委到各地方政府的議員）作為審議政策，與決定法案的主體，並由此監督與審查行政機關的施政。就此而言，立法機關相對於行政與司法機關而言，乃主導民主的政治機構。但「議會式民主」的這種

理念在實踐上有什麼樣的弱點，易招致直接民主之理念的批判？另一方面，直接民主的理念對議會式民主的批判觀點是否可以證立？在實踐是否有可行性？本章以此問題意識，闡釋卡爾‧施密特（Carl Schmitt, 1888-1985）對議會式民主的批判。

　　從施密特的法政思想內在結構來說，這種批判是以他的政治性的概念與主權者的決斷論為其根基。他批判威瑪共和的自由憲政與議會式民主罔顧自身之所以成立的基源，這個基源即是一個政治共同體形構所必要的敵友的分判與政治的鬥爭，就此，這個共同體的成員及其結社才能凝聚一種集體性的意志，裁斷其國家的形式。這種政治性的決斷力既是基源性的，它就先於任何法規與權利；在既存的法律系統中，它既是一種變革，也是革命的力量。施密特以這種觀點，診斷威瑪共和之議會立法國的障蔽及其引發的政治的紊亂失序，在這個脈絡中，施密特亦思辨如何可能重建德國的政治統一性及其具體的秩序。在闡釋施密特的民主理論上，筆者特別著重下列三個議題：一、施密特在批判議會式民主時，區分了自由主義與民主的理念，我們如何解釋這種區分，與此相關的是，這種區分是否可以證立？二、施密特的批判是否全盤否定了威瑪共和的自由憲政架構及其議會式民主[1]？三、就施

1　關於這個爭議，麥克米克（John P. McCormick）認為，施密特的「政治性」之概念蘊含「危急存亡之際的權力」（emergency powers）在內的及其憲政理論，乃是他在這段時期之論著的核心概念，參見他的 *Carl Schmitt's Critique of Liberalism: Against Politics as Technology* (Cambridge University Press, 1997), p. 122。相對地，岱振豪斯（Dyzanhaus）在他於1997年出版的 *Legality and Legitimary*，持相反的見解。他論辯道施密特的思想並不成系統，若成為系統，施密特必須信守一種以「實質的同質性」為背景才成其為可能的信仰系統。但這種同質性在共和時期並不存在，因此他思想的要素源自他辯證式地批判自由主義。簡言之，施密特的「危急存亡之際的權力」及其憲政理想乃

密特本人的理論而言，他如何結合主權者的政治決斷與盧梭式的
「人民主權」。如果說這種整合在於施密特的「民族的政治決
斷」，那麼，施密特如何論證這種民族的政治決斷論及其實踐的
可能性[2]？

　　施密特是一位具強烈現實感的法學與政治思想家，處於威瑪
共和的創立以至崩解的境況，施密特嚴肅地關懷威瑪共和的憲政
與其議會式民主在理論與實踐上的弱點，這些弱點造成威瑪共和
持續處於不穩與紛亂的狀況。就此我們可以說施密特的憲政與民
主理論乃因應威瑪共和的危機而生，但威瑪共和自1930年代方進
入危機深重的處境：多黨派的鬥爭（特別嚴重是在1932年6月共
產黨與納粹黨的街頭巷戰）使得共和瀕臨內戰的邊緣，戰爭的賠
款與經濟大蕭條（1931年德國失業人口高達5,615,000人）的負
擔讓威瑪政府窮於應付，而帶來內閣的不穩定，議會中黨政嚴峻
的黨爭造成代議民主制運作的失靈（Balakrishnan, 2000: 156）。
置身於這種危急的處境，施密特思考如何在保持威瑪共和的憲政
與制度的安排下減緩這個危機？對此問題，施密特以他在1926年
寫成的《議會民主的危機》的解釋為綱領，做更深入的理論與現
實政治的探討。

　　施密特在1930年代的反思的重點在於針對他所歸類的威瑪共

　　與自由主義及其憲政（或以德國法學特殊的用語「市民的法治國」）呈一辯
　　證關係。
2　關於這個論題，蕭高彥在〈共和主義、民族主義與憲政理論：鄂蘭與施密特
　　的隱蔽對話〉（2006）一文中，以馬基維利的「超越常態的政治決斷論」之
　　思維為起點，闡釋施密特與鄂蘭兩人在解釋革命創制所涉及的制憲權、權力
　　與權威等觀念上的相似與差異，蕭高彥以「隱蔽的對話」為題，展開這種解
　　釋，他的論旨在於：鄂蘭嘗試以美國革命的創制為立論的共和主義克服施密
　　特的以民族之政治決斷為立論的憲政思想。

和的「議會法治國」的型態內在的結構性的矛盾，以及造成它運作失靈的因素。通過這種反思的診斷，施密特嘗試從這個國家型態的內在，尋找出得以解救共和危機，並建立一種具體秩序的途徑。

如果我們以施密特的視野來了解這段時期威瑪共和的政治處境，我們或許可以描述於下：威瑪共和是由一個缺乏政治決斷力、軟弱無能的政府加上一個內在分裂的國會（Reichstag，在1932年共產黨與納粹黨操縱國會的多數），這樣一個弱國家受到市民社會的圍攻。在這市民社會中，各種經濟與社會的統合性團體林立，它們各以其經濟實力以及所控制的報紙媒體，試圖左右國家的權力[3]，在1938年寫成的論霍布斯的政治思想的著作中，施密特直言國家的政治統一體遭受市民社會的各種勢力團體的掠奪與瓜分，終致解體[4]。這即是一種異常（或危急存亡）的處境。

以此年代作為區分，施密特在1923年至1928年所揭示的政治性概念及主權決斷論，以及依此觀念所形成的憲法與民主理論，其取向在於建構出一個常態性的民主國家的條件。根據1930年代威瑪共和陷入瀕臨內戰的危機處境，施密特強調領導者的政

3　關於威瑪共和末期的這種政治社會處境，參見Balakrishnan, 2000, chap. 10, 11.

4　施密特在1938年《霍布斯國家學說中的利維坦》一書中，重申這個論證主題，他說：霍布斯的國家（利維坦）的古老敵人，即教會與利益團體的間接性權力「在19世紀以至於今日以不同的面貌，重新武裝自己，它們改裝成為政黨、工會以及各種『社會勢力』。它們掌握了國會與法治國家的立法權武器，而且認為自己已經駕馭了『利維坦』。奉祀個人權利的憲政國家促進了它們的勢力。私人領域因此從國家撤離，而轉讓給自由的、也就是難以控制的、不可見的社會勢力。……從國家與『非國家控制』的社會當中，興起了社會的多元主義，在這中間，『間接性權力』可以慶祝其輕易得來的勝利。」（Schmitt, 1996: 73，參見蔡英文，2004: 39-77）

治決斷力與「獨裁民主」的效用，冀望經由這種激烈的手段，能重建其政治統一性，並恢復常態性的民主秩序。

施密特批判，威瑪共和的議會式民主及其自由主義原則在回應「群眾民主」的挑戰時，顯得軟弱無能。但他的這種批判並沒有攻擊直接民主的理念，就如他沒有因批判議會式民主而全盤否定代表性的原則一樣。以施密特的敵與友之鬥爭的「政治性」觀點來看，民主無論其型態如何，皆是鬥爭性的政治，雖然在此可以保留地說，施密特的「政治性」概念只意涵例外（或異常）狀態以及主權者的決斷。法治國（或議會立法國）的理念忽視於這種「政治性」概念，致使它無法洞察到唯有在一個建立起民主的同一性與同質性，以及民族作為代表性的常態國家中，自由主義的法治才能運作。缺乏這種民主與民族的統一性，民主內在的政黨與議會的鬥爭以及公民的抗爭都蘊含讓政治共同體解體的潛在危險。因此，施密特的政治決斷論只適用於民主因內在與內亂而瀕臨於解體的異常處境，才成其為有效。儘管我們可以說，施密特的政治決斷論常會被國家主權者給誤用與濫用，但是在施密特的民主思維中，人權原則與法治，以及政治的決斷力同時是建立民主的具體秩序的基礎。

二、市民法治國的內在矛盾

施密特對代議民主制的批判，乃反思一項基本的問題：自18世紀的革命為始，發展至19世紀而形成的自由主義的國家（或自由憲政主義），在面對戰後的歐洲的處境，是否能繼續維持其治理的有效性。具體來說，在1918年，德國透過革命從君主立憲制轉型成為民主共和制（或者，「市民法治國」的憲政），同時採行

了「自由憲政主義」的制度安排,這個憲政體制的設計是否能有效建立並維持威瑪共和的具體的政治秩序?這個問題意識或明或隱地表現於他在威瑪共和時期寫成的著作中。

依施密特的解釋,威瑪共和是德國人民在1918年透過集體的政治決斷,決定形構民主共和的體制,在1919年制定的威瑪憲法,其正當性乃源自人民整體的制憲權力。在憲政的制度安排上,威瑪共和承襲19世紀德國「帝國」(Reich)時代的「市民法治國」的理念。依照施密特對國家形式的分類來說,這即是一種「議會立法國」(parliamentary legislative state)[5]而這種國家型態的正當性基礎是由「法實證主義」(legal positivism)所確立。在1932年,當威瑪共和體制深陷危機時,施密特於《合法性與正當性》(*Legality and Legitimacy*)一書中指出,就國家法與憲法之法的層次而論,威瑪共和之政治體制正處於「議會立法國」的崩潰狀態,因此,「為了要正確地理解今日的合法性概念,以及從屬於此概念的議會立法國,與由戰前承襲下來的法實證主義的這一整個問題,我們需要一些著眼於跟內政狀態之種種有政治關聯的國家(公)法與『憲法之法』(consitational law)的概念規定。」(Schmitt, 1932/2004: 3)就此而言,施密特從法學的角度,闡釋威瑪共和之議會立法國之形式的合法性以及政治正當性的問題。

施密特對議會式民主的批判,是有其脈絡性的解釋。施密特

---

5 在《憲法的守護者》一書中,施密特強調我們雖然可以透過憲政比較的研究途徑,將國家分析成各種不同的型態,諸如法治國、行政國、政府國、司法國等型態,但任何一個國家往往是這些國家型態的結合或混合,也就是一個混合國家。儘管如此,「我們仍然能依照國家活動的核心領域,而獲得關於各個國家可操作的特徵分類。因而,將19世紀中逐漸發展成形的市民法治國與憲政國家歸類為立法國,是一項正當的做法。」(Schmitt, 2005: 159)

認為憲法與政治制度的形成皆來自於一時代的特殊的文化、政治與社會的處境脈絡，一旦時代的脈絡改變，憲法與政治制度的形構也必有改變。施密特以這種帶有「歷史主義」思想色彩的觀念，指出威瑪共和的憲政承繼了19世紀的法律設置與規範狀態，換言之，繼承了「市民法治國」的理念及其制度的安排，「但是當下的情況相對於之前的情況而言，卻徹底改變了。」（Schmitt, 2005: 155）什麼是時代轉變的樞紐，以及自由憲政國家在時代的轉變下如何造成它的治理與鞏固其政治秩序失靈，遂是闡釋施密特批判代議民主制的重點之一。

　　針對市民法治國內在的批判，施密特論證的重點在於剖析它內在構成要素的不相容性或矛盾性。威瑪共和的憲法承繼帝國時代（1871-1918）君主立憲制下的市民法治國的理論，這個法治國理論是立基於自由主義的個人基本權利、權力的分立與制衡原則，以及法治的理念。它的治理必須遵守下列的要求：一是保障個人的基本權利（舉其要者，諸如私產權、個人的人身安全與自由權利）。二是國家透過權威的機關（如國會）制定一套連貫的法體系，據此決定國家及其公民的正當性活動。就此而言，「國家顯現是為一個受到嚴格規約的社會公僕。它臣屬於一套封閉的法規體系，或者說，它與這個規範系統合一，是故，它恰是規範或程序。」（Schmitt, 2004a: 170）三是法治國作為現代憲法的構成原則，必須採行下列的原則：一是分配原則，此原則表示「個人的自由領域被預設為某種先於國家，而被給定了的事物，並且個人的自由乃是原則上不受限制的，而國家干涉此一領域的權限原則上是受到限制的」；二是用以實現此一分配原則的，則是一種「組織原則」，此原則表示：「原則上受到限制的國家權力將被分割，這種分割在某種由一些明確規定的權能所構成的系統中，

得以被規劃。」據此，國家權力的運作被區分為立法、政府（或行政）與司法三個主要不同的部門（*ibid.*: 170）。

　　施密特在剖析市民法治國內在的矛盾上，是以政治與憲法（與法治）、自由主義與民主的對立作為分析的架構。依據他的批判觀點，威瑪共和的憲法的制定由於是各黨派及其意識型態的妥協下的產物，是故包括了互不相容的原則，舉例言之，人民的政治決斷（民主的原則）與自由主義的憲政（自由主義的法治原則）的對立、自由主義的基本人權與公民權的對立，以及市民權利與社會經濟的福利權的對立。這種混雜性格之構成原因部分源自共和的成立是經由人民議會與君主主權的鬥爭而來。在這場鬥爭中，自由主義訴求以憲法的法規範來限制君主的主權，民主論者訴求以人民議會落實人民主權，以代替君主主權。依照施密特的解釋，威瑪共和如同其他的革命創制，是人民的制憲權（亦即人民的集體決斷）所創造[6]，它的憲法的正當性乃建在這種民主的意志之上，但是在憲法的構成中，自由主義的法治與限制主權的理念凌駕了人民整體決斷的民主政治。換句話說，在威瑪憲法中，市民法治國的憲法規範的最高權力掩蓋了國家主權者的決斷，就如施密特所論：

　　威瑪憲法中的市民法治國原則設立了防止國家侵權的保障機制，並且千方百計給國家權力的行使設置障礙。如果（威

6　如施密特所言：「1919 年 8 月 11 日威瑪憲法來自人民的制憲權，憲法前言（「德國人民為自己制定了本憲法」）和第一條第二項（「國權出自人民」）體現了最重要的政治決斷，這兩個條款將威瑪憲法的實證法的基礎——德國人民作為一個民族，亦即作為一個意識到其政治存在、具備行動能力的統一體所秉有的制憲權——表示為具體的政治決斷。」（Schmitt, 2004a: 81）

瑪）憲法僅僅包括國民（市民）法治國的這類保障機制，那是不可想像的，因為國家本身的政治統一體──也就是需要加以監督的對象──也必須存在，或者同時被組織起來。但是市民法治國致力於壓制政治，用一系列規範來限制國家生活的一切表現，將全部國家活動轉變成為權限，即嚴格限定的、原則上受限制的權力。由此可以得出如下結論：市民法治國原則只能構成整個國家憲法的一部分，另一部分則包含著對政治存在形式的實質決斷。（Schmitt, 2004a: 55）

　　依照市民法治國的理念，國家的基本性格在於制定一套連貫的法體系，由這個法體系確立其治理的正當性。在這裡，法體系是來自於國家的權力，但這個作為法源的國家權力必須被要求服從它本身所訂定的法。這種矛盾性在「帝國」時期的君主憲政中，尚不足以成為無可化解的矛盾。君主立憲制雖然呈現君主主權與人民議會主權的兩元性格，但君主權位因其歷史延續性而具有權威。因這種權威使得君主擁有最高的權力，得以正當性地維繫國家與社會的界線。君主並不只是冀斯當所指出的單純中立的第三者，而是「超出其所具有管轄權範圍外，而展現著國家統一體及其統一的運作方式所具有的連續性與恆常性。」（Schmitt, 2005: 259-260）換言之，君主集權威與權力於一身，這種權位使君主不只成為仲裁市民社會中之對立與爭執的第三者，也使他成為構成國家之政治統一性的樞紐。

　　然而，威瑪憲法是1919年經由人民的整體的政治決斷，而決定從君主立憲制走向民主共和制的，此憲法的正當性基礎來自人民的政治決斷。姑且不論此正當性的原則跟市民法治國的憲法基本原則（即：個人的基本權利乃優先於國家）是否相互矛盾，現

在的問題是，如何建構以人民的決斷為基礎的政治統一性，以及如何論證它的正當性？在君主立憲的權力二元論的基本架構中，君主的主權與議會所代表的人民主權兩者之間是透過契約的關係而形成憲法，透過這個憲法，統治權與立法權力求取平衡（*ibid.*: 157）。然而，在君主的權位被取消之後，現在，如何可能論證人民主權的正當性？

從憲法觀念史來看，德國市民法治國的理論與實踐源出君主與人民代議機關的政治鬥爭；在這場鬥爭中，人民代議機關的權力被無限上綱。主導這場鬥爭的「市民階級」（或謂資產階級）大力宣揚市民法治國的一項基本觀念：「凡是在人民代議機關的參與下所形成的東西都是法律」，如此言之，「法治就意味著人民代表機關的參與，或者，最終意味著人民代議機關的統治。」再者，「資產階級力圖保護自己的人身自由與私有財產不受侵犯，提出了一個具有法治國性質的要求：對自由和私有財產的侵犯必須『以法律為根據』。」這即是「立法保留條款」。當然，「這種意義上的法律一定要有人民代議機關……的參與」。法治國的法治概念就此否定君主的法令，不論這個法令是如何公正、合理與正當，它一概都不能被視為法律（Schmitt, 2004a: 201）。

這場鬥爭結果，民主制取得了勝利，民主轉型的結果即是：人民代議機關「毫無矛盾地與人民等同起來」，而取代了君主的主權，成為立法或議會的主權（*ibid.*: 203）。但是，這個立法或議會的主權是否就成了真正的主權者？「在法治國裡，法律應居於統治地位，全部國家活動必須在法律前提下進行。」（*ibid.*: 204）就此而論，「一切國家權力的整個實施，徹底地囊括和限定在成文法的範圍之內，於是，任何主體（不論是專制君主，還是達到了在政治上自覺的人民的任何政治行動）都不再具有可能

性。」（*ibid.*: 150-151）據此而論，在法治國裡，憲法及其立法的機關並非具有真正的主權地位，而是「假主權的行為」（*ibid.*: 151）這帶來實踐上的一個問題，亦即：會議的立法容易將「一項個別命令、措施（或『裁量權』）、指令與『法律』混合一談，從而用其自身的統治來取代規範的統治。」依施密特的解釋，這無異「將法治變成立法機關的專制主義，取消立法、行政與司法的一切區分」，因此破壞了法治國所強調的權力分立與制衡的組織原則。更嚴重的是，在民主的政黨政治的強化下，「這一場法治國對抗君主專制主義的鬥爭將如此的收場：變動不居的多數決的政黨所造成的『多頭』的專制主義取代了君主的專制主義。」（*ibid.*: 191）

三、對議會式民主的批判

威瑪共和的政府的設置，或政治體系的形構乃依照自由主義的權力分立與制衡的「組織原則」，在其中，議會（或立法機關）由於帶領著對抗君主主權的歷史因素，而居主導的地位。就如施密特的解釋，「按照法治原則，立法機關本身在維護法治國的法律概念的過程中有著天然的優勢。政府必須取得議會的信任，而議會又擁有預算法上的權力，這兩個方面共同起作用，很容易將這種優勢變成一種不受約束，不受監督的專制主義。」（Schmitt, 2004a: 261）議會在威瑪共和的憲政體制中既然居這樣重要的位置，它遂成為一個必須嚴肅關注的課題。

議會制作為「一種治理（government）的方法與政治體系」（Schmitt, 1988: 3），到底依什麼原則而立，以及它具有哪些基本的觀念？議會制在威瑪共和時期，甚至在今日都與民主關聯在一

起，而構成所謂「議會民主」或「代議民主」，或者以施密特對國家型態的分類來說，即是「議會立法國」的型態。它源自18世紀的革命以及隨之而後的自由民主的運動，其思想基礎與基本原則是19世紀的自由主義所奠定的。

如前所論，個人的基本權利（特別是自由權利），以及權力的相互制衡，構成了自由主義思想的根本原則。在論證議會制的正當性上，自由主義者特別強調自由權利的落實，因此言論、出版……等自由即是自由國家必須賦予公民的基本權利。由於這種權利的落實，公民才得以公開表達言論，透過言論的相互交鋒、競爭的過程，對公共事務的差異性的觀點才能有所討論、辯論與審議，而獲得有關這些事務的「真理」，以及凝聚公共輿論。議會制的設置也反映了市民社會公共輿論的形成；議會的實際運作在於：民選的代表基於黨派的立場與意識型態，針對政策的合理性與可行性進行爭辯，期以獲得超越黨派而以公共福祉為依歸的共識（或者「真理」）[7]。「議會制」與「市民社會的自由討論與意見競爭」是互為表裡的。

在權力的分立與制衡的政府中，議會制僅限於立法的工作，一方面是因為「公民自由的保障，本質上，只能在立法權，而不是在行政權中，才能被執行。」針對行政權的決斷力，立法權可能會妨礙明智、有用與正確的決策。但在立法權中，居少數劣勢的意見可以透過立法過程中的論證來圍堵或削弱居多數的優勢（*ibid.*: 45）。另一方面，議會作為立法的機關，其權力是用來約

---

[7] 就如施密特所言：「議會是一個審議的機關，在這裡，經由談論，以及透過在正反兩方議論的討論當中，相對性的真理可望被達成。」（Schmitt, 1988: 46）

束行政權的專斷，透過公開的質詢與討論，讓行政權可以被公開地衡量或課責（accountability）。

　　針對議會制的思想基礎與原則，施密特闡明自由主義與民主理念相合與矛盾的所在。當自由主義強調議會制的公開性與公共性，以及公共輿論的力量時，自由主義是與民主理念相合一。但議會作為一個立法機構一旦處處阻撓國家權力時，就與民主理念相矛盾。除此之外，施密特也指出自由主義式的議會制原則呈現如下的弱點：

　　（1）自由主義者相信唯有普遍施用的法律經由公共的討論協商，才得以結合真理與正義，但是忽略了議會的審議的效用只限於立法。光憑藉立法權，是不足以建立起一個具體的政治秩序。政治秩序的建立依賴行政權的決斷，就此，施密特強調：「在立法過程中，不同的意見是有用而且必要，但是在執政中，則未必如此，尤其是在戰爭與內亂的特別時刻中，執行力必須是強而有力的，這就有賴決斷的專一性。」（*ibid.*: 45）

　　（2）自由主義者一向對民主抱有戒慎恐懼的心態，迫於18世紀革命以來的民主化，他們在某種程度上承認民主，但設法透過法治框限民意，並且以某種菁英（或貴族）的原則來限制政治的參與。在承認民主秉具政治鬥爭性的同時，自由主義者為防制政治派系漫無法紀的鬥爭，而設想以政黨作為一個機關，由此表達公共生活各種不同的、實際的層面，以及透過有力的政黨鬥爭，恰當地處理公共的或國家問題（*ibid.*: 47）。在議會中的政黨代表被設想是為獨立的、無私的、不涉及政黨的意識型態，只思考與審議全體人民之真正福祉。

　　但是在威瑪共和時期，自由主義者沒有了解到這種議會制只有在君主立憲能夠維持國家與市民社會，以及政治與經濟的分野

的情況下，才得以有效。相對而言，在「群眾民主」的處境中，政府為因應人民實質的經濟福祉，而必須干涉經濟；同時，各個政黨為求多數的支持，也必須自稱代表人民某一階級的經濟福祉。這種轉變帶來了議會制性質的丕變，政黨變成類似社會與經濟團體，政黨及其議會的代表已無法真正地討論相異的政見，也不再那麼關注審議得來的真理與正義。現在，他們真正關心的是，算計利益的交換，以及盤算與掌握執政權的可能性。議會的意見的協商變成了各政黨基於利益與權力之策略的合縱連橫，議會的討論與審議遂變成民主政治妝點門面的東西。另一方面，群眾被各政黨的宣傳機關所操縱，這些宣傳的最大效應即在訴求利益，以及透過意識型態（如施密特所在意的共產黨與納粹黨的意識型態）鼓動激情（參見 Schmitt, 1988: 5-6）。議會民主發展至此，公共事務成為「政黨及其黨員掠奪與妥協的事物」（*ibid.*: 4）政治不再是菁英所嚴肅關切之事，而是庸俗政客所從事的令人鄙視的事業。

　　(3)自由主義者由於懷疑、甚至懼怕民主，致使他們認不清唯有民主的決斷與同一性才能建立使國家得以確立的政治統一性形式（Schmitt, 1931/2005: 186），至於他們所肯定的自由憲政與法治的實踐，在「群眾民主」的處境當中，則必然產生極大的矛盾。如施密特所診斷的：

> 今日的議會制的危機乃源自於現代群眾民主的種種後果，並且追根究柢，此乃是源自某種由道德性的激情所承載的、自由主義式的個人主義與某種由一些本質上具有政治性的理想所支配的國家情感二者之間的對立。百年的歷史性結合與共同對抗君主專制主義的鬥爭阻礙了這種對立的認識。但今日

這種對立卻與日俱增，越演越烈，再也沒有任何世界流行的語言使用可以阻止它了。這乃是在自由主義式的個人意識與民主式的同質性二者之間的一種根深柢固而無法被克服的對立。（Schmitt, 1988: 17）

　　因此議會民主制論者若要真實地回應「群眾民主」的處境，它必須正視民主、須同時必融合民主的基本理念。

四、議會民主制裡中立性的問題

　　依照施密特的診斷，威瑪共和的「議會立法國」深陷於，一種由多元主義、多角勢力（polykratie）與聯邦主義式的結社組織及其意識型態之合縱連橫所構成的一個既是多元繁複，但也是相互整合的勢力的複合體網絡[8]，這造成國家的多元分割的趨向，而腐蝕國家的政治統一性。但在這種發展趨向的脈絡中，施密特亦覺察出在一戰後，隨著戰爭的動員，國家性格也起了變化：亦即，從19世紀自由主義的國家（這個國家強調不干涉主義、謹守中立地位、講求合憲性與合法性，以及國家與市民社會有所分立）轉變成為「社會的自我組織」的國家，對於這樣的國家型態，施密特如此描述：「在這樣的國家中，沒有任何一個領域，是

8　對於這三種現象，施密特區分如下：「多元主義所表彰的，是多數社會性實體對於國家意志建構過程所發揮的權力；多角勢力則只有在從國家抽離出來、並且相對於國家意志而具有獨立性的基礎上，才有其可能。在聯邦主義中，上述的兩個現象……交織在一起：一方面對於『帝國』（Reich）的意志建構過程發揮影響，另一方面則在其固有的獨立性與自主性領域內，享有不受『帝國』干預的自由。」（Schmitt, 2005: 153）

國家能夠對其遵守在非干涉措施意義下的、無條件的中立性的。原來在各政黨當中，不同的社會利益與發展傾向會進行自我組織。在這種組織化的過程中，政黨一再受到非政治因素，諸如經濟、宗教與文化因素的決定性影響，而形成一種政黨國家的社會體。因此，國家不再可能繼續對經濟、宗教、文化領域採取中立態度。但是，在那個已成為社會之自我組織的國家當中，卻沒有任何事物是不具有潛在的國家性與政治性的。」（Schmitt, 2005: 163-164）在此，施密特引用當時著名的作家榮格爾（Ernst Jünger）的「總體動員」的概念，將這種型態的國家稱之為「國家與社會具有同一性的總體國家」（*ibid.*: 164）。不過，這種國家的型態跟自由的法治國面臨同樣的問題，亦即：如何達成其統一性？

面對這種處境，施密特所關切的基本問題在於：以自由主義的市民法治國原則而建立的威瑪的議會立法國如果要繼續維持其完整性，並有效地確立具體的政治社會秩序，那麼，有什麼可能的資源足以回應這個處境帶來的挑戰？在解釋這個問題上，「議會立法國」以自由主義為原則所構成的制度安排（舉其要者：議會制、政黨制）及其原則（舉其要者：以機會均等為原則的「多數決」與「多數統治」，以及國家的「中立性」原則）在回應這個挑戰時所深陷的困境，構成施密特說明的重點所在。在尋求解決威瑪共和的危機上，施密特思考的重點在於，如何化解威瑪憲政處境的多元分歧的鬥爭，進而整合多元性的利益、意識型態及其爭議，而構成一穩固的政治的統一體？

依照施密特的解釋，議會立法國的構成要素除了上述的市民法治國的基本權利的優先原則以及權力的分立與制衡的組織原則之外，尚且包含(1)「國家即是法」（在此，法乃是立法機關通過的「法案」〔statutory form〕，法即是國家）；(2)「立法的保留條

款」規約國家權力對基本人權的干預；(3)立法者與立法程序因維繫基本權利，而成為既是所有法律的最後守護者，也是既存秩序的終極守護者。這也「構成了所有合法性的決定性的資源，以及對抗所有的不公正，確保國家的安全」；(4)立法國的法律思維預設法律與法案、正義與合法性、實質性與程序性皆是和諧的；(5)在立法國中，法律所重的是純粹形式性的、獨立於所有內容的法律概念。這種概念結合了法律與任何特別的形式性程序，它意涵無條件地從屬立法機關的純粹決議，這種決議可以分離法律與正義的實質關係，就此斷定任何違抗法律的行為都是不合法的；(6)法律在其實質意義中，即是「法規範」或「法原則」，它決定了何謂「正當」；就此，法律必然與行政的裁量權、命令相分開（Schmitt, 2004b: 18-24）。施密特對這個法治國的型態，做了如下的說明：立法國承認只有一種的正常狀態的立法程序，這程序控制了創造實質法的權力。對形式法而言，人民議會的同意即是最根本的，在概念上是確定的，任何行政權之決策（譬如在君主立憲政體中王權的決斷）都不敢妄自稱是形式意義的法。這特別說明了立法國的公理：只可能有一種法的概念，一位立法者，一種立法程序。這種國家的合法性讓自己不會自我摧毀、自我矛盾，而能順利運作（*ibid.*: 25-26）。

　　這種議會立法國之所以構成民主憲政國家的基本原則，原因在於：法治的合法性乃結合了國家的權力與人民的意志，而這個結合的樞紐在於國會，國會的代表是由人民選出。但是，代表與民主乃是對立的原則，是故，代表只是指政黨成員而言，它無法體現真實的人民意志。儘管如此，通過國會作為立法的主要機關，國家的權力才具有法律合理性的民主正當性依據。就此而言，政黨的代表與國會的立法就構成「議會立法國」的支柱。政

黨必須贏得選民多數的支持，才能掌握立法權，就這個意義來說，民主憲政的國家也可以稱之為「多數治理」的國家。針對這種國家型態，施密特反思批判其政黨政治、多數治理、議會立法在運作上的種種腐敗病症。闡述其論旨如下：

(1)依照施密特的觀點，政黨在民主國家形構國家意志（以及人民意志）上，扮演著重要的角色，透過各政黨的代表在議會中的公共審議的過程，「各種社會上，經濟上、文化上與信仰上的對立、利益與意見，才得以轉變為政治性意志的統一狀態。」（Schmitt, 2005: 176）然而，在威瑪共和的處境下，國家意志的建構依賴的是為數眾多的政黨，這些政黨不但脆弱，而且各持對立的意識型態，各依政黨的利益考量而合縱連橫，因而不斷變換議會中的多數勢力。因此多數勢力一向是聯盟的多數勢力，這樣的議會民主制的國家就成為一個脆弱的政黨聯盟國家（*ibid.*: 176-177）。這種政黨聯盟的國家造成執政的無能，或者執政者因妥協的約束，而無法承擔政治的責任。就如施密特的闡釋：

> 以第三者（或謂主權者），或者國家整體為代價而形成的政黨妥協或派系妥協，在這個過程中，每個參與的政黨都會由於其所共同作用而獲得報酬，依照派系力量的強弱，或者，策略運用的情況作為關鍵要素，而在黨員間分配國家的、地方的，或者其他公共的職位與肥缺。即使是那些抱持著正直的國家信念而欲將整體的利益置於政黨目標上的政黨，也會部分地由於考量到其幕僚及其選民，或者由於此種體制中的多元主義的內涵，而被迫參與推動持續性的妥協交易，或者因無能真正排除這種的交易，最後也跟著參與搶食。（Schmitt, 2005: 178）

　　除此之外，由於政黨發展成為一種具有固定組織的實體，並具有穩定的行政機制與固定的幕僚，這樣的政黨就必然要求其黨員及議會代表服從黨的紀律、效忠黨的理念或意識型態。在多黨的政治處境中，各黨透過其宣傳機構，號召群眾，為爭奪執政權而激烈鬥爭，甚至從議會的鬥爭擴散到市民社會，讓整個國家瀕於內戰的邊緣。對於議會政治受到多元主義與多角勢力所衝擊，而造成的景況，施密特如此解釋：

　　議會就從一個自由的人民代表所組成的、建構統一性的以及自由集會的展現場域，從一個將政黨利益轉變成超政黨意志的轉化機制，而變成由組織性社會力量所形成的、多元主義式瓜分傾向的展現場域。其結果有可能是：議會由於其內在的多元主義而無法形成多數，或者不具行動力；另一種可能的結果則是：在各個不同情況中形成的多數力量，會把所有法律上的可能途徑當成它把持權力狀態的工具與確保手段，並且機關算盡地利用它掌握國家權力的期間，也試圖限制最強大與最危險的對手，（以免這些對手也）尋求同樣可能性的機會。（*ibid.*: 179-180）

　　在此，施密特進一步闡釋了議會政治與多數統治的相關性。
　　(2)依照施密特的話來說，多數治理即是議會民主國家本身（Schmitt, 2004b: 31）。在民主國家中，獲得多數選民支持的政黨即掌握了執政權。但這種多數治理是否會如我們一般所說的造成「多數暴政」（tyranny of majority）？對此問題，施密特提出他獨特的見解。在施行法治的議會民主國家中，取得多數選民支持的政黨（儘管它只取得51%選民的支持）就合法的取得了政權，就

此而言，它不能被視為靠非法手段取得政權的「僭主」。除此之外，在這樣的國家中，執政權必須受憲法的規約，並受議會的監督，它很難形成權力的任意性與獨斷性，是故沒有所謂「多數暴政」的問題。更何況，在民主國家中，憲法法規讓每一個政黨享有公平的機會，這使得它們各自可以取得多數支持選民的支持，而取得執政權。在這裡，施密特也指出多數決與多數治理所內含的問題。這個問題一旦尖銳化，將會導致議會立法國的自我毀滅。多數與少數（這個「多數」不論是「簡單多數」或「絕對多數」）都是以數量的計算作為衡量，這種以數目計算來決定執政權的方式雖是合法性，但在正當性上又是如何？一個取得51%選民支持的多數黨跟49%的少數黨在治理的正當性上差距又有多少？即使以絕對多數來衡量亦是如此。這種數量的計算由於是形式性與功能性的，因此缺乏實質性的正義以及合理性。若不顧及這種實質的內涵，那麼我們如何說一項由67%的代表決議的法案會比50%決議的更具有規範性？再者，98%的多數侵犯2%的少數是否比51%的多數侵犯49%的少數更為正當？

在民主國家當中，由於多數決的政黨取得執政權，掌握執政權的政黨就取得施密特所言及的「政治的多餘價值」，亦即，超出純規範性與合法性的價值，或者所謂的「超法律額度的報酬」（a supralegal premium）。這政治的多餘價值乃是基於這個多數決的黨掌握了合法的法律權力，以及有權利超越規範性的考量。它在和平的時期，可以相對地被衡量。但是在例外情況下，一旦涉及諸如「危急狀態」、「公共安全」、「必要措施」、「危害國家與憲法」等概念的實際涵義的解釋權，這種「政治的多餘價值」會被由「合法多數決」掌握國家權力的「多數黨」給占用。它憑藉其權力的合法性，運用各種行政的裁量權與命令來確定這些概念

的具體內容，全然不顧慮法律規範的挑戰與司法的界限（*ibid.*: 31-34）。

由於多數黨占用了這種「政治的多餘價值」，它可以在政治議題產生嚴重的利益與意識型態的衝突時，不顧及在議會中與其他政黨的論辯與折衝，而自居「超議會」或「超民主」的「第三者」地位，自命可以消除這些衝突。

在政黨競逐國家權力的民主處境中，「多數黨」因這個優勢，它可以合法地宣稱其他「少數黨」的抵抗權都是不合法的；再者，「操縱國家權力的多數黨必然認定反對黨在它合法地取得權力後，也會運用它使用過的手段，亦即：利用一切法律的手段，以確保它穩坐權位，甚至關閉所有可以取得此權力的大門。換言之，多數黨可以合法性地取消合法性的原則。」（*ibid.*: 34）同樣的，對立的少數黨也可以合法主張，多數黨的此種行徑即侵害憲法上的平等機會，指控多數黨嚴重地違反了民主國家憲法的精神與基礎。因而它們也可以理直氣壯地指控多數黨的這種非法與違憲的行為。這種多數黨與少數黨彼此對立的否定性力量，「在國家性的多元主義情勢中可說幾乎會自動地發揮作用」（Schmitt, 2005: 181），其結果是摧毀了議會立法國所依據的國家統一性，以及法治所設立的機會均等原則。

五、挽救憲政民主的途徑——國家主權者的政治決斷與「公投」的人民決斷

如上所述，威瑪共和深陷於多元主義、多角勢力以及自身的「聯邦主義」彼此爭勝、聯合而構成的網絡中，致使它立基於民主（與民族）決斷之上的國家統一性分崩離析，它的憲法所設置

的原則與安排的制度（特別是議會制）也因此無法形成統一的政治意志。置身於這種處境中，施密特殫精竭慮思索有什麼合憲性的途徑可以挽救立法國（Schmitt, 2005: 242）？就如上面我們所闡釋的，施密特指出了自由主義所確立的議會制多數決，以及政黨政治的理念與實踐上的差距，並依此論證了議會立法國無法有效地解除威瑪共和的危機。施密特在維護威瑪憲政的基本考量下，從其中尋究出可能的途徑。簡單來說，這個途徑即是以威瑪憲法中的民主原則來挽救自由主義的議會立法國本身的自我崩解。

在1931年的《憲法的守護者》中，施密特提出了唯有總統的主權才能抵擋多元主義對國家的統一性的支解，也因此承擔了一「合憲性整體秩序的守護者」（Schmitt, 2005: 242）。在1932年的《合法性與正當性》一書中，施密特提出了「公民票決」與「公民複決」（referenda）作為「非常狀態的立法」（這個立法跟法治國的「常態性立法」對立）以體現民主的政治統一性。施密特認為這兩項建議是憲法可支持的，其理念也構成此憲法的民主同一性之原則。施密特對此民主同一性原則所建立的總統的主權地位，解釋如下：

> 「帝國」（或譯「民國」）總統是由全體德國人民選出，而他相對於立法機關的權限（尤其是解散眾議院以及提請公民複決），依其本質，都是「訴諸民意」。透過這種將「帝國」總統當成具有公投性格、且在政黨政治上具有中立性的制度與權限體系核心的手段，現行憲法是在民主原則的考量下，嘗試建立一個與社會經濟權力相抗衡的力量，並維護民族統一體能夠繼續具有政治整體的性質。（Schmitt, 2005: 283）

　　針對威瑪憲政所考慮的公民票決式的民主原則，施密特做了如下的闡釋：

　　威瑪憲法基於種種「公投—民主式」的考量，在「人民立法程序」中，將人民設立為一種非常態的立法者，而與作為常態立法者的議會並列，並給這整個著眼於合法性的「立法國體系」添加上一點「公投—民主式」的正當性。（Schmitt, 2004b: 65）

　　總統實施主權決斷與下非常狀態的立法，是在國內所產生的嚴重的社會與政治的分歧、衝突與鬥爭，特別是出現顛覆國家憲政之完整性的強大勢力（例如在威瑪共和晚期強大的共產黨勢力，以及共產黨與納粹黨瀕於內戰的鬥爭），以及國外的威脅勢力否定了國家本身存在的時刻。這種狀況將憲政處境推向一種例外的、緊急的狀態。置身於這種狀態當中，「非常狀態的立法者決定其非常態的前提基設（如危害公共安全與秩序），並且賦予必要之裁量權（或措施）的內容。據此，這位立法者，可以在極短的時間內，重做裁量，解決國會的要求。國會的擱置的命令並沒有溯及既往的效果，因此非常狀態的立法者可以創造出跟常態立法相反的完整事實。」（*ibid.*: 69-70）

　　憲法設置這種「非常態性」的政治決斷的民主機制，其目的不在於推翻既有的憲政體制，而在於「建立一個有作為能力的政府。它的出發點乃是認為一個建立在（憲政的本身）民主基礎上的、並且獲得人民的贊同與喝采的政府，要比任何其他形式的政府更為強勢而有力。」（Schmitt, 2005: 221）涉及這兩種非常態的立法者，總統的主權地位以及他的決斷力在公投式的民主憲政中

乃居於核心（*ibid.*: 221）。總統可以處於這種樞紐地位，其理由在於：一方面他既是個國家的主權者，居於中立性權位；另一方面，他也獲得議會立法國所允許，可以「在例外的狀態」中下決斷並透過權宜措施或法令而擱置議會之審議與基本人權之保障，其用意在於「讓他有更充足的自由，施行必要的與有效的措施」（Schmitt, 2004b: 72）。

對於總統居於「中立性權位」的觀點，施密特引述龔斯當的話：「君主在立法、行政、司法三權中間，是作為中立的與調節性的權威」，來說明總統的中立性權位，因為位居於政黨與各種社會經濟團體之勢力彼此衝突、相互攻伐的情勢之上，他可以居間斡旋、協調與規約（Schmitt, 2005: 257）。除此之外，施密特也援引19世紀的自由主義者密爾（John Stuart Mill, 1806-1873）在《對於代議制政府之思考》一書中所提示的超越黨爭之上的「中立第三者」的概念，來說明作為第三者的總統代表「客觀性與遠見的精神，他有能力基於維護相對正確性與正義的角度，來界定衡量的比重，並協助理性取得勝利。」（Schmitt, 2005: 267）

但是，總統作為一位主權者，他不只具有這種中立性的、斡旋性的與調停性的權威，也不只是作為中立的第三者所代表的理性精神與遠見，更重要的是，他作為一位執政者，必須在任何情況下都能進行實際的統治，並且享有實際的權力。這種權力跟國家的決斷具有關聯，這種決斷並非黨派性，它「唯有在政治統一性與整體性的堅實基礎上，才能獲得立足點，其所發揮的力量也唯有在例外狀態中，才能通過考驗而展現。」（*ibid.*: 274）

針對議會立法國內部的多元主義與多角勢力的分裂、分離以及議會成為政黨掠奪與分贓的場所，唯有透過公民全體票決產生的總統，他集權威與權力於一身，並可以施行例外狀態的政治決

斷，發布緊急命令措施，進行行政與權威管轄，才能挽救憲政的統一性。這種統治的狀態乃奠基在「公投式的民主的正當性上，並實踐於這個脈絡當中。」（Schmitt, 2004b: 89）公民票決的意義在於意志的表現，是透過「單一意志」（one will）的決斷，如同所有的決斷，這種人民意志的表現是超越任何既定的規範之上，是當下即是的，是間斷性的；行「公民票決」的人民是難以被組織的，對於任何議題，他們無法審議、討論，也無法管理或設置規範，他們只能喝采或喝倒采（ibid.: 89），儘管如此，施密特援引盧梭的觀念，強調當被代表者（即：人民）在場發言，代表者必須靜默無語。如果議會被它代表的人民所反對，它就必須退居背後。施密特以此論證這種公投式的、非代表性的直接民主的意義。

　　然而，正因為人民作為一個集體，而顯現出以下的弱點；公民票決難以全然保證它在取得民主正當性上萬無一失。由於人民無法集體的審議，而只能藉由叫喊贊成或反對的聲浪來表示他們對政策的看法，是故，當政府訴諸公民票決以確立其政策與作為的民主正當性時，它必須精準地提出人民可明確表達「是」與「不是」的問題。除此之外，一個民主國家一旦迫於形勢，而必須干涉經濟與社會的實質問題，同時，這個國家也已變成支離破碎的多角勢力的政黨國家，任何政治作為只是被視為政黨鬥爭的工具或策略，這個時候，「無論是議會的合法性，或者是公投式的正當性，甚至任何其他可理解的證成的體系，皆無法克服如上面所說的，一切政治作為皆墮落成為技術性與功能性的工具。甚至憲法本身也分裂成相矛盾的要素，而且可能帶來分歧的解釋，致使沒有一種『統一性』的規範構成，足以防範彼此鬥爭的政黨派系策略性地利用憲法及其文本來當作它們認為適當的武器，藉

由憲法之名來鬥垮敵對的政黨。在此，合法性、正當性與憲法並無法防止只會加深內戰。」（*ibid.*: 93）就此而論，以公投取得民主正當性，其有效性不在於公投本身，而是取決於富有政治決斷力的強勢的政治權力。在威瑪共和危機已嚴重的情況下，任何解決的途徑似乎於終歸無效，最後只能依賴主權者的真實有力的政治決斷力。

六、結論

施密特的憲法與政治思想的形構深含一種危機意識，這危機意識主要來自德國從君主立憲的帝國體制轉型成為憲政民主的共和體制後，多元性的自由民主社會缺乏一種強大的政治權力與權威來統合離散的、對立與衝突的社會、經濟的勢力，以及分裂的意識型態。憲政民主的運作所依賴的政黨與議會制因這種決裂性的多元主義的衝擊而喪失其形構政治統一性的能力。施密特透過對於市民法治國、議會民主制與議會立法國的反思批判式的解釋，說明法治國的實證法體系與議會民主制的理念及其制度的安排在因應多元主義的社會與「群眾民主」的挑戰上，顯現內在結構的矛盾。這矛盾導致它解決此挑戰時帶來各種實踐上的兩難困境，舉其要者，譬如議會的審議與執政的決策、數據化的多數統治與民主共同體的統一性、法律制度的權威與統治領導的權力、人民權力的正當性與法治的合法性……等。在威瑪共和期間，施密特嘗試從威瑪憲法中的民主（與民族）同一性的政治決斷（這種決斷被施密特解釋成威瑪共和立基的正當性基礎）尋求如何以合憲性的途徑，解決共和的慘烈的政黨鬥爭與分裂的社會。在這裡，施密特以威瑪憲法賦予總統的「例外狀態」的政治決斷力與

「公民票決」的人民決斷，肯定一種透過非制度性的權力運作，來凝合國家（與民族）的統一性。在闡釋這兩種非制度性的權力上，施密特以反思批判的觀點，指出一個缺乏政治決斷力與軟弱的政府及其領導者一旦濫用這兩種非制度性的權力，非但無法化解上述的危機，甚至加深鬥爭的程度，並導致國家陷於內戰的險境。依照施密特的診斷，威瑪共和已陷於政黨政治腐化、議會成為政黨派系掠奪權力與利益的場所，置身於這種處境當中，任何合憲性的解救的途徑，不論是訴諸法治的制度與非制度的權力，似是無濟於事，在此，施密特表現出「政治的末世啟示論式的闡述」（apocalyptic description of politics）[9]，政治的救贖最後寄託在政治領導者（與元首）偉大與真實的政治決斷力。但是，以施密特式的反思批判觀點，我們也可以反問：這位偉大的領導者是締造一個完整國家（與民主）真實的統一，抑或帶來了巨大的政治災難？

　　針對施密特在威瑪共和時期發展的憲法與政治思想，不少學者提出了反思批判的觀點，針對議會民主制的批判論而言，施密特是否以19世紀自由主義者倡議的議會制的理想性的與規範性見解為本，針砭議會的實際運作，而無法以議會制的歷史經驗來反思現行的議會民主制的問題[10]？跟這種評論相關的是，施密特賦予議會制過度的負擔，亦即：議會不但是審議與批准法案的決策，也是形塑國家統一性意志的主要機關，因此，當議會民主制

9　關於這個解釋，見Dyzenhaus, *Legality and Legitimacy: Carl Schmitt, Hans Kelsen and Hermann Heller in Weimar*, Oxford: Clarendon Press, 1997: 51.

10　這種批判論，見Bill Scheuerman, "Is Parliamentarism in Crisis? A Response to Carl Schmitt," in *Theory and Society*, 1995, 24: 135-158.

的運作失靈，就全盤否定代議民主制的正當性[11]，像這樣的評論並沒有深入探討施密特在反思批判議會民主制上所涉及的諸如「多數決」、「多數統治」、民主（與民族）的同一性決斷……等議題，是故無法切實地掌握施密特論證的主題。假若現行的議會制不是如施密特依照 19 世紀自由主義的規範性觀點所觀照的「腐敗」的境況，而是議會制的經驗事實，那麼，我們無法反駁施密特激進的批判。除此之外，自 18 世紀末的革命透過人民的民主（與民族）決斷建立起代議民主制以來，議會制在民主政治的實踐上已構成一具樞紐地位的機關。施密特承認這個歷史事實，但從議會民主制理論內在的矛盾，如民主的同一性與代表性的矛盾，以及機會均等的中立性與政黨政治的壟斷性的矛盾，批判議會民主制在過度的「法條主義」（legalism）的牽制下，遺忘了它在百年來的從事政治鬥爭中的民主的政治決斷，致使當它在因應諸如共產政黨的全盤否定代議民主制時，無法強而有力地處理這種挑戰。從是觀之，施密特在他威瑪共和時期的著作中，冀望落實威瑪憲法中的總統的主權決斷與人民的民主同一性決斷[12]，期以

11　這類的評論，參見 Dominique Leydet, "Pluralism and the Crisis of Parliamentary Democracy," in *Law as Politics: Carl Schmitt's Critique of Liberalism*, ed. by David Dyzenhaus, Durham and London: Duke University Press, 1998, pp. 109-130.

12　關於這個論點，參見 Jeffrey Seitzer, "Carl Schmitt's Internal Critique of Liberal Constitutionalism: *Verfassungslehre* as a Response to the Weimar State Crisis," in *Law as Politics: Carl Schmitt's Critique of Liberalism*, ed. by David Dyzenhaus, Durham and London: Duke University Press, 1998, pp. 282-311，特別是在頁 298，他說：「施密特為了繞過常態之政治過程的缺點，重新界定民主理想。誠然，施密特將他所謂的憲法的自由主義部分及其市民與政治權利歸屬於他所界定的民主部分，故而有效地顛覆了自由主義所信守的真正的有限政府。

實現法國革命時的政治思想家西耶斯的民主理想，亦即：「權威來自於上，信任（confidence）取自於下。」的理想（轉引自Schmitt, 1932/2004: 90）。

　　但是，施密特批判自由憲政與議會民主制的缺陷弱點，而提出主權者決斷的公投式（或直接）民主的解決理念與方案，其用意是否在於維繫與強化威瑪自由民主憲政的完整性，而並沒有損毀自由民主憲政？跟這個問題相關的是：施密特的批判論區分了自由主義與民主，這種區分是否可證立？

　　從憲政的制度安排來說，施密特的公投式民主必須由憲法給予正當性，也必須透過議會民主制的運作，才得以進行「議會制之外」的政治行動。就此而言，施密特之所以區分自由主義與民主，其用意只是強化議會式民主的民主同一性與同質性；同時，主權者的政治決斷雖可能形成「獨裁式民主」的走向，但它僅用於救濟議會民主制在危急存亡之際政治決斷力的不足與無能。

　　如上面所論，施密特以政治性概念與主權者的決斷論為導向，反思與批判自由憲政與議會民主制內在的抽象性（或謂不連貫性與不充足性），繼而發展出以人民（與民族）的集體決斷力（或謂制憲力）以及同質性之民主形構，作為憲法及其法律體系的基源。但是，既為基源，它就不受任何政治形式與法治體系所限。主權者的決斷力跟既定的法律體系及其政治秩序並不形成以制度之安排為中介（mediation）的辯證關係，而毋寧是齊克果式「非此即彼」（either/or）的存在性抉擇。如果威瑪共和之憲政猶

　　　無論如何，我證明了施密特並沒有因此折損了自由憲政主義。相反地，透過
　　他出色地掌握比較歷史的真味，施密特得以重構自由憲政的歷史，讓他的作
　　為政治決斷的制憲力形成它的核心。」

如施密特本人的闡釋，自其革命的創制以來，一直處於「異常」
與「危急」的境況，那麼，救贖之道只能在既定的憲政與作為其
基源的主權者的決斷力做二者之間一根本的抉擇，別無其他。

第九章

政治的代表性與自由民主體制
──施密特、鄂蘭與列弗論國家與人民的關係

一、引言

　　在 18 世紀末，美法兩國的民主的革命在形成其憲法及制度安排的過程中，都傾向於「代表制的邏輯」，其基本理念在於：人民主權必須透過代表制的運作，才得以被落實；同時，從日後其他國家的民主的發展過程中，代議式民主制成為此發展的主軸。然而，為政治現實之故，所採行的代議式民主制並無法解決人民主權與代表制的爭議。在 19 世紀民主革命的鬥爭過程中，盧梭與雅克賓黨的激進民主的理想一再質疑與抗拒代議式民主的理念與制度的安排。就如馬克思主義者所批判的，議會民主（或自由主義的民主）只是「資產階級的民主」，這種民主立基於公民資格，而此資格又取決於資產有無的區分，就此排斥了廣大的「無產階級」（譬如，貧農與勞工）於民主政治之外，這種民主扭曲了民主之自由與平等的價值；因此，民主的真實意義乃是「無產

階級的群眾民主」對抗「資產階級」的民主，以爭取真實的人民整體的解放與平等（Lukács, 1991）。這兩種民主的鬥爭貫穿 19 世紀西方民主鬥爭與革命的歷程。

在實施代表制或議會民主的過程中，如何合理規劃與安排「選區」與「代表制」，是一實際的問題；在理論層面上，「代表制」也引發諸多爭議，舉其要者，如所謂「代表制」所代表的是人民的意志、意見或利益？人民所選任的代表是否能如實反映其意見或利益？確切來說，各選區所選任出來的代表，其審議、判斷與決策是否應該反映選區人民的意願，或者必須以全民的整體利益為依歸？國會的議員是否可以被稱為人民整體的代表，或者只是人民「代理」（deputies）[1]？若以彼德金（Hannah Pitkin）的話來說，「代表」一詞亦蘊含「再現」的意義，如一面鏡子反映特定的物體，或者，如畫家模擬一客體，將它再現於畫布之上。就此譬喻來論，代表與被代表者是否能夠完全對應，或完全一致？或者所謂「再現」純係代表者的建構，而非對應於被代表者所呈現的意願及利益[2]。再者，「代表制」指稱代表人民整體，但人民整體是先於「代表制」存在，抑或如霍布斯式的代表理念所指的，人民乃是由主權者作為代表而建構，在此之前，人民不成其為人民，而只是一盤散沙、互相爭奪資源的「群眾」？此外，代表制依照「普選制」（suffrage）的設計，而選任代表，其依據乃在於多數決，即：依據選民票數的多寡，選任合法的代表。在此引發的爭議即是依照「多數決」選任代表，以及決定政策，但多數決是否能有效論證其正當有效性？

1　有關代表制與代議民主的發展及其問題，參見張福建（2007: 1-34）。

2　參見 Hannah Pitkin（2004: 335-342）。

　　本章以上述的問題，嘗試解釋施密特、鄂蘭與列弗的民主與代表性的理論。

二、施密特的民主的同一性與國家的代表性原則

　　施密特雖批判代議政府治理的失靈與無能，但他並沒有否定代議政府的核心觀念——「代表性」的觀念及其政治的意涵。在1928年出版的《憲法學說》（*Constitutional Theory*，英譯本於2008年出版）中，他以「同一性」（identity）與「代表」（representative）作為任何一個政治性的統一體的兩項「政治的形式」，任何一個政治性的統一體，都是這個互相對立的政治性形式原則的實現。關於這兩個政治的統一形式，施密特分別在1923年的《羅馬天主教與政治形式》[3]與1926年的《議會式民主的危機》中，闡釋這兩個形式。筆者在此先扼要陳述施密特在這兩本著作中的論旨。隨後，進一步闡釋在《憲法學說》中，他如何整合這兩個政治統一的基本形式。

　　在《羅馬天主教與政治形式》中，施密特關切現代政治體制的權威問題。他認為任何政治體系不能沒有一種倫理支持的信念，否則必將喪失其權威，若缺乏權威，這個政治體制就沒有統治權力可言稱。依施密特的解釋，現代性的政治體系（譬如國家體制）很難確立其治理的權威，其基本理由在於：它的工業化資本主義的經濟生產基礎，及其法治形式都缺乏具代表性的權威。

　　依據施密特的診斷，自18世紀末之革命以來，歐美的政治思

3　同書的另一本英譯本，書名改為《代表性的觀念》（*The Idea of Representation*，英譯本在1988年出版），由E.M. Codd英譯。

維趨勢陷入物質主義式與機械論式的模式，崇尚經濟的生產與消費、科技的精準計量。這種趨勢遮掩了非物質性的、非經濟性的政治、道德、倫理與法律的思維向度，將現代性推向一個「毫無靈性的理性主義式的與機械主義的時代」（Schmitt, 1996: 9）。在這種時代中，人自詡可以憑藉理性主義與科技式的準確思維及其工具，支配所有外在的事物。這種獨特的個人主義將統一性的存有切割成正負兩極的對立，如藝術與實業、智能與情感（或心靈）、勞動力與有機性之發展、自然與理性。如此一來「當代的每一個領域皆被『根本的兩元論』（radical dualism）所支配」（*ibid.*: 9）。

在這個被經濟與科技計量及兩元對立的思維所主導的當代世界，任何自稱是代表性的事物（如政治、宗教與倫理），皆被化約成物質性基礎的反映、反射。即使如18世紀的資產階級自稱代表著法國民族，但「這種代表性一方面抹殺了構成一個社會秩序所需要的『社會等級的多元性』（the plurality of estates），因此，這樣的資產階級社會不再具有代表的能力，另一方面，它也順從了這個時代命定的兩元論，發展出其『兩極對立』（polarities）：一是資產階級，另一則是波希米亞人（bohemian）……它的邏輯性推論帶來了無產階級的階級概念，它以物質主義的觀點集團化了整個社會，這種物質主義的準則乃依據一個人在生產過程中的地位，因此符合經濟的思維。由此，它也證明了這種思維的型態內在即含有否定任何代表的傾向。」（*ibid.*: 20）

這種現代性之思維趨勢既然無法切實形成代表的理念與實踐，施密特試從羅馬天主教的政治神學中尋究可資有效運用的資源。依據他的闡釋，這個資源有下列數端：一是相對於現代性的兩元對立的思維趨勢，天主教的論證核心在於熱愛與忠實於土地

（所謂「大地之母」）的「統合」（union）（在此，施密特認為
「葡萄栽培」〔viniculture〕乃是這種統合性最美的象徵），二是跟
這種統合性相關聯的是天主教會的「對立物的複合體」（a
complexio oppositorum）；三是天主教論證呈現的「特別的思維模
式，其論證方法是一種特殊的法律邏輯：其旨趣在於人社會生活
的規範性引導。」（*ibid.*: 12）最後是「人格性」的代表與權威的
理念。下文特別闡明「代表性」與「對立物的複合體」之理念。

　　如上所闡述的，施密特認為在現代性的物質主義式的經濟計
量，以及機械式的思維下，「代表性」這個理念難以被確立。就
此批判論為脈絡，施密特指出代表性不是任何具事物的質性的概
念，任何機械性的事物也無法代表自身或者被代表，經濟的生產
與消費也一樣無法成為代表可設想的內涵。在此，施密特強調，
代表性這個理念乃以「人格性的權威」為其基設，因此無論是代
表者或者被代表者，都必須聲稱具有某種人格性的尊嚴。基於這
種人格性權威的代表性理念，施密特區分代表與代理的理念，唯
有「人格」，而且是一個具有權威的人格或者一個理念——這個
理念只要被代表了，它就給自己「人格化」——才能在莊嚴的意
義下承擔代表性。「代表賦予代表者的人格某種特有的尊嚴，因
為某一高等價值的代表者不可能是毫無價值的；不僅是代表者與
被代表者要求某種價值，甚至第三者，也就是他們所要面對的接
受者亦然。」具體而言，可作為代表者，依施密特所舉，是上
帝，或者在民主制的意識型態中的人民，或者像「自由」與「平
等」這些抽象的理念，它們都是某一「代表性」可以設想的內容
（*ibid.*: 21）。

　　依據這樣的代表性的原則，施密特說明現代政治民主之代議
制的意義。如上所述，代議制及歷經民主革命的過程所形成的制

度，就其理想與理論基礎而言，它體現了代表性的原則。在代議制中，所謂代表意指選民的代表。選民的代表所代表的，是法人格的人民整體。作為法人格的人民整體跟中古世紀的君主大有不同，君主所代表的即是「來自於上」（from above）的上帝的權能。君主之身軀如同凡人，亦會腐朽衰亡，但因其代表性而得以不朽；另一方面，君主所代表的權威雖非來自於人民，但君主之體因其權威，而得以成為凝聚萬民成一體的樞紐，簡言之，君主之權威可以賦予社會以一體。教會（亦即：羅馬天主教會）如同君主，其權威亦來自於上帝的權能。但作為一個制度，它如同現代民主的代議制一樣，自稱其權威源自人民整體。在這裡附帶說明的是，君主立憲的國家與共和政體不同，在共和政體中，議會代表了所謂的民族，而在君主立憲制中，君主與議會同時代表了民族（ibid.: 50）。但如何解釋「民族」的構成？這個問題在《憲法學說》之中，施密特才做了較清楚的說明。

在闡釋代議制中的代表性的理論原則時，施密特指出：19世紀的法理學喪失了代表性的意義及其特殊性的概念，其理由在於人民與君主為爭奪代表權，而帶來了如20世紀德國法學家耶林內克（Jellinek）的含混不清的理念：議會作為人民之代表的「政治機關」（political organ）只是次要的，因為它代表了另一個首要的「政治機關」（亦即人民），但這個首要的機關（人民）並沒有得以脫離「次要之機關」（即議會）的意志，結果是：兩個「法人格」（judicial person）分屬不同的機關，但又相依存，同屬一體。為釐清這種含混不清的理念，施密特對於現代代議民主制的代表性之原則，表述了如下的觀點：

議會的議員是整個人民的代理人，因而具有相對於選民的權

威。但另一方面，他們卻又未終止由人民（而非個別的選民）去導出該權威。他們不受命令與指導所束縛，而是依其良知而為，此意味「人民的人格化」（the personification of the people）與作為人民之代表的議會的「統一性」（unity），兩者皆意涵一種「對立物的複合體」，亦即許多利益與黨派之結合成一個統一體，並且是以「代表」的方式，而不是以經濟的方式去設想的。（Schmitt, 1996: 26）

施密特在上述引言中，運用了「對立物的複合體」來闡釋代議制的統一性。這一概念原來是施密特用來說明羅馬天主教教會的政治形式與代表性的意義，現用之於現代民主的代表制上，此意涵施密特的代表性的觀念具有政治神學的意涵。依施密特的闡釋，羅馬天主教會之所以比現代的各種制度更具堅實與完整的代表性權威，其主要的理由不只是它代表上帝的權能，更重要的是，作為一個制度，它的信條多方面地容受相對立的事物、觀念與象徵，而形成一種「對立物的複合體」的統一性。施密特從各個層面去解說這種「對立物的複合體」（或者以施密特另一說法，「反命題的合一」〔the union of antitheses〕）的意義。舉例而言，施密特以1545-1563年在義大利特倫托（Trent）召開的宗教會議所形成的特倫托宗教會議（Tridentine）教義為例，說明這種合一性如何深入人心的社會與心理的根柢[4]。從論證的角度來說，

4　如施密特所言：「教宗被稱為『天父』（Father），教會則是『信徒的聖母』（the Mother of Believers）與『基督的新娘』，這種結合父權與母權的奇妙的合一足以將最根本的情結與本能的流向——尊重父權與親愛的母親——導向羅馬（教會）。誰曾經反叛過母親？終究言之，最重要的是，這種無限的模稜兩可在它臻至『教宗無誤』（papal infallibility）的信仰時，也結合了最精

羅馬天主教會的教義不採取辯證法，不求「反命題」的辯證綜合
（*ibid.*: 9），不執意於任何兩元對立的事物（如理性主義式的勞動
世界與浪漫主義式的純樸自然的兩元對立）（*ibid.*: 10），也不標
榜自己體現與代表整個民族（如18世紀法國的資產階級聲言自己
即是「民族」）（*ibid.*: 20）。羅馬天主教會的教義因不執著於事物
與觀念的兩端，而能容受對立與分歧，或者說因持之以模稜兩可
的視野，反而更具代表性。針對代表性及其權威的議題，施密特
肯定天主教教義的積極意義，如他所論：

> 天主教的政治上的權力，既非建立在經濟性的、亦非建立在
> 軍事性的權力手段上。獨立於這些權利手段之外，教會有那
> 種「權威的激情」（Pathos der Autorität：相對於「對道德與法
> 律之的確信的激情」）的整個純度。教會固然也是一個「法
> 人」，但卻不同於一間股份公司的法人。這種「股份公司」
> （「生產的時代」典型的產品）乃是一種「計算方式」，但教
> 會卻是「對具體的人格之某種具體的、人格性的代表」。每一
> 個熟知教會的人都會承認：教會乃是法學精神風格的偉大承
> 載者、並且是羅馬法學的真正繼承人。教會的社會學上的祕
> 密之一就在於：它具有一種形塑法學形式的能力。但它之所
> 以具有形塑這種、乃至每一種形式的力量，完全是因為它有
> 「代表的力量」。它代表著「人之國度」（*civitas humana*），
> 它在每一個時刻，都展示著那與「道成肉身」以及「基督的
> 十字架的犧牲」的歷史性關聯，它——以人格的方式——代
> 表著基督本身，代表著那在歷史性的實在中成為了人的上

確的教義與決斷的意志。」（*ibid.*: 8）

帝。在「代表性事物」中，存在著教會凌駕於某種「經濟思
維的時代」的優越性。（*ibid*.: 18-19）

　　羅馬天主教教會既然成為一制度，也就需要一種政治形式，
沒有了這種形式，教會內在的代表性的行為就缺乏與之相應的形
式。但教會的政治性，其意義不是支配與操縱既定的社會與國際
權力（*ibid*.: 16）。就此而論，它的形式預設了與政治國家（the
political state）的共存，亦即一種「共存之結社（或社會）」
（*societas perfecta*），而不是與一種「互為衝突之利益的協會」（a
consortium of conflicting interests）。作為教會之代表性的政治形式
與國家作為一個法人格代表，兩者構成了相對立，但又合作的關
係（*ibid*.: 25）。

　　施密特透過他對羅馬天主教教義的闡釋，形塑了一種具政
治─神學意涵的代表性觀念。這個代表性的觀念除上述所言，指
涉人格性或「法人格」的權威之外，也闡釋天了主教教義中的
「對立物的複合體」的理念或視野，強調代表性權威乃建立在容
受多元性與差異性的利益、觀念，而得以臻至某種「統一性」的
原則。施密特關切的基本問題在於：人民作為單一人格如何跟作
為人民之代表的代議制的單元能夠統合為一。代議制具有一種
「貴族式」的原則，這個原則是跟人民權力相互矛盾。如何化解
這個矛盾的？下文先闡釋施密特在1926年的《議會式民主的危
機》一書中如何說明其民主同一性之概念的形式。

　　該書中，施密特以「同一性」（identity）與「同質性」
（homogeneity）的概念來界定民主的特質。在施密特的用法中，
「同一性」意指辨認民主本身的特質，據此能區分民主與其他的
國家形式。就如他所言：

204 從王權、專制到民主：西方民主思想的開展及其問題

任何特別的民主現象都可以從「同一性」觀念得到解釋，代
議（或稱代表制）的民主與直接民主的區別基於這樣的情形：
代表這個概念還保留著「人格主義的元素」（personalistische
element），直接民主則試圖實現「實質性」（sachliche）的同
一性。所以兩種民主源於兩種同一性的觀念；此外，民主制
度下黨派鬥爭的社會學特點在於：每一政黨不僅與人民的
「真實」意志認同，而且首先要力爭與掌握種種工具，以便
能夠借助這些工具以左右人民意志的方向，並構成這種意
志。說到底，以往歷史上出現的每一種關於民主信念的倫理
都源於諸如此類的同一性觀念……。（Schmitt，朱雁冰譯，
2006，頁 16-17）

　　施密特對「同一性」的觀念的分析，呈現了三個層面的意
義：認識論、法理與社會學的意義，就此不免引發一項問題，亦
即：施密特所要闡發的民主的同一性特指哪一種同一性，或者
說，哪一種民主乃如其所實，是為它自身？如上所闡釋的政治─
神學的思維來看，代議民主制的「代表」之觀念乃是法理學上的
意義，此意指在代表制中人民即作為法人的人格，但議會是作為
人民代表之統一性機構。再者，在批判代議民主制運作的失靈
時，他解釋社會學式的民主（意指市民社會中多角勢力的衝突）
恰是造成此運作失靈的關鍵所在。
　　對於這個同一性的觀念，施密特做了一個明確的定義：民主
的基本意義在於統治者與被統治者、主權者及其屬民、國家的主
體與客體，人民與他們的議會代表、國家與現行的投票人口、國
家與法律，以及數量（數目上的多數或全體一致）與質性（法的
公正性）的同一。這種同一性不是絕對性的，但無論如何，直接

的同一性乃確實表現在任何時刻，這取決於當下的人民的意志是如何形成（Schmitt, 1985: 25-27）。人民意志的形成又取決於人民的決斷，所謂決斷，在民主制中，「只有對那些下決斷的人本身而言，才成其為有效。」（*ibid*.: 25）從這種帶有意志論式的民主同一性觀念，施密特以民主的平等價值為立論，形成了民主之「同質性」的觀念，如他所言：

> 任何真正民主的基礎都是：不僅平等地對待相同者，而且必然的結論是不同地對待不同者。這就是說，屬於民主者必然是：第一，同質性；第二，如有必要就別除或者消滅異質的東西。……一種民主制度的政治力量表現在於，它善於消除或者阻止外來者、不同者或威脅同質性的人。因為在相同性問題上並非抽象性的、邏輯算術式的遊戲，而是相同性的實質。（*ibid*.: 53）

在此，施密特把「同一性」的觀念帶向「相似性」或「相同性」（sameness）的意義。這種相同性或相似性，預設了差異或異他性（otherness），施密特以民主的平等價值來論證民主的「同質性」，但這種平等非如自由主義所言稱的普遍性平等，或者普遍人權所保障的個人平等，而是有排他性的平等，或換句話說，對同類人講求平等，就如施密特所論：「所有人作為人的平等並非民主，並非國家形式，而是個人主義與人道主義的道德和世界觀。在兩者模糊不清聯繫之上，建立起現代的群眾民主。」（*ibid*.: 56）緊接這樣的評論，施密特指陳：「現代群眾民主本質上便包含這自由主義式的成分。在民主制之下，只有同等人的平等和屬於同等人們的意志。所有其他機構都變成無關緊要的社會

和技術性的應急手段，這些機構不可能提出自己的價值和自己的
原則，以對抗以某種方式表達的人民意志。現代國家的危機在
於：一種群眾和人類的民主無法實現國家的（政治）形式，也沒
有能力實現民主的國家。」（*ibid.*: 58）分析至此，我們可以得知
施密特的民主乃建立在兩個基本的論點：統治者與被統治者的同
一性，是其一；同類人或同等人的同質性平等，即所謂民主的同
質性，是其二。據此，我們也可以說，施密特的民主理論表現出
「反自由主義」的民主觀點[5]，而且尋求能夠取代此種民主形式的途
徑。

　　《憲法學說》一書中，施密特以上述的「代表性」與「同一
性」來界定國家的政治統一性形式，但這兩項原則基本上是矛盾
的，對此矛盾，施密特解釋如下：依照近代國家學的觀點來看，
國家的權力及其統治必須源出人民整體的意志與作為（換言之，
來自民主的基本理念，亦即：人民的權力）。但是，人民作為一
個整體的存在，就他們的表現來看，乃呈現分散、甚至零碎化
的、散亂的「雜眾」的處境，如此的人民如何可能形成一種具組
織性的治理體系？對於這個一直困擾西方政治思想的難題，施密
特在討論人民的制憲權上，表達了如下的看法：

　　人民的強弱之處都在於：它不是一個擁有受限定的權限按規
　　定程序完成公務的固定主管機關。它的強處在於，只要人民
　　擁有政治存在的意志，它就高高在上，不受任何型態化和規
　　範化的影響。作為一個無組織的實體，人民也不能被消解。
　　只要人民存在著，並且想繼續存在下去，它就有著無窮無盡

5　參見蔡宗珍（2003: 108-109）。

的生命力和活力，始終能夠找到新的存在形式。人民的弱點
在於：它本身並無固定型態或組織，卻要決定有關其政治形
式和組織的根本問題。因此，人民的意志表達很容易遭到誤
解、曲解或竄改。這種人民意志具有直接性，這就要求它能
夠在一切規定手續和程序之外獲得表達。（Schmitt, 2004: 113）

　　從這引言，人民的意志之所以有著無窮的生命力，始終能找
到新的存在形式，這是因這種意志總是外於規定的手續和程序，
不受到任何指令和請託的約束；但是另一方面，人民缺乏固定的
組織，或者說，是一群「烏合之眾」，雖可凝聚動態性的「制憲
權力」，但如何可能決定有關其政治形式與組織的根本問題？就
如施密特所言：「無論在什麼地方、什麼時刻、現時在場的人民
都不可能作為政治統一體，而與自身達到完全的、絕對性的同
一。所有想實現純粹民主制或直接民主制的人都必須注意到民主
同一性的這個限度。否則，直接民主制就僅僅意味著政治統一體
的解體。」（ibid.: 276）論述至此，施密特也承認，人民的權力若
要在制度的建構上發揮作用，就必須有人民的代表來行使這種權
力，他說：「不存在不實行代表原則的國家。」（ibid.: 275）但我
們該如何解釋代表性的原則，以及代表與人民之間的關係？

　　如上所闡釋，施密特在《羅馬天主教與政治形式》中，界定
代表性的原則在於人格性的權威，不論這個人格性是個人或公法
性質的，同時強調具尊嚴以及高價值者才能成為代表者與被代表
者，因此能成為代表的主體在於上帝、人民，以及自由與平等的
觀念；在闡釋議會民主的代表性的理論基礎時，他視「人民整
體」為「法人化的人格」，也將議會視為人民之代表的統一性機
構；但從施密特所說的社會學觀點來說，人民與黨派的利益、意

見是多元分歧的，這如何可能實現法人化的人格與代表的統一性？

　　延續這樣的論述脈絡，施密特在《憲法學說》中更清楚地界定代表性的觀念意義：(1)代表行為只能發生在公共領域裡，是公共性，而非在私人性、祕密性條件下發生的代表行為，因此「議會若欲具備代表的品質……它的真正活動是在公共領域裡進行的」；(2)唯有實踐統治的人才具有代表性，他們「代表著一國人民的政治統一體，而非處於自然存在狀態的雜眾」；(3)代表是獨立的，它必須與「代理人」、「雇用人員」區分。在這裡，施密特進一步論道：「政治統一體不可分割，始終只有民族，即作為整體的人民，才能被代表。」(4)施密特引用了霍布斯的觀念：國家統一於一個主權者的人格，繼而闡釋「代表」乃是產生統一體的樞紐，「它所產生出來的從來都只是一個處於政治狀態中的民族的統一體。國家的人格特徵不在於國家概念，而在於代表。」除了這四種定義之外，我認為最主要的界定在於如下的陳述：

　　　　代表不是什麼規範秩序，它不是一種程序或手續，而是一種存在性的東西。代表意味著通過現身的存在，而使一種不可見的存在變得可見，讓人重新想起它。這種概念的辯證法在於：它預設了不可見的東西的不在場，但與之同時又使它在場了。這並非對隨便什麼類型的存在都是可能的，而是預設了一種特殊類型的存在。無生命的東西、劣等或無價值的東西、低級的東西不能被代表。它們缺乏一種能夠被提升至公共存在的層面上，能夠生存的存在類型，一種提高了的存在類型。諸如偉大、主權、威嚴、生育、尊嚴、榮譽之類的詞語恰恰要傳達出被提高了的、具備代表能力存在的這種特

徵……在代表中，一種更高的存在具體地顯現出來。代表觀念的基礎是，相對於以某種方式共同生活的人群具體的自然生存而言，一個作為政治統一體而生存的民族具更高遠的、被提升了的、更集中的存在。如果對政治存在的這個特點的判斷力喪失了，人們寧可選擇其具體生存的其他類型，那麼，對代表概念的理解也就喪失了。（Schmitt, 2004: 280-281）

　　在這段引言中，施密特跟隨中古歐洲君主制的正當性權威的基本理念，凡不可見的、崇高偉大的存在（如上帝）才能被代表，不可見的上帝透過君主的肉身而再現。現在，君主的超越性權威已不在，在論證權威的正當性依據，就必然從外在於世界的超越性原則轉向內在。以這個思維的取向，施密特轉向民主同一性的立基，肯定「民主思想都明確地、必然地在內在性概念中展開」，而民主的同一性基礎乃在於人民，就如他的斷言：「國家的權力必須出自人民，而不能出自一個處於人民之外、凌駕於人民之上的人或機構，它也並非出自上帝。至少，只要存在著這樣的可能性，亦即：另外一個不同於人民實體對什麼是上帝的具體意旨做出權威性的裁斷，那麼，對上帝意旨的訴求就包含著一個非民主的超驗要素。」（ibid.: 316）但作為民主同一性的人民是不能被代表的，在這裡，施密特援引盧梭的「人民及其意志皆不能被代表」的觀念，說明民主同一性與代表是兩項不同的、矛盾的原則[6]。

_____

6　關於民主與代表之矛盾性，張旺山在其〈國家的靈魂：論史密特的主權概念〉有相當清晰的闡述（2005: 140）。在文中，他強調「作為代表的主權

　　人民之所以不能被代表，是因為它必須在場，只有不在場（不可見）的事物，才能被代表，在場的事物是不能被代表的。就此推論，「只有實實在在地聚集起來的人民才是真正的人民，也只有實實在在地聚集起來的人民才能行使專屬於人民的行動範圍的職能：它可以喝采，也就是說它可以通過簡單的叫喊表示贊同或不贊同。」（*ibid.*: 325-326）即使在民主政治中為我們所強調的民意，也是這種吶喊式的喝采，如施密特所言：「民意的本質和政治意義，恰恰在於它能夠被解釋成喝采。不存在沒有民意的民主制和國家，正如不存在不喝采的國家一樣。民意產生並存在於『無組織的』狀態下；如同喝采一樣，倘若民意變成了一種公務職能，它就失去了自己的本質。」（*ibid.*: 329）人民的意志與意見的表達是當下的、直接的、臨即性的感性，不必經過公共的討論、審議的理性過程，「這種民主的情感愈是強烈，就愈能夠確定地領會民主是不同於為無記名投票而設的註冊系統。」民眾的喝采歡呼的表達方式是比議會制——作為一種技術性的設施——更能直接表達民主的實質與權力（Schmitt，朱雁冰譯，2006: 16-17）。

　　如果人民的意志不能被代表，而只能透過臨場的直接的情感來表達，那麼人民本身並無法積極地構成國家的統一政治形式。人民的意志雖然構成制憲與創制權力的載體，但是人民無法真正地從事制憲與創制的工作，能承擔此工作者乃是能凝聚人民意志，受到人民歡呼愛戴的領導者，或者統治者。在這裡，施密特

者，必須要能具體地、人格上地代表那看不見的『人民的意志』。然而，層層代表的『具體化』過程，勢必無法避免『同一』與『代表』之間的緊張關係。」（頁126）

循就他所界定的，民主的兩個基本原則：同一性與同質性，嘗試
化解代表性與同一性之政治形式的對立緊張。人民若要構成與自
身同一的整體，它必須由互為平等的「同類的人」所構成，並且
能與其統治者合而為一。所謂「同類」不是指階級或任何組織性
社團成員的相似性，而是更能超越多元分歧與異質性事物的、具
廣延與統攝性的「第三者」，這個「第三者」在世俗化的處境
中，無法是上帝，或羅馬教宗，而是如霍布斯所論證的主權者
（或以民主的語言，全民普選的總統，或者君主立憲體制中的
「君主」）以及「民族」。民族的構成除了具有其成員共享的事
物，諸如共同的語言、種族性、文化傳統和記憶，以及共同的政
治目標和共同的歷史命運之外，但更重要的是，人民共同表達
「生活在一起」的意願，懷抱「人民自治」的偉大理想，以及透
過共同政治決斷力，分判敵與友，而能成就政治的統一體[7]。在
此，施密特強調只有民族作為人民意志的統一性才可以承載國家
之「代表性」的政治形式，「無論在什麼地方，只要某個個人或
團體替整個民族表達意願，人們就認為這體現了代表作用。」
（*ibid.*: 285）就此論之，施密特運用了這種「體現」之意涵的代表
的觀念化解「代表性」與民主之「同質性」的對立；依同樣的論
證，施密特也化解「代表性」與民主之「同一性」的對立：如果
民主的同一性意指「統治者與被統治者」的同一，那麼，統治者
的政治決斷力體現了民族意志之統一，而代表了民族。簡言之，
唯有經由人民政治決斷力所構成的民族統一性，或者說一個「同
質性」的政治共同體，人民的集體意志才能夠被代表；同時，領
導者的政治決斷力進而體現這個人民與民族意志的統一，而形成

7　關於施密特的民族統一性的建構，參見蕭高彥（2006，頁113-146）。

了「同一性」的政治形式，確立了國家的「代表」與「同一性」
的政治形式。透過這樣的論證途徑，施密特以民族的代表性結合
了國家主權與人民主權（或謂民主）。

三、鄂蘭對代議民主制的批判及其共和主義式的民主理念

　　《論革命》（1963）大概是鄂蘭的出版著作中，唯一有直接討
論民主制的著作。關於她的民主的論述，我們可以從她的《人之
境況》（或謂《實踐活動》〔*Human Condition*, 1958〕）一書中所
論證的「實踐」（praxis）與「公共領域」的理念為基礎，重建她
的民主理論。這個民主理論一般被稱為帶有懷舊色彩的「直接
（或參與式）民主」的理念型態。相對而言，她在《論革命》一
書中，透過革命的論述，反思批判現代民主的成敗。雖然有這種
論述對象的差異，但鄂蘭在評論當代民主時，古典的「直接或參
與式的民主」理念依舊是她的論斷依據。依她的解釋，革命即是
個體與群體力圖解放舊政體的壓迫與宰制的實踐力，以及追求自
由與平等的價值，並建立新憲法，進而安排合憲之制度以保存這
實踐力。如上所言，革命既是人民自由的政治實踐，也是建立穩
定的憲法與制度。但是，18世紀末葉的民主革命，終究無法真實
地完成革命的「使命」。

　　法國革命肇始於人民權力的策動與實踐，但是本為追求自
由、平等的民主理念卻終結於1793年雅克賓黨的「恐怖的統
治」。如她所言：羅伯斯比的恐怖統治正是「企圖將法國人民整
體組織成單一的、龐大的政黨機器──「偉大的人民社會即是法
國民族」──透過這個機器，雅克賓黨可以將黨的細胞遍布於全
法國，其政治行動不再是意見的討論與溝通，也不是對公共事務

相互的認知與督導，而是相互監控；同時，不分黨員或非黨員一概被迫害。」（Arendt, 1963: 247）從理念層次來說，法國革命失敗的因素之一，在於將盧梭的人民主權貫徹地施用於革命的實踐，這使得革命與實踐趨勢，在惶恐不安的處境中，為了凝聚人民的力量，以建立一鞏固的具體的政治秩序，必須以人民權力為名，塑造內外的敵人，進行慘烈的政治鬥爭。除此之外，強化意志力的決斷也跟人內心的祕密性（intimacy）轉向公共性的政治實踐相關。在解釋「恐怖統治」的原委上，鄂蘭說明羅伯斯比發動殘酷的政治整肅的原因之一乃是，他對貧苦無依之大眾所發出的內在的悲憫，在慘烈的政治鬥爭中轉化成革命實踐的道德原則，依此判定何者為革命分子，何者為反革命分子。這導致意志力在決斷何者為反革命分子的敵人時，不再衡量具體的行為，而是直接訴諸人內在的動機（或道德良知）與意圖。雅克賓黨的「恐怖統治」就此轉變成為「德行的恐怖統治」（the terror of virtue）。

　　如上所述，在法國革命期間，有關人民主權與代表制的爭議雖然經由西耶斯的論述，轉向代表制的邏輯發展，但鄂蘭批判代議民主制蘊含菁英或寡頭的統治，這種統治無異壓制了人民政治實踐的權力。針對法國革命的代表制的理念或雅克賓的「恐怖統治」，鄂蘭對法國革命的主要批判在於：它（連同20世紀的革命）無法斷絕歐陸自布丹（Jean Bodin, 1530-1596）以來的主權的思想傳承。據此而論，法國革命以人民主權取代了君主主權，就如同「人民的腳足穿戴了君主的鞋靴」，將人民塑造成政治之權力與法律之權威的根源，這種主權的「絕對主義」（或專制主義）貫穿了法國革命，甚至整個革命的歷史，如她所闡釋的：

絕對性之（資源與原則）問題顯現於革命，它根植於革命事件本身……如果我們單從歐陸的偉大革命（如17世紀英國內戰、18世紀法國革命以及20世紀俄國十月革命），尋求此問題的線索，眾多的歷史證據強有力地指出，革命與專制王權，以及隨後的獨裁政權（despotic dictatorships）之形成，有著密切的關係。據此，我們會如下論斷：公共領域的絕對性問題不幸地完全來自歷史的傳承，來自絕對性之專制王權的謬誤，它錯將君主一人的絕對權力置之於政治體制當中。對於這個專制的絕對性，革命企圖取而代之，絕望地而且徒勞。……直至今日，取代絕對主權的新的絕對事物是不是西耶斯在法國革命之初所建立的民族理念，或者是羅伯斯比在革命最後之年所帶來的革命獨裁，這都無關緊要。當前，把整個世紀帶上火線的正是這兩者的結合，一是民族革命或革命的民族主義，其次是以革命語言訴求的民族主義，或者是以民族主義的宣傳動員民眾的革命。（*ibid*.: 158）

　　相對而言，美國革命不像法國革命一樣，深陷於歐陸主權的「絕對主義」的泥沼而不能自拔。相反地，在這塊殖民地上，來自英國的移民透過革命，真實地體認革命的「開端啟新」，脫離歐陸舊傳統的窠臼，建立新憲法，創立自由共和的新國家。就這一點來說，鄂蘭接受施密特的論點，亦即：法國革命在主權國家的基礎上，透過人民的決斷，創立了自由民主的政治形式，而美國革命在立憲的同時，也創立了新的國家。對照法國革命的失敗，美國革命的成功在於能形構了自由憲政的穩定共和體制；美國的立憲既能保持多元分立的邦聯，也能建立一個邦聯之間維持均衡和諧的聯邦政體；換句話說，美國革命得以打破舊有的主權

的「絕對主義」，而能確立一個權力分散與多元的體制：上從中
央政府的三權分立下至市鎮自主的社會構成了這個體制的基本結
構，其憲法區分了人民的權力與立法機構及法律的權威，兩者各
有其權限與分際。國會（或參眾兩院）作為公共輿論辯詰的常設
制度，司法審查作為法治的判斷機關，這兩個制度顯現了法治的
權威，並據此約束了人民（或民主）之權力運作上可能帶來的魯
莽與盲動。儘管美國革命有了這樣的憲政成就（姑且不論鄂蘭是
否美化了美國革命），但鄂蘭也指出並批判這個體制因採納了代
議（或自由憲政）的民主制，而遮掩了革命時期人民的權力及其
展現的公共精神。這種批判論與施密特對「議會民主」（或「議
會立法國」）的批判，在許多可以相互參照，但在解決代議民主
制的問題上，兩人所呈現的民主想像卻南轅北轍。

　　兩人都接受了盧梭的人民主權的理念，也承認人民的意志無
法被代表，只要人民在場，代表就必須退位。但鄂蘭否定施密特
的「唯意志論」（voluntarianism）與主權的絕對主義，因此，她
的民主論述不走向如施密特所倡議的人民（與主權）的決斷論，
以及民主的同一性（與同質性）和民族的代表性；相反地，鄂蘭
強調人民的結社所醞釀的權力，乃構成任何建制論證其正當性的
資源[8]。但這種結社如何可能形成？這個問題涉及如何從個人的政
治實踐形成結社團體的權力，依鄂蘭的解釋，個人的實踐乃追求
言行的卓越（excellence，或以古希臘的用語，即 virtue，或馬基
維利的 virtú），這種實踐觀帶有古典「英雄主義」或菁英主義色

8　關於施密特與鄂蘭的政治思想的差異，參見江宜樺〈西方「政治」概念之分
　　析〉一文（2005: 1-58），在此文中，江宜樺對施密特的「決斷論」與鄂蘭的
　　「多元論」的政治理念，有清楚的闡釋。

彩。但鄂蘭也強調個人的實踐必須依賴其他行動者的合作共事，就這一點來說，個人的實踐具有了結社合作的潛在可能性。人民會策動大規模的政治行動，有其特殊的處境，這處境即是既定體制的權威失墜，以鄂蘭的話來說，當權威掉落在街頭巷尾時，人民置身於這種處境當中，經由各種組織、結社，履踐「共同行動」（act in concord）的公共福祉（public happiness），在相互談論、爭論公共事務上，體現了公共的精神。鄂蘭的民主理念是以這種激進式的「直接民主」作為其基調。然而，鄂蘭的激進民主的基調在遇上民主建制的問題時，就產生兩難的困境，此困境即是：人民所形成的多元分歧的組織、結社如何可能形成「萬眾一心」的共識，而得以從事立憲與制度的安排？這個問題一直是困擾自柏拉圖以來西方的政治哲學，也導致西方政治思想否認民主的可行性的趨向。18世紀末葉的民主革命，其創制採取「代表制」為主軸的制度安排，除了考慮現代國家的疆域廣大不適合實行直接民主的理想，也是為因應上述的這個民主建制的基本問題。對於鄂蘭而言，代議民主制的實施違反了民主創制之初的革命精神。在《論革命》一書的最後一章，她對代表制與政黨政治提出了批評，這種批判論在某種程度上，即來自於她在威瑪共和和美國聯邦共和所經歷的代議民主制與政黨政治的經驗（蔡英文，2009: 57-68）。在制度分析的層次上，鄂蘭對代議民主制的解釋，不若施密特的精微剖析；在理論上，兩人的批判論所關切的問題不同，施密特思考如何建立威瑪共和的具體政治社會秩序，相對而言，鄂蘭則關切代議民主制如何維繫民主制創建之初所體現的行動的創發力以及公共精神。

　　如同施密特一樣，鄂蘭認為代議民主制與政黨體系是息息相關的。由人民從各選區選舉出來的代表，進入議會從事審議法案

的事務。雖然我們可以說，人民在選舉代表時，對候選人的才能與品德多少也經過個人的判斷。然而，選舉畢竟不是人民主動地相互討論，以及爭議公共事務。大部分時刻，他們只是被動地聽取候選人的政見發表與彼此的爭論，在投票日，投下票，支持他們各自偏好的政黨候選人；但選票無法表示他們對公共事務的了解與意見。再者，這些由人民選舉出來的代表到底代表了人民什麼事物？對此問題，鄂蘭多少接受盧梭的觀念，人民的意志是不被代表的。除此之外，她也認為政治意見純係個人性質的，只有所謂團體的或階級的利益才能夠被代表。對於這個論點，鄂蘭雖然沒有做任何解釋，但可明白的是，因為利益可以被衡量、被盤算，這就如同「多數決」是代議民主制衡量與決定一切的唯一準則。如此看來，在國會審議法案時，重要的事物即是政黨的代表計算能爭取多少的利益，具體來說，即是爭取選區公共工程與事務經費的多寡，至於其他公共事務的議題就顯得無實效性，而被擱置，或甚至被忽略，議會變成了瓜分經濟利益的場所。從自由主義的觀點來說，代議民主制的運作除了議會的審議之外，也預設人民在社會中的公共討論。但鄂蘭質疑這種公共討論的可能性，她認為人民一旦交由其選任的代表從事政治的實踐，公共事務就不再是人民日常關注的主要事物，就此，人民就不會積極地主動參與政治，政治的冷漠造成公共精神的喪失，政治遂成為少數代表（或所謂「政治專業」）的行政管理。

以同樣的觀點，鄂蘭批判代議民主制中的政黨體系，她承認英美兩國的兩黨制運作確保了政治的穩定性，但兩黨制帶來了統治與被統治的關係，消解了人民政治參與的主動性與熱情；再者，如上所言，政黨的代表只能代表人民的利益，而非意見，遑論人民的政治行動。據此而論，政黨體系只是運用從人民中選出

的菁英替代了舊政制的社會等級的菁英，其本質仍然維持舊有的
「寡頭政治」（oligarchy），如此，政治本質就在統治與行政管
理，而非人民的政治自由。公共精神與平等的價值就一一被利益
計算、行政的管理與人民的政治冷漠與無能給腐蝕了。

　　施密特與鄂蘭從批判代議民主制中，各自依其理論的立場，
形成了分歧甚至對立的民主的理念。同是激進的論點，施密特走
向以主權者的政治決斷為核心的「獨裁民主」，而鄂蘭走向「直
接民主」（或共和主義式的民主）。這兩種各自走偏鋒的民主理念
是否有可能被修正，或甚至被超越。依循這個問題意識，下文將
探討當代法國重要的政治思想家列弗的民主理論。

四、列弗的民主政體理論

　　列弗與鄂蘭是屬於同一世代的政治思想家，兩人都受到現象
學與存在主義的影響。在戰後，兩人皆關切極權主義的問題。兩
人亦以批判極權主義的政治思想為取向，在這裡，兩人隱然地反
思批判施密特在威瑪共和時期所形成的政治性以及民主同一性的
概念。除此之外，就鄂蘭與列弗的思想關聯來看，鄂蘭的政治思
想大概在1970年代逐漸受到法國思想界的重視，這或許也跟此時
法國知識界因索忍尼辛（Alexsander Solzhenitsyn, 1918-2008）的
《古拉格群島》（*The Gulag Archipelago*）敘述俄國共產黨的暴
行，而有思想立場的轉向相關。在這段期間，列弗於1985年寫成
〈漢娜・鄂蘭與政治性的問題〉（"Hannah Arendt and the Question
of the political"），也以此作為公共演講的文本。列弗早年受其師
梅洛・龐蒂的影響，服膺馬克思主義。在1980年代，他從馬克
思—社會主義的思想立場轉向自由民主的思維理路，但他的民主

理念依然維持年輕馬克思激進民主的思維。在這一點上，他的民主理念跟鄂蘭的有相近之處。但如上所解釋，鄂蘭的共和主義式的激進民主論述缺乏了國家及其建制的思維向度；在這方面，列弗的民主論述則力圖構連激進民主與制度的關係。再者，列弗相當關切現代性之正當性論據的問題，對於這個問題，列弗提出了政治神學的論證，在這一點上，他與施密特解釋民主與代表性的政治神學思辨有相似之處，但不同的是，列弗不認為政治神學的論證可以安頓民主政體的正當性基礎。

　　列弗跟上述兩位政治思想家一樣，關切民主革命帶來的主權易位（亦即：從國家主權轉向人民主權）帶來的問題，也承認這個主權的易位乃是了解現代民主的關鍵。對於這個問題的解釋，列弗不只是處理革命時期一直未解的人民主權與代表制之間矛盾的議題，他更從「政體」（regime）的轉變來解釋現代民主的特質。就這一點來說，列弗比其他二位政治思想家，更注重現代民主之構成的政治文化脈絡（參見Doyle, 2003: 69-95）。

　　如上所提示的，經由革命的轉化，民主在雅克賓黨的理念中，就如約翰‧鄧恩所解釋的，已構成了一種「全面性之政治視野的組織原則」。雖然列弗否定雅克賓黨的政治意識，並將此意識型態視為極權主義意識的根源，但承認民主自革命之後，民主已成為形構人之共存與社會關係的「綜攝性的綱領」（overall scheme），即一種特殊的、社會性的制度（或構成）模式，或者說生成性的原則（generative principles）。有了這個綱領，有了這個社會性的制度（或構成）模式，社會才能透過概念來陳述它各個層面，表達它所建立的階級、團體與個人彼此的關係，以及實踐、信仰與「再現」（representations，或「代表」）相互的關聯。列弗在此用了「形構」（shaping，或以法文 mise en forme）的動

態詞，它一方面表示賦予社會關係某種意義，另一則是「表現」
或者說「公共性地表現」（staging，或以法文 *mise en scéne*）這些
社會關係。一個社會的出現不僅只是這個社會能組織社會關係，
而且能確立讓這些關係得以被了解的條件，也能運用各種「符
號」（signs）來達成近似它本身的「再現」。列弗把這種形構社會
的原則稱為「政治性」（the political）。列弗用「政治性」一詞說
明社會的生成原則，它與「政治」（politics）一詞相對。兩者的
區分，扼要來說，在於：前者意謂社會構成的可理解的條件，這
些條件是由各種「符號」構成的意義系統（ *mise en séns* ），也可
以說是象徵性的（symbolic），這個系統帶出了各種「指標」
（markers，如旗幟），藉此得以分辨真偽、公義與不義、想像與真
實以及確立人相互關係以及人與世界之關係的視域（Lefort, 1988:
220）；後者所謂「政治」則指涉透過歷史敘事與實證研究的途
徑，得以解釋的政治社會的實際狀況（譬如敘事某個重要的政治
事件，或者解釋選舉制的運作，或者調查選民的政治偏好）。符
號與象徵的系統與實際的社會運作兩者既有密切的關係，但彼此
之間亦有落差（gap），再者，一個社會的符號或象徵系統必須透
過具體的事物（譬如制度的運作或治理的行為）再現自身，或者
說，得以被代表。現代民主被視為一個「體制」，就如，列弗所
解釋的：

> 現代民主印證是一個「極具特殊性的社會的形構」（a highly
> special shaping [*mise en forme*]傳承，但很難在過去找到它的
> 模式。對於這個形構，可確認的是決定「權位」（the place of
> power）及其代表性或再現性。正是如此，這種明顯特徵標
> 出了「政治性」。……這個權力的位置或空間儘管（或者因

為）有其多樣的分歧，但被組織成單一的位置或空間；另一方面，也在這多樣性的層面上，它被組織成一個相同的位置或空間，這意謂它指涉一個它可以被目睹、閱讀與命名的位置或空間。即使在我們考察足以決定它的事物之前，這種「象徵性的一端」（symbolic pole）可證明是為權力，它顯現出社會自身的外在性，同時確認這個社會能夠完成近似於自身的「再現」或「代表」。（*ibid.*: 224-225）

　　從這段引言，我們可以認識到列弗闡釋現代民主體制的重點即在於：權力的位置或空間如何被決定以及如何被代表或再現，而這個「代表」或再現的觀念又與「象徵性」與「真實性」兩者的對比，有著相互關聯[9]。

　　列弗與施密特一樣，承認民主政體不能沒有統一性的權力。在理念的層面上，權力不能不有代表性，也不能不透過原則、觀念與符號或象徵性的事物來給予意義並論證其正當性；在實踐上，權力必須運用其設置的機關或制度，或各種代理機構，以發揮它的效力。就這一點來說，列弗賦予權力一種空間性，此表示權力必須彰顯，俾能讓人能目睹、命名，以及再現，或代表。如此一來，權力才能有足以論證其正當性的觀念、符號與象徵事物。值得一提的是，一般我們常用的「代表」一詞，在列弗的用語裡，也意涵如上述彼德金所指的「再現」，或者「體現」；象徵一詞除了我們一般的如「符號」、「意象」，也含括觀念、原則，以及列弗特別指出的「指標」（marker）或者準則。

　　列弗運用這些概念來解釋當代民主，其基本意向在於：他認

9　關於這個主題論證，參見Weymans（2005: 263-282）。

為現代民主不能只被解釋為一種政府形式，而應該是一種「政體」，是一種獨特的社會構成，以及它自身的再現，或自我的代表。換言之，民主已形成了「形構」（shaping）與「公共地表現自己」（staging）的政治性原則。在了解現代民主形構上，列弗解釋了民主權力的運作與文化象徵系統的互動關係。就如前所說，列弗認為現代民主的誕生顯示了一種「象徵秩序」（symbolic order）的變化，而這種變化跟新權力的立基有著密切關係。除此之外，闡釋現代民主的誕生，就這種認識論的立場來說，就必要說明現代民主如何從舊有的政治文化的「母體」（matrix）中破繭而出，其中有什麼延續性與斷裂性。

從宗教的層面來看，中古世界之權力基礎依賴宗教信仰與神學的論據，也由這些論據提供給當時人現世經驗的確定性；另一方面，法律也因之而能切合實際的社會關係，以及維持它們的統一性（Lefort, 1988: 228）。相對而言，現代民主取消了「超越性指意」的必要性。現在，論證民主的正當性理據無法援引神性的超越性的論證方式，而必須轉向如施密特所提示的「內在性」的論證途徑，隨之而來的是另一套新的象徵系統及其再現與代表，正如列弗所言：

> 在現代民主的核心處，重生一種「統一的意象」（the image of union）。新的權力立場伴隨著一種新象徵的形成，因而國家、民族、祖國與「人性」（humanity）取得了與舊象徵等量齊觀的新意義……這些新的理念來自我們所言及的社會的形構（shaping）與「再現」或「公共性的表現」（staging），也來自這個賦予社會以新意義的過程。（*ibid.*: 229-230）

　　在這裡，我特別從「宗教性的象徵系統的代表或再現」（the religious representation），說明在現代性（或「俗世化」）的過程中，權力與象徵系統的「再現」或「代表」的轉變。

　　如上所提，施密特在解釋國家的統一政治形式的「代表」時，引述中古時期所稱的「代表」理念，其基本含意即：「凡不可見者才得以被代表」，就此，他引申其義，聲稱凡莊嚴、高貴與偉大的事物才得以被代表。代表兼具「代理」與「再現」的意義，譬如我們所熟悉的，中古時期的君主被視為上帝權能的代理，亦即上帝的權能及其神聖法則再現於君主的治理。列弗亦承襲施密特的代表理念，因此，他在闡釋代表理念上，從中古末期的「君主的兩個身體」（King's two bodies）的政治神學論點[10]、文藝復興時代的但丁的世界帝國的理想[11]、16世紀的「國家理性」（raison détre）的觀念[12]、啟蒙時代盧梭的「人民意志」，闡釋了象

10　對於這個超越性的論證原則，Lefort援引Ernest Kantorowicz在其經典之作《國王的兩個身體：中世紀政治神學之研究》的論證主題，對於這個論證主題，Lefort做了如下的說明：（在中古封建時期）君王既服從法律但也高於法律，在他身上，同時體現腐朽之身與不朽之體，這不朽之體亦是形成其王國秩序的原則。他的權力指向無條件的彼世，但同時他以一己之身擔負並維繫這王國的統一性。王國本身再現了君王的身體（或者說，為君王的身體所代表），而成為一種具實質性的統一體，就此方式，在政治上，君王成為上帝的公義與屬民的中介，在社會上君王代表了其王國子民的等級。等級與階層的差異即奠基於非條件性的彼世之上（Lefort, 1988:16）。

11　但丁辯稱帝王只要擁有普遍權威，而且能結合政治權力與精神力量或者「最高理性」（Sovereign Reason），他就能夠代表「統一」（the One），因而代表人類結合唯一的形體，儘管個體紛然雜陳，人事變遷（*ibid*.: 250, 254）。

12　國家若是超越性之權力，它就擁有raison detre，此意指國家一旦消失，社會就解體，因而國家可以正當地要求其子民無條件的服從，以及把個人的私利讓渡給國家自保的公共利益（*ibid*.: 231）。

徵系統的變化，以及自18世紀末的民主革命之後所形成的民主權力（民主主權）跟這種變化的複雜關係。

列弗明言民主革命雖開端啟新，推翻舊政體，力圖建立新的民主權力與政治原則，但它所新立的有關國家、人民、民族與人性的觀念即根植於過去（*ibid.*: 255）。這意謂民主革命推翻舊政體，也取消了其論證權力正當性的超越性論據，轉向「內在性」的正當性的論證形式；但這種轉變並沒有全盤揚棄傳統的神學論證，換句話說，一種類似宗教的統一性意象與概念依舊貫穿革命後的民主論述，如列弗所論：「後─革命」時期的政治思想家，不論其政治立場，依舊冀圖從宗教中，找尋得以重構「統一性之一端」（a pole of unity）的途徑，透過這個途徑，足以抵擋舊政體崩解後帶來的社會解體的威脅（*ibid.*: 249）。在這樣的解釋脈絡中，列弗亦如施密特，把政治神學的論述帶進了民主理論。

對於現代民主的權力特性與社會的基本結構，列弗提出了民主權力的「虛位空場」（empty space），以及民主社會缺乏一種統一體（或者說，少了一個身體），因而呈現內在的分歧、分裂與無窮的衝突，甚至鬥爭。基於這種民主的解釋，列弗進而論之，強調那些論證民主統一性的正當性基礎的觀念，諸如人民、民族，甚至國家的觀念只能被視為「象徵性」，而不是「實質性」或「切實性」（the real）的統一。就代表性之觀念及其制度的安排來說，民主權力的運作不能不有代表。但民主的代表不能如施密特所論證的民族意志的統一性（或者說，國家與人民的統一性），在代議民主制的運作中，人民選任的議會的代表（或謂代理）也不能自稱足以全然反映或再現人民的意願、意見或利益。涉及現代民主的論證其正當性的重要觀念，列弗將這些具統一意象的觀念解釋為「象徵性的」，而非「實質性」或「切實性」，民

主權力的運作必須區分「作為象徵性的代理」（symbolic agency）
與「作為實際的機制」（real organ）；在此，列弗特別指出：現代
民主作為一種機制在運用權力的概念時，顯現「象徵性」與「實
際性」之間的落差（*ibid.*: 228-233）。列弗如何論證與闡釋如上所
表述的民主理論的論旨？

　　如上所言，列弗認為現代民主體制所代表與再現的權力即是
一種「虛位空場」，這個概念具有雙層的意義：第一，從行動者
的角度來看，權力不屬於任何人，掌權者無法永遠占有權力；換
言之，行動者彼此不承認對方可以永遠占用權力，因而權力的取
得必須循經定期的競爭。權力的競逐、鬥爭在民主體制中被制度
化，行使權力的正當性來自人民意志的表現。第二，從民主社會
的角度來看，所謂權力的虛位，意指民主社會不再如傳統的共同
體一般，成員有一種強韌的「社群之歸屬感」，或者有一種共同
的、實質的聯繫紐帶。現代民主社會內部價值、利益、理念與權
力呈現多元與分歧，難於整合為一。因而對外，民主社會無法有
一種象徵指意，譬如上帝，或者共同的祖先，或者城邦的創建
者，作為它正當性的根基[13]。

　　民主社會既無法內在整合為一（the One），外在地也無法指
定一「他者」（the Other，如上帝）為它的根基，權力（或所謂
主權）就不再能集中法律與知識之原則於一身。就此而言，「權
力是有限制，它開放給多元關係與行動的可能性，在各種領域，
以及特別來說，在那些生產與交換的領域中，多元異樣的關係與
行動可能藉由各種規範，以及依照特殊目標而形成秩序。」

13　這種缺乏恆定性與穩定性之根基的民主被稱之為「野性之民主」（savage
　　democracy），參見 Abensour（2002: 703-726）。

（*ibid.*: 226）在這種境況中，民主權力的維繫必然面臨多元關係與行動帶來的對立衝突，以及「當人民伸張其權力可能造成社會整體關係擬似解體的處境」，民主的權力既是虛位（或者說「純粹象徵性的代理」），它的社會又缺少一種「實質的統一性」，權力的運作與秩序的建立就必要經過一種「法律的營造」（a juridical elaboration）。就此帶來了民主的兩種特徵：一是對立衝突的制度化，另一則是，民主體制確立爭議的正當性，並允許爭議民主體制本身之正當性與不正當性。換句話說，民主的正當性建立在對本身正當性的爭議上，甚至這種爭議不必然有任何共識的保證，也沒有止境（*ibid.*: 39）。列弗如此闡釋民主制：

> 民主制的生成否定任何終極性觀點。這意涵國家權力不再整合法律與社會全盤知識於一身。這也意涵介於法律概念與實證法，介於真理概念與知識實際發展之間有難以跨越的鴻溝。同樣地，社會整體生活經歷深刻的改變。任何行動與思想的時刻皆自我要求正當性。人必須自我承擔解釋事件、行為與制度的工作，而沒有任何宏偉判斷之權威可依靠。政治領導者與政府代表所需要的，只是證明他們能勝任人民的期望，以及有效地治理公共事務。但是這並不泯除民主制的一項事實：理性與倫理的確定性雖然取代了信仰的確定性，但是這確定性卻時遭懷疑。在這種情況下，政府的能力更為迫切所需。當穩定性闕如，市民社會中的所有角色亦受到影響。市民社會，如一般之觀察，是隨著傳統等級制及其政治、宗教與經濟整合為一的體系崩塌而來，因而取得自主性。但這個市民社會也逐漸沖毀各種習俗與行為之規範。……在民主制中，所有政治性的行動皆以規約公共事務

　　為目標，政府的治理必須自我限制，因為統治者無法整合法
律與終極知識於一身，他們就沒有權利跨越這些限制，他們
不能依照自己判斷強加給科學家、歷史家與社會學家何謂有
用於社會的結論。同樣，他們不能檢查資訊媒體，也不能危
害作家與藝術家的創作權利。（Lefort, 1990: 11-12）

　　換句話說，對民主制及其社會而言，權力的虛位化無法連結
權力、知識與法律，而摧毀了「終極確定性之指標」（the ultimate
markers of certainty），它們的根基也就變得脆弱。

　　自18世紀末葉的民主革命以來，歐陸朝向代議（或自由）民
主制的型態發展，但這個自由民主體制的形構，由於其基層乃在
於民主權力的「虛位空場」，以及民主社會缺乏「一個統合一致
的形體」，因而深陷於分歧、分裂，以及衝突與鬥爭。革命之
前，在君主體制所形塑與完成的，論證統治權力之正當性論據，
如上述所提的「君主的兩個身體」、但丁的普遍王權的「主權者
理性」原則以及「國家理性」的觀念及被盧梭的「人民主權」、
19世紀的民族理念所取代，這些論證民主權力之正當性的論據雖
具有「內在性的論證」方向，但並沒有揚棄舊政體時期的超越性
論證的形式，同樣力圖追求一種超越性的統一。但無論如何，民
主權力的「虛位空場」以及民主社會內在的分裂性必然滅損這些
支撐人民、國家與民族之治理的正當性論據的效力。就此，列弗
提示了民主政體自我論證其正當性的疑難、或甚至弔詭，亦即：
民主政體無法完全以內在性的論證來確立其自我構成的正當性，
而必須援引某些擬似超越性的論據，但民主體制的權力性格與社
會型態卻滅損這些論據的效力。就如列弗所論：

　　當（民主）社會不再被再現或被代表為一個「統一體」（a body），也不再體現於君主一人之身時，人民、國家就確實地取得新的力量，也成為社會同一性與社會共同體性得以被表徵的基準點。然而，為了宣揚它之緣故而強調一種新的宗教已卓然而立，這就忘記了這個同一性，這個共同體依舊難以界定。但是，如果認為這純係一種幻想（或虛構），就如自由主義者所想，那麼這就否定了社會的理念，消除了主權與制度的意義的問題，而這問題是與既存者的正當性的終極問題有著密切的關聯。（Lefort, 1988: 232）

　　民主政體既深陷於反覆不斷的權力競爭，其社會又趨向多元性所造成的零碎化，就如一面破碎的鏡子，難以統合為一；既是如此，衝突與鬥爭就貫穿其中，成為生活於這個體制中的每一個人必須面對的事實，同時權力作為一種象徵性的代理與作為一種實際的機制，就變得模糊，權力的「虛位空場」的指涉往往變成令人難以忍受的權力真空的意象；階級或各種社會團體利益的相互傾軋、意見、價值與規範的彼此對立，社會空間的無窮分立，這一些都造成民主政體在自設其正當性的理據上困難重重。人民主權、民族統一性、國家主權的理性……等等這些被民主政體用來論證其正當性的觀念，也因民主政體的這種權力與社會的性格，而在論證的效力性上顯得捉襟見肘。

　　就如我們所認定的，民主體制的正當性基礎在於人民主權，因而我們聲稱人民構成了一種同一性的基準點，就此指稱人民作為一個主體而掌握主權，無時無刻表達其權力意志。但如果我們追問何謂人民？我們就會面臨各種不同的觀點，這些觀點又基於不同的論述，而繁複多樣，並且彼此對立，就如列弗所論，「人

民的理念賴於以人民之名的論述，這個論述本身繁複多樣，導致
人民呈現多重層面的樣貌，同時人民作為一個主體也只能被界定
為一種法律的構成。」（*ibid.*: 230）除此之外，民主的普選制亦以
人民主權作為它的基本原則，但是「當人民表達其意志時，人民
就轉化成純粹分歧性的個體，每一個個體就從他的社會聯繫的網
絡中抽離而出，形成各個分立的單元子式的存在，或者，更明確
地來說，變成統計上的數目。簡言之，人民之同一性與制度化的
主體的終極指涉最後證明只是表達了令人難解的數目的裁量。」
（*ibid.*: 227）

　　對於民主社會的這種分歧性、分裂性，國家是否可被視為一
種超越性的權力，就如16世紀以來所形成的國家理性以及如霍布
斯所設的主權？民主權力既然是「虛位空場」，它時常受到抗
爭，由抗爭而來的民主過程啟動了權力的競爭與社會的衝突，這
導向人權的形式與內容的多重轉化，以及公共空間範圍大小的修
正。國家主權及其理性在這種民主處境中，儘管伸張其絕對性與
超越性，但它必須順從市民社會中每一個個體或團體的需求所帶
來的效應，以及他們在公共領域中的各種訴求，而終究無法強而
有力地自我主張其絕對性的權力。同樣地，民族同一性是否可以
如施密特所主張的，經由人民集體的政治決斷而被塑造，以作為
超越民主黨派的鬥爭與社會分裂的集體認同，或者如民族主義者
所強調的，民族即是政治共同體的根源以及使這共同體得以不朽
的無窮盡的精神力量？然而，民族如同人民或者甚至國家，作為
符號與象徵的意義都必然一再被解釋，而且蘊含未來的期望，也
涉及社會行動者所能想像的真實的與正當性的目標理念。誠如列
弗所論：「民族的觀念並不指涉一種先於評論的『文本』（text）；
誠然，民族的觀念附加了許多物質條件與代表性事物，沒有它們

的支持，民族觀念會變得抽象、空洞；進而論之，民族的觀念離不開特定的民族論述，這種論述雖然跟權力的論述有一種具優勢的關聯，但是它不是可以任意地被占用……民族雖然賦予（政治共同體）一種集體的同一性與認同，但它本身糾纏於這個同一性。它仍然是一種浮動不定的代表與再現；民族的根源、民族的建基及其再現的場景、民族命運的向度遂不斷地被換置，而且經常受制於訴求民族的社會行動者的決斷，他們企望自我建構，自我正名，亙古永存。」（*ibid.*: 225-226）從這種分析來說，民主政體論證自身之正當性的觀念與原則很難自我證立，或者說，難以自圓其說。如果說民主社會因確定性之指標的喪失而失去其論斷公義與不義、平常與異常……等作用，而使社會充滿了各種議題的爭議與衝突，又因權力的「虛位空場」帶來權力的抗爭以及權力的競逐，那麼，民主政體欲求其穩定性，委實困難。

解釋至此，我們是否可以說列弗的民主理論帶有「民主的懷疑論」，或甚至「反民主」的傾向？列弗客觀地告訴我們，現代民主政體的確激發「反民主」的思維與作為，其關鍵在於民主社會的分裂性與權力的「虛位空場」會推促民主政體走向權力的真空狀態與社會無政府式的混亂，這時候，整個社會會激起改造民主的趨向，20世紀的法西斯主義與極權主義政權的興起即是對民主政體最險峻的試煉。列弗自1980年代以來，花費極大的心力探究極權主義的政治，他的民主理論的發展亦以極權主義的解釋為其脈絡。闡釋他對極權主義的解釋必須另文處理，但在此值得提示的是，20世紀的極權主義與法西斯主義基本上來說，乃試圖倡導民主的自由與平等的價值，以及循經民主的程序，克服如上述的民主政體的「病態」。但弔詭的是，它們以民主的價值與程序改造民主，卻以摧毀民主為終結，其中理由萬端，但關鍵之處在

於：如列弗的解釋，即是：「它們冀圖透過各種手段，給予權力以一種實質性的存在，將法律與知識的原則帶到權力的軌道，否定社會分裂的所有形式，以及再度賦予社會一個形體。」根據這個脈絡，列弗進一步解釋了為什麼當代許多傑出的哲學家（如我們所知的海德格及施密特）會欣然接受納粹、法西斯與共產主義的冒進行徑的重要理由：他們的思維擺脫不掉宗教或者政治神學的思辨，這致使他們易於滑落陷阱，深陷一種幻想，以為民主政體可以復原統一性與同一性，以為可以確立「社會體的統一性」（the unity of the social body）；除此之外，重新塑造民主社會的確定性與穩定性一再蠱惑他們，致使他們順從他們可能厭惡的領導人的支配（*ibid.*: 233-234）。

經由這樣的反思批判，列弗肯定了為我們所難安的民主政體中的種種現象：權力的競逐、社會的分歧、分裂，以及內在無窮的爭議、衝突。論及民主政體的正當性理據，以及民主之代表性的問題，列弗強調，近代所形成的人民主權、民族同一性……等原則或概念，在被援引來論證民主政體的正當性時，只能被視為一種「象徵性的統一」意象，而非實質性的，它們是容許解釋與爭議的；如果企圖以一強大的政治勢力將這些正當性的原則（或意象）實質化，則將摧毀民主。從實踐層面來說，這些「象徵性的統一」意象必要落實在具體的人民與治理機關以及各種制度上，而能被代表，它們並不能全然反映被代表者的意象，也不能自稱替被代表者形構一種集體的意志、意願、利益……等。在民主政體中，「象徵」與「實質」，「代表者」與「被代表者」永遠有落差，或者甚至說，永遠有鴻溝在（Näström, 2006: 340）。有這個落差，民主政體不至於僵化、封閉，如果因為這個落差所帶來的民主的不穩定之緣故，而試圖弭平它，這無異消解了民主。

五、結論

　　本章所論的這三位政治思想家各以其政治現實的關懷，各費心思闡釋自民主革命以來纏繞於民主發展中的，有關人民主權與代議民主制的兩難。由革命所創立的憲法及其制度的安排如何保持其民主的承諾，即：落實人民所要求的自由與平等的價值，在制度上，如何實現人民自治的理想？民主的這種承諾因為革命政府採行代議制，而有所折損，就此牽扯出諸多問題，其中關鍵的議題即是，由選舉產生的政治代表以及政府各級機關的代理是否可以真實地、完全地體現被代表者的意願與利益？代表制是否表示菁英的統治，而蘊含政治權力的壟斷，就如馬克思所批判的，政治權力為某一特定的社會階級（即「資產階級」）所壟斷，因此自由民主的代議政府的所作所為純係階級利益的寡占？如果代議政府是一種菁英的或甚至是寡頭的統治，那麼，自由民主是否可以全盤取消代表制？然而，由此衍生的問題涉及如何界定人民，也涉人民若是分立的個體，是無組織、散漫的「群眾」，那麼，他們如何可能凝聚一體，而得以施行其治理權？對於這些問題，這三位政治思想家各以其政治思維的取向與立場，提出了個別的解釋與政治主張。

　　對於民主革命朝向代議民主制的發展，施密特與鄂蘭皆持反思批判的態度。當施密特指出威瑪共和的「議會立法國」（或議會民主）無法因應群眾民主的挑戰而深陷危機時，他表明這個以自由主義為立論基礎的民主制解除了革命的人民意志的政治決斷，致使它無法確立國家的統一性的政治形式，繼而無法建立一個具體的政治社會秩序。他以國家統一的政治形式所需要的同一性與代表性為基礎，發展出他的民主理論。威瑪共和的代議民主

制與政黨政治之所以失靈，依據施密特的診斷，其重要的理由在於：群眾民主的發展帶來人民對實質的經濟利益（或福祉）的無盡需求，同時民主多元化社會讓民眾可以透過各種結社團體，聲稱其利益與福祉的正當性，因而形成一種利益與意識型態多元分化且彼此相爭相鬥的社會處境，這種社會處境帶給政府難以治理的沉重負擔。在面對這些民主的困境，以自由主義為本的議會立法國是否能夠堅持其基本理念，諸如國家權力的中立性、恪守法治的程序性，以及如 19 世紀的自由主義所相信的，透過議會的討論、爭辯與折衝，相異相左的意見（或甚至意識型態）必能取得共識，達成政治的「真理」？對此問題，施密特是持著否定的態度，他批判自由主義無法正視政治權力的決斷作用以及政治鬥爭的現實。另一方面，自由主義也因懼怕政治權力的任意獨斷性，試圖藉由憲法與各種法規率制這個權力。因而削弱了它的執政力。最後，施密特批判自由主義者無法認真地看待人民主權作為國家統治正當性的理據，因而顯現憂懼民主的思想態度；弔詭的是，自由主義所闡揚的普遍人權的原則乃促成「群眾民主」發展的動力，但自由主義者卻憂懼他們所促成的民主發展。

　　施密特以這種批判的脈絡重新闡釋自由民主制的意義。首先，他區分了自由主義與民主的觀念。這種區分是否否定了 19 世紀的自由主義者所肯定的寬容的政治原則、人權的保障、三權分立與制衡，以及法治程序？關於這個問題，我們無法從他對自由主義的批判中獲得確切的解釋；較確定可知的是，施密特認為自由主義與民主的共同政治敵人即是專制王權。但民主觀念與自由主義的信念最重要的區別，在於：自由主義者肯定自由社會的多元性，然而，依施密特的界定，民主所具有的本質性意義即是建立統治者與被治者的「同一性」，繼而塑造社會的「同質性」。在

承認自由社會無可避免的多元分化所形成的衝突與鬥爭的情況下，民主的同一性是統合多元分化及其衝突與鬥爭的重要政治形式之一。在這裡，施密特援引盧梭人民主權的理論，強調民主的同一性乃建立在人民的集體、統一性的政治意志及其決斷力。施密特肯定只要人民擁有政治存在的意志，它就至高無上，不受任何型態與規範的影響，同時顯現無窮盡的生命力與活力。儘管如此，施密特也面臨如下的問題：人民如何從多元分散、無組織的群眾狀態當中，形成一個統一的整體，而有了共同意志決定民主的政治形式和制度安排？針對這個問題，施密特轉向另一個他所認定的統一性的政治形式，即「代表」，如他所言，「不存在不實行代表的原則的國家」。然而，依據人民主權為基礎形成的民主的同一性與代表依舊存在不相容的緊張，他如何調節兩者的不相容性？對於代表的觀念，施密特追溯其中古世紀的起源意義，亦即，代表乃是使崇高、不可見的、不在場的存在（如上帝）之再現，或再現於某一可見的、在場的人或物（如帝王或聖餐儀式）。譬如上帝乃不可見的、至高無上的存在，但其權威與神聖之律法可以體現於塵世的君王身上。在民主體制中，人民是否可以如上帝一般可以被代表？施密特依循盧梭的觀點，強調人民的意志是無法被任何代議機構所代表，因為人民必須在場，其意志是體現在人民聚眾時一致的喝采與吶喊。人民一旦在場，民主制的代表（嚴格來說，這類代表只是代理而已）就必須退場，接受他們的評判。從這一盧梭的論點，施密特否定議會民主制所自稱的可形塑與代表人民的集體意志的說法。代議制中的民選的代表只是以人民之名而執行政治事務的「代理」，他們不能形塑人民的集體意志。另一方面，人民不能被代表，因為人民的意志只能在公共領域中透過類似喝采或吶喊的方式，而獲得表現。既是如

此，那麼，在民主政體中，有什麼存在足以代表統一性的集體意志？對於這個問題的思考，施密特追隨德意志自19世紀以來不斷形構以及宣揚的民族意識與意志的統一性之理念。對於這個構成德國政治文化之核心概念，施密特賦予一種政治神學論證的形式，以及政治決斷力的實質內涵。民族的構成除了有共同的語言，傳統和記憶之外，它之所以成為一個民族的重要條件在於：這個民族的人民共同表達了「生活在一起」的強烈意願，以及懷抱「人民自治」的民主理想，同時透過共同的決斷，分判敵與友，塑造出一個實質的政治統一體；作為整體的人民才被代表，如施密特所言：「代表這個觀念的基礎是，相對於以某種方式共同生活的人群具體的自然生存而言，一個作為政治統一體而生存的民族具有更高遠的、被提升了的、更集中的存在。」唯有這種民族的存在才能有代表性。如同中古世紀的上帝，民族作為一個無所聞見的、高貴的、至高無上的存在，才能被代表，它具體地體現於人民的整體意志，而這個整體意志進一步凝聚與體現在「民選的領導者」（plebiscitary leadership）的政治決斷，這個領導者握有絕對性的決斷力，判定在什麼情況下，國家進入危急的「例外狀態」，以及何者為國家的公敵，至此，施密特把主權者推向於一種置外於任何法律的規範的權位，將民選的領導者轉變成「民主的獨裁」（democratic dictatorship）。

　　鄂蘭批判代議民主制與政黨政治的觀點，在某種程度上承受了施密特的批判論，舉其要者，譬如在政黨政治操作下，議會不再是如自由主義者所期望的，是一個政治討論與審議的政治場域，而是淪為政黨瓜分經濟利益的競技場。對於代表的觀念，鄂蘭並沒有像施密特一樣，做了政治神學式的分析。在這一論題上，鄂蘭只對盧梭所說的「人民的意志不能被代表」的觀點。做

了修正，就此，她指出人民的意志與意見因純係個人性質，而無法被代表，唯有利益因可以明確地計算，因此可以被代表，譬如社會階級或者某個結社團體的利益，才可能被代表。在代議民主中，民選的代表所能代表者只是人民集團式的或階級的利益，那麼民主政治所關切的公共事務很容易被經濟利益給盤據。以鄂蘭對政治的特有解釋，經濟事務無法由政治來處理，而是行政管理的事務。據此而論，民主政治就淪為行政管理，或者說官僚行政體系的管理。除此之外，民選的代表替代人民實行政治事務，這造成人民不會積極主動地關懷與參與公共事務，而造成政治的冷漠與公共精神的喪失。代議民主制的最深沉的危機即是人民放棄了政治的參與，造成政治領域的荒蕪。

在思考如何消解代議民主制的危機上，鄂蘭隱約地批判施密特式民主論證模式，亦即：以統一性的人民（民主）意志為基礎而建立的統一性的民族意志，而這個意志體現了政治領導者的政治決斷。為了替施密特式的民主模式找尋替代的實踐方案，鄂蘭從美國革命立憲的創立新秩序的經驗中，獲取了啟發：除了三權分立的政府組織、聯邦的原則以及憲法及其法治權威之外，她更以解構絕對主權（包括國家與人民主權）的途徑，重新肯定市鎮的基層或草根民主的意義。究竟而言，鄂蘭所揭示的這種「參與式民主」的理念亦多少表達了人民主權的基本涵義，強調人民作為個體而言，乃是自由與互為平等的身分，而享有政治參與的基本人權。在鄂蘭解構主權的論述中，人民作為一個意志統一體，被分解成多元分歧的結社（或所謂「公民結社」〔civil association〕），而非如施密特所倡議的民主的「同質性」（homogeneous whole）。是故，她肯定人民基於公共（或政治）事務的關懷，以及共同追尋「公共性福祉」，而志願共同行動，

經由公開的言論表達、爭論與審議，以達成明智的輿論共識。在此，鄂蘭更以這種結社所形成的協同一致的行動作為任何制度的正當性的權力根源。然而，鄂蘭既已否定了代表制的有效性，那麼，這種公民結社與權力對於既定的制度的運作就只能具消極的作用。鄂蘭所設想的傑佛遜式的「初級共和」或「協議制度」也承認人民的公共意見的表達不能不有其代表（儘管這些代表並非透過制式化的選舉產生）為媒介，也不能不有各層級的代議機關（如國會與地方議會）作為淬鍊基層民意的制度，但如果代議制已成為只為瓜分經濟利益的競技場，這種制度如何承擔這種政治的作用？

　　施密特與鄂蘭皆質疑代議民主的有效性，然而，這兩位政治思想家在闡釋民主的意義上，分別形成互不相容的理論：一是以政治神學的論證塑造了人民意志與民族意志的統一體以及同一性，並以主權者的政治決斷作為塑造這個統一體的樞機，而使這握有政治決斷力的主權者可以超越任何憲法法規，行「例外狀態」的政治決斷；另一則是基於絕對性主權的解構，將人民的統一體分解成多元分散的，各有其中心場域的「公民結社」，並以公民的言論的表達、爭論與審議取代了議會制的決斷，同時解釋公民結社的凝聚力為「權力」，並以這種權力作為既定之體制治理的正當性根源。

　　列弗承襲這兩位政治思想家的不相容的民主思維，也重新闡釋現代民主的意義。基本上，他維護並辯解「自由主義式民主」（liberal democracy）的正當性，就這一點來說，他跟施密特與鄂蘭的民主思維有很大的不同。列弗強調民主不能只被視為一種政府的形式而已，而必須被視為一種「政體」（regime）。民主之作為一種體制，是有它的某種權力的結構與關係的，其最高的權

力，或者說「民主的主權」（democratic sovereignty），必須藉由
象徵、符號（或涉及民主的觀念或原則，如人民主權、民族）在
公共領域中再現自身，或者說具代表性格，而得以被目睹、命名
與解讀，也就是說，可以被「問責」（accountability）。在這裡，
列弗所提的權力必須是「代表的」（representation），這個「代
表」的觀念蘊含施密特式的政治神學的論證，亦即讓不可見的、
不在場的存在得以再現，如同中古世紀上帝及其權威作為一種不
可見的存在而再現於專制君王的權位及權力，君王代表了上帝的
權威，據此而取得其權力的正當性。18世紀末的革命推翻了君王
制，也消解了論證君王權力之正當性的原則，取而代之的是一種
新的統一性的意象，它們無法成為一種具實質性內涵的觀念，而
是一種象徵，是想像的、或甚至是一種「虛構」（fiction），它們
的對立面是「實際的」（real），可實證的，以及可切實地被實
現。換一個方式說，作為論證民主權力及其最高主權的觀念與原
則都不可能具體地被實現，這些原則與觀念與它們的實現永遠有
落差或差距，之所以如此，是因為民主的權力是一種「虛位」。
所謂民主權力及其主權的虛位性格不是表示權力的真空，或無政
府狀態，而是指在民主政體中，任何權力無法被某個人、某個政
黨永遠地占有，而是必須循經一種法治的秩序，透過激烈的競
爭，而暫時性地據有這個權位；另一方面，民主社會不像封建社
會有一個統一體（或者說，少了一個以君主之權威為凝聚中心，
而形成的層級分明的身體），因此這個社會呈現內在的分裂、分
離與無窮的衝突。在民主體制中，任何人，任何團體，甚至民選
的代表或領導者，都可以運用民主的觀念與原則來證成其政治實
踐的正當性，但由於民主權力的虛位性以及民主社會內在的分裂
性，沒有任何人或政黨、團體可以取得政治意識型態的霸權或領

導權。民主的觀念或原則的解釋如同民主權力一樣，永遠有爭議、分歧以及相互的抗爭。除此之外，觀念與原則作為一種「象徵性的指意」與政治實踐的實際操作永遠有落差，而呈現民主之指標的不確定性。當列弗賦予民主權力以一種虛位性，把民主的觀念與原則視為一種「象徵性的指意」時，他無異擺脫了如施密特與鄂蘭對民主各執兩端的實質性解釋，這反而讓民主政體因虛實之間，而更有寬廣的自由實踐空間，也因此更具有開創性的活力，就如列弗經由他對極權主義與法西斯政權的研究而得來的洞識：民主的不確定性讓民主充滿了險境，如約翰‧鄧恩所言：「民主難得而易失」，但最大的險境在於：冀圖以一強大的政治勢力終結民主政體在其虛實之間永遠有落差存在的這種不確定性。

第三篇

民主社會的實踐議題

第十章

市民社會與自由民主
——蓋爾勒的觀點

　　對於西方自由主義的闡釋，我們大都著重於觀念史的解釋與哲學的分析，譬如，針對個別思想家（如霍布斯或洛克）進行「文本式的解釋」（textual exposition）；或者採取哲學分析的途徑，處理自由主義內蘊的論述課題或爭議，例如人權的詮釋、自由與平等價值之分立、人之自主性與政治權威的衝突，或者如當前流行的有關個人主義與社群主義的爭論，等等。這些途徑誠然有助於我們分析自由主義的內在觀念，但是，缺乏歷史與社會學式的經驗闡述，我們對自由主義的了解可能不夠具體，而失之抽象。另外一方面，自由主義的理念雖然為我們所尊崇，而且被舉之為政治與社會實踐的原則與目標，但它們畢竟不是我們的政治傳統所固有。職是，某種歷史社會學式的解釋，或許可以加深我們體會自由主義之理念在普遍應用上的有效性及其限制。

　　蓋爾勒（Ernest Gellner, 1925-1995）這位出生於捷克的猶太人，早年在牛津、劍橋大學求學，曾受羅素指導，從事哲學與政

治思想的研究，在倫敦政經學院改習社會學，而受卡爾‧波普
（Karl Poper）思想的影響，最後任教於劍橋大學的社會人類學
系，直到1995年去世為止。從1960年代中葉以來，結合觀念的
分析與歷史和社會學的闡述，乃是蓋爾勒研究政治思想的主要方
向，其最重要的成就表現在民族主義的理論[1]。在1983年出版的
《民族與民族主義》中，蓋爾勒對於民族主義起源的問題提出了
富挑戰性的闡釋。他指出民族主義跟族群的血緣情感、歷史記憶
的召喚並無必然關聯；民族主義也不是直接地導源於德國浪漫主
義揭櫫的有機體的民族理念。民族主義的起源直接涉及「科學—
工業化」（scientific-industrialization）社會所醞釀的一套「高級文
化」，現代國家因應這套高級文化的需求而必須努力整合政治權
力與文化的同一性。蓋爾勒肯認民族主義並非歷史偶然性的產
物，而是根植於現代工業社會的文化與權力的構造。既是如此，
民族主義可以說是現代性的「命運」或「方向」，我們儘管憂慮
它所表現的排他性，侵犯性，但是無法否認它的存在[2]。

　　在1995年，蓋爾勒也依據社會人類學的解釋架構，闡釋了現

1　誠如愛丁堡大學教授David McCrone的評價：民族主義的現代研究開始於
　　1960年代中葉蓋爾勒的論述，在此之前，許多學者，如昆恩、科恩、海斯與
　　杜以契等，對於民族主義的研究都有顯著之貢獻，但是它們當中沒有任何一
　　位可以比得上蓋爾勒的論著所激起的討論與爭論（1998: 64）。

2　關於蓋爾勒的民族主義論述，參見蔡英文，〈西歐民族主義之起源的兩種解
　　釋：艾禮‧坎度理與厄尼斯特‧蓋爾勒的觀點分析〉，《問題與研究》第38
　　卷，第5期，1999。英國LSE的學者Anthony Smith在近作 *Nationalism and
　　Modernism: A Critical Survey of Recent Theories of Nations and Nationalism*
　　（London: Routledge, 1998）中，對於蓋爾勒的民族主義有相當清晰的解釋與評
　　論，見此書，頁29-46。也參見愛丁堡大學學者David McCrone上引之書，頁
　　64-85。

代市民社會的意義，他論證的一項主題在於：唯有市民社會提供
的各種制度與人民結社的力量，才能夠抵禦，或者均衡國家權力
的支配。作為一位尊崇「啟蒙」思想的自由主義者，蓋爾勒肯定
市民社會乃代表個人自由落實的基本條件。他反對任何企圖壓縮
國家權力與市民社會活動界線的學說，譬如共產主義。

　　整體而言，蓋爾勒的市民社會之闡述包含兩個主要部分：一
是，自由主義所肯定的人之個體性與自主性之倫理。依照蓋爾勒
的用語，市民社會乃是由「組件化的人」（modular man，意指人
是具獨特性的單一個體）所構成。二是，市民社會的母體在於
「資本主義─工業化」（Capitalist- industrialization）所形塑的經濟
與社會基本架構。就此，蓋爾勒強調市民社會的現代性格，它絕
對不同於古典時期的 *konônia politikē*（政治共同體）與 *sociatas
civilis*（公民結社）[3]。

　　本章的論旨首先在於闡釋蓋爾勒的「市民社會」的「組件化
之人」的理念。蓋爾勒用此理念，本質上來說，乃指涉一般所理
解的自由主義的「人之個體性倫理」，但它更強調此個體並非
「單原子化的個體」，而是深具西方現代性的文化屬性。在檢驗此
文化屬性上，蓋爾勒闡釋基督新教（特別是喀爾文主義），資本
主義之「市場經濟」與勞動分工，以及工業化社會所醞釀的「高
級文化」對於這個體性的塑造。據此，我們可以說，蓋爾勒對於
人之個體性為什麼成為市民社會的基礎，提出一套社會經濟與文

3　關於市民社會概念的歷史解釋，參見Krishan Kumar, "Civil Scoiety: an inqury
　　into the usefulness of an historical term," *British Journal of Sociology* Vol. 44, No. 3,
　　September, 1993, pp. 375-401; Dominique Colas, "Civil Society: From Utopia to
　　Management, from Marxism to Anti-Marxism," in V.Y. Mudimbe ed. *Nations,
　　Identities, Cultures* (Durham and London: Duke University Press, 1997), pp. 29-45.

化的連貫性解釋。

其次，本章也嘗試解析蓋爾勒的市民社會與民族主義的關聯性。依照蓋爾勒的基本觀點來看，市民社會與民族主義同樣源自資本主義與科技工業化社會的基本結構，它們是西方現代性的重要構成。民族主義是現代國家所依據的正當性原則，它以一種集體動員的方式，試圖達成文化與政治的統合。相對地來說，市民社會是以自由之個體與結社為其構成的基本紐帶，而呈現多元、分歧，甚至是零碎的格局。市民社會雖然依賴國家憲政法治的基本架構，可是它的運作本質上是抵禦或者平衡政府權力的任意支配。如果現代國家的整合，不能不運用民族主義的原則，那麼，國家所運用的民族主義原則如何可能跟市民社會相互調適？

一、市民社會與人個體性之倫理

蓋爾勒在探討市民社會的意義上，如同他處理民族主義的議題一樣，並非關切市民社會的概念及其歷史。他著重的解釋課題在於：西歐自15世紀以來，資本主義市場經濟、宗教改革、科學革命以及工業化如何構成「現代性」之處境，以及在這處境中市民社會的生活型態如何可能被形塑。因此，市民社會，如同民族主義一樣，它們的形成乃是以西歐之「工業化」為基本條件。在此，所謂工業化，在蓋爾勒的用法，「包含了早先的資本主義商業化，以及後來的大規模使用科技機械，以及提倡大量生產的社會。而只有在工業化形成之後，資本主義商業化所啟動的社會變遷方有可能被保存、延續與擴展。」（Gellner, 1997a: 93）蓋爾勒以此西歐「商業化─工業化」的脈絡，闡述市民社會的意義。

市民社會，不論是廣義的（指整個社會）或是狹義的（指包

含市民社會的社會），具備哪些明顯的特徵？蓋爾勒所勾勒的現代市民社會，就如我們所熟悉的，這個社會在某種程度上分離了政治與經濟活動的領域，而且它本身具有充足的能力以抗禦國家政治權力的支配。在市民社會當中，非政治性制度，如各種民間組織的基金會，不受政治制度及權力任意支配。當然它們也不干擾、妨礙任何個人的自主性活動。以蓋爾勒的描述，在這個社會當中「沒有一個人可以當得了老闆」，因為每個人都被認為可以當家作主，容許每一個人從事他認為有價值的工作與生活，以及保存與張揚他認為美好的事物。就此，市民社會形成多元繁複之活動與工作之網絡，每一種活動與工作雖然交錯互動，可是各自有其獨立性，也各自形成「優劣判斷」的準則，譬如在市民社會當中，政治權力與宗教信仰皆無法裁判學術研究與藝術創作的優劣。市民社會需求經濟的多元化以促進生產效率，需求社會與政治的多元性以抗衡政治權力的過度集中。因此「在市民社會當中，無法產生意識型態或制度的壟斷支配：沒有一種教條可以被無限地提升至神聖之地位，而獨自整合社會秩序。政治權力之地位就像其他活動或工作的位置，是輪流更替的，它無法獲取無以倫比的報酬。」（Gellner, 1994b: 188）

　　市民社會的多元性格也呈現一種特質，也就是：市民社會中的個體往往有一種「人人機會均等」的體會——或者說幻想，認為個人只要憑藉努力與作為，以及靠一點點運氣，就可以在他從事的領域（如學術研究、運動遊藝、或者廚藝，等等）中表現出博得人尊重的「秀異」（excellence），「因為這樣的社會途徑，許許多多的人可感覺他們及其團體確實屬於社會的重要分子，而不會受到一項事實所困擾，這事實是：他們自比為社會菁英所依據的準則其實對其他人與其他團體而言，是相當高超、艱辛的。在

某種範圍內，市民社會以其多元繁複的活動，以及各種不同的『秀異』準則，帶出了容許人人自比為社會菁英的體系，你可以說這是一種集體幻覺，但它確實是市民社會的魅力所在。在市民社會中，大多數人會自以為是社會菁英，這是因為這個社會容許無數的、多元的、而且彼此相互獨立的晉升之階，而且，每一個人皆可以認為這為他安置的晉升之階正是他個人所關切的。」（Gellner, 1994b: 203）

　　對於市民社會的性格，蓋爾勒提出了這一相當有趣的解釋。從人在社會中相互競爭與鬥爭的現象來看，市民社會似乎走出了能夠緩解它們的途徑，其中的關鍵在於：市民社會開出了多元繁複的活動與生活形式，它們相互獨立自主，各自具有衡量與判斷工作優劣的準矩，彼此不相妨礙，這使得市民社會的每一個個體不會朝向社會所尊崇的某一單一的工作而為之拚命，如我們在傳統中國社會裡所見的，入仕求官是最尊貴的工作形式——即所謂的「萬般皆下品，唯有讀書求官為最高」。現在，市民社會容許其屬民有多重選擇其工作、事業的機會，另一方面，一個人若有志於從事一項行業，則他可以憑其努力，獲得這行業的肯定，以及受社會的尊重。「工作不分貴賤」這句老生常談的話，只有在現代市民社會中才是具體的。

　　從這一般性的描述，蓋爾勒進一步闡釋市民社會成其為可能的基本條件，關於這項解釋，蓋爾勒用了一個別出心裁的用語，如上所提示的，即：「組件化的人」，在此，先說明蓋爾勒的提問與解釋，而後闡明這概念的意涵。針對這項議題，他說：

　　　市民社會如何成其為可能？我們提問這麼一項康德式的問
　　　題。更具體完整地來說，這問題乃是：如何可能有不受政治

壓制的單原子化（atomization）與個人主義？以及，如何可能在政治上既可以限制這單原子化趨向的結社，但同時又不會就此扼殺此個體性，這如何可能？⋯⋯奇蹟似地，市民社會成就了這兩個目標，而且市民社會的確立也在於這樣的成就。在這裡，是謂「人之組件性」（modularity of man）可以說明這個條件。（Gellner, 1994: 99）

換言之，市民社會的本質意義在於：這個社會可以讓人的個體性得以自由發揮與發展，以及自由地聯繫與結社，而形成一種多元性的基本格局。但是如何才能使這種多元性不會走向單原子化，以及分歧、分裂的紛亂失序（*anomia*），而能夠維繫一個政治社會成立所必要的結合統一。

針對這項康德式的問題，蓋爾勒指出「人之組件性」的解釋觀點。這項概念擬似我們較熟悉的諸如「個人主義」或「人之個體性的倫理」概念。我們可以說，蓋爾勒在解釋市民社會如何可能的問題時，基本上是接受人是為一自由個體的理念——這項理念，從觀念史的角度，乃是西歐自 16 世紀以來的思想的共同基設，亦是構成自由主義的一項核心概念。如我們慣常在自由主義的文本中所閱讀到的，自由的個體乃是具有選擇能力的個人，他們為其自身選擇個人從事的工作、結交的朋友、生活的夥伴，以及所喜愛的、有價值的生活方式。就此而論，一個自由社會成立的重要條件在於：提供這個體廣泛多樣的自由選擇機會。因此，個體不是國家與政黨，以及任何狂熱的宗教與意識型態操作下的一個工具[4]。

4　若依照歐克秀（Michael Oakeshott, 1901-1990）的觀點進一步論之，這種自

　　蓋爾勒肯認西歐現代性的特質在於，尊重人的個體性及其自由與自決，以及由此構成的「自主性」的社會與文化。然而，他的闡述有甚麼特別值得我們參照的？整體來看，蓋爾勒從闡述農業社會轉型至「資本主義─工業化」社會的歷程，說明西歐政治文化之所以孕育出尊重個體性的機緣。在蓋爾勒的解釋系統裡，傳統農業社會與現代的「資本主義─工業化」社會的構成，以及前者如何演變成為後者，乃是重要的課題。說明這些課題並非簡短之概述所能盡其意蘊。是故，本章在此以人的個體性為主題，表述幾個重要的解釋觀點。

　　如上所提示，蓋爾勒以「組件化的人」闡釋現代市民社會成立的可能條件，此概念指涉上面所解釋的「人之個體性的倫理」，因此，所謂「組件」意指：「一個不受約束，而且是世俗化

由之個體的理念肯定個人的自主性與自我決定的能力，這個個體不熱中尋求人際之間親暱溫情，也不會狂熱地追求「均平主義」（egalitarianism）；再者，這個自由個體之理念，在某種程度上，也欣賞一種由於藝術造化的嬉戲精神，不求人間世的實質功名，以及身心安頓之皈依。歐克秀把這種「人之個體性的倫理」回溯至15世紀義大利文藝復興的「人之意象」，並闡釋這是西方現代性之道德倫理的起點。關於歐克秀之「人之個體性之倫理」，可見 *On Human Conduct* (Oxford: Clarendon Press, 1995)當代英國的法理學家約瑟夫·雷茲（Joseph Raz）扣緊「社會與文化的解釋」脈絡，而闡明這種自由個體之理念乃取決於「一個人的生活環境及其文化的一般性格」，也就是說，當一個社會明顯表現尊重人的自主性的文化一般性格時，才能提供每一位個體自由抉擇的空間。這樣的社會型態，我們可以說，絕不是人類普遍的社群型態，它發生於西歐自15、16世紀發展出來的、以各種形式的個人主義為取向的生活方式，或許我們稱它為現代性的市民社會。參見蔡英文，〈價值多元主義、相對主義與政治認同：柏林、雷茲與葛雷論點之分析〉，登載於蕭高彥、蘇文流主編，《多元主義》（台北：中央研究院中山人文社會科學研究所，1998），頁453-454。

的個體，他不受社會紐帶或神學戒律所羈絆，他自由地選擇其目標，他跟其他的夥伴有能力達成有關社會秩序的同意或共識。」（Gellner, 1994: 13）但是，這個個體之所以被稱為「組件化的人」，其理由在於，「他有能力在共通的文化用語中從事與履行各方面的工作，如有必要，他可以某一特定文化之通用規格的方式，研讀專業工作的指南。」（*ibid*: 102）換句話說，現代性的社會提供了尊重人的個體性的環境，可是這個個體性並不淪為單原子化的情況，理由在於，現代性社會形成一種普及化與規格化的「高級文化」。關於這一解釋，在這裡有必要做較詳細的說明。

二、人之個體性、市民社會，以及現代性文化的關聯

一般而言，自由主義所肯認的人之個體性常被批判為不具任何社群與文化的根柢，如我們所熟悉的，自由主義的個體常被解釋為「單原子化」，好似這個個體可以不具任何社群與文化的載體。但是事實是否如此？個體是否必然是「單原子化」？依照蓋爾勒的觀點，當我們把人從一種特定的社會與文化脈絡抽離出來，而去了解他的需求與自我了解的意象時，才會產生這種方法論與認識論上的爭議（1997a: 86）。這種爭議溯其源流，可以說是源出17世紀「社會契約論」的論證，以蓋爾勒的闡述：「某些社會契約論者……意想一個社會可以輕易地被建立，就如同現代人分期付款購買洗衣機一樣容易。一項契約當有利於立約之兩造時，就很快地被簽訂。以這種文化的人種中心論來看，人即是追求目的的個體。他們衡量環境是否有利目標的達成，所以他們建立社會制度以增益其目的。合作似乎是達成了，可是確保這合作得以具體落實與維繫，依舊是一項問題：從邏輯上來說，最上之

策，乃是接受合作但是同時意圖逃避契約的履行，這即是所謂
『搭便車』（free rider）的心態。因此，必須防範這種不均衡與落
差。當然在這裡就產生一項問題：以人的道德性解決這項問題，
也就是說，以道德性本身去解釋與參證道德，這是毫無用處
的……從是觀之，社會契約論引發的問題不僅是邏輯循環的問題
而已，如果契約確實地迫使人們踐履社會責任，那麼就必須引援
一種『後設性的契約』（meta-contracts，或譯「先行之契約」）以
造就首次履行契約的行為，因此，無窮推演。另一方面，社會契
約論者不當地論證人性。履行契約信守承諾，只是人的一種特殊
傾向，現在，卻被普遍化而成為人性的本質。」（1994b: 98）簡
言之，社會契約論把現代性的人之個體看成是一向被給予的事
實，而依此順著一種演繹式的邏輯作推論，論證市民（或文明）
社會與主權國家的起源[5]。

　　因此，如果把這個個體落置於他生活的社會與文化脈絡，則
這個個體不是一個抽象存在，而是深具一種社會與文化的承載，
人的個體性──作為人存有的一種屬性──是跟現代性之市民社
會與文化的屬性不能分離的，猶如舟車之有兩輪。蓋爾勒是如何
論證這個解釋主題？

　　人的個體性與市民社會既然是現代性的，那麼我們不可能在
傳統的農業的政治社會及其文化中，發掘其存在，或者也不可能

5　關於這一方法論的觀點，蓋爾勒以英國劍橋大學的同事，亞倫‧麥法蘭
　　（Alan MacFarlance）的「輝格黨式」（whiggish）的歷史解釋為例，批評那些
　　持著「個體性及其自由自古就有」的觀點的學者，他說：「亞倫好稱自由社
　　會乃從遠古通向現代，好像這過去的農業社會從未被（階層）壓迫與集體主
　　義弄髒似的，從第5、10與14世紀，或者理想地來看，直接從新石器時代，
　　一路走下來，都是如此。」（1997a: 102）

從其中找尋出它們的根源。蓋爾勒斷然區分現代與傳統的整體生活結構，說明傳統的、以農業生產模式為基礎的政治社會的限制：

> 凡是無法分離（政治）權力與社群結構的社會，市民社會就無從產生。市民社會亦無法產生於專制帝國，因為在這裡，赤裸裸的權力支配所有的社群。另外，一個社會如果經濟與政治等級是合而為一的，那麼，它亦沒有條件形成市民社會，或者，這個社會，就如中古世紀的阿拉伯歷史家，伊本凱蘭東（Ibn Khaldun, 1332-1406）所描述的，確實跟政治有所區分，可是社會本身是「單原子化的」（atomized）、脆弱的，那麼也不可能形成市民社會。最後，市民社會不可能是產生於神權的國度（*Umma*），因為在這些地方，某種獨一的、絕對的、神聖化的信仰扼殺了多元主義的生機。（Gellner, 1994b: 195）

在這裡有必要說明蓋爾勒如何構築傳統（農業）社會與現代「資本主義—工業化」社會的型態及其特質，以及解釋其間轉變之關鍵[6]。若省略繁複的歷史敘事與社會學式的解釋，蓋爾勒的傳

6　蓋爾勒在寫成 *Nation and Nationalism* 一書後，於 1988 年出版 *Plough, Sword and Book: The Structure of Human History* 一書，進一步闡明他解釋民族主義的起源的基本觀點——即：民族主義源自現代工業化社會之高級文化的政治需求，要求國家能劃地整合，建立起一個保護與貫徹此高級文化之普遍化的生活架構，即民族國家。因此他必須詳細闡明現代性社會的特質及其架構，以資對照傳統的社會——如果他認為傳統社會無法產生民族主義之條件的話。同時，並闡明社會變遷的重要因素。

統農業社會模式有四個明顯的結構性特質。

首先，從農業生產方式及其工藝技術之條件來看，傳統之社會經常處於一個低水平的層次，以蓋爾勒的話來說：「它維持一穩定的技術，缺乏一種永續經營的創新，因此無法帶來大量的物質生產。」（1997a: 100）它所依賴的，只是「從土地耕作得來的物質，以及可囤積的、有限的剩餘資源（surplus）。」（Gellner, 1988: 99）之所以缺乏創新的理由，一方面在於這個社會著力於維持「層級化」的社會秩序，更甚於提高生產力；另一方面在於這個社會的「高級文化」（譬如，傳統中國的「士大夫官僚的文化」）往往輕視勞動與工藝技術，因此，儘管工匠與農民往往會因實際工作的需要，而改良工藝器具與技術，但是這些作為並未能獲得官方的重視，以及民間社會的尊重，更甚者，這往往會招來「鶩新奇」與「奇技淫巧」之譏。這種生產的條件往往使得傳統社會陷入一種人口膨脹與物質資源有限之不均衡的惡性循環（即所謂「馬爾薩斯式的解釋型範」），這個社會本身提供不了突破此循環的動因。在這種處境下，凡涉及資源分配者，必是「零合」鬥爭——個人的所得意謂他人的損失，在其中，權力以及由此鞏固的地位遂成為掌握資源優勢的關鍵。依此，這個社會「傾向於走出一種由某一集團或階層壟斷暴力工具的威權體制。」（ibid.: 99）以及形成一種階層等級的結構，生活於其中的個人被歸屬（命定地）於「別尊卑明貴賤」的定序中。這個社會由於把政治權力的支配、物質利益的占有與社會等級的劃分結合在一起，再配合上「維持低水平」的生產條件，所以無法形成如現代政治的分權制衡所依的社會與經濟的條件。這個傳統社會也無法產生一套憲政制度的安排，以資保障個人自由與財產安全。其單純的理由在於：「如果任何人皆相信，只有權力而不是靠個人工

作才能帶來幸福，那麼，沒有人會關心如何創立制度以防範權力侵犯財產。」（Gellner, 1997b: 9）

　　其次，從權力與意識型態來看，蓋爾勒以文字與書寫系統的出現與發展，說明祭司、教士，以及「知識階層」（包括那些能夠安排婚喪儀式、敘事與歌詠民間傳統與發生的事件，以及論述政治權力正當性的「專業人士」）如何可能形成一「寡占書寫特權」的階層，而跟政治統治階層分庭抗禮。同時，在傳統社會，當只有少數人有機會與能力認識文字與寫作時，「知識階層」的文字創作──歷史敘事、詩詞與種種學說理論等等──容易形成一套文化系統，這套系統有別於民間，或者所謂村落族群、鄉里社會的文化形式。

　　相對於文字與書寫系統所形成的「高級」文化，「民間」文化則是由鄉里的風俗習尚、禁忌、規約、彈唱戲曲、歌謠、醫療……等等所組成。文化若是一種溝通的方式與訊息的傳遞，那麼「民間」文化呈現的型態乃是一種面對面的溝通，憑藉講話的音調、姿態與表情，彼此就可以心領神會，相互了解的訊息溝通系統（Gellner, 1994b: 38-9）。在一個層級化廣延與縱深的社會中，「高級」與「民間」文化的差異成為標定社會階層等級的準則，「高級」文化也是晉升社會特權的途徑，同時也是政權論證其正當性的來源，如我們一般所了解的，「知識階層」與政治權力相結合時，他們為此政權構築一套通貫宇宙天地與人間事務的全盤性學說，以合理化社會的等級結構安排。他們制定一套統一的道德理論教條，以安頓與維繫這個系統秩序（如我們在中國傳統中所見的「五德終始說」、「天人相與」的「宇宙─政治」學說，或「正統」理論）。如是觀之，傳統的政治社會是呈現文化多元的景觀（culture pluralism），分散的村落或鄉村共同體各自

形成差異的文化。而在這種異質性的「民間」文化之上，形成一個威權政體（不論是君主制或帝國制）以及一套高級文化，這個體制可能以一種「官僚治理」的途徑，試圖統領異質文化，要不然就隨這些具文化特質的共同體自行管理自己，而形成一種「自治」的局面。這個威權的政體為求統合，或者為求「團結人心」以謀取屬民的忠誠，故而必要在「書寫團體」（或「知識階層」）的協助下，締造出一種論述「政治與道德恆常的正當性」（legitimacy of Constants）學說（Gellner, 1988: 99）——不論就證於「超越」原則（如上帝或天理的神聖原則），或者取決於「內在」原則（如個人道德良知）。這些學說，若不是為這政權宣示與決定某些政治與社會的正當無誤的行為規範，就是提供它一套具神聖莊嚴性的禮儀（或宗教儀式）。這個以權力為中心的「書寫團體」發展出一套自屬的文化系統——所謂「高級」文化的系統——以確認此體制的社會身分等級。

第三，這種傳統農業社會為什麼無法孕育人之個體的自由與自主性？誠然，我們在傳統思想的系統中可以發掘某些論述人的個體性尊嚴（如基督教神學）、個人道德主體（如在中國孟子學傳統中提示的道德良知的「本心」理念），以及個人精神自由（如莊子的「逍遙」）的學說，但是這些學說，依照蓋爾勒的論點，都無法被解釋為現代性中的「人的個體性倫理」。這些宣揚個人尊嚴的學說，就如同傳統社會中可見的「市場，以及某些進步的工藝技術或科學」，在當時整個文化整體脈絡中，像是「廣垠無際的沙漠中的綠洲」（Gellner, 1988: 128）。若我們說在傳統社會中的市場無法吸納與支配這個社會的生產力，科學無法帶動人的觀念，那麼，同理，這些肯認個人尊嚴的學說只是當時知識菁英的理想，或者逃避威權專制的「內在心靈的殿堂」，而無法

成為整個社會的道德信念。

最後，從上面勾勒的傳統農業社會的基本型態來看，個人生活在此社會中，被安置在一層級結構中──儘管受此等級桎梏的程度隨各個社會有所差別。同時，個人生活的重心被家族、宗族的關係所盤據，而且社群的風俗習慣或規約可能時時掣肘一個人個性的表現。在政治上，一個人雖然不一定受到威權專制直接地壓迫，可是這個政權，要求屬民對政權與君主個人的忠順，而且對人之個體性的表現總是持著懷疑的態度，關於這種人與社會生活的一般境況，蓋爾勒描述如下：

> 一個人（在傳統農業社會中的）角色是穩定的，而且是跟適合這角色的儀節相協調。它是內化與外化兼具；同時，更是深入於他的靈魂。眾多繁複的等級標記瀰漫於整個社群共同體的外在生活。它賦予個人一種穩固且無所遁逃的身分認同，一個人可以確定地知道他是誰，以及旁人對他的期望是什麼。他可以自我界定其身分認同的可能性是微乎其微。傳統社會中的人有時候可以逃避君王的專制，付出的代價則是，陷落於「伯叔甥舅」之血親宗族關係以及各種繁文縟節的牢籠，……以及社群文化的宰制。……粗略而論，農業社會的社會學式的通則可以表述如下：人不是順從君王，就是身陷親屬關係，當然，通常的情況是，他同時順從兩者。君王，一般而言，透過各種區域的制度與共同體的中介，而支配整個社會，因此，操持中央權柄的專制主受到這些區域性制度所支持，反之亦然。（1994: 7-8）

傳統農業社會限制了人的個體性的培育與發展，既是如此，

在這裡必須解釋的問題則是：西歐國家如何突破這個限制而能拓展出「組件之人」與市民社會？關於這個問題的解釋，自馬克思、韋伯、涂爾幹（Durkheim, 1858-1917）、博藍尼（Karl Polanyi, 1886-1956）一直到當前的麥克‧曼（Machael Mann），都提出相當複雜的理論，蓋爾勒跟隨這個解釋傳統。對於這個問題，他以知識、權力與經濟三者的互動關係為研究取向，而做一種系統性的解釋。

從根源處來講，蓋爾勒沿襲韋伯在《基督新教倫理與資本主義精神》的論述，把現代之理性（譬如「資本主義之經濟理性主義」）與人之個體性的萌發追溯至16世紀宗教改革所產生的基督新教倫理（特別是喀爾文教派的宗教倫理學說）。在韋伯的解釋系統中，新教的「預選說」、「天職觀」與「入世禁欲主義」乃構成論證之主題[7]。當然，蓋爾勒亦就說明韋伯的論證主題，闡釋傳統農業社會及其身分等級制和倫理觀念如何可能被轉化。

新教之信條，就其一般之特性來看，乃否定教會與教士代理上帝的神聖性，也否定任何人自稱是神聖性超越的「中介」。新教肯定任何個體有權利直接臨遇上帝而與之交會溝通，以及形成團體在塵世間代表上帝的神聖性。這種教條意蘊「凡信徒皆平等」的觀念，以及否定上帝干預人世的傳統神學觀。新教把神蹟從宗教核心中剔除，換言之，「新教的世界是一個缺少『神聖性』（the sacred）或者『神聖性』隱而不可見聞的世界。」（Gellner, 1988: 106）新教也否定任何外在的宗教儀式，甚至教會與教士所

7　關於這三個重要的論述主題，參見顧忠華在《韋伯的基督新教倫理與資本主義精神導讀》（台北：台灣書店，1997）清晰分明的說明，特別是從頁61-137。

代表的神聖戒律也一併否定。在此，我們可以說新教開啟了以個體意識為宗主（the sovereignty of the individual consciousness）的道德觀念，此道德性信奉個人內在道德良知及其法規為圭臬，而淡漠外在的、不論是政治或宗族的忠誠。

這種激進的個人主義式的新教倫理呈現什麼經濟、社會與政治的含意？

首先，在經濟的層面上，蓋爾勒引用韋伯的解釋，說明新教的「預選說」與「天職觀」促進了資本主義的經濟累積與成長，而且使得本以利益占有的經濟活動蘊含了「非實利」（disinterested）的道德性。「如果人從事經濟活動的動機在於企望證明自己可獲神恩以救贖的地位，以及圓成其天職，那麼，跟純粹經濟利益的動機作比較，這種基於宗教信念的經濟活動比較不會帶來詐騙，他的正直不至於受制對他人正直的期待。因此新教扮演雙重（以及有時候矛盾）的角色：它使人在處理事務方面運用工具理性，可是在人交往之際則待以誠實——這種非工具理性的道德。」（Gellner, 1988: 106）更進一步來說，新教的「天職說」帶給人在職業工作上一種近乎宗教的嚴肅性，從事經濟或任何實業像是奉獻於上帝之「召喚」（calling），必須心志堅定，毫無旁鶩。這種職業倫理，突破了農業社會的邏輯：一方面，它給予人選擇職業的自由，以及肯定所有勞動與製造的生產性事業都有尊嚴，政治與軍事的生涯不再被視為獨具尊嚴的事業；另一方面，從事一項行業，或者財富的累積自身成為一種目的，它們不再成為追求政治權力或者享樂的手段。總的來看，新教倫理造成一種「個人主義者的社會」：任何人對於他所從事的專業皆有一種自尊自重，每一個人無須外在恆常的壓力、監督或威脅，皆內化了職業的法規。如此，「追求某種專業都可以掙脫對傳統的尊重：效率可以

順當地主導人的經濟與職業的活動，任何人不再忠誠於他的『庇護主』（patrons），他現在所遵從的是法規，他不再謹守舊業所運用的『習慣性的程序』（habitual procedures），現在，他情願更新他所追求的目標。」（Gellner, 1988: 111）

其次，在政治文化層面上，新教倫理帶來一種信仰與精神上的平等主義，這導致一種自組教派的要求。它蘊含一種自由結社、參與、自治的理念，也提供了政治參與的訓練，以及要求政治能為個人所衡量（或政治之透明化）的自覺。另外，新教強調個人透過聖經的閱讀以及可以獲致聖靈的啟示，那麼這種經文主義（scriptualism）在某種程度上刺激了識字率的提高，也間接促使地方方言成為通用語言。再者，新教的「個人主義神學」（individualist theology）肯認個人有權利、義務自我判斷一切事物，而不依傍外在權威。這導致認識論上的基本態度，即是「真理的聲言在於遵從個人的勻稱之判斷裁量，任何聲言或判斷都不能自稱一種獨具的特權。」（Gellner, 1988: 107）這種「個人主義的知識論」以及「經文主義」塑造了一種現代性的「高級文化」，它們皆成為「商業資本主義—工業化」社會的文化母體。這種文化不同於傳統農業社會的鄉社或民間文化。它們不是口語相傳，也不是一種靠禮儀、祭祀、風尚形成的規範。它們也跟該社會的「高級文化」不同，因而不是一種標定社會特權階級的文藝或哲理的「門面」：

現代社會即是一種高級文化成為整個共同體文化的社會，這種高級文化仰賴識字率的提高與正規教育。程序與衡量（不論是廣義或文意上的意義）的規格化均需要它。一種（現代性）生產的形式風格同時是創新以及牽涉無以數計、無名姓

的行動者的共同合作。若缺乏共享的、規格化的衡量與規範，它是無法運作的。在此，基督新教指示了人類這種社會秩序的基本方向，預示現代性的到來。（Gellner, 1988: 107）

　　從上面的闡述，宗教改革時期的基督新教倫理在塑造現代性之「組件化的人」（或個人主義）與市民社會上，發揮顯著的作用。儘管如此，這不意味基督新教是一決定性的單一因素。在蓋爾勒的解釋脈絡中，資本主義的市場經濟與勞動分工構成了重要的解釋環節。在此，蓋爾勒論證的主題乃是：市場經濟與勞動分工塑造了現代性的「組件化的人」的兩種性格：(1)個人在處理實際事物上傾向於運用「工具理性」、講求功利效益、不受傳統之「有機體」或「共同體式」（communalist）之社會文化的牽絆；(2)這個個體秉具現代性政治文化的性格，他不是一種單原子化的個體，而是具有一種特殊的現代性文化的屬性。

　　市場機制與勞動分工皆存在於傳統的農業社會（如鄉里的市集，以及所謂「勞心者治人，勞力者治於人」，以及「通功易事」的理念），但是在現代性的「資本主義—工業化社會」中，它們發展出一種新的形式，其出現的歷史機緣在於：生產的實業與商業貿易發展成為一種獨立自主的經濟體，不再受到政治權力與宗教信仰或任何意識型態的強力控制，而得以自我支配資源以及自我調節，就如我們一般所稱的資本主義的市場機制。但是市場的自主性並不意味它的形成過程不受到其他因素的左右。相反地，以18世紀英國的歷史來看，造成市場機制得以出現的適合環境，乃在於優良的社會基礎建設（social infrastructure）、政體的權力的相互制衡、憲政法治的具體落實，以及科學技術的發達，但科技的力量尚且不至於嚴重破壞生態環境（如當前的境況），或者

給予任何權力足夠的軍事資源支配整個社會（如20世紀的極權主義政權）（Gellner, 1994b: 169）。在蓋爾勒的解釋脈絡中，市場機制的自主性特別是指它的運作可以脫離非經濟因素的全然控制。

當資本主義的市場形成人生活的一種重心時，就分析的觀點而論，它具有什麼樣的特質？市場不只是人交換物品的機制，在現代性的市場交易中，個人追求最大量的經濟利益，而且把它當成唯一的、終極的目地或考量；同時，在市場中從事交易的人，彼此之間不會考量對方的身分認同（譬如，不會考量彼此來自何處、生活在什麼社群、信奉什麼宗教，等等）；他們所考量的只是彼此提供什麼商品，以及從交易中如何獲取最大的利潤。無可諱言，這種作為體現了我們所說的現代性的「工具理性」及其精神。它不但表現於經濟活動中，也構成人認知活動的基本要素：一種強調實驗、創新，以及控制外在物理條件的現代理性主義。唯有在一個肯定個人主義和工具性理性的社會，以及肯認寬容乃是其內在協調機制的社會，才能提供這種理性認知的環境，也唯有它，才能完成它所偏好的經濟生產活動，也唯有它，才能構成一種母體，在其中，知識日新月異的成長得以被確立以及制度化（*ibid.*: 132）。這個社會型態，無可諱言地，乃是現代性的市民社會。

市場機制亦牽涉價格的問題，針對這問題，蓋爾勒思索：在市場機制的運作中是否可能確定所謂的「公平價格」？就此，蓋爾勒提出下列的兩項基本論證主題：(1)市場的運作需求某種確定的政治與文化的基本架構，具體來說，即：最起碼的社會基礎建設、法治與司法管轄、特定的文化氛圍（cultural atmosphere），以及適當的人才。若缺乏這些「非市場」的基本架構，市場機制運作本身蘊含的競爭、壟斷、剝削的非理性因素可能如脫韁的野

馬,走向經濟上混亂無主的境況。市場只能在政治與文化的脈絡
中才能運作,但這種脈絡不是「給定的」(given),它們除了呈
現多元分歧的類型之外,也是具有歷史的特殊性,因此價格不是
取決於「市場機制」的單一因素,而是受到許多其他因素,尤其
是特殊的政治處境的影響[8]。在資本主義的經濟體系中,我們雖然
說價值或「功績」(merits)本質上是依事物的功能而定,但是它
們(包括目的與手段)都不是固定的,而且必須由經驗來參證與
確立(Gellner, 1988: 186)。(2)經由這種對「市場機制」之特性
的描述,蓋爾勒把「公平價格」或類似的道德規範理念,排除於
市場機制的運作之外。因此,在市場機制中,「價格」以及一般
的報酬都不是預先規約的,它們反映事物與服務所提供的(功能
或)滿足。它們的不足以及可協商的彈性,正好鼓勵創新、進步
與成長。所謂的「公平價格」,不只是形上論之謬誤,也是迷
信,它正是必須苛責的錯誤典範,一種把世界凍結於一純型範當
中的不當觀念。這種型範依此被賦予一種不相稱的神聖性與權
威。因此,它不但是理論上的錯誤,也構成了阻礙人類進步與追
求滿足的關鍵。在現代社會中,復甦這種導向的靈感顯現一種返

8　在這個論點上,蓋爾勒指出「放任經濟」的市場觀念——認為市場(及其價
　　格)可以自我維持(self-maintaining)——必須預設特定的制度(政治)與文
　　化的脈絡,否則是一種迷誤,他說:「我們一旦清楚了解市場只能在一種政
　　治(與文化)的脈絡中運作,而且這些可能的脈絡肯定是有許多種分歧,以
　　及不是被給予的,那麼,顯然,市場的裁斷,即:價格,不是由『市場』單
　　獨下的令諭。事實上,它只是反應政治之處境——此處境恰好是此市場的基
　　礎。在18世紀,(市場經濟的論述)表述了一種特定的『正確』的政治背
　　景,這種表述現在依然是有道理的。如果這樣的政治之限定可以依次被證明
　　有效,那麼,市場依其本身的參照系統而裁斷知識,就有一種正當性的信
　　用。」(Gellner, 1988: 186)

古，或者不折不扣之反動的力量。它表現出：心理軟弱的個體盼
望重返古老、舒適、穩定的社會母體，這是因為他們無法忍受自
由，以及承擔生活於一個開放社會的責任重擔。」（Gellner, 1988:
185）這種「市場機制」之論述以及對「公平價格」的評論，充
分表現出自由主義信守個體自由、自決的信念。

　　論及跟資本主義市場機制相關的勞動分工，蓋爾勒沿順上述
所論的基督新教的「工作倫理」以及「市場機制」運作的工具性
理性與自由開放性，說明現代社會中的「勞動分工」不像傳統農
業社會中的分工，它既不是象徵一種社會等級的劃分，也不是深
化社會中的差異性，以及固守世代相承的「家業」。現代性的
「勞動分工」表現出對專業技術及其知識的尊重，肯認各行各業
自有其活動的性質與理則，以及判斷優劣的準則彼此不應該相妨
礙，在專業的領域裡，無須留意社會的限制與禮儀規矩（Gellner,
1988: 262）。換言之，現代性之勞動分工參驗了現代「資本主義
─工業化」社會的自由實業、創新精神、工具性理性，以及個人
主義。

　　在闡釋這主題上，蓋爾勒提出了有趣的論點。依照他的闡
釋，在現代社會走向專業化細緻分工的同時，整個社會也愈趨向
一種「同質性」（homogeneity），蓋爾勒對此做這樣的說明：「每
一樣工作皆以同樣的風格與相似的精神而被貫徹實行。工作手冊
與規則都表述於一種公共共享的且易懂的語彙詞句，因為工作職
業之間的流動性，職業的再訓練相對來說變得容易。同時『基爾
特』（或行會）的控制也微乎其微。讓一個人適合所有專業的通
才教育，對一個人的身分而言，是比針對某一特殊工作的專業訓
練來得更為重要。職業流動在現代社會是常事，同時，各個專業
也相互扣連，各行各業必得相互溝通與了解，他們必須『說相同

的語言』。」（1994b: 76）當然，這是針對現代社會的職業工作的特性而立論的觀點。在這裡論證的主題乃是，勞動分工的專業分化雖然造成現代社會的知識、技術與生產實業多元化且分歧的情景，可是從事各個行業的人，基本上，是現代性之「高級文化」——相對於傳統農業社會的「鄉社文化」——的一個成員，他們分享這「高級文化」，而此文化乃構成於一套「語意系統」（semantic）。這文化系統可以「脫離具體的脈絡」，而成之為一種普遍性的、抽象性的、數據化的、規格化的「溝通媒體」。它可以透過正規的教育而傳播。學習與認識這套「高級文化」並不必涉及如傳統社會的等級身分，也不必依賴特殊的文化生活型態的背景，就如當前我們置身的資訊媒體的境況。

　　蓋爾勒的「組件化的人」與市民社會是以這種現代性的文化為其脈絡，就此，這個人的意象不是像傳統農業社會中的個人，受到政治權力的宰制，或身陷「伯叔甥舅」的宗族血親關係的牢籠，或者受鄉社共同體的成規與禮儀的牽制，或者被規定於某一種身分等級，以及固守非他所選擇的「家業」。相對來說，處於現代社會的個體，他們所受到的政治權力的宰制與鄉社共同體的文化束縛愈趨於薄弱。他們的自由與自決的可能性愈增。資本主義的市場經濟及其勞動分工的專業逐漸形成經濟活動與職業工作的形式，隨著這種發展趨向，現代社會容許多元化的知識、生產技術，以及提供個人廣闊的選擇空間，個人的認知取向與生活的風格亦受到這種經濟活動的影響。現代之「組件化的人」偏向注重技術性的效率、經濟計算的理性。更明顯的是，他的活動是「多變化的」（variable），也就是說，「他可以在共通文化的語言或條件中從事各種不同的工作，若有需要則研讀各種不同的工作手冊，而他可以如此，是因為這一特定的現代性文化提供一種普

及共通的標準風格（意即普及化的現代性「高級文化」）。」
（Gellner, 1994b: 102）

三、人的個體性與單原子之個人

　　從上面的解釋，所謂「組件化的人」——或者自由主義的
「人的個體性」的理念——乃肯認個人的自由、創新與社會的平
等性，以及承認這個個體在認知層面上講求實證經驗與分析理
智；在實務方面，他注重時效性，以及技術的效率或者所謂的
「工具理性」。蓋爾勒解析現代社會與文化的繁富且錯綜複雜的因
素，說明它們的交互滲透與匯流，從這種脈絡，闡釋「組件化的
人」出現與發展的機緣。這些因素，如上所述，包括：基督新教
倫理、市場機制、勞動分工，以及工業化社會的「高級文化」，
在它們的催化下，形成了一種工具理性的風尚（ethos）。它跟現
代社會的生產基礎相互關聯，也形成了一種平等主義，它起源自
市場機制與勞動分工的運作，也跟基督新教的「職業倫理」與職
業工作的技術理性有關。它容許從事各種行業的個人得以自由選
擇與更新各種手段，以達成事業的目的與工作的效率，最後則是
一種「同質性」的社會文化的格局與氛圍。它得助於自宗教改革
以來，經由科學革命與啟蒙運動所形塑出來的「高級文化」——
一種著重語意性、規格化、經驗、實證，以及可以藉由正規教育
傳播與普及化的文化型態，在其中，個人的公民身分、道德的同
一性（包括民族同一性）得以被訓練與塑造，也在其中，個人得
以被社群接受，以及彼此間可以有效地互動。
　　這「組件化的人」是否意味如「單原子化」一般孤立的個
體，好似這個個體可以斷絕所有的人際關係，不知如何跟他人交

往溝通？他是否意指自我中心的個體，或者不屬於任何文化社群的漂浮無根的個體？針對這些問題，蓋爾勒首先指出，我們如果站在傳統農業社會的文化與社群價值的立場，必然會批評現代性的個體缺乏人際的密切關係，不具任何社群文化的屬性，因此無法確立共同的價值（或共善）或共享的文化理想。在西方思想中，最典型的批評來自19世紀浪漫主義的批判：以有機論的社群文化與民族理念抨擊啟蒙思想的商業主義與嗜利的個人主義。另外，從自由主義之理念的發展來講，人個體性的自我發展與社會的連結如何調適，是一項爭議。無可諱言地，人的個體性的自我表現與自我發展乃是自由主義的核心觀念。但是就自由主義的歷史而論，我們不能因為自由主義強調人之個體性，就認為自由主義無法建立人的個體性與政治社會的內在連結。「組件化的人」並不是如單原子般孤立的存在狀態，他有能力跟其他的個體相互聯繫與結合，對於他人和整個社會也都能夠體現忠誠之心意。同時，透過他個人的行動或者經由結社的集體行動，而得以抵禦政治上的專斷，以及帶來政治之效能，簡言之，這個個體除了肯認自我表現與發展的自由以及著重經濟利益、效率的技術理性之外，他基本上亦具有「社群性」（sociability）傾向與能力（Gellner, 1994b: 131）。

另外一方面，依照上面的解釋，現代性的「組件化的人」置身的社會與文化的處境，乃是肯定認知與技術的多元主義、經濟與科技之成長、職業工作的流動性、反對社會層級劃分以及信奉平等主義。既是如此，這個「組件化的人」的社會與文化的屬性絕對不同於傳統農業社會的個人所屬的性格。他不再深鎖於一種過度整合的鄉社或宗族部落的共同體。在現代社會的處境中，一個人可能懷想傳統農業社會中人著根於泥土與鄉社共同體、人彼

此之間有著親近的關係、而且對於道德成規不會產生過度的懷疑。但是這種懷想，終就是一種浪漫主義。它作為一種批判現代社會的言論而言，或許言之成理，但是在實際的效用上，可能產生偏離事實而論理的弊病。在現代社會中，「社會的合作、忠誠與團結皆不再以共享的信仰為前提。事實上，它們之所以能夠成立的前提在於缺乏一種共同的以及嚴肅地、確定地信奉的信仰。現代社會所需要的可能是一種普遍性的懷疑。（個人道德良知的）內在導向共存著一種承認終極懷疑的正當性，甚至把它視為義務。內在權威是比外在的更有效。但是這種內在權威把個人探索與研究當作知識的最高權力，也因此導致懷疑主義。如果笛卡兒式的意識乃是上訴的最高法庭，那麼它可以自由地達成某種無法成為最後定讞的結論──即使論據充分。」（Gellner, 1994b: 96）

如果我們承認這是現代社會的基本處境，那麼，過去被我們視為可以凝聚政治社會整體的事物，舉凡宗教祭祀、社會的禮儀規約以及統合宇宙與人事務的全盤性的意識型態（包括歷史敘事）皆無法發揮其作用[9]。當西方進入了現代社會時，人之個體性的自由發展。同時，在整個政治社會中，權力、知識與經濟漸趨於分離，這些乃是必須正視的現實。在這種現實處境中，如果試圖去抹殺人的個體性，而且嘗試建立一套全盤性的意識型態，藉此把業已分離的人活動的領域整合為一，那麼，這種企圖勢必帶來政治社會的禍害。關於這項主題，蓋爾勒以馬克思主義與蘇聯共產主義的政治為實證，說明「反現代性」的意識型態與政治之

---

[9]　譬如，蓋爾勒在闡明歷史的整合效用時，提出這樣的論點：「跟我們先祖先輩相比較，我們相信我們的歷史意識是傾向於求取歷史之真實，而不那麼在意於它的凝聚社會的效用。歷史的過去雖然可以繼續發揮一種我們必須尊重的約束力，但是它已經無法統合整個政治社會。」（Gellner, 1988: 251）

措施非但無法達成其欲求整合統一的目地，反而帶來專斷的政治統治、封閉的社會以及停滯之經濟，更甚者，造就出「單原子化」的個體。

在評論馬克思的理念上，蓋爾勒指出，馬克思的價值論與「哲學人類學」（philosophical anthropology）乃混合了「共同體主義」（communalism）與「無政府主義」（或者稱之為「單原子式的個體主義」）。馬克思的「公社論」是建立在他對「布爾喬亞市民社會」的批判論上，其批判的要點有二：第一，市民社會剝除了勞動的真實意義，也斷絕了勞動者跟一「道德社群」（moral community）的關聯，把勞動及勞動者視為商品；第二，「市場機制」──市民社會得以成立的一項條件──雖是呈顯自由、平等與公平，可是它們只是形式上的，在實際的運作上，只有少數人占盡了市場的利益。同樣地，國家名為保障公平正義的中立機構，權力的行使必須透過所謂法治之程序。可是市民社會表面上平等但實際卻是偏私於某一特定階級，市民社會的優勢階級則支配這個「中立的」國家機器。就如我們所知的，馬克思從這種批判論推演出無產階級革命之理想，肯認無產階級負有歷史使命，解放人類掙脫現代社會的病態，以及斬斷人類自設的桎梏。因此，無產階級成為一個普遍的、自由解放的階級，以及是人類的典範。有趣的是，蓋爾勒把這個階級解釋為「單原子化」的個體，因為這個階級被認為是可以全然掙脫人際的所有關係、否定一切秩序，不受任何群體的忠誠與義務的約束，自認為有能力自我創造一切。無產階級既是一個普遍之階級，因此它亦代表人存在的理想。這個理想的依據乃在於某種特定的人之意象：否定社會的常規、紀律，以及社會角色責任與義務，具體而言，即是那些漂浮無根的波西米亞人，以及那些反文化的資產階級。從這個

角度來看，馬克思之烏托邦乃是一個全然自由解放與「單原子化」個體，這個個體可以結合社會之的和諧與經濟生產力，而不再產生任何權威之需求，好似整個社會不再有暴力與混亂（Gellner, 1994b: 131-132）。

　　如果馬克思是在觀念層次上製造了「單原子化」之個體，那麼「真實的社會主義」國家則是具體實現這種個體的理念。依照蓋爾勒的闡釋，現代的「社會主義」國家實現了傳統農業社會的帝國或專制政權所無法達成的「夢想」，即：政治權力全面地控制人生活的每一個領域，以及對個人做一種「個別人身（包括思想）的控制」。之所以如此，理由之一乃是，在傳統社會當中，交通運輸、資訊以及各種工藝技術的限制，無法讓政治權力足以形成「極權主義式」的全面控制。在現代的工業化社會中，情形完全改觀。社會主義，就其意識型態而言，本是欲求克服現代社會的內在分歧分化（或者如涂爾幹所稱的 *anomie*）以及人的疏離（或「異化」）。但在實踐過程中卻反其道而行，蓋爾勒分析如下：

　　　「真實的社會主義」的反諷即是：社會主義國家把經濟生產、政治權力與意識型態的等級制，以及對人之結社做一種教條支配的操控，相互鎔鑄成一體。在現代管理與資訊網絡的幫助下，社會主義國家的統治並不是導致一種重新復原的「社會人」（social man），反而造成比過去我們所知之社會更為全面的「人的單原子化」……近乎全面性的「單原子化」在現代的處境中變得技術可行。令人傷感的是，蘇聯及其衛星國的成就證明了這一點。一個社會若欲求自己成為一種 *Umma* ——成為獨一無二以及嚴格規定道德正確的宗教啟示

（Revelation）的工具，成為一種「奇里斯瑪之共同體」
（charismatic community），在人間世追求絕對之正義，立意
摧毀腐敗，以及把美德當成國家之目標——那麼，對這個目
標的追求，最後只是把自己造成一種單原子。（Gellner,
1994b: 135）

　　這種政權試圖整合人之認知、經濟生產與社會的活動領域，
並且確定一套嚴格的道德正確的原則，這種統治的途徑是反逆整
個現代性的趨向，終究只是抹殺了政治與經濟的多元主義，孤立
了任何個人，摧毀了個人自我表現與發展的空間，換句話說，根
除了市民社會。

　　「單原子化」的個體是只有在極權主義的統治下方有可能出
現的人之存在的處境——孤立的無法跟他人、社群與文化有任何
關係的存在處境。因此把自由主義的市民社會的人之意象直指為
「單原子化」的個體是一種誤解。在現代性之社會與文化的處境
中，人之個體性的自由表現與發展及其彼此的平等性，乃是居於
一種主要地位。這種個體在市場經濟的結構中，方能走向崇尚經
濟與技術理性的「個人主義」，但這並不表示這種人之個體性的
發揮會帶來「單原子化」的個體及其社會失序（*anomie*）。現代
社會的多元性——特別是認知、技術、經濟生產，以及結社的多
元性——的結構與生活型態，本質上，會抵禦任何單一之信念、
觀念或教條的激進化，譬如追求經濟利益的「最大化」會受到其
他社會考量的牽制，經濟成長會受到社會秩序之要求的限制，技
術（或計算）理性也被要求需考慮其他的價值……等等（Gellner,
1988: 175-176）。

　　現代市民社會的多元性是蘊含競爭，甚至是衝突的因素，但

是市民社會內在多元權力的相互均衡（internal balance of power）的基本結構會形成一種緩解衝突激烈化的機制，這並不表示市民社會不需要政治權威與維持秩序的政府。在這個有關現代國家的議題上，蓋爾勒依據社會與經濟的解釋脈絡，針對「社約論」的「同意說」以及古典自由主義的「最小化國家」（minimalist-state）理念，提出他的論點。

　　「社約論」的「同意說」的論證缺陷，在於把人之個體身分從特定的社會脈絡抽離出來，而且普遍化人的某種特定的行為（訂立契約的行為），使之成為人的一種本性。「同意說」的宗旨在於論證國家之正當性（legitimacy），這套學說當然有助我們理解現代國家的特質。但是若缺乏了解它得以被表述的社會經濟與宗教的條件，很容易讓我們誤以為國家的成立依賴個人的明示意願，以為國家憑藉人的意志就可以被理性地建構。因此，如果說國家的正當性必須獲得人民個人的同意，那麼，這種同意並非是明白簽訂，而是「未明示的」（tacit），而這種「默示」同意則是來自於現代社會已存在且為人所信守的種種「規則」，以及所形成的一種認知概念與文化的統合架構，譬如政教分離、基督新教的「個人主義倫理」、科學理性、市場經濟，以及政治與經濟的多元主義……等等（Gellner, 1988: 249-257）。

　　從這種解釋來看，現代國家的正當性基礎乃建立在政治治理有能力維繫市民社會的運作，以及推促它的發展，譬如能夠有效地經營基礎建設（包括提供市民各種活動的資訊），調節各種結社以及活動領域彼此之間的衝突。如果以經濟成長的角度來看，蓋爾勒批判了自由主義確立的「純經濟市場加上極小化國家」的模式，他認為，這種模式應用於日趨於複雜的現代資本主義與工業化社會，是不切實的。就此，他主張「最有效的經濟體乃在於

能夠切實履行國家與經濟之間寬鬆的合作關係，這種合作的進行
乃建立在非正式的網絡與壓力的基礎，而不至於剝除生產單位的
自主性以及活動的自由，並且公開承認……重大的經濟決策勢必
具有政治性在內。」（Gellner, 1994: 92）

四、市民社會、自由民主與民族主義

　　「組件化的人」，以及政治、經濟與認知的多元主義、個人的
平等性，乃構成蓋爾勒的市民社會論述的核心觀念，同時，他亦
從社會人類學的途徑，闡釋現代性的市民社會的形成條件。在韋
伯的社會學的影響下，蓋爾勒相當強調基督新教倫理（肯定人之
個體性及平等的宗教理念）與資本主義的市場經濟和勞動分工在
開展市民社會上所發揮的功能。另一方面，他闡明「組件化的
人」與市民社會的形成乃在於西歐自宗教改革以來所發展的「高
級且普遍性的高級文化」，並且與之成一種互動的關係。

　　在蓋爾勒的論述脈絡中，市民社會與自由民主制具有一定的
關係，如英國當代學者約翰‧金恩（John Kean）所闡釋：「蓋爾
勒論證市民社會乃是自由領域，並賦予它一種積極的性格，這可
以用來強調市民社會的角色乃是民主制不可缺少的條件：他或許
會如此論證，缺乏市民社會就不可能有自由交談與互動的公民。
缺乏這種自由的條件，他們就沒有可能公開地選擇其身分，決定
他們的權益與承諾其責任。同時，他們這些作為都是在一定的政
治與法律的基本架構當中進行的，這架構保障了公民之間的和
平、促成良好的政府、提高社會正義，也促使政府在行使權力
時，必須依據公開透明化的原則。」在做這種可能的闡釋時，他
同時指出蓋爾勒寧可採取19世紀中葉的自由主義論證，認為市民

社會跟自由民主制的關係相當微薄（John Kean, 1998: 76）。但是，這項評論並沒有真正了解蓋爾勒為什麼以市民社會的論述取代自由民主理論的理由。

蓋爾勒依據社會人類學的進路而認為，民主理論的專家學者在建構民主的規範模式時往往忽略一項根本的事實，那就是：制度與文化先於人的決定，它們不是隨這些決定而來，因此是我們的命運而非選擇（Gellner, 1994b: 185）。這種近似「文化與制度的決定論」，其用意在於提示：當我們在表示民主的理想時，不能將此理想自它的制度與文化的條件中抽離出來，也不能將此理想塑造成為人類普遍的理想，好似民主是根源於普遍人性一般。蓋爾勒說：

> 民主的理論家總是抽象地建立理論（模型），從未參驗具體的社會條件，最後辯護民主乃是一種普遍的理想，然而，不得不承認在許多社會當中，這種理想並未落實，……這種抽象模式附帶設定某種人（的存有）（現代的個人主義與俗世性的世界觀），而且錯誤地視他為普遍性的人。因此，首先提出一種抽象式的論點，而且論辯它是普遍有效的，然後卻慌張地承認這個普遍理想不能施行於大部分人類注定生活的環境，這種論證的方式相當奇怪。……市民社會是一項切合實際的理念，它限定與包容它自己的條件，而不是將這些條件視為當然，然後才宣稱由於缺乏適當的條件，因此它不是普遍有效的。（Gellner, 1994b: 189）

蓋爾勒的市民社會論述，牽涉了自由民主的理念，他闡述的重點在於：透過對市民社會的解析，說明自由民主的社會與文化

的脈絡，就此提示它的可行性所需要的預設條件。根據上文的分析，這些預設條件乃是：(1)經濟上的多元主義，以增進生產的效率；(2)社會與政治的多元主義，以制衡各種勢力朝向「中心主義」發展的趨向(3)這種多元主義是以「組件化的人」為基礎，而不是孑然孤立的單原子，這種個體自由表現與發展自我的個體性，如我們所熟悉的，富有創新與喜好冒險的性格，對於任何獨斷的權力，有一種抵抗的勇氣；(4)平等的個人及由此而來的政治的「公民身分」，則開展了現代所謂代議制度或「多數決」的政治形式。

蓋爾勒的市民社會論述亦涉及民族主義的形成與作用的議題。在解析民族主義的起源時，蓋爾勒論證的主題乃是：西方現代國家從18世紀末葉開始，因應資本主義與工業化社會及其形成的所謂「高級文化」的需求，而作統治機制的調整與變革，國家及其政府必須有能力在它統治的疆域內，促進經濟生長；另一方面，必須從教育、法律，或者訓練的機構，讓公民能夠滿足工業化社會的文化需求，譬如科學技術的理性、書寫印刷文字或資訊的溝通媒介、數據化的規格、經濟之合理計算等。就此而言，民族主義意指現代國家因應資本主義與工業化社會的建制及其「高級文化」，試圖結合權力與同質性文化，而成為一種統治的正當性原則。民族主義就此解釋而言，和血緣、宗教、種族性，以及民族文化（*volk* culture）並沒有直接的關係。

蓋爾勒從現代性之社會與文化的發展脈絡，說明民族主義——作為國家統治的正當性原則——的起源。在處理民族主義時，他常提及：置身於現代的處境中，每一個人都是民族主義者。這種解釋與論證是跟他闡釋市民社會的方式同出一轍。民族主義與市民（自由民主）社會皆源出資本主義與工業化社會及其

「高級文化」，換句話說，它們乃是兩者得以形成的前設條件。在此引發的一項議題是：市民社會的成立在於「組件化的人」，而民族主義乃是一種「集體同一」的原則，那麼，兩者是否矛盾衝突？

民族主義的本質如上面所說，乃是現代國家與一套高級文化的相互結合，透過國家政治權力的運作，這文化可以被保護，而且得以具體落實於日常生活中；另一方面，透過這文化的涵容與教化，國家在其統治的疆域內可以確立一種集體同一性。個人也因共享這套文化，而彼此之間得以相互結合。在此界定中，蓋爾勒特別強調民族主義中的「文化同一性與認同」，但這文化有別於傳統農業社會的鄉社共同體的文化，以及由「書寫團體」或知識階層（包括教士）所壟斷的所謂「高級文化」。在現代社會中，所謂「高級文化」是自西歐宗教改革逐漸發展出來的，一直到19世紀工業化社會的階段，這個文化可以被表述成一種「脫離具體脈絡」的語意性格、規格化、形式化的、技術性的資訊溝通媒體。它可以被量化、數據化，以及成為類似我們在各種專業手冊閱讀到的使用規則。它可以透過各種學術研究機構的鑽研與主導、教育媒介的傳播，而擴張與貫穿於整個社會，讓每一個成員得以學習。因此，「高級文化」不為某一階層所壟斷，它如今成為普遍性的，任何人一旦生活於工業化的社會中，他個人身分地位的取得以及「自我認同」的塑造皆有賴於他本人對這套「高級文化」的學習能力與熟練的程度。由於這種切身的關係，人必得轉移傳統性的區域文化的認同，而對於這「高級文化」投注一種關切與盡心。傳統社會所無法達成的集體文化的認同，在資本主義—工業化的社會中得以被塑造，這就是為什麼蓋爾勒會說：「一種高級文化穿透整個社會，而且確立了這個社會，同時，這

個社會的政體（或國家政府）也必須維護它的存續。這乃是解釋
民族主義的關鍵所在。」（Gellner, 1983: 18）

　　就此關係而論，蓋爾勒提出的基本論點乃是：民族主義（或
所謂「民族自決」）跟自由民主的市民社會有著親近的關係，也
就是說，共享「民族同一性」的意識乃是自由民主之市民社會的
形構與維繫的根本要素，而此「同一性」又必須來自同質性之文
化的孕育與塑造。採取社會與文化「脈絡論」（contextualism）的
學者，尼爾‧麥柯敏（Neil MacCormick）與皮耶爾‧馬南（Pierre
Manent）在討論民主與民族主義的關係時，往往強調民主，不論
是意指個人意志的同意，或者是指人民之主權的意義，都必須著
落在一特定的疆域及其形成的同質性的文化環境當中，方有落實
的可能性。在一個社群與文化差異錯綜複雜的地區，民主制的建
立與發展就窒礙難行[10]。蓋爾勒基本上亦持相同的論點，不過他更
從歷史的脈絡，說明了兩者的合與分，友與敵的關係。

　　在19世紀浪漫主義的時期，當民族理念剛剛萌芽時，它呈顯
較溫和的形式，譬如，在赫德（Herder）的思想中，民族理念代
表一種對「民族文化」（*volk* clulture）的懷想與尊重，並藉此以
抗拒英法兩國的所謂商業的文明。在這個階段，民族主義詆毀啟
蒙時期的開明專制、不平等的社會等級結構，並且批評啟蒙思想
對社群之歸屬感與人之「文化根柢」的漠視。民族理念在此亦強

10　關於這種解釋的觀點，參考Pierre Manent, "Democracy without Nations," in
　　Journal of Democracy Vol. 8. no. 2 (April, 1997), pp. 97-102; Neil MacCormick,
　　"Nation and Nationalism," in *Legal Rights and Social Democracy: Essays in Legal
　　and Political Philosophy* (Oxford: Clarendon Press, 1982), pp. 553-567; "Liberalism,
　　Nationalism and the Post-Sovereign State," in *Political Studies*, 44 (1996), pp.
　　553-567.

調各文化彼此之間的平等性以及要求廣開人民參與文化與政治事務之機會。在這裡，民族理念與自由主義是有相互連結的地方。同時，我們從19世紀的自由主義者，如密爾與格林（T.H. Green），亦可以看出人之個體性不一定排斥「社群的歸屬」、「共同福祉」與民族主權的觀念[11]。

　　但是，民族主義者倡導的「共同體主義」（communalism）在走向一元論的思維，而發展出偏激的「共同體崇拜」（cult of community），而且跟社會達爾文主義、尼采的「生機論」（vitalism，或謂「生命論」），以及各種科學主義式的「人種理論」相匯合時，「共同體就不再純屬文化性格，而是具有生物特質，它不純粹只是維繫與保護其獨特的文化。在政治上，它亦肯定自己的侵犯性，此侵犯性不只是手段，更是目的，同時也是共同體的生命活力的表現與前設條件。」在這種生物性與侵犯性的民族主義的關照下，自由主義及其啟蒙的哲學基設只是表現出嗜利的個體主義、蒼白的普遍主義，或者在道德上，怯懦之個體低劣的狡猾，總而言之，是一種病源，以及病態的表現（Gellner, 1997c: 70）。民族主義發展至此，他們就與自由民主之理念背道而馳。

　　相對來說，自由主義亦無法接納、甚至敵視這種偏激的民族

11　關於密爾討論人之個體性與社群性之關係，參見張福建，〈社群，功效與民主：約翰‧密爾政治思想的另一個側面〉，登載於陳秀容、江宜樺主編，《政治社群》（台北：中央研究院中山人文社會科學研究所，1995），頁103-123。關於格林的論點，見Peter Nicholson, "Thomas Hill Green: Lectures on the Principles of Political Obliigation," in *The Political Classics: Green to Dworkin*, ed. by Murray Forsyth & Maurice Keens-Soper (Oxford: Oxford University Press, 1996), pp. 17-37.

主義。自由主義懼怕自由之個體會被這種侵犯性的民族整體給吞噬、湮滅，自由主義一向反對把任何整體性的事物（如國家、社會與文化）當成崇拜的神聖對象。因此，當民族主義神話了「民族」這個整體性事物時，它勢必跟自由主義尖銳對立。蓋爾勒認為民族主義的謬誤在於：它認定有一業已獨立的與存在的民族，這民族尋求文化的肯定及其自決。這種把「民族」視為優先（於其他的文化）的觀點很容易走向將「民族」神化的途徑。事實上，現代性高級文化及其同質性取代了傳統之「低級文化」及其分歧性，而且形成政治的意義，這才是民族主義之所以可能發生的基本事實，沒有所謂先在的民族，它單純只是這項基本事實的投影（Gellner, 1997c: 69）。

順此觀點，自由主義與民族主義的分與合亦牽涉外緣的社會與文化因素。現代性的高級文化（亦及自由主義代言的文化）的發展，乃是轉化與摧毀傳統社會之「低文化」（或謂多元差異之「鄉社文化」）的過程，譬如，摧毀傳統的社會身分等級，而代之以個人的契約關係，或者基督新教的「讀經以救贖個人」的信念轉化方言而成為「民族」之語言。在此過程中，高級文化欲獲得該社會人民的普遍認同，以維繫它的發展。但是，它必須借助傳統文化的資源，並表示對傳統文化的尊重，依此名目，它得以把傳統文化的因素帶入高級文化中，將它們規格化或法規化，譬如19世紀「國民樂派」的作曲家採擷民間音樂，而賦予它們現代性的作曲形式。但事實上，擇取傳統文化只是推促這高級文化創造出一新的、富裕之資本主義與工業化都會及其文化，這種發展極易引發傳統文化的抗拒。民族主義——作為傳統鄉社文化之代言——自然地起而反抗這代表新社會文化價值的自由主義。

在西歐地區，特別是英法兩國，由於是資本主義與工業化社

會原生地，現代性高級文化的發展配合經濟社會與政治結構的轉化，其間雖然亦經歷生活各層面的動亂，可是兩者形成一種一體性的辯證。因此，在打造國族的過程中，較不易產生偏激的民族主義。自由主義所強調的個人自由、平等與憲政法治的理念，在某種程度上，跟民族的情感與主權可以互相匯合。

但是，在19世紀末葉，當資本主義與工業化的生產模式及其文化衝擊中歐與東歐時，民族主義產生了變化。在這些地區，種族、族裔與宗教呈現一種異質、零碎化的格局，它們無法像英法兩國形成一種近似「族裔」（ethnic）的政治單元；另一方面，這些地區依舊維持農業社會的鄉社文化的生活型態，構成現代「民族國家」的條件並未形成。因此，現代主權國家與「高級文化」都必須靠人力的創造。擔負此工作的民族主義者，在統合自己區域的文化時，往往透過排斥與敵視其他文化的途徑，方有可能形成一強有力的同質性文化。排他性的、侵犯性的民族主義就容易在這種處境中醞釀而生。這些民族主義者亦反抗「普世主義」（cosmopolitanism），其理由在於：它往往跟先前統治他們的帝國相結合，成為帝國的政治意識型態。另外，此意識型態強調一種「無根、漂浮之個體」的理念，這跟肯定「著根於泥土與共同體」的民族信念是相對立的。

針對自由民主、市民社會與民族主義的關係，蓋爾勒作了以下的總結：朝向個人主義的市民社會，以及民族主義者的「共同體主義」，最後彼此衝突，這種含混且衝突的關係出現於中歐與東歐，造成奧匈帝國哈布斯王朝的解體，在20世紀，則顯現於布爾什維克主義的蘇聯，但這個帝國亦走向崩潰的命運。這結果是否代表自由民主的市民社會占了上風？抑或市民社會與民族主義同時上演的劇本並沒有結局？這些疑問現在依舊困擾著我們。

五、結論

蓋爾勒透過社會人類學的途徑,對於西方現代之自由民主之市民社會,以及民族主義的形成,提出了一套具體的闡釋。針對自由主義的「人之個體性」概念,蓋爾勒論證,此個體性不是如當前「社群主義」所解釋的,是一單原子化的個體,也不是如古典經濟自由主義所認為的,只是講求經濟計算的個人主義,這個體性乃是具有「社會性」。更重要的是,他亦是一文化載體,是由基督新教的倫理,市場經濟、勞動分工,以及平等社會發展而形成的文化所孕育,由此,他具有一種文化屬性。針對民族主義,蓋爾勒論證民族主義——主權國家與同質文化的統一原則——乃是受現代性高級文化所塑造,而不是一個業已存在的民族去追求獨特之文化所形成的意識型態。為我們慣常所理解的民族歷史之記憶、民族血緣情感與區域性之方言……等等,都不是直接構成民族主義的要素,它們如果能成為民族主義的因素,其條件在於能融入現代性之「高級文化」,而成為一種普及化、規格化以及可以藉由教育與研究機構傳播的形式。蓋爾勒不否認其中蘊含衝突與鬥爭,他也由此闡釋民族主義可能偏激化的理由,但是他堅持以現代性之「高級文化」為解釋民族主義的主導因素,並批判昧於此因素與基本事實的民族主義乃是一種「假意識」。

沿順這種「社會與文化脈絡」的解釋架構,蓋爾勒亦闡明了自由民主的市民社會理想與民族主義既可能匯通又相互敵對的關係。雖然積極肯定自由民主的市民社會是西歐現代性的重要成就,但是他並不因此就如約翰·金恩所批評的,忽視了「市民社會內含的自我癱瘓的矛盾與困境」(John Kean, 1998: 80)。相反地,他指出:過度的經濟個人主義、消費主義、社會階級的分

化、宗教的宗派主義、對一種非理性的、神祕的「巫術」的乞
靈、對回歸傳統的「共同體主義」的嘗試，以及可能由於經濟生
產的停滯而引發的偏激的民族主義……等等，都足以摧毀自由民
主的市民社會（Gellner, 1988: 224-278）。自由民主之市民社會的
發展與維繫絕非一平坦大道。

　　蓋爾勒在闡釋傳統與現代社會與文化的轉化時，認為唯有西
歐因藉由新教倫理、資本主義市場經濟與科學工藝的產生，而得
以奇蹟式地突破傳統農業社會的結構格局。因此，經濟成長、勞
動分工、人之個體性的倫理，以及多元化的結社與活動型態，皆
是構成市民社會的基本元素。但是，這種偏向經濟解釋的市民社
會的理念，當應用於「非西方社會」——特別是東亞地區——的
現代處境時，引發一項議題：在這些地區市民社會的形成是否只
是依賴資本主義與工業化的條件，而不受其區域性文化的涵養？
正如蓋爾勒自己所提問的，東亞地區的資本主義與工業化之發展
誠然促使該地區之市民社會的發展，可是這個市民社會是否必然
以西方式的「組件化的人」，或者個體性之倫理作為依持的文化
元素？儘管如此，他的敘事與解釋讓我們深刻了解西歐自由民主
的市民社會的文化特殊性，以及由此得以在某種程度上釐清：我
們在論述傳統與現代化時可能膠著於過度觀念性的爭執，而忽略
了客觀的現實社會文化脈絡的意義。

第十一章

公共領域的倫理與民主政治

　　民主國家的憲法允讓其公民享有政治權利，並對這些權利的行使給予法律的保障。在這樣的憲政安排下，公民得以自由地結社，以從事各種活動，並且公開表達與出版各種言論，或者參與政治；公民權利之行使促使民主政治之公共領域的開展。在這個領域內，各種不同的言論穿梭其間，相互辯論、批駁，並藉由傳播媒體的助益，言論的表達與論辯普遍性地擴張，而為公民全體所關注。也在這個領域內，公民透過自由的結社，得以針對某種政治議題或政策，形成各種不論是抗議或支持它們的行動聯盟與社會運動。

　　儘管公共領域是由公民行使其基本權利而得以開展出來，但它並不成為民主體制的一項制度安排，如國會或者地方性的各種議會。就此而言，公共領域與國家權力彼此形成什麼樣的關係？它是「超出權力」（extrapower）之外的共同空間，或者是內在於國家主權及其法治管轄的場域？解釋這個問題涉及「公共性與私人性」（public/private）的區分。本章首先將根據這一問題取向，闡釋公共領域之概念，並論證以下的主題：「公／私」的區分是

人類各文明社會皆有的概念，但是公共領域的開展是在歐美之現代性的進程中出現的。其次，公共領域的出現是伴隨著資本主義之市場經濟（特別是「印刷業之資本主義」）以及市民社會的發展的，就此而論，公共領域的形成是跟國家主權脫鉤的，但是又必然跟國家主權有所關聯。公共領域的這種既開放又受限制的處境，既使得現代民主能夠有所進展的關鍵之一，但也構成民主政治的問題。如我們所見，公共領域隨著歐美現代性的進程，容受繁複多樣的需求，以及辯解這些需求的各種言論與意識型態，它們彼此交鋒、彼此抗衡。時至晚進的現代自由民主社會，公共領域更受到各種階級的、種族，或者文化、性別的認同意識及其論述所分割。公共領域的界線愈顯得模糊，也顯得零碎化，不僅如此，這些爭議也愈難取得共識。面臨這種處境，筆者針對民主的共識及其公共領域的規範性的議題提出某些觀點。

一、公共領域的古典意象與現代詮釋

當代公共領域的論述，在某種程度上，是由漢娜・鄂蘭啟其端緒，她提供了思辨的資源與解釋的基本架構。在1958年出版的《人之境況》中，鄂蘭對於公共言行的實踐（*praxis*）提出了「劇場式」（dramaturgical）的闡釋，其基本論旨在於：言行的「實踐」必須落實在一開放的，以及人際之間互為平等的人際之公共空間。在其中，每個人彼此爭勝，以表現其優異的言行，猶如在一劇場中，個人把他最優異的言行表達給在場的其他人。這個領域，進一步言之，是跟人的內在心靈（如意志的活動與良知的反省）、家庭生活（包括人際的親暱關係）、經濟活動（包括任何營生的活動）……等區分有別。在這裡，鄂蘭不諱言她所倡導的實

踐活動及其的「公共領域」，起源自古希臘政邦的政治經驗。在1963年的《論革命》，鄂蘭以現代革命的實踐為解釋的脈絡，對於人的實踐活動，提出了另一種解釋觀點，即「公民結社」（*societas*, civic association）的理念，它強調行動者藉由相互的信賴與承諾，彼此合作，形塑公民的權力（civic power），共創新的政治空間，營建得以維繫此自由空間的憲政制度（蔡英文，2002: 80-94, 235）。就此，鄂蘭建立了兩種公共領域模式：一是爭勝式的，另一是協合式的（associationist）（Benhabib, 1992: 89-120）。

　　然而，她的公共領域的理論如何跟現代性的處境接合？接受她的公共領域的學者之所以提出這個問題，其理由來自於她不正面地看待西方現代性的重要建制（如市場經濟、市民社會、主權國家）以及自由主義的意識型態的意義[1]。因此，她的公共領域的理念如何在現代處境中呈現意義，就顯得闇然不彰。

　　跟鄂蘭同一時代的英國政治思想家麥可·歐克秀就質疑鄂蘭的公共領域的政治解釋。歐克秀在其晚年的著作《人之行為》中，闡釋「何謂政治性」（what is the political？）的問題，而觸及了「公共性」與「政治性」的議題。基本上，歐克秀承繼霍布斯式的自由主義傳統，以主權國家與「屬民」（或公民）的關

1　就如珍·柯恩（Jean L. Cohen）與安格魯·亞雷托（Andrew Arato）的評論：「如我們所見，鄂蘭的公共領域是建立在古希臘或雅典政治的理想概念之模式上的。令人困思的是，這種公共領域的政治因現代社會、國家與經濟體系的興起而式微；儘管她認為這種政治在現代性興起之前已經消失。再者，鄂蘭本人不受她這種『式微之理論』所限制，她認為在現代革命期間，公共（領域）之自由（實踐）的實驗已然有重現，雖然為時極短。這種論點好似說，自由與不自由在不同的，以及偶然的相關聯的時間中進行。換言之，只有當歷史的辯證靜止的時刻，它往往（以及才有）可能。」（Jean L. Cohen & Andrew Arato, 1992: 210-211）

係，分辨與界定「政治性」（或「公共性」）與「私人性」的意義，因此，所謂「政治性」（或公共性）意指主權國家的憲法與各種法規，它們所構成的，是公民在其日常生活中應該遵守的條件。如是言之，「從事政治活動不需要特別地被界定於某一個地方或場合。它是一種公共性質的活動。在進行或追求此活動當中，『法治之條件』（a civil condition）可能被遵循，公共關係也可能是重心。然而，政治活動並不必然在公共領域中才能進行。」（Oakeshott, 1975: 166）所謂「公共領域」，其基本意義乃是公民公開討論憲政法規的議題，而跟公民從事的 *oikos*（家計與產業管理）的活動有所區別。從歐克秀的這種觀點，也多少可以看出自由主義者不甚強調公共性的空間觀念，而毋寧關注公／私的人際關係以及思辨「私人性」之關係與生活如何不受他人（包括政府、社會與輿論力量）的干涉。

　　鄂蘭所建立的公共領域的理論雖然有其內在的論證的「弱點」，但也啟發當代有關此概念的各種不同的闡釋及其理論的開展。尤根‧哈伯瑪斯（Jürgen Habermas）的公共領域的理論即是典型的代表。如果說鄂蘭的公共領域理論無法鑲嵌於西方現代性的生活處境，那麼，哈伯瑪斯是從鄂蘭所否定的現代性的脈絡中，提出了另一種公共領域的理念。他強調，推促此公共領域開展的力量來自擁有私產的所謂「資產階級」（或稱「布爾喬亞」）。就這階級的世界觀而言，他們所關注的是個人經營的產業與金融業，他們所追求的是資本的積累，他們所形成的人際關係是相互競爭。然而，由於現代市場經濟的無限擴張以及它們的經濟網絡與機制的愈為複雜，現代的資產階級的經濟活動無法如古典共和時期的公民一樣局限於 *oikos*（家庭式的產業），而必須跨出這個私人的領域，進入更廣大的階級的關係網絡，這個網絡即

構成「布爾喬亞的市民社會」。在這個社會當中，家庭與家族不再是經營生計與從事經濟活動的場域，而成為家屬成員維繫親暱的情感，發展其個性，學習基本禮節的地方（但也免不了有家戶長式的支配與情感之摩擦，家屬之間的傾軋）。哈伯瑪斯的公共領域並沒有割裂家庭之私領域的關聯。然而，問題在於：資產階級若只是關注私利以及注重家庭生活，則公共領域如何得以形成？針對這個問題，哈伯瑪斯從18世紀市民社會的「非官方」的制度（如沙龍、咖啡廳、俱樂部……等）以及文字媒體（如報章雜誌、期刊以及各種文藝刊物……等）的形成，說明這些制度與文字媒體成為資產階級集會以及言談，溝通的場所與媒介。這些地方既是集會與溝通的場所，自然會形成公眾之意見或輿論，並且藉由文字媒體的傳播，得以廣延開來。這些輿論，並不純然是政治性的。依照哈伯瑪斯對資產階級性格的了解，他們不像貴族階層一樣，敵視或對抗當時的「君主制」（monarchy）。他們反而要求一個一統性的最高權力，以保護他們從事的私人企業，並透過有效的政府治理與法律的規範，促進資本主義市場經濟的健全發展。這種對國家主權的態度使得「資產階級」沒有強烈的野心推翻當時的王權及其體制，他們所要求的只是一個有法治的國家，其最高權力能受基本人權的限制，而且公共領域的輿論能成為監督政府的機制。以珍‧柯恩與安格魯‧亞雷托的闡釋，哈伯瑪斯的公共領域是「資產階級」所屬，但也同時是自由，也是民主性格的（Cohen & Arato, 1992: 211-215）。

　　就當代公共領域的論述而言，鄂蘭與哈伯瑪斯分別建立兩種型態，一是具古典共和理念與精神；另一則是具現代資本主義性格與自由民主理念。除此之外，在說明公共領域與國家主權的關係上，兩人的闡釋觀點相重疊的地方在於：公共領域是脫離國家

主權的。以鄂蘭激進的觀點來說，公共領域甚至可以凝聚強大的權力，在國家權威掃地之時，足以顛覆、推翻它，另創新的體制（如在革命的處境中）。相對而言，哈伯瑪斯的公共領域雖與國家主權脫鉤，而成一自發性與自主性的領域，如同資本主義市場經濟與市民社會一樣。然而，從公共領域的針對性而言，公共領域的輿論是用來批判、監督與約束國家政府的政策。就此而論，公共領域亦涉入國家主權的制衡，兩者形成某種程度的緊張，甚至對立的關係。扣緊這個論述的主題，哈伯瑪斯亦廣延地思辨公共領域、市場經濟與家庭等私人領域在互動關係中形成的矛盾，以及「資產階級」之公共領域的限制。先不論哈伯瑪斯對他自己所建立的公共領域的理論反思，至少對當代公共領域之論述而言，他確立了現代性之公共領域的模式。

　　當代另一位重要的政治思想家查爾斯・泰勒（Charles Taylor）承襲了鄂蘭與哈伯瑪斯的公共領域的理論，亦提出他的理論見解。基本上，泰勒的公共領域是現代型態的，他強調公共領域的理念是西方現代社會的特徵，也是社會想像構成的要素之一（其中尚且包括市場經濟體系、人民主權或自治以及人權的理念）。除此之外，公共領域與其他構成的要素不僅超乎政治權力之上，同時也構成權力論證其正當性的根據（Taylor, 2004: 86）。泰勒採納哈伯瑪斯的觀點，認為公共領域的形成源自18世紀，「它是社會想像的轉變，是現代社會進展的關鍵，是（現代社會）長征的第一步。」（*ibid.*: 85）泰勒接受了上述對公共領域的基本界定以及公私領域的區分，例如他認為公共領域是人們相互討論、結社，而且大眾媒體貫穿其間的公共空間；人們所討論的是他們共同關注的課題；在進行這些討論或溝通時，參與者肯認不偏私的公共理性，並設定與遵守一定的程序；公共領域跟經濟、家庭生

活及其親暱之關係、個人主體性及其內在心靈與感情，以及美感的享受與品味……等（即所謂的私人性事務）區分有別。

　　泰勒的公共領域理論比較特別的地方是，他把公共領域分為兩種型態，一是「主題性的共同空間」（topical common space）；另一則是「跨越主題性的公共空間」（metatopical common space）。前者意指區域性之集會，後者是指足以含括各種「主題性之集會」的廣延性的空間，其廣延性甚至可以跨越國界。能形成這種公共領域的條件之一，在於歐美自早期的「印刷之資本主義」到當前資訊媒體科技的進展。泰勒的公共領域即是這種跨越性的共同空間。關於這個公共領域的理論，有兩項主題必須說明的：一是它的現代性格，或者說，它與古典時期的 *koinōnia*（政治共同體）的區分；其次是它的規範性地位。

　　泰勒在闡釋公共領域的現代性格上，乃跟隨哈伯瑪斯的基本觀點，指陳這個共同的空間乃是人相互結社以及彼此理性討論、爭辯與溝通的場域。這個場域是自發自主的，其形成「不受任何政治結構所賜予，相反地，它獨立於政治結構之上。」（Taylor, 2004: 92）儘管泰勒的闡釋步隨哈伯瑪斯，但在說明構成這個公共領域的行動主體時，泰勒不強調其階級性（如哈伯瑪斯的資產階級），而是著重在現代社會中互為陌生的人們。這跟古典的「政治共同體」（*koinōnia*）的「政治同儕」不同，他們彼此陌生，如同一盤散沙的人群。他們之所以可能形成一個共同的空間，乃是藉文字媒體的傳播。是故，各地區（不管遠近）發生的事情、事件經由文字媒體的傳播，都有可能成為共同關注、談論的議題[2]。

2　在回答什麼是「共同之空間」這個問題上，泰勒做了如下的闡釋：「牽涉於

　　在這裡，泰勒有時把公共領域的這種人們之結合，稱之為「文人之共和」（the Republic of Letters），這個共和的構成是外於政治的。如他所說明的：公共領域猶如一個統一性結社的共和，它是由所有開明的參與者結社而成，也跨越了政治的領域。是故「一個政治社會的所有成員應視之為形成一個外在於國家的社會。這個社會比任何一個國家更為廣大；它有時為某種目的，而延伸到文明歐洲的所有人。」（Taylor, 2004: 92）

　　其次，泰勒強調公共領域的現代性乃在於它的「根本的世俗性」（包括世俗性之時間意識）。世俗性並不表示傳統社會的基督教信仰（或者任何信仰）在現代社會的處境中式微，而是特別指人們在現代性之處境中，對於自我了解以及共同行動的正當性論據已經不再援引某種超越性的論據，如上帝的理念、如「存有之鍊」（the Great Chain of Being）的理念，或者如傳統的法律，比如「古憲政」（ancient constitution）的理想等等。在過去，這種「超越性的論據」可以把人們的自我了解與行動安置在「一個架構內，而得以使人相繫相連，結合一起，塑造成一個社會。」（Taylor, 2004: 94）另外，涉及社會與政治體制的創建方面，俗世性還意指人們不再相信有一種「建基的行動」（the foundation acts）以及一個特殊的、神聖性的「根源的時刻」（a time of

---

『共同之空間』之人們，假設性地來說，從未有機緣會面過。但是他們在一個透過媒體——在18世紀，即印刷媒體——而形成的討論的共同空間中被聯繫，彼此宛如可以相見。書籍、宣傳冊子、新聞在受教育的公眾當中流動、傳閱；互通信息的主題、分析、反論……等相互交涉、交鋒與批駁。它們廣泛地被閱讀，而且常常在面對面的集會中、在社交界、在咖啡館、沙龍以及在更具有權威性與公共性的地方，如議會當中，人們彼此討論它們。藉由這種過程得出來的普遍性的觀點，若有的話，就可以被接受是為在這新的意義下的輿論。」（Taylor, 2004: 84）

origins）；這種時刻表示「它與我們的行動不相類屬，也不是框架我們的先行者，但與我們有因果連屬的行動。它不只是早先的，也是另類的時間，一種典範性的時間。」（*ibid.*: 97）

現代性的公共領域即是這種「俗世性」的開展。在現代的處境中，人們的共同行動形成某種結社，繼而構成公共領域；就此構成而言，人們的共同行動與共同的了解即構成公共領域本身，而不必援引「一種需要建立在確定的『行動的超越性』（action-transcendent）層次上的基本架構，不論是藉由上帝的行動，或者置於『存有之鍊』，或者憑藉我們不知其所以然來的傳統。這即是造就公共領域之『根本俗世性』（radical secular）之所在；同時，這也是讓我們得以認識它之所以為新之關鍵。」（*ibid.*: 94）

泰勒在提示公共領域之規範地位上，他從公共領域之「外於政治」之性格，闡釋公共領域呈現理性之彼此的批判性論辯，而不是反映一般的民意。理想地來說，透過這些理性存有著的批判性的論辯，而得以形成「開明的」（enlightened）輿論，這種輿論對於政府的作為與政策具有針砭之作用。政府應當聽從此輿論，俾能修正與改革其政策與行為的缺失。公共領域隨著參與者的擴大，也形成「人民是最高權力」的理念。此理念在18世紀末葉，透過兩次革命，成為自由民主政府論證其存在之正當性的理據（*ibid.*: 87-89）。對於公共領域的規範性地位，泰勒做了如下的陳述：

在公共領域當中的討論端賴開明的、客觀的社會了解與理念，不論這些理念是經濟的、政治的與法律的。公共領域的基本性格亦表現在這裡。從某個角度來看，輿論被視為理性的——是理想上的理性。它是冷靜且理智的討論的結果。從

公共領域的另一個角度來看，公共領域也不可避免地被視為一種共同的行動。公共的討論有其結論：它凝聚成輿論、公共的心靈或者集體的判斷。更終極地說，這輿論逐漸地，也不可避免地成為正當性的原則。（*ibid.*: 166）

哈伯瑪斯與泰勒分別以不同的闡述途徑，建立了自由與民主之公共領域，或者說，理想模式之公共領域。但是在西方現代社會的發展歷程中，出現了什麼樣的作為與理念導致公共領域徒具空間形式，甚至造成它的消逝？時至當前的晚近現代社會，公共領域又面臨什麼樣的問題？

二、現代性之公共空間面臨的問題

如上所述，公共領域的形成是與國家主權分離的，而呈現「外於政治權力」的性格；同時，基於它所形塑的理性開明的輿論以及人民主權的理念，在現代自由民主的體制中，公共領域成為國家權力運作的正當性理據的來源。在西方近現代的歷史進程中，公共領域因其「非制度性」的安排及其帶有的人民主權的理念，而產生如下的情況：

現代主權國家在其統治的疆域內，嘗試整合各自分立與自主性的領域，包括市場經濟、市民社會以及公共領域，國家的這種作為帶出來政治權力，與公共領域所形成的督促政府之輿論，這兩者彼此產生的摩擦與衝突。為解決這個衝突，最極端者乃是20世紀出現的法西斯主義與極權主義政權，其基本的性格，乃是憑藉全面控制的政治權力壓碎公共領域以及消除其他自主性之領域。

　　若以泰勒的闡釋來說，公共領域預設多元的、區域性的「主題性的公共領域」，換句話說，公共領域內含繁複多樣的理念及意見。就此言之，公共領域的共同性如何可能？如上面所解釋的，自18世紀以來，傳播媒體的擴展促使公共領域形成某種共同性，即任何區域性的議題可以成為廣大之公眾關注的議題。但是，依賴公眾媒體以形成共同性，公共領域內部的共同性毋寧是碎弱的。大眾媒體不可能成為某種具權威性的「集體的代理機制」（collective agency），以調節公共領域內彼此分立的理念與意見，俾能形成某種同一性。相反地，大眾媒體也可能回應市場經濟的競爭邏輯，藉由炒作非關公共論述的課題（如揭露公共人物的隱私性）來提高其利潤；或者，公共媒體也可能受政治黨派與利益團體所操縱，而變成某種意識型態的傳聲筒。在這情況下，大眾媒體終致淪落為偏私性的機制。

　　公共領域醞釀冷靜的、理性與公正的輿論，它代表一種集體的省思與判斷。然而，輿論也可能形成某種「道德多數之壓迫」，傾軋人的個體性。特別在社群的集體生活與體制產生嚴重的危機時，這個由公共領域塑造出來的「道德多數」因心理上的不安全感與焦慮，容易傾向尋找「替罪羔羊」（或公眾敵人），藉此緩解他們因體制之危機所形成的焦慮。在現代社會的處境中，暴力也可能體現在公共領域內的「道德多數」。19世紀的托克維爾與密爾在他們的政治論述中，已表達出這種憂慮。

　　公共領域的形成是跟隨著人民主權的理念的。這個盧梭式的理念，就其原來的論旨來說，乃試圖跨越過去之契約論所設想的公利與私利相合的理論，進而塑造出真實的、具道德性的共同意志。這種共同意志被設想為優先於（不論是論述邏輯抑或政治實踐）既定的政府。人民主權，如是言之，蘊含顛覆既定權力的理

念。積極來說，它足以喚醒被宰制、壓迫之人民的解放；負面來
說，它所蘊含的真實之道德性的觀念，也孕育出善惡對立的道德
性政治。自18世紀末的革命以來，人民主權遂逐漸形成現代性之
自由民主制的正當性原則。然而，人民主權之理念本身亦帶來
「何謂人民？」的爭議；顯現在公共領域的進展上，則是從「資產
階級／貴族階級」以至於「資產階級／無產階級」之人民的界定、
分化與抗爭。時至今日，民族性、文化性、族裔性與性別……等
等理念涉入了有關「人民」之範疇的界定。界定「人民」之範疇
所運用的語言、論述的概念架構以及呈現的價值理念往往形成分
立與「不可通約共量性」（incommensurability），而造成基本共識
的難以確立以及公共領域的「零碎化」（fragementation）。無可諱
言地，公共領域因人民主權之理念及其爭議，而得以防範它自身
的排他性。但是它內在所形成的零碎化若缺乏某種程度的集體性
的機制以及共同的目標或價值，或者說，缺乏「政治的同一性」
（political identity），公共領域甚至整個社會可能形成某種「無政
府」的狀態。

三、公共空間的倫理性格

　　基本上，在對公共領域的活動意義之規範性的反思上牽涉了
人際之間的倫理以及政治權力之運作；探討的主題包括公／私的
區分、共同價值與意志以及國家主權與公共領域的關係。

　　在闡述公共領域的人際之間的倫理上，美國哲學家托瑪斯·
涅格爾（Thomas Nagel）提出了如下的觀點：

　　人既是複雜又個別分歧的。一個人若要求他的感情、心思與

要求悉數為公共空間所接納，那麼，勢必會造成人們彼此相互侵犯與衝突。公共空間乃是複雜且彼此分歧的個體彼此交會互動的地方，它是單一的而且有其限度。每一個人的言行表達必須是公共空間裡的人們可以面對處理的。若非如此，個人言行的表達必會帶來人際的混亂與紛擾。誠然，是有不同的空間以及各種團體，它們各有其可容受衝突的限度。但是所有公共空間的運作均如同某種交通管制的形式，必要調適個別差異的人們，他們個個都複雜萬端，而且潛在的衝突與鬥爭也是漫無止境。同樣地，我們為了彼此的調適，在處事處人方面，必須學習通融、謙恭、忍讓，處處為人留餘地，顧及他人的顏面以及不計較他人無心的過失。這些態度不是虛偽，而是我們可以體會的人際交往的常規習尚。我們在公共交往的過程中，如果毫無節制地表現欲望、貪念、蠻橫霸道、焦慮不安與妄自尊大，那麼，我們就不可能有公共生活可言。同樣地，如果我們毫無顧忌地表達個人的心思、情感與隱私於公共空間，而成為公共輿論的焦點，以為如此才能造成坦坦蕩蕩的人格，那麼，我們就毫無私人生活可言。（Nagel, 2003: 28-9）

涅格爾在這段引言中，闡釋公共領域是複雜且彼此分歧的個體彼此交合互動的地方，是一個言行之公開表達的空間。但既有彰顯，就必要有遮掩，換句話說，必要有公／私的分際；這種公／私，彰顯／遮掩的分際乃構成公共領域之倫理條件。對於自由主義者而言，區分公共性與私人性的倫理，其宗旨在於保護私人性的事物（與事務），使它們免受政府或社會力的干擾與侵犯。但我們是否可能對公／私做一個明確的界說？對於這個問題，雷

蒙・葛雷士（Raymond Geuss）提供如下的觀點：「（在思考公／私的區分上）我們並沒有必要去發現何謂公與私的區分，然後決定我們應該以什麼價值態度去面對。相反地，在我們既定的價值與知識下，決定何種事物為我們認為需要規約，或者必須關照的——然後在它們身上印上『公共性』的標示。」（Geuss, 2001: 86）這種類似方法論的觀點，其要義乃承認我們無法得到一種單一的區分公私的原則，因為公與私之分別及其對立，其型態繁複多樣，它們亦非絕對性的；但是，也不是說所有的這種分別與對立都不實在。重點在於，當我們在做這種區分時，有必要給予某種理由，但給予理由是有其特定具體的脈絡與目的，並考慮得以實現此種區分的能力（*ibid.*: 113）。

　　姑且不論這種方法論在操作上是否流於一個個案接著一個個案的瑣碎的概念與語意的分析，葛雷士的方法論提示了公共領域之規範性思辨必要闡釋的一個問題，即：如果我們跟他一樣承認公私的區分界線難明，彼此各自多元分歧，而且也可能重疊，那麼，我們如何可能去處理公私分界的問題？從抽象的理論層次來看，公私分界既然難明，就沒有一個人（包括國家之執政者與某些社會大眾）可以正當性的宣稱某種正確（或正統）的判準，而強加於其他人身上。這種所謂正確（或正統）的判準很容易使得集體性的權力藉由政治的壓迫或社會的壓力來控制個人的生活（包括其內在心靈），「更糟的是，它會造成某種（社會的）氛圍迫使每個人為證明自己是站在正確的一方，而言不由衷。」虛假、作偽便成為慣常之事（Nagel, 2002: 21）。

　　涉及公與私之分辨的議題，若我們避免使用任何勢力去聲張某種正確區分的原則，那麼，另外的替代途徑即是，透過公共的討論去議決公與私的分際的諸種問題。以憲法所保障的隱私權為

例，所謂的「隱私」的界定為何？公眾人物的公共與私密的生活是否可以公開？又以「防範家庭暴力」為例，我們是否可以因為防制此暴力的發生，而可以立法讓司法人員偵察每一個家庭的生活？再者，言論自由是否容許性別歧視、族裔偏見或種族仇恨的言論公開發表或出版？諸如此類的種種議題都不是一個人或任何團體可以獨斷下所謂「正確」的答案的，而必須被帶到公共領域，透過公共性的討論，形成公共的判斷。

但是，個人的審議與判斷在公共領域內必然會跟其他的產生摩擦與意見的相左（disagreement），而有可能帶出激烈的衝突。如何可能協調這些衝突，以達成某種共識？再者，共識預設集體的決斷，公共領域如果是與國家權力脫離的，不是國家體制內的一種制度安排，那麼，公共領域是否有正當性做集體的決斷？這些問題牽涉了公共領域的運作與國家主權的關係。

關於公共領域之衝突與共識的問題，不論自由主義或者激進民主的論述皆承認，當代民主社會既無法避免，也不可能根除它們內在的種種衝突。再者，所謂的「共識」，都是相對性的。其理由在於：現代的「俗世性」的社會，如上所闡釋的泰勒的觀點，不再可能援引任何「超越性之原則」作為共識之正當性的根據。現代社會必然「自我尋究與創設自我的根基」，如人民的共同意志、民族主義，或者，如法西斯主義的國族主義、極權主義的種族主義或無產階級專政……等原則。

就當代自由主義者與民主論者而言，任何共同性或集體性的理念，如果落實在一具體的目的（如階級、民族、或種族）而且被安置在一套歷史哲學的目的論的架構上，便容易形成極權主義式的意識型態。因此，任何共同性或集體性的原則或理念不能是「實質性的目的」，而必須是「規約性之倫理」（若用歐克秀的語

言），或者是無實質內容的「象徵」，或者如泰勒所提示的「政治的同一性」。這種自由民主的共同性以人們相互承認的自由、平等與自主性為基礎，並以法治為機制、為經緯，構成一個寬鬆、處處留有開放之空間，但不缺乏一種「集體機制」之認同的社會。簡言之，自由民主社會的共同性乃形之於自由、平等、個人之自主性與法治的實踐當中。

在這樣自由民主的架構下，公共領域內部的意見的衝突的化解，一方面透過制度化的途徑，使之成為「日常例行的事物」（routinized），在這裡，公共領域在其發展的過程中，如前所闡釋的，乃與國家之主權脫離，它所形塑的輿論構成了對於政府的監督；但是另一方面，公共領域的輿論並不具政治決斷的正當性，政治決斷是由國家之主權者及其制度（如國會或各級議會）所掌控，因此，公共領域的輿論欲合法性施用，必須在主權國家內，依附於制度架構的運作。無可諱言地，在民主國家當中，公共領域的輿論以及因此形成的各種社會運動經常跟國家主權的政策與理念發生衝突，但民主的這種衝突、抗爭是行之於權力之外，而且有制度作為衝突的緩衝點，這避免了致命的社會衝突。

當代之政治自由主義者，如約翰・羅爾斯（John Rawls）、涅格爾與蓋爾勒，在思辨民主之共識的可能性條件時，基本上乃以維繫民主之憲政的完整性為前提。以蓋爾勒的觀點而論，民主社會中的共識若要有可能，必要的條件之一在於：公共領域中的爭議皆承認基本憲政結構的有效性（或正當性），因此爭議的議題不會是有關諸如憲政與民族認同的問題，而只是日常生活有關各種民生的瑣碎議題（Gellner, 1967: 60）。又如，羅爾斯所揭之「交疊性共識的理想」，這個理想預設人的道德性與理性，而跟只講求利益妥協的策略性共識，即「暫訂的協議」（*modus vivendi*），

區然而別。在演繹「交疊性共識」的理想時，羅爾斯一方面確立
交疊性共識所形成的界域乃構成共同性；另一方面提示「作為公
平之正義」概念的政治性格；依此推論，民主共識的形成必須依
據自由民主之憲政及其基本之制度安排，在其中，多元分歧之
「合理之整全性學說」透過公共理性尋找「交疊性共識」時，必
須限定在公共討論所能處理與解決的議題上，即使涉及憲政結構
的問題時，合理性的公共討論只審議「既定之憲政的根本」，而
不是其結構本身及其根源性之問題，以確保其政治的整合與連貫
性。這種政治自由主義的基本政治理念在涅格爾的近著中也有所
發揮。他在思考「公／私」領域（或彰顯／遮掩）分際時，特別
提出「忍隱」（reticence）的道德與倫理性的原則，其論證的主題
在於：在民主社會中，任何公民應當學習有哪些事物是可以帶進
公共領域的討論，並且藉由此一討論，可以獲得某種程度的共
識，以及有哪些事物是必須隱匿於私人領域的。舉最明顯的例
子，個人的性生活與個人的生活態度是無法經由公共討論而有定
論。因此，媒體揭露公共人物的隱私，對於公共議題的討論而
言，毫無關係，也了無意義。再者，以他的觀點來看，任何一種
公共領域所能容受的爭議與衝突亦有其限度，有些爭議，如牽涉
廣泛但抽象的文化、民族的認同，或者憲政之根源的問題，不是
經由公共的討論而可以得到滿意的結論；在某些時刻，公共討論
這些問題，反而造成極端的對立，帶來無法化解的衝突，甚至衍
生暴力。

　　上面所闡釋的政治自由主義的論點，在思辨公共領域的規範
倫理上，大致都將公共領域的運作限制在一定的憲政法制的架構
內，是故，不是任何議題都可以進入此領域，接受公共的討論。
這種論點之基本方向在於保持公共領域的完整性與文明性。

四、結論

公共領域在當前已構成自由民主政治的一個重要部分。從西方現代社會的發展來看，公共領域的形成是跟國家主權分離的，如泰勒所解釋，公共領域是「外於權力」的。是故，它的運作可以被視為國家主權治理權的正當性來源，特別是從18世紀末葉以來，當人民主權的理念與實踐與公共領域的運作相結合，公共領域的輿論與人民主權（或人民自治）的理念，加上人權的原則，遂奠定自由民主的基礎。然而，從現代主權國家的發展來看，主權國家的治理權力與統治權力亦構成另一種「公共性」與「政治性」的理念。同時，在現代主權國家的擴張過程中，本為「外於權力」的公共領域亦被納入國家主權的統治範圍。從是觀之，國家主權與公共領域就形成既分離又整合的緊張，這也帶出了「公／私」界域的爭議。兩者之間產生的這種緊張與爭議性在某種程度上也是促使西方民主化的動力之一。以當前的處境來看，只要自由民主的社會存在，就不可能完全鏟除國家主權與公共領域的緊張，同時，隨著科技的進展與社會經濟的複雜化，公／私之間的界定也更難以確定，其中的問題也更複雜萬端。本章以當代自由主義的觀點為基礎，對於如何可能建立公共領域本身的規範，提供了某些看法。

政治自由主義者所論證的這些觀點是否令人信服？從激進民主論者的批判來看，這些規範性的理念不免自我設限過度，這種限制容易扼殺公共領域原本具有的多元傾向。就此而言，公／私的界域應是浮動或動態性的，它不斷會受公民的挑戰，因此它理應是開放的。當涉及言論彼此激烈的爭議時，取得共識的途徑不全然是如政治自由主義者所設想的，那麼冷靜、溫和，而有時是

充滿暴烈的情緒，集團的利益與意識型態也時常左右公民的判斷。共識反而常常是各方利益妥協的結果，或者取決於集團勢力的強弱。這種批判觀點揭露部分的政治現實，但是我們是否會因此而全然否定政治自由主義的倫理約束？

　　自由民主社會本身即呈現不穩定的性格，民主的公共領域充滿不斷的爭議與衝突。共識亦難以求得。這樣的民主社會當然時遇險境，有如自由民主社會的自我否定，不過，這也不是它的弱點。以這樣的觀點來看待自由民主社會時，我們對於民主的公共領域的共識就不一定抱著：「無共識，民主就解體」的態度。政治自由主義的約束性的倫理誠然是達成民主共識的要件之一，但是，倫理性之原則必須通過在現實中的學習，才能成為具體性的實踐原則，在這個地方對現實主義的批判加以正視，是有其必要的。

第十二章

政治之罪惡與寬恕的可能性
——以漢娜・鄂蘭的解釋為焦點

一、引言

　　對漢娜・鄂蘭而言，上個世紀的前半葉在德國與俄國興起的極權主義的意識型態及其政體乃是人類歷史的大事件。這個事件的意義代表西方啟蒙之現代性理想的失敗；進而言之，它們的「種族滅絕」與「階級的整肅」的罪行更推翻了傳統的政治與道德的價值，因而造成了西方政治與道德實踐與理念的斷裂。鄂蘭作為一位「種族滅絕」之受害者，在她的思想生涯中，終極關切「極權主義的問題」。對這個問題的解釋有二個基本的取徑，一是闡述極權主義如何可能發生於現代性的處境？極權主義的意識型態及其統治表現什麼獨特的性格？另一則是，在極權主義政體瓦解之後，曾是這個政體的「加害者」與「受害者」如何跟這個政體犯下的「根本或極端之罪惡」得以「復合」（reconciliation）？若沒有這種「復合」，「加害者」與「受害者」雙方永遠陷於仇恨、怨憎、憤怒與說謊、合理化、逃避或罪孽等道德心理的漩

渦。但這如何可能？這兩種解釋的取徑是相關的。

　　在1950年代，她出版《極權主義之根源》一書（原書名是《我們這個時代的負擔》）明白表示她透過對極權主義之現代性起源以及極權主義之罪惡的闡述，去卸除這個罪惡的沉重負擔，在其中，她已思辨黑格爾的「跟現實復合」（the reconciliation with reality）之理念的可能性；在1958年的《人之境況》（*The Human Condition*，原書名為 *vita active*）提出了「承諾」與「寬恕」為人之實踐的重要德行，也在這段時期，鄂蘭闡釋「敘事」（narrative）的作用與亞里斯多德之「心靈之滌清」（the *Carthasis* of mind）的關聯。這些概念，基本來說，乃在回應如何面對極權主義之罪惡的問題。但在1963年，鄂蘭的《艾克曼在耶路撒冷》再度面臨極權主義的罪惡的問題，她因回應「罪惡之浮淺性」（the banality of evil，或謂「罪惡之平常性」）而發展公民之責任與判斷的理論。本章即在於闡釋鄂蘭自1963年以來的這個理論的展現；鄂蘭發展公民責任與判斷的理論是扣緊她所關注的極權主義之罪惡的問題。因此本章從1961年的艾克曼的審判為起點，解釋她在《艾克曼在耶路撒冷》一書中所提出的「罪惡之浮淺性」的概念及其引發的爭議，並對此爭議提出個人的解釋觀點。延續這個解釋的脈絡，本章還將探究罪惡之起源與「思維的匱乏或障蔽」相關的議題，之後則闡釋公民責任的概念，以及「寬恕」的可能性。

　　從鄂蘭政治思想發展的脈絡來說，1963年的《艾克曼在耶路撒冷》是一轉折。艾克曼是納粹SS（黨衛隊）的高級將領，曾負責猶太人之「終決計畫」的決策與執行。戰後被聯軍判為一級戰犯，但逃脫聯軍的捕捕，潛逃至阿根廷，後被以色列的特工發覺並逮捕，並於1961年4月11日公開審判。這一年，鄂蘭應《紐約客》雜誌社之邀，前往耶路撒冷，聆聽整個審判過程，並為文紀

實。1963年，鄂蘭將此紀實，擴充成書，出版了《艾克曼在耶路撒冷》。此書的許多解釋觀點引起輿論大嘩，招致猶太同胞的批判。這本著作涉及道德、法律、政治與抵抗的問題，以及國際公法的解釋議題。若不討論此書的論證內容，只表述其論證主題，那麼有下列四項：(1)有關「反人性之罪」（the crime against humaninity）的成立條件；(2)有關「罪惡之浮淺性」的解釋；(3)有關猶太人的組織機構，特別是「猶太人諮議會」（Jewish Council）在迫害猶太人上所扮演的角色；(4)有關納粹極權統治下，政治抵抗的問題。其中引起理論解釋爭議的是有關「罪惡之浮淺性」與公民之政治抵抗的主題。

　　鄂蘭觀察艾克曼在法庭受審的言行舉止，以及研讀其生平資料，得到其人格特質的印象是，這位犯下滔天之罪的納粹官員看起來魯鈍、說辭缺乏定見，甚至陳腔濫調，這種言行舉止跟他所犯的罪行實不相稱。針對於此，鄂蘭提出「罪惡之浮淺性」的觀點，說明艾克曼的人格非如我們從戲劇小說中讀到的，如莎翁筆下的馬克白、伊亞果的冒進、姦邪（如以作惡為樂）的異常人格及其為惡之深層動機。艾克曼所關注的只是個人的生涯、家庭的生計，就如一般人一般，他之所以犯罪並不是因為他服膺納粹之種族主義的意識型態，也不是特別憎恨猶太人，而只是因其職位與個人生涯的考量，服從上級長官交辦的工作。但是，依鄂蘭的解釋，艾克曼對其所交辦的工作是否正當，缺乏審思明辨的能力。換言之，缺乏思維（thinking）與判斷的能力，是艾克曼為惡的主要原因。然而，「罪惡的浮淺性」與「缺乏思維能力」的關聯性必須有更充分的解釋，才能具有說服力。為解釋此相關性，鄂蘭晚年發展「心靈之生活」與「實踐之生活」如何關聯的問題意識，依此，她透過人之心靈活動的解釋，提出了判斷力與決斷

的理論。

與上述議題相關的是，在納粹之極權政府的統治下，公民為何甚少批判與抵抗這個政府所從事的種族屠殺的政策與暴行？此一問題引發鄂蘭思考政府的作為與公民之責任的關係。公民的順從是否表示他們默許納粹的政治罪行，也因此必須承擔此罪惡的責任，或者說，所謂「集體的責任」是否成立？對此問題，鄂蘭從政府官員（包括政治領導者）與公民的立場，思辨有關法律、道德與政治責任的議題。

鄂蘭的共和主義式的民主憲政強調公民的政治關切與參與，以及公共領域的開展是強化與維繫民主政治的重要條件。然而，公民的政治實踐，以及公民社會的形成皆倚賴公民之責任與判斷的養成，缺少後者，民主政治將只成為一個形式化的軀殼。就此而論，鄂蘭晚年發展的公民責任與判斷的理念充實了她的共和民主憲政的理論，使之有一較為連貫的內容。

二、納粹極權主義之罪惡的解釋

針對納粹政體所犯下的集體屠殺猶太人的罪行，鄂蘭在《極權主義之根源》中，借用康德的「根本之惡」（radical evil）的概念說明這個政體之政治罪惡的本質[1]。在1964年寫成的〈在獨裁政

---

[1] 面對這種根本或絕對性之惡，鄂蘭說：「我們無法用罪惡之動機，譬如：自我利益、貪婪、怨恨、權力欲、妄想與懦弱，來了解與解釋這種絕對之惡。因此，面對它，憤怒遂無法報復，情愛無法容忍，友誼也無法寬宥。在（極權政體）的執刑者眼裡，死亡工廠與『抹殺一切的洞穴』中的受害者再也不是人，再也不具人性。因此，這些嶄新的種族的罪犯不再是人為的刑事法所能控制，甚至也超越於『人在罪惡裡的協同一致之感』。」（鄂蘭，1982: 256）

體下的個人責任〉一文中,她重述這個概念:

> 在(極權政府的)恐怖統治的時刻,在它的赤裸裸的畸形醜
> 陋的行徑下,對我以及對多數人而言,是超越了所有的道德
> 範疇,並且推翻了所有司法的準則;它是人無法適當地處
> 罰,也無法寬恕的事物。同時,在這種無言名狀的恐怖當
> 中,……我們有意忘記過去曾被教導的,嚴格的道德與可處
> 理的教訓,這是我所憂慮的……。(*ibid.*: 23)

納粹極權政體的統治讓鄂蘭最感震駭的事實是,這個政體以種族主義及優生學為政治意識型態之根據,透過集中營之機制,屠殺了數百萬計的猶太人(包括吉普賽人與身心殘障者)。這些被屠殺的「人民」不是抗拒,或欲顛覆該政權的「政治敵人」。他們被屠殺只是因為他們身上烙印著低劣種族的印記,因而必須在地表上消失。不僅如此,他們從被迫害到屠殺的過程,經歷這個政權無盡的羞辱、折磨。從剝奪其基本人權以至於摧殘其道德良知以及內在隱匿的生活世界,這個政權藉此途徑,把他們塑造為在這個世界上徹底的「多餘之人」(superflous)[2]。鄂蘭以「根本之惡」來描述納粹政體的「種族滅絕」罪行,指稱這個罪行不論就其規模,或者手段之殘酷,乃是前所未有、史無前例的;進而言之,它亦越乎一般功利、道德與法律的衡量準矩。當鄂蘭借用康德的這個概念時,並不忠實於原始的意義,亦即:「倒錯之惡

2　鄂蘭在《極權主義之根源》第二章〈極權主義當權〉的「全面控制」一節,
　　詳細地描述這個歷程,關於這方面的解釋,參見 Richard Berstein, *Radical
　　Evil*, pp. 209-214。

意」（perverted wicked will）。它純係描述罪惡的性質。

　　然而，「根本或絕對性之惡」是透過對罪行之嚴重程度的比較而來，它意涵這個罪行已逾越了任何衡量的準矩。就此而言，「根本之惡」一詞若非蘊含宗教性之絕對性，如「原罪」的意義，那麼，此一概念就具弔詭性（paradox）。就如亞倫・巴迪烏（Alan Badiou）所評論的，「根本之惡」既是透過衡量而來，但它本身不再具衡量的性格。它是一獨一無二的範例，可是這個範例是負面性的，是不得仿效的。它所具有的規範性的作用，在於「它提供我們這個時代予一種獨一無二的、無可比擬的——在這個意義上，超越性的，或無法言說的——純粹罪惡本身的衡量準矩。」（Badiou, 2001: 62）「根本之惡」既是經由比較之衡量而來，因此它雖然超越任何衡量之外，它亦不斷被比較。除此之外，這個根本之惡「作為一個極致的、負面性範例，此罪行是可被模倣的，任何罪行皆是它的模倣。」（Badiou, 2001: 63）基於「根本性或絕對性之惡」概念本身的弔詭性，巴迪烏以「極端之惡」（extreme evil）的概念取而代之。但是，「極端之惡」是否比「根本之惡」的概念更能解釋納粹之種族屠殺的意義？

　　鄂蘭並不像巴迪烏一樣，有機會目睹盧安達、波士尼亞的種族屠殺與強暴之罪行。因此，從鄂蘭當時的歷史處境來看，納粹所實行的組織性的種族屠殺被解釋為史無前例的根本性或絕對性之惡，是可理解的，也可被接受。依鄂蘭的觀點來看，對於這種罪惡，我們無法藉由傳統基督教的「原罪」或者哲學人類學的人性之劣根性的理念，來適當地闡釋它的根源。這種罪惡的殘酷性也遠非能以一般常識性的倫理以及傳統哲學規範加以批判。換言之，它超越了我們所能了解的罪行以及「極端之惡」。

　　除此之外，種族滅絕的受害者的苦難非常具體，實非抽象的

理論解釋能盡其意蘊，也非敘事就能傳達受害者的具體經驗。即使鄂蘭運用基督教的煉獄、地獄為隱喻，描述種族滅絕的恐怖場景，還是無法觸及受害者苦難的實質感受。「根本性或絕對性之惡」的概念，在鄂蘭闡述的脈絡中，即表示我們在理解這種組織性之種族滅絕的罪惡上的限制，這也意涵人類行動的力量具潛能，足以突破所有一切既定的了解範疇與規範系統，不論其結果是「奇蹟」或者巨大的罪惡（或災難）。

基本上，鄂蘭的「根本性或絕對性之罪惡」乃針對納粹實行的「組織性之罪行」所提出的解釋。這個罪行如何發生？鄂蘭在《極權主義之根源》的〈極權主義當權〉與〈恐怖統治〉兩個章節，解釋了這個問題[3]。

如上所述，鄂蘭闡述納粹的「根本之惡」的本質在於透過政府的組織力量將人轉變成為「多餘」。這種「多餘」不單純指涉受體制迫害、殘殺的受害性，也指向操縱這個體制的納粹的加害者，他們「根本不關切自己的生死，或者根本不關心自己是否真正活著，或是根本從未出生。」（Arendt, 1982: 256）「根本之惡」既是一種組織性之罪行，那麼，能說明此罪惡的根源，就有必要了解納粹政權的統治。對於這個議題，鄂蘭解釋的主題在於：納粹的極權政體透過立法的程序，將種族主義意識型態轉變成為憲政的「基本法」並利用各種宣傳，灌輸給國民這種意識型態。在《極權主義之根源》的〈意識型態與恐怖統治〉這一章節中，鄂

3　依照學者的評論，鄂蘭並沒有分別說明希特勒納粹與史達林的政體如何在不同的歷史與政治的處境中，實行所謂的極權主義的「全面控制」與「恐怖統治」。從她寫作《極權主義之根源》的原意來看，納粹的極權主義是她闡述的重點（Lukacs, 2005: 129）。是故，說明此「組織性的罪行」乃以納粹極權主義的統治為主。

蘭細密地分析極權主義之意識型態的邏輯，以及說明它如何可能攫取人的心智。依據鄂蘭的闡述，意識型態具有全盤性的歷史目的論的意涵，即：消滅全人類的低劣種族。依據這個前提，這種意識型態呈現演繹式的邏輯性格，其推論的程序形成一種抹殺實踐世界的所有差異與矛盾，如法律與正義原則的差異。這種邏輯推論的一致性斷絕了經驗世界的聯繫及其互動關係，因而構成了一種封閉的系統。這種意識型態如何可能支配人的心思，而成為一種行動原則？對於這個問題，鄂蘭嘗試以人置身於特殊處境的道德心理，提出她的解釋觀點。她透過分析人之孤單、隔絕與寂寞之情境模式，闡釋極權主義之意識型態唯有在人彼此隔絕、孤立，進而造成人之「寂寞」處境的社會，才能發生作用。鄂蘭如此論道：

> 極權主義政府，恰如同所有的暴君體制，唯有摧毀人生活的公共層面，也就是說，藉著隔絕、孤立其人民的手段，而毀滅了他們的政治活動的能力，才得以生存。（但，如前所述）極權主義的統治是一種新形式的政府。既然如此，它絕不會只滿足於隔絕、孤立其人民，以及摧毀他們個人私生活。極權主義的政府，更進一步來說，奠基於人的「寂寞」，亦即：以人心中生成的不屬於這個世界的感受──這也是人最絕望的體驗──作為它的基礎。「寂寞」是極權主義政體之恐怖統治的共同基礎，是極權主義政府及其意識型態，或者它的邏輯（推論）的本質，它同時也為極權主義的執行者和犧牲者做好了預備的工作。從根本處來看，「寂寞」是與「漂泊無依」、「多餘無用」的感受息息相關……「漂泊無依」意指失去了在這個世界上所占的位置，失去了他人的認同與

護持，而「多餘無用」則意指不屬於這個世界。（Arendt, 1982: 284）

極權主義的意識型態若要有效地支配人的心智，則必須摧毀人「共同生活」的意識與意願，將人相互隔絕孤立，進而把人推向「寂寞」的存在處境。在共同體的意識喪失的處境中，意識型態的邏輯推論宛如「唯一值得信賴的支柱」才能起作用，如鄂蘭所言：

> 人一旦置身於人際關係之外，那麼，具有內在脅迫力量，以及擁有前後一致、首尾一貫，避免一切矛盾衝突的「推理能力」和「矛盾辯證法」遂成為肯定人（存在）的唯一途徑。它們把人推向恐怖統治的鐵鏈裡——即使在人獨處的時候……極權主義的統治……教導且榮耀「寂寞」處境下的邏輯推論，使人了解到如果他脫離了（邏輯推論）整個過程肇始的基本前提，那麼，他就喪失了一切。（*ibid.*: 288-289）

分析至此，我們可以說，對於極權主義之「根本之惡」的起源問題，提出了意識型態之政治控制的解釋。這種政治控制能夠發生效力，理由在於：人際之相互隔絕、孤立所造成的「寂寞」的存在處境，置身於處境，意識型態的推論邏輯成為人存在意義的唯一依傍。鄂蘭以一種存在主義式的解釋，提出了這種觀點。

但是，這種哲學思辨是否具有解釋的有效性？極權主義的政治誠然是一種意識型態的控制，不論此意識型態是以種族主義或階級鬥爭為其前提，但是，意識型態的控制是否必須在一個孤立、寂寞的群眾社會處境才能發生效用？人共同生活的意願、相

互的信任、互動溝通，以及由此而來的道德與法律的共識與成規一旦被剝蝕，或者，被破壞，那麼，在這種情境下，人彼此不再具有共同體的歸屬，而隔絕、孤立與寂寞的心境一再地侵蝕人的生活。這樣的社會情態就構成有利極權主義意識型態將控制的基本條件。但是，這種解釋引發質疑的地方在於：不正是因為納粹不斷提倡與試圖建構「人民（或民族）的有機體式的共同體」（an organic community of the people）的意識型態，決意創立出一個純粹的、不受外來腐敗毒素所污染的民族與種族的共同體，才使其政權犯下上個世紀最巨大的政治罪行嗎？

　　就如上面所提到的巴迪烏的批判，他認為鄂蘭的「共同生活」（being-together）忽略了一個關鍵性問題：如何決定這個「共同生活」的集體性格。就此，巴迪烏論道：

> 沒有人比希特勒更有強烈的欲望，要求德國人共同生活。納粹的「猶太人」範疇用來指稱（name）德國的「內在性」（interior），亦即共同生活的空間，而這種指名道姓的手法是透過一種可以從內部追蹤、監聽的「外在性的建構」。這種建構相當任意，但具有規約性——正如構成「所有法國人共同生活」的確定性乃預設我們法國人在此時此刻迫害那些屬於「非法移民」範疇的人……納粹政治的獨特性之一在於它宣稱一種歷史共同性，這個共同體被賦予一個「征服性的主體」（conquering subjectivity）。也正是這種宣稱才使它的主體性得以勝利，並且把滅絕帶到議程。（Badiou, 2001: 65）

　　換言之，納粹之意識型態的控制，其首要目的在於塑造一種緊密且封閉的集體性共同體。這個共同體之建構必須嚴格的區分

內外的威脅，或者所謂的共同體的「敵人」，這些「敵人」包括猶太人、共產主義或社會主義黨人、英法的腐敗的物質文明，以及身心障礙者等等（Mann, 2004: 144-147）。滅絕這些腐敗的因素，一個健康的、強壯的共同體才得以形成，這種共同體才有遠大光明的未來。承擔起這種共同體之建構的行為者（agent，或代理）乃是偉大的領袖，以及忠誠信奉此意識型態的政治菁英。從這種批評的觀點來看，鄂蘭的解釋忽略了共同體的塑造潛伏著組織性罪行的危險。就此來論，20世紀初葉，歐洲形成的人際相互隔絕、孤立的群眾社會。這種社會雖是孕育極權主義運動的溫床，但極權主義運動在極大的程度上，乃嘗試透過意識型態作為一種整合的手段，轉變這種社會。為此目的，它必須以鏟除某些社會範疇為標的。換言之，藉由排他性，以達成整合原本人際相互隔絕、孤立的社會。如果我們承認鄂蘭所提的「人寂寞的社會存在處境，乃是極權主義之意識型態控制的基礎」，那麼，這種觀點的有效性必須以極權主義的「共同體」塑造為前提。根本來說，極權主義政體的組織性罪行，其根源來自於為克服現代之群眾社會的隔絕、孤立的存在處境，而採取了肅清社會內部異類（譬如，不適合生存的種族或族類，或不應存在的社會階級）的手段。

三、罪惡與思維能力之障蔽

　　「根本之惡」與「罪惡之浮淺性」之概念引發的爭議在於：執行「種族屠殺」（Holocaust）計畫的極權政府官員是否不具有深沉的邪惡動機，譬如以虐殺為樂的異常或變態的心理，或者對於屠殺的對象深懷仇恨或敵視；簡言之，他們為惡的動機或意向

是否跟其所犯的巨大罪行相稱？對此議題，鄂蘭的解釋觀點似是否定的，或者保留來說，並不是那麼肯定的。據她的觀察，像艾克曼這樣的納粹官員，委實看不出他有什麼異常的人格特質。他跟一般的政府官員一樣，看重的只是如何晉升官階、出人頭地。他的作為只是盡其所能，執行上級（特別是元首）的命令與決策，堅決而有效力的。艾克曼之所以會犯下這麼巨大的罪行，如果不是出自深邃的為惡動機，或者變態的人格特質，那麼，可以解釋他惡行的因素就在於：他缺乏自我反思與「記憶」（remembrance）的思維能力。因這種障蔽，他喪失了「道德的良知」，致使他在執行命令與決策之當下，無法或者不願意判斷其道德的正當性。因為缺乏了思維能力中的「記憶」作用，致使他無法自我操持而易受外界事物的引誘與煽動。鄂蘭說：

> 最重大的罪犯是那些「失憶」（don't remember）的人，因為他們從未思考相關之事態；同時，缺乏記憶，他們就不會被任何事情給牽制。對人類而言，思考過去之事物意味穿梭於事物之深層，伸張事物之根基，也因此得以穩固自己，他們就不會被任何發生之事故——不論是時代精神或單純的誘惑——給動搖。最嚴重的罪惡不是根本性的，它沒有根基，但正因為它無根，所以無所限制。它可以走向不可思議的極端，並且橫掃整個世界。（Arendt, 2003: 95）

在這段引言中，鄂蘭指陳「罪惡之浮淺性」意味罪行本身的「無根性」，這「無根性」來自人之思維能力的喪失，除了喪失自我反思的作用之外，也喪失了「記憶」的功能，前者造成道德良知的隱晦，後者導致為所欲為的盲動。

　　依照我們對人之行為（包括罪行）的解釋，動機與意向是重要的解釋項。良善的行為與良善的動機（或意向）有直接對等的關係，反之亦然。鄂蘭的「罪惡之浮淺性」之概念表示，我們在了解那些執行「種族滅絕」的納粹政府官員時，無法從他們的行為動機或意向，取得恰當的解釋。若是如此，我們如何解釋極權主義政府的政治罪惡？總言之，鄂蘭捨棄了人之動機或意向作為解釋政治罪惡的因素，這是她的「罪惡之浮淺性」概念引發爭論之所在。

　　鄂蘭運用「根本之惡」的概念闡述納粹之組織性罪行的特質，她在《艾克曼在耶路撒冷》一書中提出的「罪惡之浮淺性」概念，基本上是解釋個人在這組織中罪行的原因。如上所述，犯下種族滅絕之巨大罪惡的個人不必然具有心理變態之異常人格特質，反而是凡常的、或者是平庸的，不思不想的、膚淺的。這兩個概念是否矛盾？依據理查‧伯恩斯坦（Richard Bernstein）的解釋，鄂蘭所運用的這兩個概念基本上是相容的，而且「罪惡之浮淺性」乃以「根本之惡」為前提。以伯恩斯坦的說法：「『罪惡之浮淺性』是只能當作某些『根本之惡』的加害者的一個例子——如像艾克曼這樣的『案牘的謀殺者』（desk murders）。」伯恩斯坦並不否認這兩個概念引發的爭議，但他肯定鄂蘭的解釋提供給我們了解當代政治罪惡的反思資源。針對我們從常識與哲學傳統所學習的有關善惡的知識，她的見解無異是一種挑戰。伯恩斯坦解釋如下：

　　　在我們平常的道德論述（與哲學傳統）當中，有一種相當牢不可破的信念，相信犯下罪行的人必定有奸邪的動機。罪行愈大，奸邪之動機愈深。鄂蘭批判這種信念。（她辯稱）當

事人既不是惡魔、人格變態者，也不是虐待狂。當事人只是
意識型態的狂執。他的動機只不過是野心、諂媚其上級，以
及生涯的晉升。這樣的人處在極權主義的環境裡，就可能犯
下最恐怖的罪行。在不同的社會，在不同的歷史環境中，艾
克曼很可能只是一位無害的小官僚。換言之，他完全是一個
平常人，他的行為動機純粹是「現世性的欲望」（mundance
desires）。但是，他在異常的環境中，犯下了最凶惡的罪
行。現代社會的官僚型態引人驚悸的是，它們增強了這種罪
行的潛力。就如鄂蘭聲稱，即使極權主義政體已崩解，但
「根本之惡」依舊是一種活生生的可能性，「罪惡之浮淺性」
亦是如此。（Bernstein, 2002: 232-233）

涉及「根本之惡」與「罪惡之浮淺性」概念的爭議，我個人
基本上肯定伯恩斯坦的解釋觀點，認為兩者因應不同的闡述脈絡
而形成。前者著重於納粹極權政體之組織性之罪行的性質，後者
則解釋在納粹體制中的「同謀共犯者」之所以犯下嚴重之罪行的
個人因素[4]。

另外一位評論者，維特列森（Vetlesen）肯定鄂蘭在分析極
權主義之「根本之惡」上，分離了個體之自利動機與組織性之罪
行的關聯。納粹之組織性的罪行來自意識型態的控制，「（納粹

4　Paul Formosa在2007年11月的 *Philosophy and Social Criticism* 中登刊的文章
　　"Is radical evil banal? Is banal evil radical?" 中，對於鄂蘭的「根本之惡」與
　　「罪惡之浮淺性」的爭議，提出跟筆者基本上相同的解釋，我們之間主要的
　　不同點在於Formosa不認為這兩種罪惡是互為依賴。本章認為，純就艾克曼
　　的罪行而論，兩者是互相依存的。缺乏納粹的組織性的「根本之惡」，艾克
　　曼的罪惡無從發生——雖然這種罪行的根源是平常無奇的。

的）加害者本人順從意識型態的主導，他了解在何時何地可以將犧牲奉獻提升為重要的德行，因而得以放棄各種不同意義的自我利益。」進而言之，此意識型態泯滅了「人的責任心、罪惡感」，也卸除了「人行為之傷害與得失的負擔」。在它的控制下，每個人變成「毫無面目可言，他隨時可以被丟棄、被取代。在個人的生活世界中，他既喪失了被承認的身分，也無法在身後被追憶。」（Vetlesen, 2005: 99）簡言之，他喪失了鄂蘭所闡釋的共同體的歸屬感，而成為「多餘」。儘管如此，維特列森批評鄂蘭的「罪惡之浮淺性」無法全然有效地解釋艾克曼本人以及SS（黨衛隊）之成員犯下巨大罪行的理由。他質疑這些「加害者」是否如鄂蘭所描述的像平常人一樣，他們為惡不是因為異常的人格，如怨憎（resentment）、仇恨、強烈的權力欲望，或者以傷害或折磨他人為樂事。除此之外，他亦質疑，即使我們承認鄂蘭以自利動機解釋艾克曼之為惡的觀點是可成立的，但是，自利是一空泛的觀念，無法具體地解釋艾克曼為惡的理由。維特列森評論如下：「在我自己分析艾克曼的觀點當中，有一樁問題是我們不得不面對的，即是；如果在此有所謂的自利，那麼，這自利是一種強勢，或者是弱勢的意志？」對於這個問題，維特列森的解釋是，納粹之加害者（包括艾克曼在內）的自利呈現一種「弱意志之自我」（weak self），它以人民或民族的集體性事物為名，矯飾自利為某種利他主義，以及「英雄式的現實主義」（heroic realism）。但是，既然為一種「弱意志之自我」，它是猶疑不定的，而且秉具不安全感，隨時攀援高超的權威（諸如領袖、政黨與民族─祖國）以求得安全、確定與權力（Vetlesen, 2005: 100）。

　　儘管，維特列森的評論有其有效性，但是，在這裡，我們有必要了解，鄂蘭在解釋人的行為（包括惡行）上，並不採取心理

學或心理分析的途徑，也不從人性本身作為解釋的取向，鄂蘭所關注的是人的言行表現。因此，具體言行的表現，而非動機、目的，才是解釋的重點所在。基於這種方法論的觀點，鄂蘭只從艾克曼在法庭上的言辭與行為的表現，嘗試解釋他所以為惡的理由。她的解釋環扣著一項更重要的課題，即是人的道德、法律與政治的責任。就此而言，「罪惡之浮淺性」與人的責任的解釋是相互關聯的。

　　其實，鄂蘭的政治之惡的理論引發爭議的關鍵問題在於：人之思維的匱乏是否能如實地作為解釋一個人處在極權主義之全面控制的恐怖統治的境況中會犯下政治罪行的理由？人的思維能力是否足以自我設立恆定的道德原則，藉此得以避免罪行？答案是不確定的，既是也不是。問題出在：人的思維與判斷的運作跟他所處的政治社會及其公共文化之間乃是一種交互關係。在納粹統治期間，極權政府透過各種宣傳機構不斷灌輸「猶太種族乃次人類」的意識型態，並經由行政法規與管理的途徑，落實這種意識型態（譬如在尚未實施「終結猶太人計畫」之前，納粹政府採取隔離政策，將猶太人集中於隔離區，因此當納粹設置集中營屠殺猶太人時，德國國民並不一定知道納粹的這種罪行）。當這個政府明示「屠殺猶太人，如捏死臭蟲」時，當這個政體將種族隔離與迫害的理念轉變成為憲政典章（如《紐倫堡憲法》）時，處於這個處境中，任何德國國民如何可能如鄂蘭希望的，透過自我反思而直指個人的道德良知，以及人性的道德法則？在意識型態的「洗腦」下，有多少國民仍然可以保持這種自我反思的道德空間？

　　針對鄂蘭的觀點而提出的這種質疑，並不全然否認鄂蘭所肯定人的自我反思的批判能力，因為每個人因具有這種能力，才得

以分判社會成規與政治指令，或意識型態是否合理，是否正當，進而判斷是否服從。在政治與道德層面上，我們必要肯定這種人作為「一位人格」（a person）而不只是「一位人」（a man）的基本條件。鄂蘭對於艾克曼的惡，提出「思維之匱乏」的解釋，其論旨乃是在於指出艾克曼喪失了作為一位人格的條件。但是，人的自我反思的思維活動在處於像極權主義政體的境況中，到底能發揮多大的作用，得以讓一個人的判斷與良知不會被集權主義的意識型態的灌輸給淹沒？當時偉大的哲學家、法學家如海德格、施密特與伽達瑪，不是被納粹的意識型態所蠱惑，甚至自願為其政府效命，就是默從其統治。有些具道德勇氣與宗教良知的知識菁英，縱然極力反對納粹的意識型態，但終究願意為此政府，戰死沙場[5]，鄂蘭在《極權主義之根源》一書，就表達這種疑惑。在艾克曼審判中，她針對艾克曼個人的性格，提出了之所以他為惡

5　英國的 *History Today* 於 2007 年 12 月號刊登了一篇名為「一位德國軍人的自白」（"Confessions of a German Solider"）的傳記文章。作者黎娜‧卡爾森（Lena Karsten）以動人的文筆描述其祖父 Dietrich Karsten 的一生行誼。他的祖父是一位信奉基督新教的教士，受其業師，當代偉大的神學家卡爾‧巴斯（Karl Barth）（1886-1968）的影響，極力反抗納粹的意識型態，並受到納粹政府的迫害。但在 1940 年，他卻自願為此政府效命沙場，並獲得鐵十字勳章，在 1942 年，戰死於俄國戰場。在回顧其祖父的生涯，作者表達了如下的疑惑：「我的祖父富責任感、充滿熱情活力，堅毅勇敢，這些美德造就他成為一位不屈不撓的基督徒。但是，當他的政府阻撓了這個生涯，同樣的特質卻也促使他成為效命希特勒之毀滅勢力的勇敢戰士。我祖父一生的故事，有部分（告訴我）他的美德推促他朝向毀滅，而不是往救贖的道路前進。讓我疑惑的是：像我祖父一樣的人是否比那些生活在德國社會中，默從其指令的有德之人，更具罪孽？或者，容我這麼想：如果希特勒真的有能耐，甚至讓那些具有道德勇氣以及心智清明的人都可以默從他的種族屠殺，那麼，這種輕易就範的行為就讓人驚恐萬分了。」（Karsten, 2007: 28）

的解釋。但這種解釋，就理論的層次上來說，還顯得不夠充分。因這種解釋的疑義，鄂蘭在晚年未完成的《心智的生命》中，透過闡釋人之思維、意志與判斷力的機能，冀望能由此形成較連貫的解釋。由於篇幅所限，我在此無法充分鋪陳這麼複雜的課題。單就她處理人之思維活動的基本觀點來看，人的思維活動得以發揮其作用，必須從人實踐的世界撤退，進行「內在之自我分裂為二」（即：我與我自己）的對話。自我反思的作用在於：批判地解釋實踐的意義，並分判其對與錯、正當與不正當；也由此反思並顯現良知。是故，思維活動與良知作用須臾不離。思維雖是個人自我內在的活動，但它必要跟外在實踐世界的成規、風尚有所關聯。在此，鄂蘭以字源學的觀點，界定道德的根源來自社會的成規跟習尚（mores）。就此而論，自我反思的思維若欲保證其方向是正當的、是善的，就無法在極大的程度上不依賴社會之習尚與規的作用。儘管鄂蘭承認極權主義的意識型態摧毀了社會的道德成規與習尚，但她相信個人的自我反思的思維的發用依然可以帶出政治實踐的作用，她說：

> 在特定的歷史時刻當中，這個時刻（猶如葉慈所描述）「所有事物解離；中心無所操持／紛亂無主動搖了整個世界」居處其中，「上焉者喪失一切信念，而下焉者／充滿著激情張力」，思維活動不再是政治上的「邊際事物」。當每一個人都迷執於他所行所信的時候，那些勇於思考的人不同流合污，他們得以從隱匿處站立，特異獨立。他們不再是一位寂然不動的觀想者，而是一位行動者。思維活動中蘊含的批判肅清作用……在此揭露一切未經審問明辨之意見的偏頗，繼而鏟除了那些我們習以為常，而且經常頑冥不化之價值、學說、

教條理論，甚至是信念的偏執迷妄，這乃是思維施用於政治
事務所發揮的能量。（Arendt, 2003: 188）

　　但是思維的發用僅止於保持個人道德的自我完整性，亦即：
你與你自己保持和諧的關係，以及自我的一致性。同時，從道德
認知的資源來說，如鄂蘭陳述：「任何一位健全的人皆可肯定與
領悟神的誡律，或人的理性，乃是人內在良知之音，告訴他何謂
善惡、對錯。但這些資源不涉及國家的法律，以及同胞的意見。」
（ibid.: 161）就此而論，思維活動所蘊含的道德良知的作用在極權
主義的政體中，僅表現消極的意義，而且我們也得承認，僅有少
數人得以反思批判極權主義的意識型態的灌輸，進而能保持個人
道德的完整性。

四、公民責任的三個層次

　　對於鄂蘭而言，艾克曼的審判，連同之前的紐倫堡大審以及
之後的法蘭克福（或奧茲維茨）審判（1963）所帶來的基本問
題，在於：「如何確立責任以及決定罪行的範圍」（Arendt, 2003:
141）。這個問題，依一般的法律與道德概念，並無法取得合理的
解釋。其主要理由有下列幾點：
　　(1)被控訴犯下集體屠殺猶太人的納粹官員並非殺害個別的猶
太人，而是執行國家的命令，透過行政程序，從事集體屠殺的政
策。他們被稱之為「案牘的謀殺者」，亦即：單憑手諭、電話、
電報……等工具，而非運用實質的暴力工具，執行屠殺的命令。
　　(2)這種「行政謀殺」（或者「組織性之罪行」）是由納粹政
黨透過國家公權力進行的罪行，準此，法律如何下判決？這牽涉

了國家憲政同一性之延續（the continuity of constitutional identity）的問題。如果說國家體制隨憲法的改變而不同，那麼，改變了的憲法及其國家體制是否有合法性可以判決先前的國家體制的罪犯？具體而言，戰後德國的民主憲政是否具合法性，處理納粹之極權體制的罪犯？另一方面，儘管國家體制隨憲法之改變而改變但是國家之制度，特別是文官系統依舊維繫其同一性，又譬如納粹政黨改變了威瑪憲法，但接受了威瑪共和的文官系統（包括雇用其公務員）。若非如是，納粹無法有效地管理它的國家；同理，阿德諾的波昂政府亦是如此。就此而言，納粹德國的所有公務員，以及據有權位的公共人物或菁英分子是否因此皆是納粹罪行的共犯？甚至納粹德國的公民必須承擔其罪行而有所謂的「集體罪惡」（ibid.: 244-5）？

這兩個基本問題導致德國戰後在反思批判納粹德國之責任歸屬問題上，帶來了道德的混淆，鄂蘭說：

> 在戰後這段期間，我認為道德混淆的本質在於：那些全然無辜的（公民）確信他們彼此以及整個世界如何感受到罪疚；然而，那些罪犯卻少有承認自己犯下的罪行，甚至連悔悟的臉色都少見。（Arendt, 2003: 28）

鄂蘭駁斥這種「集體的罪惡感」，認為它是一種無謂的負擔。簡單的邏輯是：若是全體公民有罪，那麼就無所謂犯罪與否，她說：「沒有所謂集體的罪惡，或者集體的無辜；罪惡與無辜只有針對個人才有意義。」（ibid.: 29）「有罪跟責任不同，有罪通常是被指認的。嚴格來說，它是個人性的，指涉具體行為，而非意圖或潛能。」（ibid.: 147）在這裡，鄂蘭指出「有罪」與「責

任」的不相似性，但這種區分似有疑義。在民法與刑法的層次上，責任與罪行是相關的，當一個人犯法，他有義務承擔這個罪行，並接受懲罰，或補償受害者的損失，就如保羅‧希科（Paul Ricoeur）所說明的：「一個人遵從這些義務，即是負責任。」（Ricouer, 2000: 11）雖有如此的疑義，但鄂蘭駁斥「集體罪惡」的重點在於：身處極權政府的統治，任何公民若非犯下如迫害與屠殺猶太人的罪行，並不必要承擔這個政體之罪行的責任，也不必因此而有罪惡感。但更重要的論點是，「集體罪惡」的觀念常成為真正的罪犯辯解其罪行的託辭，試圖卸除個人的責任。就如鄂蘭所說：

> 不論是黑手黨，或者SS（黨衛隊），或者其他犯罪或政治組織的分子，當他們在為自己的罪行辯解時，往往辯稱自己只是一個小齒輪，全心全意為上級的命令效力。其他人若處於相同的處境，也會做一樣的事。（Arendt, 2003: 148）

在他們的辯解中，這種「齒輪理論」（cog-theory）更被賦予一種道德性的論據，就此，他們如此辯證：

> 每一種組織皆要求效忠上級的命令與國家的法律。效忠是最高的政治德行。沒有這種忠誠，政治體就不可能存續。良知的自由不能毫無限制，一旦無所限制，良知的自由將危害每一種組織性的共同體。（ibid.: 46）

依鄂蘭的解釋，現代國家發展出來的，如韋伯所解釋的「官僚科層制」形塑了這種「齒輪理論」，她說：

當我們描述一種政治體系，若只提示其明顯的特徵，我們會
說明它的運作，以及政府各個部門彼此的關係，並解釋巨大
的官僚機制如何運轉，在其中，命令的管道是一重要的部
分，還有文武官員與警察是如何相互關聯的。顯然，這種陳
述表明所有人被體系當作齒輪加以利用，俾以維持體系之管
理的運行。每一個齒輪，也就是說，每一個人必須是隨時可
置換而不必改變整個體系，這是所有官僚科層制，所有文官
體系，或甚至所有功能的一項前提。（*ibid.*: 29）

　　作為現代國家的一個權力的設置，官僚科層體系構成統治的
工具，是國家治理不可缺少的行政管理系統。但是，這個體系也
形塑了所謂官僚心態，其特徵，在於體系內的成員隨時可以被置
換。以鄂蘭的話來說，「我可以做的事，別人亦可為」，換言之，
他們的身分既是「非人格性的」，也是功能性。服從命令與墨守
成規是他們服公職的責任（duties）。在一自由民主的國家中，這
種心態與作為可以被視為某種公共的德行。但是，當一個政體犯
了如極權主義政體的罪行時，這個政體的行政官員是否也必須承
擔集體的責任？換另外一個角度來看，行政官員是否可以正當地
辯稱，他們的所作所為純係服從命令、遵守法規，因此不必要承
擔政體所犯下罪行的責任？

　　如上所言，鄂蘭強調：法律（包括道德）的責任「往往跟個
人（person）及其作為相關」，即使一個人牽涉了某種組織性的犯
罪，我們在判斷他的罪行上，也不是從群體的角度，而是就他個
人參與這個組織的深淺程度，他所扮演的角度，罪行的大小等觀
點，來做判定。分析至此，我們可以說，鄂蘭以人格性的法律責
任觀點，駁斥「集體罪惡」的理念。罪行與法律的責任都是以個

人身分承擔的，無法藉由諸如「齒輪」（如扮演體制的功能）、歷史的形勢（如「勢不可為」）與歷史的目標（如為達成偉大的歷史使命）……等集體性的概念，來為個人的罪行辯解。但是，在這裡，有一項複雜的問題：在極權政體（或任何獨裁制）中，不曾犯下迫害政敵、屠殺某一族群……等罪行的公務員與國民，是否有義務承擔國家的責任，或者說，擔負集體的責任？這無辜者不負國家決策與執政的責任，他們是否因為生活在犯了組織性之罪行的體制中，而必須負擔責任？集體性的責任的概念是否成立？在分析上，法律與道德的責任跟集體性的責任又該如何區分？

法律責任意指一個人對他所犯下的過失與罪行承擔其責任，並負義務賠償受害者的損失。罪行的歸咎與賠償都指涉個人的身分。就此而言，「集體性的責任」顯然不是法律層面的，但它是否屬於道德層次？顯然不是，鄂蘭亦以個人的身分來界定道德責任的範圍，它跟法律責任一樣，乃關係著個人及其作為。不同之處在於：道德責任不涉及個人對他人的過失或罪行，它所關注的是個人自我的完整性與一致性（包括行為動機的純正性），如鄂蘭所喜歡引述的蘇格拉底的兩條道德法則：一是「寧可承受他人之罪行（或錯誤）加諸己身所受的磨難，也不願意自己為惡」，另一則是：「寧可與他人失和，也不願意與自己失和」。就如上面所討論的，鄂蘭是從人之思維的自我反思（特別是我與我自己彼此的對話）及其良知的彰顯來闡釋人的道德性。鄂蘭對道德性的分析似乎是回應極權政體下個人與集體責任的基本問題。鄂蘭該如何界定集體責任的基本意義？

依鄂蘭的界定，集體的責任有兩個基本條件：「我必須為我不曾做過的事承擔責任；承擔這個責任的理由在於：我必須是一

個團體（一個集體）的成員，身屬這個團體的成員，我無法任隨
自己的意願而解除作為團體之一分子的身分。」（*ibid.*: 149）簡單
來說，我作為一個政治共同體的成員，這個成員的身分跟其他組
織的團體（如企業公司，或大學，或官僚體制）的成員身分不
同，它不是隨個人的意志可解除的。因此你必須承擔這個政治共
同體的任何風險，也必須有義務關照其他成員的福祉，或者所受
的傷害。以鄂蘭特殊的用語來說，集體性的責任關注之所在不是
個人道德的完整性（如，你不可以跟自己失和），而是我所生活
的世界。鄂蘭稱這種集體性的責任為政治責任，她說：

> 依我個人的意見，這種責任乃是政治性的，不論它以舊有的
> 形式表示：整個共同體為它的成員的作為承擔責任；或者以
> 另外的方式表示：一個共同體承擔以它為名的作為的責任。
> 當然，後者更為我們所關切，因為它不只應用於代議政府，
> 也應用於所有的政治共同體。每一個政府承擔了過去之政府
> 的作為與惡行的責任。每一個民族亦承擔過去之作為與惡行
> 的責任。即使一個革命政府斷然拒絕它跟先前的政府有任何
> 契約協定的關係，它也不得不承擔過去政府一切的作
> 為。……就這個意義來說，我們通常為父執輩承擔其罪惡，
> 如同我們受他們的庇蔭一樣；當然，我們不必在法律上與道
> 德上為他們的罪行感到罪惡，就如同我們將他們應有的功績
> 據為己有。（*ibid.*: 149-150）

作為一種集體性的責任，政治責任指涉一個政治共同體及其
政府有義務，坦承過去之政府的一切作為，不論其功過得失。由
於每一個人必然是共同體的成員，他亦必須承擔此共同體的一切

作為，除非他願意脫離這個共同體，成為「無國籍民」。在自由民主國家中，鄂蘭所說的集體性的責任，表現在公民對公共事務的關切以及政治參與，當然，公民亦可選擇「免於政治」的消極抵抗的行動，藉由這種「拒絕參與」的抵抗，冀望改變政府之不當政策。無論如此，政治責任──作為一種「集體性的之責任」──關切的是「一個民族的命運，以及它在這個世界中對其他民族的作為。」（ *ibid.*: 155）

　　然而，在一個極權主義與專制獨裁政體當中，政治參與以及「免於政治」的自由一概被取消，公民所能承擔的政治責任之範圍有多大？針對這個問題，鄂蘭明言，處於這樣的處境，任何公民必然面對道德、法律與政治責任的纏結，以及尖銳的抉擇困境。這個問題牽涉公民的判斷與抉擇。如同多元主義者的論點，鄂蘭承認任何抉擇都必須要付出代價。準此，我將闡述鄂蘭所特別關切的道德與政治責任之衝突的困境，以及她處理此困境的基本立場。

　　如前所述，鄂蘭對「罪惡之浮淺性」概念的闡述，要旨在於：納粹的統治菁英，如艾克曼，因關切個人官職與權力的掌握，而缺乏了自我反省的能力，進而道德良知無法彰顯。在一味服從上級之命令與效忠國家的主導下，他們喪失了判斷接受的命令與服從之法律是否違反了人性的基本法則（如不能殘害無辜者之生命、不能作偽證……等原則）。但對此要旨的質疑是：人之自我反思缺點是否真能有效解釋極權政體之「組織性罪惡」。儘管如此，人之自我反思之能力雖不像政治實踐一樣，帶來實際效應，但至少，消極地來說，得以防止個人成為極權政體的共犯，保持個人自我道德的完整性。置身在極權主義的恐怖統治下，一個公民只能承擔他個人的道德責任。但是，為保持個人道德自身

的完整性，一個人必須從政治領域中撤退。他不再關切與參與公共事務，換言之，他放棄了政治責任。鄂蘭把這種人存在的處境解釋為「邊際處境」（the marginal situation）。關於這種處境，鄂蘭說明如下：

> 在「邊際處境」中，道德的主張成為絕對有效。然而，在政治領域中，它卻是無能。無能或者沒有權力乃是以孤絕（isolation）為前提，它常常成為無能的有效藉口。這種論證的麻煩在於它的全然主觀性。它的真實性只有透過「自願承受磨難」（the willingness to suffer）才得以印證。（*ibid.*: 156）

顯然，一個人從政治領域中撤退到內在的自我反思的思維，以保持道德良知的完整性，是有可能避免在極權主義或專制獨裁體制中，犯下政治之罪行，亦可免除法律與道德責任的衝突。但付出的代價乃是犧牲了作為一個政治共同體成員所應該承擔的政治責任。政治的責任，鄂蘭在此強調，不是任何行為的道德準則可以加以推託的。人畢竟不是個人性的，或孤絕的存在，他必然生活在一個政治共同體中，與其他人共同生活，也只有在共同體中，行動的能力，或者說，卓越的政治能力才得以實現。

這種政治責任觀深具公民共和主義的意涵，這是鄂蘭政治思想一直所強調的觀念，即：共同體的政治清明與健全與否，端賴公民對公共事務的關懷與照應，並透過言辯的審議而有良好的判斷，並付諸政治之實踐。缺乏這種政治責任的承擔，政治事務不是被政客以各種不同的意識型態給操弄，就是讓政治的場域被經濟利益、個人生涯的考量以及政治的犬儒作風給淹沒。冷漠與這種政治責任觀強調公民與整個政治共同體的關係。但把這種觀念

擺在極權主義政府統治的處境中來看，鄂蘭的論證是否是連貫
的，可證立的？對此疑問，我們可以說，鄂蘭忽略了國家的統治
與公民責任的履踐是互為相關的。當一個國家之政府的政策與作
為否定了人的基本尊嚴，以及自由與平等的基本價值（更甚者，
如極權主義政府的「反人性」的政策與作為），生活於這個國家
之中的公民是否有義務履行其責任？如上面所解釋的，鄂蘭並不
否認人處於「異常」的，如極權主義的特殊處境中，公民有其個
人之道德責任感。由此推論，公民不能只求保持個人道德的道德
自我的完整性，而應責無旁貸承擔政治的責任，而這個責任在極
權主義體制當中，即表現在奮力抗拒這個政體，如她所讚揚的二
戰期間，法國在維琪政府的統治下，進行地下解放軍的抗暴。但
鄂蘭自己也承認，我們無法也不必要責成每一位公民在極權政府
底下，都可以成為操持個人道德自我完整，而成就道德的「聖
者」，或者不顧生命安危，奮力抗暴而成為政治的「英雄」。了解
了這種人行動的限制，鄂蘭在反思我們如何面對極權主義之政治
罪惡，並尋求這個「現實」復合的可能性時，她必須帶出寬恕之
德行，以及透過任何敘事（包括歷史之敘述）可能帶來的「記憶
之治療」的「心靈之滌清」作用。

五、結論

　　鄂蘭在1966年寫成的〈貝托爾特‧布萊希特，1898-1956〉
一文中，對這位德國偉大的左派劇作家與詩人曾犯下的「政治錯
誤」，表達了「任何判斷（裁決）都留有寬恕的空間」的意見，
對此基本理念，她說明道：

任何判斷（裁決）的行動都可以變成寬恕的行動；判斷（裁決）與寬恕本是一枚銅板的兩面。但是，兩面所依循的原則卻是不相同的。法律的威嚴要求我們公平——只針對其行為，而不問犯了錯的那個人是誰；相反地，寬恕則將人納入考慮，寬恕的不是殺人或竊盜（的行為），而是殺人者或竊盜者。我們原諒的永遠是某個人而不是某件事，人之所以認為唯有愛才能寬恕，其道理在此。但是，無論有或沒有愛，我們都是因為人的緣故才寬恕，司法要求的是平等，仁慈堅守的是不平等——在此一不平等中，意味著每一個人都是或應該高於他所做的或所成就的。[6]

「裁決（或判斷）即通向寬恕」這個理念意涵：裁決（或判斷）作為一種決疑與決斷，並非是司法的審判，而是決斷終結罪行引發的憤恨、報復，以及罪行給予人的磨難，讓個人及他人，以致整個共同體有一種「共同生活在一起」的開端。

在1958年的《人之境況》中，鄂蘭透過闡釋人之行動所構成的「人際網絡」的「脆弱性」（frailty）與「不可逆料性」，提出行動的兩個主要德行，一是承諾；另一則是寬恕。前者緩解人行動的「不可逆料性」；後者截斷行動之主體在互動過程中造成的悔恨、積怨、仇恨……等負面性的道德心理，而得以共創新的開端[7]。

6　鄂蘭這篇文章，收錄於她在1968年出版的《黑暗時代群像》（中譯本為鄧伯宸譯，台北：立緒文化，2006），本段引自中譯本頁333，譯者將"judgement"譯為「裁決」。

7　關於鄂蘭的承諾與寬恕的理念，詳見蔡英文，《政治實踐與公共空間：漢娜・鄂蘭的政治思想》（台北：聯經出版公司，2002）第六章，特別從頁146-148。

　　寬恕的理念如何可能落實？鄂蘭一生的政治思辨所關注的基本問題之一，在於戰後的德國以及西方世界如何面對極權主義的政治罪惡？曾經在納粹政體生活過來的德國人民，如何可能跟這個慘痛的過去復合？曾受納粹政體之「種族滅絕」政策之摧殘的猶太民族如何可能寬恕這個「根本與絕對之惡」？

　　如果納粹政權所犯下的政治罪惡，如鄂蘭所解釋的，是超乎法律之罪惡與仁慈之寬貸，那麼這個根本或絕對之惡是無從寬恕的。當然刑法亦無從懲罰。鄂蘭的這種論斷顯得含混不清，關於這個論斷，下文將先說明鄂蘭的論證，然沿順這個脈絡，進一步闡釋德希達的觀點。

　　如上所說，鄂蘭認為納粹的種族屠殺犯下根本之罪惡，此罪惡超乎現行法律與道德之規範，是故刑法無從加以懲罰，美德亦無從施予寬恕。按照這個思維，希特勒與艾克曼雖罪不可饒恕，但法律無從懲罰。鄂蘭在反思批判戰後德國瀰漫的「集體罪惡感」時認為，唯有那些在極權主義政權中犯下罪證確鑿的現行犯才承擔罪的刑責，「集體罪惡感」只有模糊罪行的焦點。但是如果極權主義的罪行不是法律與道德所能處理，那麼如何可能裁定此罪行？對此問題，鄂蘭提出「反人性」（anti-humanity）的罪行觀點，這觀點雖可解決此疑難，但亦引發有關界定「反人性」之意義的爭議。至於寬恕，鄂蘭認為它乃針對行犯之個人，而非其罪行。但是在什麼情況下，我們依據什麼準則可以寬恕行犯？我們是否可能同時懲罰一個行犯的罪行，但同時寬恕他的個人？由於寬恕針對人與人彼此相當「個人性」關係，因此無法設定理論性的準則。譬如以鄂蘭為例，她批判德國偉大之劇作家布萊希特所犯下的尊崇史達林的「政治錯誤」，但寬諒他作為一位具偉大創作力的藝術家人格。她亦以相同的態度面對其業師與情人海德

格的政治錯誤。但對於執行希特勒之命令與決策的納粹官員，鄂蘭最後似乎承認他們必須受刑法的懲罰，雖然其罪名難以真正確立——同時亦不得寬恕。

針對這個議題，德希達（Jacques Derrida）跟隨鄂蘭思辨的路徑，提出了「寬恕乃是原諒那不可原諒者」（forgiveness forgives only the unforgivable）（Derrida, 2002: 32）。對此，他說明道：「寬恕不是也應該不是平常的、規範性的、正常化的，它應該是異常的、特異的，面對著不可能性：宛如它干擾或者突破了歷史時間性的一般進展。」（*ibid.*: 32）德希達就此設定了一種純粹性之寬恕理念，與這個理念相對的則是「條件性的寬恕」（conditional forgiveness），亦即：依據所謂「法律與政治」（juridical-political）的原則，追究加害者的刑責，給予適當的懲罰，被害者得了應得的賠償；或者加害者與被害者透過交涉、協商而取得和解；或者國家的主權者承擔過去政權所犯的過失與罪行，宛如「罪在一人」，而公開宣示赦免過去的「加害者」以及對「受害者」公開致歉，或者運用各種政治的修辭與策略，弭平因過去政權之罪行所造成的分裂，謀求所謂政治的和解……等等。寬恕既是有條件性的，它意味寬恕不在寬恕本身，而是被運用來當作其他政治目的的手段。在「寬恕必須有一種最後的，確定的意義」的前提下，寬恕的實踐就必然以罪孽的救贖、政治的和解、主權者的特赦等觀念作為理據（*ibid.*: 36）。當整個政治社會在面對過去政權的罪惡，而公共地訴求這些「寬恕」的理念，使得「寬恕」一再地被政客與媒體所炒作，它就變成陳腔濫調、虛矯，或甚至虛偽。

德希達將這兩個概念對立，而且強調兩者是異質性的，無法通約共量，但兩者同時也是無可分離的（*ibid.*: 44）。介之於這無

從調和但又無可分離的兩極當中，我們必須做出決斷，並盡其責任。但既是兩極，我們該如何做出恰當的決斷，這就如伯恩斯坦所論：德希達提出寬恕的「不可能的死巷」（impossible aporia），這讓我們在做決斷時，陷入了齊克果式的「非此／即彼」（either/or）的決斷：「我們如果不認為決斷可以藉由訴諸確定的知識、規則、計算，而被充分地證立，那就只能認為決斷乃牽涉了『不可能的死巷』，德希達明白地揭露第一種選項的不是；結果，留給我們的是第二選項，寬恕乃是不可能性的可能。」（Bernstein, 2006: 404）誠如德希達承所認為的，要人們為寬恕本身而寬恕，且不雜含任何經濟式的計算、交換，以及政治上的策略與目的，這種寬恕之要求不是人之理性與能力所能辦到的，或用他誇張的語言，這是「瘋狂的」（madness）。但是，德希達說明：他之所以提出這組對立的概念，「並不是以倫理或精神的『純粹主義』（purism）堅持這個對立，或者必然指涉一種『非經濟性的』，或無條件性的寬恕，而只是闡釋寬恕在實踐上的難題。這難題，扼要來說，就是當我們說寬恕時，寬恕的對象是人，或者是行為或事情。」如上文所提示的，鄂蘭認為我們寬恕的是謀殺者，而非謀殺這件行為，或這件事情。但是，「受害者」如何可能將「謀殺者」與「謀殺」分離，說：「我原諒的不是謀殺者的謀殺行為，而是寬恕這個人。」當然，寬恕是超越法律之上的仁慈或大悲（compassion），這是人類最高貴的情操之一。但德希達說，行寬恕，就有必要做出「不同於我的，而且更高的，更巨大的事情」（引自 Bernstein, 2006: 403），這如何可能？再者，如果「受害者」已身亡，誰能代表他寬恕加害者？他的家屬？他的朋友[8]？

8　就此，德希達說：「唯有逝者才能正當性地考慮寬恕。殘存者（包括他的家

　　除此之外，德希達直言，他所提示的「無條件的寬恕」作為一種「純粹性」的概念，是「夢想」一種「無主權權力的寬恕」（a forgiveness without sovereignty），他認為落實寬恕最困難的工作——最必要，而且最不可能的工作——在於「無條件性與主權權力的分離」（Derrida, 2001: 59）。誠然，主權所代表的國家壟斷了司法的權力，藉此，它防止了人們假正義之名報個人私仇，沒有國家法律威嚴與司法權力，人我之間的傷害、罪衍不得平撫。德希達指出，主權者可以藉由被憲法給予的「例外」處境，施行所謂的大赦。但這種公共性的寬恕行為往往挾帶外於寬恕的目的（如德希達所舉之例，美國柯林頓總統在任時，大赦一位恐怖分子刑囚普爾空・利肯（Puerto Ricans），這種作為被在野的共和黨員質疑，是為他的夫人希拉蕊選舉紐約市長造勢（ibid.: 47），這些目的包括民族的統一、政治的和解、民族心靈的療傷止痛，民族靈魂的救贖，等等。

　　德希達的「絕對性之寬恕」或「寬恕係不可能之可能，或可能之不可能的弔詭」，其論證的宗旨之一，在於直陳我們在日常生活世界中所行的條件性的寬恕，往往便宜行事，雜含了外於寬恕的諸多目的。因而往往扭曲了寬恕的真實性。但如上面所舉的伯恩斯坦的評論，德希達的寬恕論證逼我們走向「非此／即彼」的抉擇死巷，任何判斷與決斷皆似是缺乏理據。在這裡，伯恩斯坦指出德希達尖銳地對立了絕對性與條件性的寬恕，兩者彼此雖有關聯，但缺乏妥協的論辯與判斷的空間。受鄂蘭之判斷理論的

屬或朋友）則無權利取代。殘存者經歷那麼巨大的痛苦，他是否有權利以逝者之名，行寬恕之實？這些逝者誠然經常是缺席的。消逝本質上即表示他們在要求被寬恕時……從未在場。」（Derrida, 2001: 44）

影響，伯恩斯坦一方面指出，在思辨與爭議諸如「什麼是不容寬恕」等問題時，我們必要經過審議，訴諸理據以支持我們的判斷，縱然「任何判斷都是可能錯誤的、冒險的，以及留有批評與爭辯的空間的。」（Bernstein, 2006: 400）對於德希達的「寬恕係原諒不可原諒」的弔詭，伯恩斯坦指出，「寬恕」與「不可寬恕」不是兩個「無法相容的指令」。對於這一弔詭，他繼續說道：

> 我們承認在兩者之中與之間（in-between）做決斷時，這個判斷是一種介之於「對立之指令」中的空間。即使如此，我們仍然奮力在這空間中做協調，以期在具體的處境中做出最好的判斷。德希達有時候似乎也承認這一點。但協調便意指我們必須細心地分判（discriminating judgements），也就是，細心評論正反雙方的命題、意見、價值……等等，以斟酌什麼是與這個特殊的處境相關的，這即是審議的過程。所有的真實的審議都無法逃避負責任的決斷所具有的冒險以及不周延。缺少了這種審議，寬恕那不可寬恕者所呈現的張力、憂慮與艱難就變得毫無意義。（*ibid.*: 403）

當我們決斷寬恕某一位犯了巨大罪行的人時，這種決斷並非在兩極之間做「非此／即彼」的抉擇，而是透過審議、判斷的過程做了一種最適當的決斷。它是有知識作為基礎，以及是可證立的。

然而，不論鄂蘭或德希達在闡釋寬恕的意義上，都從觀想者的角度立論，若從被害者的心境來看，如納粹所犯下的根本之惡永遠是無法修補的，對加害者的德國公民——不論他們個別是否親手加害猶太人——而言，這永遠是一個債務。不論透過責任歸

屬的分判、刑罰的追究，或者大悲之寬恕，似乎都無法全然克服這個傷痛。就此而言，「加害者」與「受害者」雙方如何可能達成鄂蘭所企求的，跟慘痛之過去復合？或者說，如何可能終止這個債務，平息這個哀悼？針對這個問題，寬恕是否必須融合記憶——判斷中自我反思的一項機能——以及歷史的敘述及其 *Catharsis*（心靈的滌清）的作用？

　　Catharsis 一詞本為亞里斯多德用來說明悲劇的觀賞者為劇中人物的悲慘、恐怖的遭遇所震駭，心靈由之受洗滌，而對人存在的處境有所領悟。古希臘悲劇作家利用歷史的傳奇為材料，以生動的敘述手法，再現這些傳奇的記憶。悲劇的演出讓公民重返其民族的記憶，重新閱讀先人所經歷的衝突、冤冤相報的仇恨，並反思其中的正義問題，悲劇的演出如同城邦的祭典儀式，也負起全體公民的教育。這種教育基本來說，乃「藉由體認我們欲望之不純正性（譬如，欲報私仇、以及怨憎）的訓練，而能教導公民何謂公平之德行。」（Ricoeur, 2000: 138）鄂蘭將這種 *Catharsis* 應用於歷史敘述（包括小說、戲劇的敘述）的作用，她說：

> 歷史作為人存在的一個範疇，當然，是比文字的寫作，較之希羅多德，或甚至比荷馬的詩作更早。不以歷史而以詩的吟唱之角度來看，它的開始在於：當尤里西斯（Ulysses）在菲尼基王庭傾聽其言行與遭遇——他自己生命之故事時，他的言行、遭遇（在他傾聽的這個時刻）變成身外之物，變成所有人皆可聞聽的「客體」。曾經是純粹發生的事情現在變成了歷史。把獨特的事件和事情轉化成歷史，基本上，跟後來應用於古希臘悲劇之概念：「行動之模仿」，是同樣意思……尤里西斯傾聽自己的生命故事之場景是歷史和詩歌的濫觴和

典範。「與現實的復合」（the reconciliation with reality），所謂「心靈的滌清」（*catharsis*），依亞里斯多德，是悲劇的本質，在黑格爾，是歷史的終極目標。它的實現是透過記憶之淚水的洗滌。（Arendt, 1977: 45）

經由歷史的敘述再現過去的行動、磨難、仇恨、不義……等等經驗，讓我們對於歷史記憶有一較全面的了解，而得以跟這個過去的現實復合。儘管歷史敘述往往牽涉黨派政治立場，以及意識型態的爭議，但這種爭議亦構成重塑我們之歷史記憶的環節，藉此引導公民深究其生存的深層結構及其積澱。這種歷史的敘述，鄂蘭相信，具有解放過去記憶之負擔的效應。對此論點，鄂蘭引述當代丹麥作家《遠離非洲》的作者伊薩‧狄尼生（Isak Dinesen）的話語：「所有的傷痛，都是可以承受的，只要你將它們放進故事，或把它們用故事講出來。」鄂蘭做了如下的闡釋：

> 故事如果不講出來，它們的意義仍只是一系列不可承受的事件。……真信乃從故事中升起，因為，在想像的反覆醞釀中，種種遭遇都已經成為她所說的「宿命」。唯有如此，一個認命的人，正如舞者之於舞蹈，答案之於問題，你是誰？別人無從置喙的。……將生命已經放在我們手中的事實，講出來，才是唯一有價值的。（Arendt, 1968: 104，中譯本，2006: 128-129）

鄂蘭一再談論的是，敘述（或「說故事」）是一種治療，對個人以及對整個政治共同體而言，都是如此。它卸除了我們過去的沉重負擔，而寬恕若要從個人彼此之間的層面走向公共性的、

共同體的層次，就需要「敘述」（不論哪一種形式的敘述）來扮
演著轉換的角色。如此，我們可以用希柯的一句話「寬恕係一種
記憶的治療」（Ricoeur, 2000; 144）作為註腳。

第十三章

公平正義的實踐及其困境
──比爾・霍尚維隆的福利國家理論

一、引言

　　歐洲國家自二戰之後,漸次實施社會福利政策,國家遂承擔起解決人民的「欲求、疾病、貧窮與無知」的問題,──如英國福利國家之肇始者,威廉・畢維理居(William Beveridge, 1879-1963)所稱人類罪惡的巨魔──透過各種社會與經濟福利的法規救濟人民因失業、疾病、年老、意外傷害……等所帶來的困頓,其目的在於讓「鰥寡孤獨」、「貧窮無依者」皆有所養。因這些福利法規的實施,使歐洲國家從自由民主走向福利國家的型態。福利國家的形成,從歷史來看,一方面因應資本主義生產方式與市場經濟所帶來的失業與貧窮的問題,並落實民主的平等理想;另一方面則跟歐洲的二戰有關,在二戰期間,歐洲政府為照顧為國捐軀之將士的家庭與傷患,而實施社會福利的政策,就如在1942年提出社會福利之方案的畢維理居所言:「戰爭所帶來的最普遍的影響,即是共同體中每一位身心健全的成員都是國家的資產,

因此，他們應該受到國家的保護。」（Rosanvallon, 2000: 28）

　　隨著戰後經濟的復原與高度的成長，歐洲國家得以擁有龐大的經濟資源用之於國家的基礎建設，推展國民義務教育，並廣泛實施各種福利改革，舉例而言，英國自1945年工黨執政以後，政府陸續推動畢維理居福利方案，先後實施了家庭津貼（1945）、退休年金、全國社會保險與工業傷害救助（1946）、建立社會安全體系與「全民健保」（NHS）以及興建國民住宅（1953）等法案，一直到1970年代，形成了「社會福利共識」，或謂「社會民主制的社會政策共識」（social democratic policy consensus），即採取凱恩斯式的經濟理念，政府強力干涉市場經濟，確保全民就業（或失業率低於3%）的承諾，以及高度國家支出，提供每一位國民有一定的資源，得以獨立自主並發展個人倫理（如培養個性與社會責任感）（Fraser, 2009: 263）。

　　但度過比爾‧霍尚維隆（Pierre Rosanvallon, 1948- ）所說的從1948年至1978年「三十年的經濟榮景」（Rosanvallon, 2000: 3），歐美國家自1970年代以來因石油危機造成的經濟衰退、失業率升高（即無法控制在5%的失業人口）、通貨膨脹、政府債務高築，而造成了所謂財政危機，致使福利政策陷入左支右絀的窘境。同時，也在1970年代至1980年代，歐美的政治意識型態因雷根與柴契爾的執政，而產生了急速的轉變，從社會民主主義的政治意識型態轉向「新自由主義」，或者籠統地來說，從凱恩斯式的「國家干涉市場經濟」的理念走向海耶克與佛利德曼式的「放任自由市場經濟」的理念。也因這種轉向，福利國家的理念及其福利的措施激發學術界與知識界的反思批判。

　　在當今所謂資本主義擴張的全球化處境中，1970年代與1980年代的財政危機並沒有獲得改善，甚至更為深重，譬如2008年的

金融風暴、歐洲國家的公共債務沉重、貧富差距加大、失業率高升……這些經濟上的危機也直接衝擊到社會與經濟的福利政策，譬如老年年金與健康保險因高齡社會、經濟衰退與失業率的高居不下，而陷入基金短缺的困境。

自二戰後，歐洲政府的福利措施雖有其各國的差異，但涉及的範圍不外乎老年（退休）年金、健康保險、教育補助、家庭津貼、稅的減免、失業救濟、兒童福利金、自然災害的補助……等。一個國家是否成之為福利國家端在這些福利措施與法規的多寡。國家承擔這些福利措施牽涉國家與公民的契約關係，以及保險原則，這種關係與原則也構成福利國家之實踐的規範性論證。在社會科學領域裡，一般學者大都採取經驗實證的研究途徑，從家庭收入、市場經濟發展與國家財政的角度，解釋福利措施，如退休年金、家庭津貼、失業救濟等措施的具體政策及其沿革，並對於合理的改革方向，提出建議。除此之外，國家的公民在享有保障與社會的福利權利時，他們對於政府的福利措施表達什麼樣的意見，這構成社會調查（social survey）研究的重點。依個人之見，福利國家（包括分配之正義原則）的規範性的解釋與社會調查的實證研究乃相輔相成。就這一點來說，大衛‧米勒（David Miller）提示了相當中肯的論點。他認為社會科學的經驗研究必須依賴政治哲學的規範性解釋，才能有深刻的與切題的問題意識；相對而言，規範性的理念必須參照社會政策的分析與公民意見的反映，才不至於流於空泛（Miller, 2001: 51）。本章所論不在於社會科學的經驗實證，而是規範性的政治哲學的探討。但在說明福利政策施行上的限制時，本章試著引用有限的實證資料解釋公民對福利政策的意見。除此之外，本章並無意也無法具體地說明歐美各國如何切實實施福利政策，以及它們所承受的財政負

擔。

　　本章試著闡釋福利國家的規範性論證，其討論的焦題在於福利國家的治理涉及資源分配的公平正義的複雜問題。國家基於什麼正當理由可以從事財富、資源的分配與重分配的工作，而且在這個分配的過程中，得以讓國民全體受益，不受剝削，而平撫怨懟與嫉妒？分配的公平正義理念會產生爭議，其焦點在於國家分配如何不損及個人主義所堅持的個人財產不容被剝奪的理念？每一個人靠自己的才智、努力與運氣所賺所得即是個人正當所有，若是如此，國家如何有正當理由要求每個人貢獻其所有的部分，而由它分配到其他人（包括其自身）？若用權利的概念來說，分配的公平正義的爭議基本上乃是經濟權利與社會權利之間的矛盾。以這個問題為起點，本章試著解釋福利國家所依據的公民「互為義務的合作團結」（solidarity）的可能性。對於這個問題，本章特別闡明比爾・霍尚維隆的福利國家的理論。霍尚維隆現任法國法蘭西學院的院士，師承法國當代重要政治哲學家列弗，致力於探討西方現代民主理念的發展及其問題，他採取的研究途徑兼具哲學的分析與政治思想史的解釋。他在1995年出版了《新社會問題：重估福利國家》（*The New Social Question: Rethinking the Welfare State*，英譯本2000年出版）。在這本著作中，他如同當代重要的福利國家理論學者，如艾史平—安達遜・柯斯達（Esping-Andersen Gøsta）援引羅爾斯的公平正義理念論證福利國家的正當性論據，形成「社會之民主制」（social democracy）的福利國家理論，並以社會政策的分析說明福利國家的困境[1]。

1　霍尚維隆雖著作等身，但英語世界在翻譯他的著作方面，較偏重他的民主理論的論著。同時，英美的學者闡釋與評論他的理論的論著亦不多見。有關他

　　從1970年代歐洲福利國家萌發危機以來，諸多政治哲學與社會理論深究福利國家內蘊的問題。在政治哲學上，關於國家是否必須干涉自發性的市場經濟而著手實行資源與福利的分配……等問題，引發了自由主義內部的爭議，舉其要者，如海耶克與羅爾斯對於社會（或謂分配）正義是否可欲可行的論辯[2]。針對福利國家，激進之社會主義者與馬克思主義者則批判福利的措施根本無法解決資本主義的階級剝削的問題，並指出福利國家內含的矛盾，即在於「資本主義基本上無法跟福利國家共存，但又不能沒有福利國家而自存」（Offe, 1984: 153）。論及分配的模式，福利國家所依據的不是依「所值或交換」，而是依「基本需求」而行分配，但如何界定基本需求？自羅爾斯提出「首要的社會之善」（primary social goods）作為分配資源的指標之後，關於分配「最起碼的要求」（basic minimum）也引發諸多的討論與修正[3]。這些理論上的分析與解釋可以讓我們得以釐清公平正義作為福利國家原則的意義，但行之近半世紀之久的福利設施，已有其經驗上的積累，哲學或理論的分析與解釋不能離事而言理，亦不能以理限事。自1970年代以來，諸多的歷史家與社會學家對於福利國家發

　　的政治與社會思想的發展，若以2002年他任職法蘭西學院為分界點，那麼，我們可以說，在2002年之前，他探討的主題在於近代政治思想史的發展與資本主義市場經濟的關係，以及因應1970年代歐洲福利國家的危機，而著手闡明福利國家的正當性論據，以及從福利之社會政策的分析，說明福利國家在實踐上的種種限制，1995年初版的這本論著可謂是他這段期間的重大成果。在2002年之後，他專注於現代民主的發展以及民主正當性的理據。本章並不全面地闡釋他的政治與社會思想，而將探討的課題在於他的福利國家理論。

2　關於此論辯參見，Tomsai, 2012: 142-161。

3　關於這些議題的解釋參見Dorsey, *The Basic Minimum: A Welfarist Approach*, 2012。

展的歷史以及福利措施都有分析與解釋，如艾史平—安達遜．柯斯達，對於福利國家型態的解釋，以及安東．赫密利克（Anton Hemerijck）說明歐洲福利國家的問題，以及各國處理福利政策所依的，諸如工資的交涉、勞資市場的規約以及社會安全保障……等途徑。但實證的說明也必須依賴理解或哲學的闡釋，否則缺乏一種整體性的解釋架構。

依照上述的研究取徑及成果，我認為霍尚維隆的福利國家理論值得我們關切，其主要理由在於他的理論闡述結合了現代政治思想史的解釋、哲學的論據、福利政策的分析，以及現代社會及其政治文化的境況；就此，他能提供我們較完整的福利國家的理論。在闡釋霍尚維隆的福利國家的理論上，本章所要論證的主題在於：霍尚維隆從現代主權國家的保護性之性格以及社會聯繫的觀點，解釋現代國家之所以從民主憲政走向福利國家其關鍵在於：福利國家以保險體系為基礎承擔克服公民之生命風險（如意外、災難、貧困與死亡的風險）的責任。在此，他援引羅爾斯的正義理論所提的迴避風險的理性選擇作為保險制的理據。抱持「歷史經驗乃是我們現在處境的實驗室」的觀點，霍尚維隆從法國實施福利政策的經驗中，闡釋福利國家的困境，以及思辨如何克服它們的方案。在某種程度上，他以古典自由主義的觀點修正福利國家的過於寬大的社會安全與服務之措施；儘管如此，他並不接受海耶克所說的「社會正義是海市蜃樓」的觀點，而肯定福利國家的正當性。

在闡明霍尚維隆的福利國家理論之前，我首先將說明歐美福利國家的型態及其基本性格，以及它們各自面對的問題，另一方面則扼要說明福利國家在當前面臨的處境及其牽涉到的政治意識型態的爭論。依此為脈絡，我試著闡明自由主義對於公平正義的

論爭，其中牽涉個人主義的倫理、經濟權利、社會福利權利的論
證。之後再闡明霍尚維隆的福利國家的規範性論證，以及說明他
如何分析福利國家在社會政策的措施上所遭遇的困境。最後，我
將援引英國的福利的社會調查，從經驗實證中檢證福利國家在落
實分配性的公平正義理念的困境，以及從民意中思索福利國家變
革的可能性。

二、歐美福利國家的型態及其面臨的問題

　　福利國家的發軔與發展乃承自由民主國家之後，其理想在
於：國家承擔起克服資本主義市場經濟所帶來的貧窮與失業的問
題，俾能維持資本主義體系的順利運作。為達成此目的，國家在
治理上必須透過經濟與社會資源的分配與再分配的福利措施。就
此而論，福利國家跟 20 世紀前期的共產主義式的計畫經濟（或指
令經濟）的國家型態不同。它也跟共享消費物品與生產資源的
「平等主義國家」相異。再者，福利國家的福利措施不同於私人
的、自願的慈善措施，而是由國家設立強迫性的、集體性的福利
措施的系統。在此，強迫性並非由國家的行政命令所支配，而是
必須透過立法程序而成的法案[4]。這種福利國家的理想強調國家權
力必須干涉資本主義市場經濟的運作，以防制其金融的紊亂、欺
詐，以及財富過度集中於少數資本家手中，而產生貧富的差距，
並且調節景氣的循環，以降低失業率。但更重要的是，提供市場

4　關於福利國家性格的區分，見 Robert E. Goodin, "Reasons for Welfare:
　　Economic, Sociological, and political but Ultimately Moral," *Responsibility, Right &*
　　Welfare: the Theory of the Welfare State, ed. by J. Donald Moon, Boulder, London:
　　Westview Press, 1988.

經濟所無法供給的濟貧救困的公共福利，藉此能讓每一個公民實現自由主義所要求的獨立自主的人格。

除了上述這種區分之外，在歐洲，福利國家也可以區分出不同的型態，如艾史平—安達遜‧柯斯達依照福利之分配責任承擔的機制，即政府、市場機制與家庭，將歐洲福利國家分類如下三種型態：

(1)北歐國家（即丹麥、芬蘭、挪威與瑞典）的「社會民主制」的型態，其特色是，在承擔分配之公平正義的責任上，政府扮演較重要的角色：積極調控市場經濟的運作，制定較全面性的福利法案，讓公民得以掙脫對市場經濟的依賴（即所謂「去商品化」〔de-commodified〕），也減輕家庭所承受的福利負擔，譬如照顧家庭中的幼兒、孩童與老年的重擔（即所謂「去家庭化」〔de-familialized〕），以及保障公民之薪資的穩定，施以公民職業的訓練，提高就業率。這種較全面性的措施帶來公民的高稅率，與政府的龐大的財政支出（Esping-Andersen, 2002: 13-14）。

(2)自由主義的型態（即盎格魯—撒克遜的英語系國家），其特色在於倚重市場經濟，以減輕國家財政福利支出的負擔。具體的作為則是鼓勵私人的福利保險方案，對於「市場的失靈」（market failures），只做有限度的調整。在制定福利法案上，強調有工作條件的福利受益，以及透過「家計調查」（即調查家庭的薪資收入與家產）或「需求調查」，援助或補貼該補助的對象（即所謂「特定目標的福利」〔targeted welfare〕）。這種型態的福利國家雖然可以減輕公民的高稅率與政府財政的高支出，但帶來不少不良的結果，譬如「家計調查」的福利受益貶損了公民及其家庭的地位（即淪為福利受益的次等公民），「特定目標的福利」並沒有減少貧民的比率。在英國，一個弔詭的現象是在1990年

代，失業率降低卻沒有帶來更多有工作職業的家庭。這種福利國家的弱點在於：政府的歲入愈多，以及實踐社會政策的能力愈有效，但沒有因此使其公民脫離對市場的依賴（*ibid.*: 15-16）。

(3)歐陸（即：比利時、法國、南歐、德國、盧森堡、荷蘭與瑞士）的保守主義傾向，與企業體為主的福利國家型態。其特色在於家庭承擔大部分的福利責任，國家的福利措施乃以家庭為考量，保障其工作及薪資的穩定，並給予各種社會保險。這種福利國家的型態的弱點，在於社會排擠掉工作不穩定家庭的福利受益，以及減少年輕人與婦女的工作機會。因年輕人進入職場的時間延後，致使他們在職時間縮短。政府為解決此問題，必須增加退休年金的替代率以及提供各種社會起碼的福利。

這種分類只能提供我們了解歐洲福利國家之特色的指引，猶如繪製地圖，讓我們得以按圖索驥。除此之外，也讓我們能夠了解每一種型態內涵的弱點，或者脆弱性，如北歐國家若要減輕其政府在福利支出的重擔，則必須能有彈性的擴大私部門的福利負擔（如退休年金或各種意外傷害與疾病的私人保障）。英語系國家的福利必須面對有職與失業勞工的貧困，以及由此造成的社會的排斥性；歐陸的福利國家型態則必須能解決年輕人、婦女的低就業率的問題，以及擺脫家庭福利的責任負擔（Hemerijck, 2002: 176）。

這種分類就其短處來說，無法詳細解釋各國如何處理福利政策之核心，如工資的交涉與協商、勞資市場的規約、社會安全保障與公共（或社會）服務的措施。更重要的是，自1990年代以來，歐盟的形成以及全球化的處境是否能維持這些福利國家的型態？歐洲國家的型態如何因應新的處境而改弦更張，從事變革？這些皆是解釋當前福利國家的處境的重要問題，但這些問題所涉

及到的政治經濟、福利的社會政策的分析、制度性之結構的解釋都非個人所學及能力所能及。是故，本章所能為者，只在於闡釋歐美福利國家在其發展中所涉及的政治意識型態的爭議。針對這個爭議，本章以下先簡略闡明福利國家之正當性的證成論述。

如上所提，英國二戰後的福利國家的政策是由畢維理居在1942年的社會福利草案所規劃，強調社會實證研究，他的規劃只著重於社會政策，而非理論的證成。儘管如此，他亦提示引導此政策的原則：(1)國家提供給每一個公民基本的物質資源，得以讓公民保持個人獨立自主，並培養個人的社會責任感；(2)社會保險是整體社會政策的一部分，其目的在於克服需求、疾病、無知、污穢與怠惰，這人類的五大罪惡；(3)國家所確立的社會安全體系，乃藉由國家功能與個人福祉的結合，但不因社會福利的措施而減損人的主動進取的德行；(4)福利受益者並非不勞而獲，而是必須提供一定額度的保險資金，以應付一生可能遭遇的疾病、失業、職業傷害等風險，並照顧「鰥寡孤獨」與「貧窮無依」者（Fraser, 2009: 253-254）。

針對這種社會福利的政策，馬歇爾（T.H. Marshall, 1893-1981）在1950年出版的《公民身分與社會階級》（*Citizenship and Social Classes*）提供了理論的證成。在這本著作中，馬歇爾說明歐洲自18世紀的民主革命之後，公民身分及其權利如何從法律與市民（civil）權利進展到政治與社會權利，並論證社會權利的擴展乃完成自由主義所預設的「道德平等性」（moral equality），此意指沒有一個人天生是高人一等的，每一個人皆享有不同的權利；據此，馬歇爾進而論證「平等的社會價值」，強調自由主義所肯定的「消極性權利」（每一個公民所享有的生命、財產不受他人侵犯，以及享有言論、結社與良心〔宗教〕自由的權利）必

須依賴充分的資源，才得以有效地被實現。是故國家有義務提供
公民一定的資源，以促進每一位公民有能力過著社會所認為的有
價值的生活方式，而能參與整個社會，不被推向社會邊緣人的處
境。馬歇爾闡釋公民身分及其權利的擴展有助於社會的團結合
作，以及促進民主之多元社會形成一種公民性的共同體。傳統自
由主義所肯定的個人主義必須在這種公民社會的團結合作中，才
得以完成（Moon, 1988: 43）。總而論之，福利國家的正當性的理
據乃建立在公民的「積極權利」（即：取得社會與經濟資源的權
利）與公民彼此尊重，同舟共濟的團結。但是，如何論證社會權
利（或「積極權利」）的有效性（validity）？

　　對此問題，卜朗（Raymond Plant, 1945- ）在於1988年所發表
論文〈需求、行動性與福利權〉（Needs, Agency, and Welfare
State）中，將需求解釋為人為了過著一種有起碼尊嚴（或體面
decent）生活的所需；這種基本需求（basic needs）跟我們生活所
想望的東西（wants，如想要購買一部豪華轎車，或追求時尚的物
品……等）是有所區別的。具體而言，這些基本需求，舉其要
者，如外在物理性的福祉（physical well-beings，如溫飽、健康、
住屋、工作……等）與教育（即：透過教育將習得基本的生活技
能）（Plant, 1988: 66）。國家既已承讓其公民享有政治自由與法律
平等權利（或謂形式性或消極性權利），而且給予憲法與制度的
保障，那麼為什麼不能把這些權利擴充至於這些基本需求的要
求，成為公民享有的權利？消極性權利旨在防制侵害、個人之生
命、財產、名譽……等行為；若是如此，這種消極性的權利及責
任亦可意涵積極性的權利及責任，論證的理由是：疏於防制，就
必帶來侵犯與傷害（ibid.: 69）。順此推論，若政府疏於照顧公民
的基本需求，而致使他們瀕於挨餓受凍的絕望處境，這如同侵害

公民的生命安全。其次，持消極性權利者強調個人的獨立自主性，以及理性的行動能力（rational agency），但若要成就這樣的人格特質，則必須有其需求與資源的先決要件。但是，這種論證還是不夠充分，因為它無法有效地解釋下列的問題：為什麼我必須關切其他人的需求——即使我承認這些需求存在？這些需求的滿足具有什麼道德效力（moral force）？它們如何跟作為權利之基礎的訴求相關？

針對這些問題，卜朗援引康德所揭示的「人之尊嚴與價值」的基本觀念作為規範性的論證。他說：「任何以權利為基礎的理論，不論是積極性或消極性，皆以人的尊嚴與價值為其核心觀念」，而這種觀念又以每一個人的道德能力（moral capacity）為立論的根據；這種能力使每一個人皆能形成一種「善」的觀點（a view of the good）並遵從它。實現這種「善」的觀點的基本條件除了個人在實現這個「善」的過程不受其他人的干涉或侵犯之外，也必須具備充分的資源。卜朗就此論道：「我們不可能在尊重每一個人的道德能力的同時，卻忽視實現這個能力所依賴的資源或手段。」任何人的行動能力都需要基本的善，俾以追求任何善（*ibid.*: 71）。基本善的需求既是道德上可被證成的，那麼，這些需求可以被視之為一種正當性的要求。一個人在實現他的善的觀點時，若有基本需求（或基本善）的匱乏，他可以要求他人提供資助；同時，他人也有義務提供這樣的資助。由此論證，這種需求就成為一種權利，既是一種權利，它們不能只是訴諸他人的私人慈善行為，而是必須轉向國家公權力的施為；是故，社會（福利）的權利就必須是國家行正當性治理的一種規範性論據。個人可以因慈悲之心救濟生活瀕於絕境的窮人，這種出自於「人道、慷慨、利他作風」的行為，卜朗稱之為「非完美性的責任，

這種責任沒有權利以資對應。」社會（福利）權利作為一種嚴格或完美的個人的責任，其旨趣不在要求個人的慈善救濟，而在於經由制度的安排、福利的代理機構、社會工作者……等等的支持來處理社會的基本需求。政府必須經由稅收與預算來支持這些作為。因此，「我們以權利與責任，而不是以制度化的利他作風的觀點來了解福利國家」，「對應於社會福利的完美的責任不是靠一個人對其他人提供資源與服務的措施，而是在於支持政府與制度以組織的方式來處理每一個人的基本需求。」（*ibid.*: 72-73）

從上面的解釋，我們可以表述福利國家的論證理據如下：

(1)福利國家在規範的層次上，乃信奉社會正義的理念，其要旨在於社會整體不應該放棄在經濟市場中失敗的人，而且進一步由政府提供最起碼之資源的保障，就此公民在沒有憂慮生活之基本需求下，得以培育其個體性的倫理，降低社會因財富而立的等級差異，彌合其中的衝突、鬥爭，促進公民的同舟共濟與團結合作。

(2)福利國家承認公民所享有的「積極權利」（即經濟與社會福利的權利），而且給予憲法與制度的保障。政府透過稅收與預算支出來實現這些權利的承諾。

(3)在社會政策的規劃上，政府以「所需之分配」取代「以應得之分配」的理念，進行財富與資源的分配，盡其可能照顧公民在教育、收入、住宅、醫療……等基本需求，而且對於天生殘障，以及各種工業的傷害，或者因家庭因素而缺乏照顧的孩童、老年給予額外津貼的救助，其目的在於減輕勞工對於市場的依賴（即所謂「去勞力的商品化」）（de-commodification），以及家庭照顧的責任重擔。

三、保險制與補償助益制的原則──霍尚維隆的福利國家 理論

霍尚維隆於 1995 年寫成《新社會問題：重估福利國家》（*The New Social Question: Rethinking the Welfare State*，英譯本 2000 年）。在這本著作中，他以 1970 年代「福利國家的危機」為論述經緯，重新闡釋福利國家的正當性論據，並說明歐美國家（特別是英、法與美國）福利政策的實施及其困境。他的福利國家理論兼具哲學的論證、政治思想史的闡釋，以及政策的實證分析。這個理論的構成雖然是以歐美的政治經驗為經緯脈絡，但也可提供我們作為借鏡，如他所言：「雖然這本著作將法國福利國家的轉變放在一廣大的哲學視角（來加以解釋與評價），但它不是局限在法國的（特殊）處境。它企求能提供一廣闊的分析與解決問題的途徑，這些問題已逐漸成為現代社會的問題。」（Rosanvallon, 2000: 7）

歐美國家自 1945 年二戰之後，隨國情的不同，逐步實施福利政策；在 1970 年代，因經濟的危機而削弱了福利國家，並推促其危機。依霍尚維隆的診斷，福利國家的弱化歷經了下列的階段（或原因）：一是國家財政的困難，二是政治識型態的僵化，三是經濟效率與福利國家理念的矛盾。除此之外，霍尚維隆在此書中所要探討的重點即是：隨著社會問題的產生所帶來哲學的思辨的危機，特別是涉及福利國家之正當性的規範性論據，如民主的合作團結（solidarity，或公民彼此之間的義務關係）原則的失效，以及社會權利（social rights，或謂「積極性權利」）無法應付社會的「排他性」的問題，也無法有效地闡明福利的助益方案的正當性（Rosanvallon, 2000: 4）。

　　霍尚維隆首先透過哲學的論證與政治思想史的解釋，重建福利國家正當性的論據，在此脈絡中，他也兼顧福利法案的具體內容。

　　在闡明福利國家的原則時，霍尚維隆指出福利國家的作為一種保護公民福祉之國家型態，其基本建置乃依據保險制的設置，而此設置即基於「責任的社會化（即從過失的理念轉向風險的理念）」，同時，福利國家的維繫需依據「民族的重構」（remaking the nation），亦即重新建立一種公民意識，此意識是以共屬一個共同世界為依歸（Rosanvallon, 2000: 37-38）。這種歸屬感，換句話說，即「同胞友誼的精神」（the spirit of brotherhood）以及階級的調和（*ibid.*: 39）。霍尚維隆如何鋪陳這種論證主題的論據？

　　福利國家所依恃的正當性論據，如公平正義的分配原則（即：依所貢獻而分配與依基本需求而分配）、個人主義的倫理與民主合作團結的理念（或謂民族的結合）、人權與公民權利，以及保險的理念都可以在歐洲政治思想中發掘其觀念的資源與論證。這些觀念也有其論證的不連貫，以及跟其他觀念相對峙的情況。針對這種政治與倫理觀念的傳承，福利國家正當性所依的規範性論證如何彼此調適，或者以什麼廣闊的原則去統攝它們？

　　如上所提，福利國家的建立乃是保險制的設置，而此設置又依責任的社會化而立。我們如何論證這樣的論證主題？自17世紀契約論開啟了現代性的政治思想以來，解決貧窮與照顧貧困無依者一直是恆定的主題。自由主義，並沒有忽略公平正義的理想（Holmes, 1988）。但是，它的基本前提之一是個人主義的倫理。依此倫理的觀點，一個人因其自由與自主性，而必須承擔自己行為的後果，一個人的貧窮即是個人的責任（譬如貧窮即是個人的怠惰、放縱所致）。既是如此，這樣的個體沒有資格與權利去要

求社會、國家的資助。但是，以霍尚維隆的解釋，工業經濟的進展證明了這種以個人責任與契約關係的原則為主導的社會規約體系顯現其限制。在責任範圍內，我們逐漸地難於辨認何者是個人的責任，何者是依賴其他因素（Rosanvallon, 2000: 13）。

除此之外，個人主義的社會觀帶來了責任原則（即每一個人皆是其生活的主宰者，必須控制自己）以及合作團結的原則（即社會對於其成員皆負債）兩者的困境。一個社會若以個人主義倫理為其軸心，那麼一個社會人際之間的紐帶如何可能被形塑。從現代政治思想使的觀點，這個紐帶的形塑可以是基於愛國心、民族的情感、文化傳統的持續……等。但是涉及福利國家所依的合作團結的理念，霍尚維隆特別指出它的基本涵義，在於社會中每一個人都具有相互負債感（即感覺個人對他人有虧欠）而因此形成彼此的義務關係。若這種合作團結以民族為基礎，那麼就民族性就不能只是來自如上述的紐帶，而是必須把它轉變成「重分配的空間」（a space for redistribution），否則民族的同一性是膚淺的（*ibid.*: 37-38）。

跟上述所論相關的是，市民權（civil rights，或如上所稱的「消極性權利」）與社會權（social rights，或「積極性權利」）的爭議。以霍尚維隆的觀點，市民權利旨在增益個人的自主性（因此強調自由權與言論出版的自由），而社會權旨在確立社會對個體負責的形式（因此讓個人享有經濟的福利）。進而論之，社會權利具有兩種特性：一是國家與社會必須付出代價，二是它們是應用於具體的個人。市民權的主體是抽象的個體，而社會權的主體是以具體的、經濟與社會的性格來確定（*ibid.*: 74）。如上面所闡釋的，自由主義的國家肯定市民權利，而福利國家的發展是從市民權擴展至社會權利，但這種權利的擴充轉移如何可能？

如果解決貧窮的問題是當代民主社會必須面對的問題，那麼幫助窮人如何只是以悲憫為基礎的慈善行為。在現代民主社會中，每一個人都享有公民的平等，也認為個人是權利的主體；既是如此，資源的平等分享就必須是國家的責任。但是自由主義者對此問題通常都持著消極性的概念，認為幫助窮人的社會權利概念會帶來實行上的困難。因此他們往往把這種協助視為社會的道德責任，而非義務。從一根本的觀點來看，資本主義的市場經濟所帶來的貧窮會造成社會的排他性，而與民主社會的包容性理想是背道而馳。如果我們承認社會的慈善行為無法充分解決這個問題，那麼現行的福利國家如何要求每一個公民經由國家權利實行公平正義的分配原則，締造出一個具「重分配空間」的民族結合，緩解社會的排他性，進而實現民主社會包容性的理想？

福利國家的起源與發展，就理論的觀點論之，是在克服以上所論的爭議而逐漸形塑。對於歐美自1945年以至1980年代所形塑的福利國家，霍尚維隆稱之為「被動式的（或消極的）福利國家型態」（the passive welfare state），其特質（或「理念型態」〔ideal characteristic〕）乃是以保險制與補償助益的制度的設置而構成，這些制度的設置又以民主（與民族）的團結與社會權利（或謂「積極性權利」）原則作為論證其正當性的根據。就此來看，他的福利國家理論的貢獻在於他提出了「保險制」的理論性的解釋，並反思這種國家型態的社會與經濟的條件。

論證福利國家的可欲求性的一個難題在於：一個以個人主義倫理為主導的自由民主社會如何可能形成「人際之間彼此負債的意識」，繼而形成彼此義務的關係？簡言之，個人主義的民主社會如何形成公民彼此分享利益與風險的社會？同時，如何因應自由主義對（重）分配原則與社會權利的批判？

　　「保險制」的旨意在於社會成員共同承擔風險與利益的分享，這如何可能？對此問題，霍尚維隆回溯17世紀契約論的政治理念，以及援引當代政治哲學家約翰‧羅爾斯正義理論的兩項原則（特別是第二項差異原則）及其論證的綱領。

　　從17世紀以降歐洲政治思想史的發展，霍尚維隆指出契約論、市場經濟與保險原則乃構成了我們了解「社會聯繫」（social bond）的基本模式[5]。契約論的基本論旨在於，克服人存在的憂懼與不確定性即是國家職責所在。除此之外，強調國家的正當性端在個人有意識的政治決斷，並同意國家的統治。市場原則即論斷市場的運作宛如看不見的手連結了人群；保險原則即克服人生命歷程的各種風險，也如市場的運作的看不見的手一樣，透過彼此的相互義務，而形成合作團結的社群（Rosanvallon, 2000: 12）。

　　從政治思想史的觀點，保險制原則能有效地被引用到社會管理上的理由在於它能克服純粹個人主義的社會觀的困境，能調節「個人責任」原則與「合作團結」原則的矛盾。同時，能克服歐洲自19世紀以來當市民權向社會權移動時，帶來的如何區分「厄運的受害者」與「個人怠惰而貧困」的責任歸屬，以及政府如何

---

[5]　霍尚維隆在他1979年出版的《烏托邦資本主義──市場觀念史》（*Le Capitalisme Utopique: Histoire de l'idée de marché*，中譯本於2004年出版）以17世紀社會契約論為起點，闡釋自由主義在其演變中如何跟社會主義與馬克思思想交鋒。在這解釋脈絡中，他已指明近代思想如何面臨「社會聯繫的問題」，以及對此，闡明近代政治思想家從霍布斯以至黑格爾與馬克思所發展出的基本觀念。但在這本著作中，霍尚維隆尚未論證福利國家的保險體系作為解決「社會聯繫」的出路。針對於此，我們可以說，他以這本著作的解釋為脈絡，在他1995年的《新社會問題：重估福利國家》中，援引羅爾斯的「差異原則」，以迴避風險的保險理念與政策作為解釋福利國家正當的論據。

承擔救助的問題[6]。對於保險理念如何解決這些問題，霍尚維隆解釋如下：

> 將個人行為與責任的主觀性概念轉向客觀性的風險的概念，保險制改變了我們的社會視野。它讓我們得以跨越早先在應用社會權利上所遇到的困境。誠然，以風險之途徑解決社會問題，保險制聚焦於社會概率與統計層次（也就是說，風險是可以計算的）就此而言，對於個體的判斷就退居次位。當我們以風險的途徑了解人的各種處境時，個人的錯誤與態度變得不是那麼重要，……進而言之，以風險作為解決問題的進路，其優點在於可以將諸多不同的問題，這些問題包括：疾病、年老、失業以及各種類別的意外，整合成一個範疇。最後，它讓我們得以用新的觀點了解正義（即補償的系統）取代古典的正義觀念，這種古典的觀念被了解為符合自然或倫理或政治的規範。社會保險不是援助（assistance），它不是單純的「贈與式的幫助」（granted aids），而是執行國家與公民之間的契約。契約的利益是一種相互義務，不是一種慷慨的施惠。（Rosanvallon, 2000: 15）

6　關於保險制的理念，英國福利計畫方案的創造者畢維理居在1930年代，表達了如下的觀點：保險對個別的勞工而言，即是他的薪資所得在收入高低的時期，取得一種平均值；對所有的勞工而言，保險制即是風險的分擔，……此制度的運用不會傷及勞工個人的自尊，其所付的代價跟（風險）所帶來的效應相比較，是相當低。投保的支付確立起契約的關係，在這關係中，支付是以風險保障的觀點為準，不涉及個人的依賴或任何（道德上的）污點，也不至於喪失個人的尊嚴或社會評價，更不必透過個人需求、個性或收入的調查（Silbur, 1995: 91）。

　　在論證保險制的正當性原則上，霍尚維隆援引了羅爾斯的正義原則及其論證所設置的無知之幕（the veil of ignorance）的解釋性設計。羅爾斯的無知之幕與原初立場的設計雖沿襲傳統社會契約論的論證模式，但他的意義不是如社會契約論所表示的「自然狀態」。處於原初立場的人已經是從其社會生活中學習到，體驗到奉獻、忠誠的道德意識，以及責任與義務。在此「原初立場」的設計是批判性的與假設性的，「在任何社會中，人民一旦反思他們的制度⋯⋯時，他們在進入『原初立場』的設計的條件下，已經擁有早先被承認的原則的某些觀念，當他們討論正義問題時，這種情況已存在。」除此之外，在「原初立場」中，經由討論所得的結論不是有關任何社會如何被形成，而是任何社會如何應該被改革（Rawls, 1999b: 207）。

　　依霍尚維隆的簡要解釋，羅爾斯以社會契約論的論證方式，思辨如何構成良秩社會的問題，為解決這個問題，羅爾斯設置了「原初立場」，在其中，參與思辨的代表被遮掩了自身的個別差異性（如才能、出身、學識⋯⋯等特質），藉由人普遍具有的能力（如理性計算的能力、正義感）進行思辨。而能得出作為公平之正義的兩項基本原則。依照羅爾斯的論證，正義的原則乃涵攝兩個互為對立的理念：一是「不偏不倚地、平等地對待所有公民及其『善』（或價值），所有公民都享有相同的基本的自由，以及公平的均等機會」，另一則是公民因享有這些基本自由，而擁有較大的「善」（或謂利益、福祉）時，必須改善那些取得較少的其他人的處境（Rawls, 1999a: 371-373）。也就是說，一個正義的社會必須特別地照顧那些在於社會中處於劣勢的個人，這即是羅爾斯提出的有名的差異原則。這項差異原則的論證主題有三：(1)差異原則涉及每一個人的生活的期望與規劃，必須以「首要的社會

之善」的指標為衡量與分配的準則；(2)差異原則意涵平等主義，其旨意在於：矯正資本主義市場經濟帶來的偏差、弊病；認為每一個人的天賦才幹、智能以及因此得來的財產皆是社會的資產，應加以重新分配，以及人與人之間互惠互利，與博愛的道德意識；(3)不論在假設性的「原初立場」，或在現實生活當中，每一個人皆面臨抉擇的不確定性與風險，為了它們所帶來的傷害，「小中取大」（maxmin）遂取代「平等效益」，原則，以作為抉擇處境中重要的權衡，而得以重視那些不性的，處境最差者的福祉（Rawls, 1999a: 72, 86-90, 144）。霍尚維隆特別著重一個問題，即以個人理性計算的自利觀點如何能接受正義作為公平分配的原則（特別是第二原則，「社會可以容許不平等，只要這個社會能照顧生活狀況最差的人」）？純以自利的理性計算的個體在被遮掩其個別的差異性，而思考公平正義原則時，終究面臨每一個人存在的基本處境，即人生命的無常、不確定性，以及隨時都有遇到意外風險的可能性。為避開風險，每一個人必要同意共存的一個基本原則，即：共同承擔、分攤災難風險，並確立此為相互幫助之義務。霍尚維隆將此「迴避風險」的理念解釋為福利國家的，非明示性的正義與合作團結的基礎性原則（Rosanvallon, 2000: 11）。

　　除此之外，霍尚維隆以羅爾斯的公平正義的第二原則（即差異原則）作為論證保險制正當性論據。據他的闡釋，我們會接受這項原則的理由在於：每一個人在不知個人差異性的情況下，依照他對於風險的評估，皆會預料自己可能因各種意外與事故，而陷於社會中處境最差的人。基於這種考量，他願意接受大家共同分配「首要的社會之善」以迴避個人生命的風險，換句話說，共同分享資源與承擔風險。因此在無知之幕之下的風險預估將帶來分配資源的意願，這促使保險跟合作團結的結合（*ibid.*: 30）。另

外一方面，以這個保險理念為立基的福利國家，其積極作用在於，能超越傳統的兩項分配正義的對立。這兩項正義，一是「依基本需求分配」的「分配式正義」（distributive justice），另一則是「依所應得分配」的「交換式正義」（commutative justice），其理由，如霍尚維隆所陳述：

> 社會保險結合了「衡平的法則」（the rule of equity）與分配的機制。合作團結（或謂互助的義務）可以被界定為「對差異補償的一種形式」（a form of compensation for differences），因此是一種分享的積極作為，而正義則指涉這種分享的正當性規範。在「無知之幕」之下的保險，正義與合作團結相重疊，亦即：共同承擔風險同時是「衡平」的規範，與一種合作團結的程序。「衡平」與再分配遂相合併。（Rosanvallon, 2000: 31）

程序性正義與羅爾斯式的保險理念，其旨趣在於應付人生命歷程及世界的不可預測性，前者透過普遍規則（universal rule）的確立與施用，後者則消除人個別的差異而進行分配。但兩者皆面對的問題則是：當每一個人所擁有的個別差異的知識日益增加時，正義的意義及其實踐的含意就難以確立。就此，程序正義所依的普遍原則在實踐上如何不考量個人的個別差異性？羅爾斯以無知之幕的設計解決這個問題。在實踐上，政府以社會分類的方式，並濟之以統計的方法，進行「補償差異」（如照顧社會中處境最差的人）的分配。但一旦無知之幕被掀開，個別差異的知識就動搖了這種分配式的正義（Rosanvallon, 2000: 30）。

綜合上面所闡釋的，霍尚維隆的福利國家是以保險制的安排

而建立，其正當性的論證在於公平正義的原則，市民權利與社會權利的並存調和，以及共同承擔風險的責任的社會化以及互助的義務，就此造成一個因強化分配之空間而構成的公民的民族秩序。在實踐上，是透過「補償」（compensation）的機制重分配原則，救助各種弱勢的個人或團體（如失業、疾病、退休人員、殘障⋯⋯等）而且以家計的調查（means testing，即家庭收入與資產的調查），支付給如單親家庭各種津貼。就如霍尚維隆所說：「從歷史來看，福利國家由三種元素所組成，即特定對象的人口（target populations）、規則與支付款項，以及專業的社會工作者」在此，特定對象的人口即殘障人士、單親家庭、未婚媽媽⋯⋯等，這些人口數是可以統計的、而且可以合法地以行政管理處理的對象。專業社會工作者則是國家公務員，其職責在於有效管理福利體系，如確立該補償或補助的對象，以及規約這些特定對象的人口（Rosanvallon, 2000: 96）。霍尚維隆把這樣的福利國家稱之為「消極被動的福利國家」，連同上述的以保險制的安排而建立的福利國家構成福利國家的整體結構。換言之，現行的福利國家由保險制度與補償機制所構成，前者以健康保險與失業保險為主要項目，後者則針對特定補助的對象，國家予以各種津貼、補助款項的挹注。

四、福利國家實踐上的限制

由過去五十多年歐洲福利國家的經驗，大致可以了解福利國家維持其福利措施的有效性是有其條件，舉其要者，如國家高度的經濟發展、低失業率、良善的財政、健全的稅制福利的支出不至於浮濫、公民不會濫用福利的權益、公民互助的義務不會被經

濟利益得失的計算所腐蝕……等。然而，自1980年代開始，歐洲的福利國家逐步陷入各層面的危機。這些危機涉及國家的財政稅收與預算，以及保險制（如退休金、健康保險與失業保險）與各項補助津貼的支出，以及市場經濟與市民社會的改變，欲闡明這些課題實非易事。準此，本章在解釋霍尚維隆對福利國家危機之診斷上，不細究他對法國政府福利法案的實施所涉及的財政方面的說明，而著重他對社會與政治變遷的解釋。

　　以社會保險與補助津貼為主幹的福利國家，是透過公民互助的相互義務，共同分擔不可預料的風險；為此，國家進行資源（重）分配的工作，以保護弱勢，資助意外受難者，藉此凝聚社會的整合，落實民主的包容性與同一性。但國家並非生產機構，它的主要歲入在於公民繳納的各種稅，以及貸款（如公債），藉由這些收入支付各種開銷，如國防支出、資助企業、社會福利（如健保、退職年金、失業補助、家庭津貼……等）以及教育支出，尚且包括對公債利息的支付。這種治理基本上是分配與重分配的工作。福利國家所實施的社會保險基本上亦是一種再分配的方法，配合契約式的相互責任，以及「保險精算」（actuarial neutrality）。保險精算與相互責任之間的區分只在於風險的型態與保險編制的考量（*ibid*.: 44）。國家承擔社會保險的義務，而與公民建立保險的互為義務的契約關係時，就如同健保、退職年金，與失業保險，政府必須要求投保的公民按月繳納一定比率的所得稅，藉此進行分配正義。對於沒有固定收入的個人或家庭，政府就透過「家計的調查」，給予合格者補助津貼。譬如法國在戰後實施的失業保險為例，在職者（不論是專任或約聘）月扣除1%的薪資，預防失業所產生的生活問題。又如健保，二十歲至六十歲繳納定額的健保費，除了用之於個人生病時的醫療費用之

外，大部分用來支持八十歲至九十歲老年人的高額的醫療。投保
者貢獻定額的薪資所得稅，由政府機構負起分配所需的工作。這
種分配不是以個人差異為基準，而是以類分失業、疾病、家庭、
年齡層的範疇為單位，進行公平對待每個人的分配。

　　這種社會保險與補助的福利措施有其限制，即：政府的稅收
與福利必須維持平衡。倘若福利受益的人口增加，而貢獻福利基
金者相對減少，則國家財政負擔必增加；為彌補福利的虧損，政
府所能做的只是加重所得稅及其他種類的稅金，或者以公債向人
民貸款。依霍尚維隆的觀察，歐洲自1980年代以後，經濟成長遲
緩，失業人口遽增，人口成長降低，人的平均壽命增加，這些因
素導致保險制的失靈。譬如現在常被討論的老年社會的問題，健
保與退休金的支付因平均壽命的增加而增加；相對而言，三十歲
至四十五歲的已婚男女的生育率銳減，加上失業率的遽增，貢獻
福利基金的人口遞減，就產生嚴重的世代的供給與支出的衡平
（equity）（*ibid.*: 24）。

　　再者，霍尚維隆也特別指出全球氣候的變遷與科技的發達導
致自然災害的規模加大、工業意外頻繁與嚴重。如此，以預防不
可預料之意外的保險制如何應付這些規模大，且嚴重的自然災害
與工業災難（如核電的災難）。遇到這種自然災難，政府無法依
法定的保險制給予補償，而只能依再分配的方式（即：以非受災
區公民的貢獻轉移到受災區的公民）進行分攤災難的損失（*ibid.*:
17-18）。

　　在福利國家中，保險制與補償制的運作是與公民彼此互助的
義務與合作團結的理念相互作用；其目的在於抑制過度的個人主
義，以及消解個人的差異性所帶來的不平等（如上所述的羅爾斯
的「無知之幕」的涵義）。但是，依霍尚維隆的觀察，福利國家

的措施並沒有減緩歐美現代性的個別化（individualization）與
「理性化」（rationalization）的進程。由於知識（特別是醫學之基
因管理）的進步讓個人更了解個別的差異性（以霍尚維隆的話來
說：保險制所依的「無知之幕」被掀開之後，人對其差異性的辨
識）（*ibid*.: 19, 31）。

個人對其差異性的認識愈深，福利措施就很難維繫其所依恃
的分配正義原則，與互助義務的合作團結的交疊共識，就如霍尚
維隆所論：「社會就顯現其原來的處境：不穩定的、糾纏不清的
個體，以及多重的經濟、社會與職業的分類，就如其所的彰顯
的，當意識型態失勢，而有關真實處境之資訊增加，兩者之相對
的立場的討論也會不斷延伸。」（*ibid*.: 34）

社會的處境致使福利措施所要塑造的「社會整合」（the
cohesion of society）難以維繫，更甚者，走向分裂的局面，就如
霍尚維隆所論：

> 道德上來說，我們的社會愈來愈變成精神分裂，即對世界貧
> 窮的悲憫與死命地維持既得利益兩種矛盾的和平共存。其原
> 因特別來自「公民之空間」（civic space）已因無法提供強而有
> 力的合作團結的結構而腐化。同樣地，合作團結的意識同時
> 表現了親近與距離（very distant）兩種互為矛盾的情感，而帶
> 來麻煩，就如我們所見當前的「人道主義」（humanitarianism）
> 的發展。（Rosanvallon, 2000: 39）

福利國家的保險制措施的原則基本上是付費者受益，以及投
保者與保險機關兩者互為義務責任的契約關係。但對於那些沒有
經濟能力（如長期失業者、工作不穩者、殘障人士與單親家

庭……等），而不能利用這種保險制的國民，國家基於社會福利的理念（如國家自覺對其國民有債務的虧欠）與履行社會權利的責任，必要對這些人給予補償助益。其典型即是美國的福利措施，這個國家不由政府承擔社會權利的實施，其正當性的治理僅止於公民的消極性權利（*ibid.*: 87）。在歐洲國家，當社會權利成為國家行正當統治的規範性基礎時，政府對於諸如失業者、嚴重疾病患者、退職者，必須透過「家計調查」的途徑，給予各種津貼的補助。依霍尚維隆所引述的實際資料，法國在1995年，接受這種福利津貼助益，而得以掙脫貧窮（或收入不穩定）的國民統計有1200-1300萬的人口數，接受了180億法朗的援助。在國家經濟狀況良好，而且低失業率的情況下，這種「被動式」福利國家尚可運作正常，但是當這些條件逐漸喪失時，這種福利國家就面臨難以解決的窘境，即：補償助益的項目與支出愈為繁重，但需求的不滿足成倍數增加。除此之外，也帶來所謂「社會的緊縮」（social deflation），即：在職工作人口逐漸減少的處境中，政府必須加重他們的所得稅，以補助日益增加的失業人口，而導致相互助益的義務及合作團結的自我毀滅（*ibid.*: 57）。

依霍尚維隆的理論分析，1980年代以來歐洲經濟的衰退與失業率遽增導致福利國家浮現內在的矛盾對立，諸如經濟效率與平等分配，個人主義與集體主義（非極權主義與國家主義）、政治自由（與自主性）與經濟安全、民主社會的排他性與包容性……等對立矛盾。歐洲國家在對應這些關係上，亦部分修正了前三十年所實施的福利法案。但對於最致命的失業率居高不下的問題，歐洲各國政府提不出有效的方案。

高失業率帶來兩項基本的問題：(1)在技術層面上，如何將失業勞工所得的補償助益的代價轉移到在職勞工的勞動所得。(2)在

社會層面上，歐洲社會逐趨向個人主義，若此，民主的包容性與平等原則，就跟經濟生產的差異性與排斥原則產生極明顯的落差；同時，公民作為集體性之政治共同體的身分，與作為市民社會之勞工身分就愈為分離，互為義務的合作團結就此導向福利國家的兩極化。同時補償助益的措施不斷地獨自成長，而跟公民的基本需求愈沒有關聯（*ibid.*: 61）。

在解決這個問題上，霍尚維隆舉法國政府的「基本收入」（basic income）的提供與保障的法案（簡稱RMI與SMIC）為例。這個法案之實行要點即減少各種福利（如失業救濟、家庭津貼、各種社會福利的助益），而給予每一位公民一生，不論其有無職業與收入，或補貼與否，每月大約300美元的基本收入，以滿足其基本需求。姑且不論有關這種措施的規範性的討論，這種將社會福利權推向極端的措施，除了我們所熟悉的，會使政府的財政更形惡化之外，它也無法解決市場經濟及其排他性的基本問題。設想一個人每月坐領政府給予基本收入，而沒有工作讓他參與社會整體的活動，這是否依舊排斥他於社會之外？如霍尚維隆所論：「一個人並非為其溫飽的社會權利而奮鬥，也不是願意被父權式的福利國家所飼養，反而是為能夠自立更生，以及為靠自己勞力所得，而能被社會功能所認定的權利而奮鬥。」（*ibid.*: 65）在此，霍尚維隆以社會調查的實證，說明大部分的法國公民寧願政府為他們創造更多的工作機會，而不願意坐享福利的受益（*ibid.*: 66）。

終究來說，政府如何創造更多的工作機會，讓人民從就業中包容進入社會整體的活動？國家是否可將就業視為公民的社會權利？霍尚維隆對此問題亦持保留的態度。他指出，「工作職業是無法被命令的，就如同失業並無法被宣稱是非法的一樣。」（*ibid.*:

66-67）政府是否可以依凱恩斯的理念，透過投資公共工程的建設、擴大內需，而創造公民就業機會？答案也不是完全確定。如果就業被確定是公民的社會權利，這種權利亦帶來弔詭：「決定福利受益者的條件會帶來明確控制其行為的危險。換言之，個體的物質安全的保障將導致國家控制社會的危險。」（*ibid*.: 73-74）

分析至此，我們委實看不出當前歐洲各國政府能提出長遠有效的方案來解決福利國家的危機，任何法案的實施都帶來更多的問題。作為一位理論家如霍尚維隆在政府審議與策劃政策方案上，是使不上力的。他唯一可做的是提供某種理論的見解與遠景。

歐洲福利國家的出現與發展，其趨向在於解決現代性內蘊的經濟效率與分配、政治自由與社會安全、個人主義與社會整合（或集體性的構成）的對立矛盾。福利國家在維繫自由的體制與市場經濟的同時必須照顧公民多面向的物質生活的安全與保障，其財政的負擔日益沉重。從1980年代以來的危機，霍尚維隆提示「國家不能做每一件事」，因此個體與集體的對立已不再有意義；換句話說，個體在對國家要求其社會權利的滿足時，亦必須考慮個人的責任。

其次，國家在進行公平分配，以落實平等之價值時，必須考量分配對象的個別差異性，如性別、個人生活軌道（或歷程）……等的差異性，如他所說：「社會的債務不是只透過財富、資源的轉移，以及經由程序性原則來攤還，也必須考量特殊的個人所負的責任。」（*ibid*.: 107）

復次，歐洲歷經多次的產業與工業的劇烈轉型，而帶來嚴重的失業問題，為求其均衡發展，與緩解失業問題，國家有必要維持「舊產業」或謂「沒有高度生產力的工業與商業」的存在，讓

沒有高度科技訓練的勞工能進入職場（*ibid.*: 61）。

最後，在福利國家成長的歷程中，個人主義並沒有被削弱，反而跟它相聯繫。在這種處境中，「個人愈少依賴其親屬，他就更必要訴求國家權利的保護。核心家庭愈不穩定，單親家庭愈是增多，福利國家的被需求的負擔就愈沉重。由於福利國家的資源有限，問題就在於如何形成由家庭所提供的『近親者之社會保護』的形式……在財政資源匱乏的情況下，我們希望能發現一種可以解決福利國家之危機的『社會學』式的方式，並夢想完整且穩定的家庭。今日的國家不在於嘗試提高如忠貞、孝道等道德價值，而是社會的形式。」（*ibid.*: 105）

五、福利國家的民意──以英國《遠見》（*Prospect*）雜誌的社會調查為例

歐洲各國自二戰後陸續實行福利法案，而從民主共和走向福利國家的型態，這種轉變自有其歷史機緣及其社會經濟的條件。福利國家的建制即由保險制與補償助益制的安排而構成，在維持市場經濟的條件下，由國家透過其政府的權力機制，進行分配與再分配正義的事務。在理論層面上，福利國家治理的正當性，其所依的規範性論證，社會權利與保險制原則乃跨越現代性之政治理念的對立，即：跨越自由與平等、個人主義倫理與集體主義（由社會聯繫的紐帶所構成的共同體）、交換正義（即依個人所貢獻或應得而分配）與分配正義（即依個人基本需求而分配）、公民權利與社會權利等的對立。福利國家所依社會權利的正當性論證在於：強調以個人主體為軸心的公民權利必須依賴社會權利才能完全落實，國家若疏於照顧社會中最弱勢的群體，如同傷害公

民權所強調的生命財產的保障；除此之外，福利國家所依的保險制的正當性論據則在於集體承擔風險的互助義務，透過重分配的途徑，將風險的責任社會化，俾以建立合作團結的共同體。

　　自 1940 年代以來，歐洲國家的福利措施依國情不同而有差異，也隨世代的變遷而有改革、變化。姑且不論此差異性，從這將近七十年的經驗來論，福利國家治理在維繫其正當性上，乃依賴高的經濟成長、低的失業率、國家財政收支平衡……等因素，如凱勒（Kellner）所指出的英國的境況，他說：「二戰後福利國家是在全民充分就業的情況下被建立。在這個時代中，一家丈夫出外工作，妻子在家照顧家庭。勞工階級（working class）占全國總人口的十分之七，其中只有少數支付所得稅，皆擁有家宅或汽車，並有可觀的儲蓄。除此之外，大部分的壽命長不到退休年限，或者退休不久就過世。」（Kellner, 2012: 34）然而，至 1980 年代之後，情況就改觀，就如上所闡釋的霍尚維隆的分析：人口成長帶來的變化，失業率攀升所造成的所謂「社會的緊縮」，或者如布雷克朗（Robin Blackburn）所稱的「年歲的震盪」（age shock）。

　　隨著經濟與社會的變遷，歐洲各國亦改革其福利措施，但卻未減輕國家福利的支出負擔，舉例而言，英國自 1945 年工黨執政的階段，福利的項目從退休年金擴展到健保、失業救濟金、家庭收入津貼、房屋津貼、十六歲以下兒童福利受益、單親家庭的補貼、繳稅優惠（tax credits）、冬季的暖氣補貼，以及教育獎助金等。至柴契爾的保守黨執政時期，政府雖縮減福利支出，以及實施「私有化」的政策，與加重賦稅，但是沒有大幅度更動福利的項目。面對這種處境，國家所能施展的政策實在有限，除了增加稅收、節省政府的開銷，或者預算的挪移（譬如減少國防預

算，俾以增加福利與教育預算），以及發行公債之外，在解決關鍵問題（如增加就業率）上，委實無能為力。另外一個重要的實踐上的問題是，公民對福利措施的態度與意見。關於這個問題，我引用英國的《遠見》月刊的社會調查為例，做一簡要的說明。

這個雜誌在2012年做過一次大型的社會調查，測度英國公民對政府福利措施的看法。這個調查的對象以家庭收入、性別、政黨立場為區分。提問的問題大致是：對國家福利支出是否過度？是否應該削減？是否有欺騙福利受益資格？福利是否造成公民的依賴？個人是否應負起他貧窮的責任？公民的納稅與福利的受益是否相稱？公民是否願意提高稅率，俾以幫助社會中貧窮無依、殘障、長期失業的弱勢者？

對於這個問題的調查，透過歷年（自1987年至今）的測度，大致可以發覺如下的趨向。一般公民對政府是否應該增加福利支出的意見，贊同的比率逐年下滑（從1987年的55%至2009年的27%）公民對於分配正義的觀點逐年傾向「納稅者與福利受益者應呈相互關係」；此意指公民逐年傾向「依個人貢獻與應得而分配」的交換式正義原則。對於福利的項目的支持與納稅相關問題，英國公民傾向支持老年年金與殘障者的補償助益，至於補助低收入戶、納稅優惠與房屋津貼（housing benefit）的福利，一般公民的支持度則較低，如凱勒所分析，此原因來自於每一個家庭都有年老的長輩需要照顧，是故「慈善僅止於家門，對於其他人則不願意提供慷慨的助益」（*ibid*.: 33）。至於納稅的問題，一般公民大致支持從高收入者徵收較重的所得稅來支付福利開銷。在此，一般公民大都支持國家的保險制，在有職工作時繳納保險金，至年老退休時收回。但有關領取退休年金者是否應繳納較高的稅，或者挪移政府預算（如削減國防與健保預算以增加年金的

預算）俾以增加政府的歲入，則沒有共識。

　　依照這個社會調查，診斷英國政府的福利措施有兩點值得注意的：一是有關單親家庭的問題，其癥結在於若單親父母需出外工作，小孩疏於照顧，但未能工作，家庭則難以維繫，英國政府如何照顧全國的二百萬單親父母。解決之道即讓單親父母住於國民住宅，要是單親父母能找到一週16小時的工作，賺取起碼的工資，則給予津貼，不必繳稅也不必繳公保的費用。二是有關失業的問題，在政府財政緊縮的情況下，失業救濟的對象必須區分哪些是真的找不到工作，哪些是怠惰懶散的無用之人。再者，領失業救濟金者從政府手中領取的金額也高於他生活所需的費用（舉例而言，在倫敦郊區的生活費用大約一週需花費210英鎊，但政府給予救濟金則為260英鎊）。失業者若找到最低工資的工作，他的收入除了付房租與地方稅之外，可以增加四分之三，有工作者則政府付給他收入津貼與房屋津貼（Leunig, 2012: 36）。

　　從英國政府解決單親家庭與失業的問題的措施中，可看出如上面所述的「補償助益」的福利制度（即霍尚維隆所稱的「被動式」的福利國家）遭受的困境，即「英國的社會安全制愈來愈多繳不起稅的公民，愈來愈是以徵收一般稅（general tax）為基礎，連同收入補助與房屋津貼救濟那些社會邊緣人的少數公民。」這些社會邊緣人居住於「特區」（ghettos），跟一般公民相隔離。如何讓他們有工作，能進入正常社會的生活，也就是「減輕他們的社會距離所帶來的影響，讓他們能參與相互義務的，與以保險為基礎的福利體系，以此取代資助這些『特區』的措施，而能推促他們進入社會的軌道。（這即是重要的問題所在）但說的容易，做的困難。」（Goodhart, 2012: 37）

六、結論

　　霍尚維隆闡明當代歐洲福利國家的兩個理念性格，一是福利國家乃展延現代國家的服務性與保護性格，其特質即是政府的治理在於降低各種不確定的風險，並保障公民的基本福祉；二是福利國家的福利機制乃建立在保險的原則上，這個原則及其措施為「民主的合作團結」（democratic solidarity）提供了物質的基礎，也規約市民社會的各種活動（包括資源與福利的分配）。在闡明福利國家的正當性上，霍尚維隆援引了羅爾斯的正義理論作為理據。

　　羅爾斯在修正古典自由主義的個人自主性上，論證人個體的自主性不能忽視人性彼此互為關聯的互助互惠，以及社會乃是「為互利而形成的合作冒險」（cooperative venture for mutual advantage）（Rawls, 1999a: 74）。依據這個倫理觀點，霍尚維隆形塑了福利國家的社會倫理，亦即：「社會中每個人彼此負債」，「每個人作為共同世界的具歸屬感的公民意識」與「同胞友誼的精神」，因這種社會倫理才使「重分配的空間」得以展現。

　　羅爾斯依社約論式的「原初立場」與「無知之幕」為假設性條件，論證正義的兩項原則如何可能被承認，並成為良秩社會的基本結構的依據。在此論證的脈絡中，羅爾斯所論的人的理性選擇的能力及其導致的迴避風險的傾向，讓人彼此同意在合作的制度設計上，除了採行自由主義的「不偏不倚」（impartiality）的平等（如法律平等與機會均等）之外，也必須照顧社會處境最差之人（亦即：差異原則的主旨）。霍尚維隆從羅爾斯的這些觀點中，為福利國家的保險制度，以及調節正義的「普遍性」與「差異性」的對立，鋪陳了正當性的論據。

如果說羅爾斯從哲學思辨建構了一套具高度道德性理想的正義理論，那麼霍尚維隆的福利國家理論因側重福利措施的分析，與社會現實條件的解釋，而能夠檢視正義理論在實踐上的困境。

如上所言，霍尚維隆從1970年代至1980年代歐洲福利國家面臨的危機為出發點，說明這個危機的因果關係以及論證福利國家的正當性。就如我們一般所了解，正當性的論據以及規範性規約跟政治實踐總有落差。羅爾斯在建構正義的規範性原則時，透過所謂「正義的環境」概念，指明任何社會皆無法消除如下的結構特性：(1)一個社會不論如何富裕，都不能擺脫如休姆（David Hume, 1711-1776）所提的人本身的自利傾向，與資源的匱乏；(2)社會即使沒有如19世紀工業會社會帶來的悲苦的普羅大眾，社會依舊有各種因素造成的不平等境況；(3)在現代自由民主社會中，每一個人的利益、生活的價值、目的與信仰是多樣分歧，而彼此衝突，尋求共識在民主制中甚為困難。羅爾斯的這個概念並非悲觀論調，而是提示任何理論與實踐都有其限制。本章在此也依這個提示，說明霍尚維隆分析福利國家的困境。

如上所說明的霍尚維隆分析的福利國家的困境：財政的危機、經濟的效率與福利之間的矛盾、福利措施的效應不足、公共有用之物的匱乏，以及強制性的保險制與收入之再分配的失衡，這些困境都是互為因果的。舉例而言，政府的財政危機是因經濟成長的緩慢、政府稅收能力的不足以及福利受惠的人口增加，而這個增加又源自個人之平均壽命增長，以及政府福利之項目因民主選舉的承諾愈形擴大；福利措施的效應不彰出自於政府若要確實照顧到「福利之對象」（失業者、病患、老年人與身心障礙者）的每一個人具體需要，則必須雇用許多「家計」的社會工作人員，擴大官僚的編制，這又加重國家財政的負擔。以健保為例，

政府挹注龐大的經費引進精細的醫療儀器，可是這是否真的達到
醫療的效果——姑且不論醫療人員與病患如何浪費健保資源？再
者，減少社會的不平等是一般人都會接受的理念，但論及平等，
爭議就多且複雜，譬如稅率與稅捐是否因薪資收入與消費的多寡
而有差異？公部門與私部門的退休年金的比率是否齊一？這些爭
議涉及上文所提示的正義原則內在的普遍無私、一律平等與個別
差異之間難解的矛盾。

面對這些困境危機，霍尚維隆是否提出可行的出路？依他的
見解，歐洲國家自1945年轉型為福利國家後，無法脫離如上所言
的兩個特性。自1970年代所面臨的危機困境即是福利國家發展的
危機（Rosanvallon, 1988: 533）。依他的診斷，福利國家的困境來
自政府承擔照顧公民的基本需要與福祉，而帶來沉重的負荷——
不論是財政的負擔與官僚編制的膨脹，這也帶來政府治理的問
題。福利國家在解決其危機困境上，採行增加稅率與稅捐、發行
公債、節省政府支出以減少財政赤字、或者調整國家預算（譬如
縮減國防預算以增加教育與社會福利支出）的政策，除了引發爭
議之外，是否具有成效？在福利國家已無法取消各種福利措施的
情況下，改革的方向是採取凱恩斯主義的意識型態，透過社會福
利的公共開銷以刺激經濟的成長，或者採取「新自由主義」的意
識型態，緊縮社會福利預算以及放鬆市場經濟的規約？

針對這些議題，霍尚維隆做了分析，在理論上，他扣緊上述
的福利國家的兩個特質，指出了如下的改革方向：

(1)國家不能一手承攬社會福利的事務，而造成福利作業官僚
化，以及無法接受公民的課責。因此，社會福利的事務有必要放
手給以利潤為導向的「私部門」（private sectors）以及各個家庭所
承擔，簡言之，即是社會福利的「去中心化」（de-centralization），

唯有社會福利及其程序，以及社會服務的部門去中心化，才能遏止官僚規約的膨脹，以及讓福利措施能受公民的課責（*ibid.*: 539）。

（2）福利國家的倫理基礎在於公民彼此的負債感以及互助合作的團結意識，為減輕國家包攬社會福利與服務的重擔，公民在其社會生活的領域內，亦有必要承擔起互助互惠的合作，由此，在社會中重新深植合作團結的倫理意識。如霍尚維隆所言：

> 互助不能純粹來自規則與程序，它必須有自願性的層面。「其他人」既是「社會中的人」（socius）也是「鄰人」。我藉由福利國家的媒介幫助「社會中的人」，但是透過「鄰里」網絡，幫助一個或二個的鄰人。正義不能只是法律事務，法律無法整體地涵蓋、吸收社會道德。不這麼想則會是有害的幻想，這種虛幻之想，一旦我們把國家看成猶如「俗世化的上帝的恩賜」（secular providence），就更為深重。（*ibid*: 542）

（3）在資本主義的市場經濟下，凡涉及薪資、物價、所得稅與稅捐（social contributions）都不能只被視為經濟的變數而與社會的脈絡分離。這些經濟上的事物跟人民生計息息相關，也跟他們在具體社會生活處境中基本需求的匱乏和有餘的感受有關。涉及這些經濟事務的變動與分配的爭議，我們不能以「體系與個人的對立」、「富人與窮人的對立」或者「資產階級與無產階級的對立」等這種過度簡化、黑白兩分的概念去了解它們。如上所言，這種僵化的意識型態造成福利國家改革窒礙難行。在此，霍尚維隆進一步指出福利國家的一種幻想，以為憑藉各種福利措施可以

帶來「每一個皆有所得的社會」（positive-sum society，或譯「經濟總生產量擴大的社會」）以取代階級之間以及個人與體系之間的對立（*ibid.*: 538）。但從福利國家的進展來看，事實並非如此，反而是涉及公共事務的對立、抗爭持續不斷。從這個事實，我們必須承認「衝突與社會是無法分離的語詞」，也必要接受「衝突乃是社會自我改造過程的核心」（*ibid.*: 541）。依照這種民主理念，霍尚維隆認為解決福利國家之困境危機的途徑之一在於強化民主社會（或謂政治社會）（*ibid.*: 538），其基本信念在於凡國家政策與作為會影響公民之福利，以及涉及強制，都必須經由公民在「公共領域」的論辯、抗議，以及集體的協商（霍尚維隆將之稱為「可彰顯、聞見的社會」〔visible society〕），福利的措施與改善方案亦是如此。

　　霍尚維隆所揭之出路是以古典自由主義與民主政治為取向的修正路線，一方面縮減國家承受的福利措施的負擔，因此，建基於保險制之上的福利國家允讓以利潤為取向的私部門也得以承擔保險的業務；另一方面，強化市民社會互助互惠的合作團結，也就是如古典自由主義所認為的，福利的事務部分由社會中每一個人或慈善團體承擔；最後，強化民主社會的「可彰顯、可聞見性」，讓公民的意見，甚至不滿的言論可聞見於公共領域，透過協商以尋求合理可行的方案。霍尚維隆不因福利國家的困境危機而表示社會正義的不可能性，他尋求的脫困路徑，在理論上來看，是一種可能性，就如羅爾斯所言，任何理論都是一種可能性的藝術。

第十四章

結論

　　本書以政治思想的角度闡釋西方從君主專制轉向自由憲政民主（或代議式民主）的途徑。政治思想的思辨都帶有道德倫理的規範性批判。一論及民主，從古典時期的柏拉圖、亞里斯多德與西塞羅以至當代的民主論者（不論是保守的或激進的），對民主的實踐都有如是的針砭。本書所闡述的雖非涵蓋西方所有的政治思想家，但從所闡述者，也可窺其所批判者為何。以歐洲民主的脈絡，我們如何了解自己的民主處境？

　　歐美的民主是透過18世紀末的革命的暴力，推翻君主專制及其等級制的貴族社會，而建立起民主憲政體制，其間經歷了兩百年的鬥爭，才從帶有菁英色彩的民主走向「平民大眾」（popular）的民主。推促這種民主開展的動力來自人民主權的伸張，以及民主所承諾的自由與平等的價值，也源自人民對「民有、民治、民享」理想的訴求。在這個民主化的過程當中，明顯可見的是，國家的法治權威及其治理的權力，與人民大眾的民主訴求兩者之間，形成一種相互抗衡的緊張，甚至在某種情況下產生暴力的衝突。對立的緊張與衝突乃根植在民主的體制當中，沒有這種衝

突，自由——作為民主體制的特性——就蕩然無存。但弔詭的是民主的對立與衝突一旦深化，造成整個體制的分裂，民主的體制也就隨之瓦解。

　　從君主專制（或任何專制體制）轉變成為民主體制，其間最大的轉變在於，民主社會缺乏一個可以凝聚眾民成為一體的權力核心。在專制體制中，這個權力的核心是靠君主一人的統治威勢，與官僚的行政系統的管理，加上神權的權威（在本書中，我稱之為超越性的論證）而確立及維繫，就如我在本書中所闡釋的坎特羅維茲的經典譬喻：國王的兩個身體。民主革命推翻了這個舊政制（用另一個譬喻，即砍斷君王的頭顱），或者如美國革命所為，透過獨立戰爭，斷絕其母國的殖民統治。民主體制的權力就不再是由一個單一的主體（這主體不論是君主或政黨）永久地壟斷與支配。取而代之的是，民主國家是由人民全體所擁有、所治理，其體制（從憲法以至政府的組織）皆由人民所創制；換言之，人民主權即是民主國家的基源及其正當性的論據所在。然而，不論及我在本書中所闡釋的人民主權理念的含混性與不確定性，人民整體是否能夠自治，它如何能夠不依外於自身的力量，能夠自我創設其體制（即所謂人民的自我構成、自我建制）？如我在本書中所闡述的，這些問題皆困擾著自古典以至當代所有的政治哲學家。但在現代社會的處境中，如果我們承認個人的獨立自主性，以及價值、利益、生活方式的多樣性與分歧性乃構成現代社會的特質，那麼這個社會就蘊含這種分歧性所帶來的衝突。據此而論，獨立與相異的個體如何生活在一起遂成為現代社會的基本問題。與此相關的問題是，民主體制乃是人民的自我構成、自我建制與治理，但是實際上，人民是否能夠自治？顯然答案不是那麼肯定的，即使連17世紀揭示激進民主論的史賓諾莎都承認

「一個民主共和的險境往往來自它的公民，而非來自外患，因為
善良有德的人畢竟少數。……也沒有一個國家比起民主國家更為
短命，更容易引發叛亂。」（Spinoza, 1963/2000: 696）也如提倡
人民主權的盧梭所言：「除非人是天使，除非國家是上帝的國
度，否則民主窒礙難行。」（Rousseau, 1997, Book III chap. IV）美
法兩國的民主革命轉變了現代主權國家的治理結構，而形成了我
們所熟悉的三權分立與制衡的政府。除此之外，國家的憲法給與
公民基本的人權保障，並且以代表制作為國家主權與人民主權的
媒介。這個代表制的基本原則在於：凡政府決策都必須由民選的
代表所同意，進而言之，政府的一切作為都必須受人民的課責。
選舉制與代表制遂成為現代民主制的核心。然而從 19 世紀以至
20 世紀初葉，這個所謂代議式民主在實踐過程中，如我在本書中
所闡述的，顯現如下的困境：

(1)民主國家的三權分立的政府並沒有因為權力的分立與制
衡，而強化它的治理能力，反而造成他們彼此的杯葛，而削弱了
政府的治理能力。

(2)因定期的選舉與執政權力（或政黨）的更替，政府的政策
缺乏長遠的觀點與計畫。再者，政府的決策必須受到立法機構的
審議，以及公民的課責；針對一個政策，不同的黨派，不同的階
級或利益團體、不同的政治立場各有不同意見，而形成如施密特
所說的「多角勢力」的彼此爭執，甚至衝突，難以達成共識，其
嚴重者造成治理的癱瘓。

(3)民主選舉制不必然產生道德與才幹兼備的政治領導人，其
原因在於，在複雜的現代社會中，公民缺乏時間，也難以獲得充
足可靠的資訊，以了解被選舉人的人格及其政策；在這種情況
下，選民易受到被選舉人的公眾形象給迷惑，也易被政黨的宣傳

所動員，加上媒體各以其政治立場煽風點火，致使理性明智的選擇成為不可能。

（4）代議民主制，如鄂蘭所批判的，容易走向財閥政治。民主革命雖推翻了舊政制的貴族社會，但民主社會的發展依舊脫離不了財富資本與政治統治權力的結合。在資本主義的經濟體系中，各種「企業財團」（corporate power）為便利與強化其企業的經營與資本的累積，動用其龐大的財富「收買」政客，或者甚至自己投身於民主選舉以取得政治權力，或者透過遊說，施壓於立法部門，藉此影響國內外的財經政策。這種企業財團與政治統治權力的結合將民主國家轉變成為以發展經濟生產力為唯一目標的企業型態國家。無可諱言，經濟發展與富庶的民生，連同人民主權乃是現代民主國家治理之正當性基礎。但是這種企業財團·與政治統治權力的緊密結合帶來民主的病態，一方面財富侵蝕了公共權力本應有的不偏私的客觀識見，而將此權力如同私有化，這也連帶地也腐化了整個體制，如此一來，國家的法治權威喪失了可以監督市場機制的能力，同時權力的機制也喪失了公信力，以致於政府的執政官的尊嚴無存；另一方面，儘管在民主體制中，政治只是人民整體生活的一部分，它跟其他的諸如社會、學術文藝、科學研究與科技研發的領域相互分離，但它一旦腐化，也會腐蝕這些活動的道德性。

歐美自民主革命之後的民主化的進程也伴隨著如上所列舉的病徵，在如此的處境中，政治思想家提出各種批判的觀點。從他們對民主的闡釋中，可看出兩種互動的力量：民主不能沒有國家的憲法及其建制的治理，但這個建制是透過人民的政治意志所決定。民主體制的生命力來自公民的政治參與，對建制的不公義的抗議，以及對權利的訴求，這種民主的生命動力在某種程度上，

必須受到制度與法律的約束。但無論如何，民主國家的建制若不走向僵化、專斷，而與人民疏離，它必須時時刻刻經由公民的政治參與，以及抗議將它還原到民主的根源，即：公民的權力。藉由這種還原歸本，公民作為政治的主體才能檢驗與限制民主建制，防止它走向反民主的途徑。然而，現實地來看，人民並非全然明智、理性，對其處境的判斷也經常出錯，而且容易被煽動；同時，國家的執政權力也不必然受憲法、法律與道德的規範，而時常表坭其支配欲。因此，民主的現實境況往往是兩股非理性的權力相互的衝突。

我們一旦接受了民主政體，也就必須付出這種衝突的代價。若想全然終究地解決這種衝突，而企求同質化的民主，或獨裁式的民主，或威權式的民主理念（如我在本書中所闡述的施密特的民主理想）或者如馬克思基於激進民主的理念，批判代議式民主中的政權與資產階級的構連，而提出「國家之萎縮」與無產階級專政的民主理念，這無異以民主摧毀民主。

台灣從威權轉向民主體制並沒有經過流血的政變與暴力革命的路程，而是透過普選制的運作，突破一黨專政的格局，而有了政黨輪替的趨向。歷經修憲與改革，這個體制保障了公民的政治自由權力，免除了公民的政治憂懼。儘管如此，一黨專政下的政治與社會經濟的基本結構並沒有如革命一般被摧毀，這使得民主化不必承擔重建政治秩序的負擔。就此而言，民主化在極大的程度上具有歷史的延續性。既便如此，隨著民主化的過程，過去的政經結構的積澱也必須隨之更迭。在民主的處境中，如何面對舊有的威權體制的功過？闡釋這個問題必須依賴歷史家的詳細且信實的敘事，在政治思維與判斷上，我認為本書中所闡釋的鄂蘭的「罪惡之平庸性（或浮淺性）」的觀點值得作為我們的借鏡。誠

然，我們面對的威權政治不是如鄂蘭所面對的極權政治那樣犯下
「根本之惡」。但是，畢竟威權體制造成許多「政治受難者」如何
平息這種政治的傷痕痛楚，這是民主轉型所無法迴避的問題。鄂
蘭在納粹戰犯艾克曼受審的事件中，對此戰犯的罪行提出了「平
庸之罪惡」的觀點，其含意在於，即使在犯下「根本之惡」（即
法律無法制裁，美德無法寬恕的極端之惡）的極權政府中執事的
高級官員所犯下之罪行是平常人易犯的；除此之外，她也強調而
且在此體制下生活的公民也不必負有「集體罪惡」的罪惡感。在
此，鄂蘭分辨了政體的「組織性的罪惡」及其政府官員的罪行，
以及一般公民的作為。她不以「道德主義」的高調將這官員的罪
行「妖魔化」，也不苛責一般公民的順從──儘管她認為公民對
其政治責任有所虧欠。鄂蘭對艾克曼罪行的個人因素，提出了思
考力的匱乏以及喪失判斷力的解釋，這個觀點引發了許多爭議，
也促使她晚年發展出「批判性的判斷」（critical judgment）的理
論，雖未完成，但其旨意在於，處於民主政治的境況中，任何一
位公民都應培養出這種判斷力，其條件如下：(1)處於特殊處境，
面對具體人與事，公民應有能力直指其獨特性，而不套用通則或
成規；(2)在審議的過程中，公民應有能力傾聽，而且批判性地接
受其他人的觀點與立場，鄂蘭稱此為「擴大的心靈」。唯有這種
審議，個人的意見才會有代表性；(3)批判性的判斷既不偏向純粹
的道德規範性，也不完全順從現實原則，前者會使判斷遠離現
實，後者則認同強權政治。在這裡，判斷若有準則，它即是歷史
家所稱的「不偏不倚」、「持之以中肯」、「既不頌讚，也不刻薄」
的裁量；同時政治判斷應該處處留有寬恕的餘地。

　　如上所闡述的，沒有衝突就不成之為民主的政體，但衝突若
沒有公共承擔的仲裁法則以資協調，民主就難以維繫。民主體制

從它的權力的基源、法律、知識與見解，以至於人際之間的關係，與社會生活的各個層面皆充滿各種的爭執與衝突，難以達成決定性的共識，也很難形成和諧的秩序，就如我在書中所闡述列弗所揭示的民主的不確定性以及民主權力的「空場域」的概念。

台灣的民主化歷程雖短，但也經歷了如上所述的民主的衝突，以及由此而帶來了民主的各種負面性的表現：政府行政效率不彰，執政官員不受尊重，立法部門審議失能、兩黨互不信任、公共媒體對公共政策缺乏深入的與客觀性的評論，企業財團介入行政體系，以及經濟資源分配的不公平……等，這些民主化的負面現象（及因素）雖然並未動搖我們生活的整個秩序，但也帶給我們某種程度的民主正當性的危機意識，致使我們懷疑民主是給予我們公平的體制，以及良好的生活條件。

但這種對民主的懷疑論調是否來自我們過度期待民主的好處，而不了解民主作為一種體制（或系統）本身的限制。誠然民主承諾我們每一個人皆享有自由與平等的權益，以及國家是我們所有，權力是分享的，法律是為我們所制定，我們可以自治與自決……等理念。但民主的承擔跟其落實永遠有落差，就此而言，民主永遠是往未來開放，而且無止境的。我們如果接受民主體制，就必須承擔這種落差所到導致的不和諧與不穩定的民主狀態。除此之外，民主國家不是一個經濟生產的企業組織，它的財政收入必須依賴各種稅收，俾能從事各種基礎建設以及實行福利措施。但財政的收入則必須依賴國家整體的經濟生產力，依此而言，如何促進經濟成長在資本主義競爭的國際體系中，就成為國家行政的重要目標之一（畢竟「民主不能當飯吃」）。然而，促進經濟的成長無法完全靠政府的主導，它依賴許多非政策性的因素，如企業的創發力與經營的能力，而這些能力又依賴教育的品

質。經濟的成長牽涉民主對實質平等（即資源的公平分配）的承
諾。民主國家除了保障公民的自由權利之外，尚且必須照顧全民
的福利，讓「鰥寡孤獨皆有所養」，但如我在本書的最後一章所
討論的「公平正義及其限制」所提示的，民主國家落實平等的承
諾是有其經濟資源及行政效率的條件限制。在了解與承認民主體
制雖有種種限制以及他可能產生的病態，我們是否仍然相信民主
體制跟其他體制相比較，它是唯一能充分給予人民自由，容許人
民批判與抗議，而具有自我修正之能力的體制？要對這個問題有
一較恰當的回答，依賴我們的公民對民主體制的長處與限制是否
有一較切實的了解。民主體制跟其他體制最大的區分，依我個人
的見解，在於這個體制是否健全或腐化皆由公民承擔。關於這一
點，容我引述16世紀法國偉大文學家蒙田的話語：若我們認為所
處的時代是墮落腐化的，那麼「促成這個時代墮落者，我們每一
個人都有貢獻。奉獻什麼取決於每一個人所盤據的位置，上焉
者，有些人獻上背叛，另一些人獻上不公不義、放縱、專斷、吝
嗇、殘酷；下焉者則奉獻蠢行、虛妄，懶散。」（Montaign, 1965:
722）

　　民主國家的政治領導階層與公民如果都能有這種政治社會責
任的承擔，以及能培養謹慎明智的判斷力，這才有可能減緩每一
個人在民主中易產生的知識上與道德上的，自以為是的傲慢與怨
憎。民主體制的發展是否安危，委實沒有任何原則可依傍，其所
依賴的即是公民的民主的見識，以及這種政治責任的承擔，以及
臨事決議之際的明智判斷力。

參考書目

一、中文部分

孔令侃

　　1930　《暴君政治》，台北：正中書局。

王煥生譯

　　1997　西塞羅著，《論共和國，論法律》，北京：中國政法大學出版社。

包利民譯

　　1995　漢斯・康著，《基督教大思想家》，香港：漢語基督教文化研究所。

朱雁冰譯

　　2006　〈議會主義與現代大眾民主的對立〉，Schmitt, Carl 著，收錄於《論斷與概念：在與魏瑪、日內瓦、凡爾賽的鬥爭中（1923-1939）》，上海：上海人民出版社，頁47-60。

江宜樺

　　1995a　〈政治社群與生命共同體：亞里斯多德城邦理論的若干啟示〉，登載於陳秀容、江宜樺主編，《政治社群》，台北：中央研究院中山人文社會科學研究所，頁39-77。

　　1995b　〈「政治是什麼？」：試析亞里斯多德的觀點〉，刊登於《台灣社會研究季刊》，第19期，頁165-194。

　　2001　《自由民主的理路》，台北：聯經出版公司。

　　2005　〈西方「政治」概念之分析〉，《政治與哲學評論》，12期，頁1-58。

吳坤墉譯

　　2010　Absensour, Miguel著，《倡議一個批判的政治哲學》，高雄：
　　　　　UTOPIE無境文化。

李君韜、蘇慧婕譯

　　2005　Schmitt, Carl著，《憲法的守護者》，台北：左岸文化。

李秋零、田薇譯

　　1997　卡爾‧洛維特著，《世界歷史與救贖歷史》，香港：漢語基督教
　　　　　文化研究所。

姚朝森

　　2004　〈許密特的國家觀〉，登刊於《公法學與政治理論——吳庚大法
　　　　　官榮退論文集》，台北：元照出版社，頁115-138。

張旺山

　　2003　〈史密特的決斷論〉，登刊於《人文及社會科學集刊》第16卷，
　　　　　第2期，頁185-219。

　　2005　〈國家的靈魂：論史密特的主權觀念〉，《政治與哲學評論》，12
　　　　　期，頁95-140。

張福建

　　1992　〈社群、功效與民主：約翰‧密爾政治思想的另一個側面〉，登
　　　　　載於陳秀容、江宜樺主編，《政治社群》，台北：中央研究院中
　　　　　山人文社會科學研究所。

　　2007　〈代表與議會政治——一個政治思想史的探索與反省〉，《行政暨
　　　　　政策學報》，44期，頁1-34。

楊祖功、曉賓揚譯

　　2004　《烏托邦資本主義——市場觀念史》，北京：社會科學文獻出版
　　　　　社。譯自Rosanvallon, Pierre. *Le Capitalisme Utopique: Histoire de
　　　　　l'idée de marché*. Seuil Press, 1979.

劉鋒譯

　　2004　《憲法學說》，Schmitt, Carl著，台北：聯經出版公司。

劉擎

　　2007　〈現代政治的正當性論證：施密特與鄂蘭的競爭性闡釋〉，登刊
　　　　　於蔡英文、張福建主編，《現代性的政治反思》，台北：中央研

究院人文社會科學研究中心，頁234-260。

蔡宗珍

2003　〈卡爾‧史密特之憲法概念析論〉，《政治與哲學評論》，5期，頁108-109。

2004　〈卡爾‧史密特之憲法概念析論〉，收於氏著，《憲法與國家（一）》，台北：元照出版社，頁1-44。

蔡英文

1983　《極權主義》，台北：聯經出版公司，譯自1982，*The Origins of Totalitarianism.* part three, "Totalitarianism"。

1995　〈西歐民族主義之起源的兩種解釋：艾禮‧坎度理與厄尼斯特‧蓋爾勒的觀點分析〉，《問題與研究》第38卷，第5期，頁77-101。

1998a〈麥克‧歐克秀的自由憲政理論與政治之概念〉，發於「政治制度：理論與現實」學術研討會（中央研究院中山人文社會科學研究所，1998年6月25日及26日）

1998b〈價值多元主義、相對主義與政治認同：柏林、雷茲與葛雷論點之分析〉，登載於蕭高彥、蘇文流主編，《多元主義》，台北：中央研究院中山人文社會科學研究所，1998。

1999　〈麥可‧歐可秀的自由憲政理論與政治之概念〉，收於林繼文主編，《政治制度》，台北：中央研究院，頁95-134。

2000　〈民主與現代處境：Claude Lefort的民主概念〉，《中山大學社會科學季刊》第2卷，第4期，頁1-26，高雄：中山大學。

2002　《政治實踐與公共空間：漢娜‧鄂蘭的政治思想》，台北：聯經出版公司。

2004　〈霍布斯主權理論的當代詮釋〉，登刊於《公法學與政治理論——吳庚大法官榮退論文集》，台北：元照出版社，頁39-78。

2006　《主權國家與市民社會》，北京：北京大學出版社。

2008　〈主權與民主：卡爾‧施密特對代議民主制的批判〉，發表於中央研究院人文社會科學研究中心主辦之「直接民主與公民意識」學術研討會，台北，2008年10月24-25日。

2009　《當代政治思潮》，台北：三民。

葉崇揚、陳盈方

2013　〈民主、資本主義與年金體系的發展：台灣經驗的分析〉，《人文及社會科學集刊》25 (1): 45-86。

鄧伯宸譯

2006　《黑暗時代群像》，漢娜・鄂蘭著，台北：立緒文化，譯自1968，*Men in dark times*, New York: Harvest/HBJ Book。

蕭高彥

1996　〈共同體的理念：一個思想史之考察〉，刊登於《台灣政治學刊》，第1期，頁271-277。

2001　〈立法家、政治空間與民族文化——盧梭的民族創造論〉，《政治科學論叢》，第14期，頁25-46。

2002　〈西賽羅與馬基維利論證道德〉，《政治科學論叢》，第16期，頁1-28，台北：國立臺灣大學政治學系。

2004　〈西耶斯的制憲權概念——一個政治理論的分析〉，收錄於吳庚大法官榮退論文集編輯委員會編，《公法學與政治理論：吳庚大法官榮退論文集》，台北：元照，頁39-114。

2006　〈共和主義、民族主義與憲政理論：鄂蘭與施密特的隱蔽對話〉，《政治科學論叢》，第27期，頁113-146。

錢永祥等譯

2004　Weber, Max 著，《韋伯作品集（I）》，桂林：廣西師範大學出版社。

顧忠華

1996　《韋伯的基督新教倫理與資本主義精神導讀》，台北：台灣書店。

二、外文部分

Abensour, M.

2002　"Savage Democracy and Principle of Anarchy," *Philosophy & Social Criticism* 28 (6): 703-726.

Anderson, Benedict

1983　*Imagined Communities*. London: Verso.

1996　"Introduction," in *Mapping the Nation*, edit. by Gopal Balakrishnan.

London: Verso, pp. 1-16.

Ankersmit, F.R.

  2002   *Political Representation*. Stanford, CA: Stanford University Press.

Arendt, Hannah

  1958   *The Human Condition*. Chicago: Chicago University Press.

  1959   *The Human Condition*, First Editions. Chicago: University of Chicago Press.

  1963   *On Revolution*. New York, London: Viking Press.

  1977   *Between Past and Future*, enlarged edition. London: Penguin Books.

  1978   *The Life of the Mind*. One volume edition, Vol. II. Willing. New York: Harcourt Brace Jovanovich.

  1982   *Lectures on Kant's Political Philosophy*. Chicago: University of Chicago Press.

  1989   *The Human Condition*. Chicago: University of Chicago Press.

  1996   *Love and Saint Augustine*. Edited and with an Interpretative Essay by J.V. Scott and J.C. Stark. Chicago: the University of Chicago Press.

  2003   *Responsibility and Judgment*. New York: Schocken Books.

Aristotle

  1984   *Nicomachean Ethics*, trans. by W.D. Ross, revised by J.O. Urmson, in the Complete Works of Aristotle, edited by J. Barnes, Vol. II. New Jersey: Princeton University Press.

  1985   *The Politics*, trans. by B. Jowett, edited by S. Everson. Cambridge: Cambridge University Press.

Augustine

  1950   *The City of God*, trans. by Demetrius B. Zema & Gerald G. Walsh. Washington D.C.: The Catholic University of America Press.

  1962   *The Political Writings of St. Augustine*, edited with an Introduction by H. Paolucci with Interpretative Analysis, by D. Bigongiari. Washington, D.C.: Regnery Gateway.

  1994   *Augustine: Political Writings*, trans. by M.W. Tkacz and D. Kries ed. by E.L. Fortin and D. Kries. Intro. By E.L. Fortin. Idianapolis: Hackett

Publishing Company, Inc.

1995 　*Confession*, trans. by Henry Cardwick. Oxford: Clarendon Press.

Babbit, Irving

1979 　*Democracy and Leadership*. Indianapolis: Liberty Fund.

Badiou, Alan

2001 　*Ethics: An Essay on The Understanding of Evil*, trans. by Peter Hallward. London, New York: Verso.

2005 　*Metapolitics*, trans. by Jason Barker. London, New York: Verso.

Balakrishman, Gopal

2000 　*The Enemy: An Intelletual Portrait of Carl Schmitt*. London: Verso.

Balibar, Étienne

1997 　"*Jus-Pactum-Lex*: On the Constitution of the Subject in the Theologico-Political Treatise," in Genevieve Lloyd (ed.), *Spinnoza: Critical Assessments*, Vol. III. London and New York: Routledge, pp. 31-63.

1998 　*Spinoza and Politics*, trans. by Peter Snorodon. London and New York: Verso.

2004 　*We, the People of Europe? Reflections on Transnational Citizenship*, trans. by James Swenson. Oxford: Princeton University Press.

Baker, Keith M.

1990 　*Inventing the French Revolution: Essays on French Political Culture in the Eighteenth Century*. Cambridge: Cambridge University Press.

Banks, Marcus

1996 　*Ethnicity: Anthropological Constructions*. London: Routledge.

Bartelson, Jens

1995 　*A Genealogy of Sovereignty*. Cambridge: Cambridge University Press.

Battisti, Guiseppa

1997 　"Democracy in Spinoza's Unfinished Tractatus Politicus," trans. by Mathan Berall. *Journal of History of Ideas* 38: 623-634.

Becker, Marrin B.

1994 　*The Emergence of Civil Society in the Eighteenth Century: A Privileged*

Moment in the History of England, Scotland and France. Bloomington: Indiana University Press.

Benhabib, Seyla

　　1992　*Situating the Self: Gender, Community, and Postmodernism in Contemporary Ethics*. Oxford: Polity Press.

Berlin, Isaiah

　　1996　"Kant as an Unfamiliar Source of Nationalism," in *The Sense of Reality: Studies in Ideas and Their History*. London: Chatto & Windus, pp. 232-267.

Bernstein, Richard J.

　　2002　*Radical Evil: a Philosophical Interrogation*, Cambridge, U.K.: Polity Press.

　　2005　*The Abuse of Evil: the Corruption of Politics and Religion Since 9/11*. Cambridge: Polity Press.

　　2006　"Derrida: The Aporia of Forgiveness?" in *Constellations*. September, 13 (3): 394-406.

Black, Antony

　　1984　*Guides and Civil Society in Eiropean Political Thought: From the 12th Century to the Present*. London: Methuen.

Bobbio, Norbert

　　1989　*Democracy and Dictatorship: The Nature and Limits of State Power*, trans. by Peter Kennealy. Minneapolis: University of Minnesota Press.

Böckenforde, Ernest-Wolfgang

　　1991　*State, Society and Liberty: Studies in Political Theory and Constitutional Law*, trans. by J.A. Underwood. New York/Oxford: Berg.

Bradley, A.C.

　　1880　"Aristotle's Conception of the State," in E. Abbott (ed.) *Hellenica*. London: Rivington, pp. 181-243.

Brown, Peter

　　1964　"Saint Augustine's Attitude to Religious Coercion," in *Journal of Roman Studies* LIV, pp. 107-116.

1965　"Saint Augustine," in Beryl Smalley (ed.) Trends. in *Medieval Political Thought*, chap. 1, Oxford: Basil Blackwell, pp. 1-21.

1967　*Augustine of Hippo: A Biography*. Berkeley: University of California Press.

Burnell. P.J.

1992　"The Status of Politics in St Augustin's City of God," in History of Political Thought XIII (1), Spring, pp. 13-29.

Campbell, Brian

1999　"The Roman Empire" in *War and Society in the Ancient and Medieval Worlds: Asia, the Mediterranean, Europe, and Mesoamerica*, ed. by Kurt Raaflab & Nathan Rosenatein. Cambridge, Mass.: Harvard University Center for Hellenic Studies, pp. 217-240.

Cicero

1928　*De Re Publica & De Legibus*, trans. by C.W. Keyes, in Loeb Classical Liberty. Vol. XVI. Cambridge, Massachusetts, Harvard University Press.

1991　*De Officiis*, trans. by E.M. Atkins, and edited by M.T. Griffin. Cambridge: Cambridge University Press.

Cloas, Dominique

1997　"Civil Society: From Utopia to Management, from Marxism to Anti-marxism," in *Nations, Identities, Cultures* ed. by V.Y. Mudimbe. Durham and London: Duke University Press.

Constant, Benjamin

1988　*Political Writings*, trans. by Biancamaria Fontana. Cambridge: Cambridge University Press.

Cohen, Lean L. & Arato, Andrew

1992　*Civil Society and Political Theory*. Cambridge, MA: MIT Press.

Cohen, Jean L. & Andrew Arato

1992　*Civil Society and Political Theory*. Cambridge, Massachusetts: The MIT Press.

Colas, Dominiqque

　　1997　*Civil Society and Fanaticism*, trans. by Amy Jacobs. Stanford: Stanford University Press.

Derrida, Jacques

　　2001　*On Cosmopolitanism and Forgiveness*, trans. by Mark Dooley and Michael Hughes. London: Routledge.

Dorsey, Dale

　　2012　*The Basic Minimum: A Welfarist Approach*. Cambridge: Cambridge University Press.

Doyle, Natalie

　　2003　"Democracy as Socio-cultural Project of Individual and Collective Sovereignty: Claude Lefort, Marcel Gauchet and the French Debate on Modern Autonomy," *Thesis Eleven* 75 (November): 69-95.

Dore, Ronald

　　1992　"Sovereign Individuals," in *Transition to Modernity: Essays on Power, Wealth and Belief.* Cambridge: Cambridge University Press, pp. 167-184.

Dunn, John

　　2005　*Setting the People Free: The Story of Democracy*. London, Atlantic Books.

Dyzenhaus, David

　　1997　*Legality and Legitimacy: Carl Schmitt, Hans Kelsen and Hermann Heller in Weimar*. Oxford: Clarendon Press.

Ersun N. Kurtulus

　　2005　*State Sovereignty*. Palgrave Macmillan, pp. 106-128.

Esping-Andersen, Gøsta

　　2002　"Towards the Good Society, Once Again?" in *Why We Need a New Welfare State*. Oxford: Oxford University Press, pp. 1-25.

Fine, Robert and Rai Shirin (ed.)

　　1997　*Civil Society: Democratic Perspectives*. London: Frank Cass.

Flaig, Egon

    2011　"The Transition from Republic to Principate: Loss of Legitimacy, Revolution, and Acceptance," in *The Roman Empire in Context: History and Comparative Perspectives*, ed. by Johann P. Arnason & Kurt A. Raaflaub, Chichester, West Sussex, U.K., Malden, Mass.: Wiley-Blackwell, pp. 67-84.

Flynn, Bernard

    2005　*The Philosophy of Claude Lefort: Interpreting the Political*, Evanston, Illinois, Northwestern University Press.

Formosa, Paul

    2007　"Is radical evil banal? Is banal evil radical?" in *Philosophy and Social Criticism*. September, 33 (6): 717-736.

Fraser, Derek

    2009　*The Evolution of the British Welfare State: A History of Social Policy Since the Industrial Revolution*. London: Palgrave Press.

Gauchet, Marcel

    2009　"Liberalism's Lucid Illusion," trans. by Arthur Goldhammer, in Helena Rosenblatt ed., *The Cambridge Companion to Constant*. Cambridge University Press, pp. 23-46.

Geller, Ernest

    1964　"Nationalism," in *Thought and Change*, Chicago: The University of Chicago Press, pp. 147-178.

    1967　"Democracy and Industrialization," *Archives Europennes de Sociologie* 8 (1):47-70.

    1983　*Nation and Nationalism*. Oxford: Blackwell.

    1990　*Plough, Sword and Books: the Structure of Human History*. Chicago: Chicago University Press.

    1992　*Postmodernism, Reason and Religion*. London: Routledge.

    1993　"The Coming of Nationalism and Its Interpretation: The Myths of Nation and Class," in *Storia d'Europa* Vol.1, Turin.

    1994a　*Encounters with Nationalism*. Oxford: Blackwell.

1994b *Conditions of Liberty: Civil Society and Its Rivals*. Allen Lane: The Penguin Press.

1995 *Anthropology and Politics: Reflections in the Sacred Grove*. Oxford: Blackwell.

1997a "Reply to Critics," *New Left Review*, 221, pp. 81-118.

1997b "Knowledge of Nature and of Society," in *Nature and Society in Historical Context*, ed. by Mikuláš Teich, Roy Porter and Bo Gustafsson. Cambridge: Cambridge University Press, 1997, pp. 1-17.

1997c *Nationalism*. London: Weidenfeld & Nicolson.

Goodhart, David

2012 "No Longer My Poor." *Prospect*, March, 36-37.

Goodin, Rebert E.

1988 "Reasons for Welfare: Economic, Sociological and Political- but Ultimately Moral." In *Responsibility, Rights and Welfare: The Theory of the Welfare State*, ed. by J. Donald. Moon, 19-54.

Graham, Gordon

2002 *The Case Against the Democratic State: An Essay in Cultural Criticism*. Imprint Academic.

Greenfeld, Liah

1995 "The Worth of Nations: Some Economic Implications of Nationalism," in *Critical Review* 9, No. 4 (Fall 1995), Critical Review Foundation, pp. 555-84.

Griffin, Mirian

1992 *Seneca: A Philosopher in Politics*. Oxford: Clarendon Press.

Guenee, Bernard

1985 *States and Rulers in Later Medieval Europe*, trans. by Juliet Vale. Oxford: Basil Blackwell.

Guess, Raymond

2001 *Public Goods and Private Goods*. New Jersey: Princeton University Press.

Habermas, Jürgen

　　1989　*Structural Transformation of the Public Sphere.* Cambridge, MA: MIT Press.

Hall, John A.（ed.）

　　1995　*Civil Society: Theory, History, Comparison.* Oxford: Polity Press.

Hammar, Thomas

　　1990　*Democracy and the Nation State.* Aldershot: Avebury.

Hardt, Michael and Antonio Negri

　　2000　*Empire.* Cambridge, Mass: Harvard University Press.

Harpham, Geoffrey G.

　　1987　*The Ascetic Imperative in Culture and Criticism.* Chicago: The University of Chicago Press.

Hemerijck, Anton

　　2002　"The Self-transformation of the European Social Models." in *Why We Need a New Welfare State.* Oxford: Oxford University Press, pp. 173-213.

Hobbes, Thomas

　　1991　*Leviathan*, ed. by Richard Tuck. Cambridge: Cambridge University Press.

　　1998　*On the Citizen*, eds. and tran. by Richard Tuck and Michael Silverthorne. Cambridge: Cambridge University Press.

　　2003　*Leviathan*, eds. G.A.J. Rogers and Karl Schuhmann. Bristol: Thoemmes Continuum Press.

Holmes, Stephen

　　1995　*Passions and Constraint: On the Theory of Liberal Democracy.* Chicago: Chicago University Press.

Johnson, Penelope D.

　　1975　"Virtus: Transition from Classical Latin to the *De Civitate Dei*," in *Augustine Studies*, 6, pp. 117-24.

Kalyvas, Andreas and Ira Katznelson

　　2008　*Liberal Beginnings, Making A Republic for the Moderns.* Cambridge: Cambridge University Press.

Kantorowicz, Ernst H.

　　1997　*he King's Two Bodies: A Study in Mediaeval Political Theology*, Princeton, New Jersey: Princeton University Press.

Kantorowicz, Ernst H.

　　1957　*The King's Two Bodies: A Study in Mediaeval Political Theology*. Princeton, New Jersey: Princeton University Press.

Karsten, Lena

　　2007　"Confessions of a German Solider," in *History today*. December, 57 (12): 20-28.

Kean, John

　　1988　*Civil Society*. Oxford: Polity.

Kellner, Peter

　　2012　"A Quiet Revolution." *Prospect*, March, pp. 30-34.

Kolakowski, Leszek

　　1990　*Modernity on Endless Trial*. Chicago: The University of Chicago Press.

Kramer, Matthew

　　1997　*Hobbes and the Paradoxes of Political Origins*. New York: St. Matin Press.

Kumar, Krishan

　　1992　"Civil Society: an Inquary into the Usefulness of an Historical Term," in *British Journal of Sociology*. Vol. 44, no. 3, Septmber, 1993, pp. 375-401.

La Boétie, Estienne de

　　1942　*The Discourse of Voluntary Servitude*, trans. by Harry Kurz. Indianapolis: Liberty Fund.

Lefort, Claude

　　1988　*Democracy and Political Theory*, trans. by David Macey. Minneapolics: University of Minnesota Press.

　　1990　"Renaissance of Democracy," *Praxis Internaitonal* 10 (1/2): 11-12.

　　2000　*Writing: A Political Test*, trans. by David Macey. Durhum: Duke University Press.

Leunig, Tim

    2012   "Winning the Welfare War." *Prospect*, March, pp. 34-36.

Leydet, Dominique

    1998   "Pluralism and the Crisis of Parliamentary Democracy," in David Dyzenhaus (ed.), *Law as Politics: Carl Schmitt's Critique of Liberalism*. Durham: Duke University Press, pp. 109-130.

Löwith, Karl

    1949   *Meaning in History*. Chicago: The University of Chicago Press.

Lukacs, John

    2005   *Democracy and Populism: Fear & Hatred*. New Haven, London: Yale University Press.

Lukács, Georg

    1991   *The Process of Democratization*, trans. by S. Berhardt and N. Levier. New York: State University of New York Press.

Machiavelli, Niccolo

    1988   *The Prince*, eds. by Quentin Skinner and Russell Price. Cambridge: Cambridge University Press.

MacCormick, Neil

    1982   "Nation and Nationalism," in *Legal Right and Social Democracy: Essays in Legal and Political Philosophy*. Oxford: Clarendon.

    1995   "Liberalism, Nationalism and the Post-sovereign state," in Richard Bellarny and Dario Castiglorie ed., *Constitutionalism in Transformation: European and Theoretical Perspectives*. Oxford: Blackwell, pp. 141-157.

MacIntyre, Alasdair

    1990   *First Principles, Final Ends and Contemporary Philosophical Issues*. Milwaukee: Marquette University Press.

Matheron, Alexander

    1995   "The Theoretical Function of Democracy in Spinoza and Hobbes," trans. by Ted Stolze, in Ted Stolze and Warren Montag (eds.), *The New Spinoza*. Minneapolis: University of Minnesota Press, pp. 207-216.

Manent, Pierre

　　1995　*An Intellect History of Liberalism*, trans. by Rebecca Balinski. Princeton, NJ: Princeton University Press.

Mann, Michael

　　2004　*Fascists*. New York: Cambridge University Press.

Margalist, Avishai

　　1997　"The Moral Psychology of Nationalism," in Robert Mckim & Jeft McMahan ed., *The Morality of Nationalism*. New York, Oxford University Press, pp. 74-88.

Markus, R.A.

　　1966　"Alienatioi Philosophy and Eschatology in the Development of an Augustinian Idea," *Studia Patristica*, IX (III) 431-50.

　　1970　*Saeculum: History and Society in Theology of St. Augustine*. Cambridge: Cambridge University Press.

　　1985　"The Sacred and the Secular: From Augusstine to Gregory the Great," in *Journal of Theological Studies*. New Series, 36, 84-96.

　　1990　"De Civitate Dei: Pride and The Common Good," in Joseph C. Schnaubelt and Frederich Van Fleteren (eds.), *Collectanea Augustiniana: Augustine: "Second Founder of the Faith*," New York: Peter Lang, pp. 245-59.

McCormick, John P.

　　1997　*Carl Schmitt's Critique of Liberalism: Against Politics as Technology*. Cambridge: Cambridge University Prsss.

McCrone, David

　　1998　*The Sociology of Nationalism*. London: Routledge.

Mcilwain, Charles H.

　　1932　*The Growth of Political Thought in the West: From the Greeks to the End of the Middle Ages*. New York: The Macmillan Company.

Miller, David

　　2001　*Principles of Social Justice*. Cambridge, Mass.: Harvard University Press.

Moon, J. Donald

　1988　"The Moral Basis of the Democratic Welfare State," in *Democracy and the Welfare State*. ed. by Amy Gutmann. Princedon: Princedon University Press.

Nagel, Thomas

　2002　*Concealment and Exposure an Other Essays*. Oxford & New York: Oxford University Press.

Näsström, Sofia

　2006　"Representative Democracy as Tautology: Ankersmit and Lefort on Representation," *European Journal of Political Theory* 5 (3): 321-342.

Nicholson, Peter

　1995　"Thomas Hill Green: Lectures on the Principles of Political Obligation," in *The Political Classics: Green to Dworkin*, ed. by Murray Forsyth & Maurice Keens-Soper. Oxford: Oxford University Press, pp. 17-37.

Oakeshott, Michael

　1975a　*Hobbes on Civil Association*. Oxford: Basil Blackwell.

　1975b　*On Human Conduct*, The Clarendon: Oxford University Press.

　1991　*Rationalism in Politics and Other Essays*. Indianapolis: Liberty Press.

　2004　"Current Ideas about Government," in Luke O'Sulliran ed., *What Is History and Other Essays*. Charlottesville, VA: Imprint Academic, pp. 283-300.

Ober, Josiah

　2008　"The Original Meaning of 'Democracy': Capacity to Do Things, Not Majority Rule," *Constellations* 15 (1): 3-9.

O'Donovan, Oliver

　1987　"Augustine's City of God XIX and Western Political Thought," in *Dionysius*, Vol. XI, December, pp. 89-110.

　1996　*The Desire of the Nations: Rediscovering the Roots of Political Theology*. Cambridge: Cambridge University Press.

Oestreich, Gerhard

　1982　*Neostoicism and the Early Modern State*, trans. by David McLintock.

Cambridge: Cambridge University Press.

Offe, Claus

1984 *Contradictions of the Welfare State*. Cambridge, Mass.: Harvard University Press.

O'Leary, Bredan

1975 "On the Nature of Nationalism: An Appraisal of Ernest Gellner's Writings of Nationalism," in *British Journal of Political Science* 27, pp. 191-222.

Pellicani, Luciano

1994 *The Genesis of Capitalism and Origins of Modernity*, trans. by James G. Colbert. New York: Telos Press.

Pellizzoni, Luigi

2003 "Knowledge, Incertainty and Transformation of the Public Sphere," *European Journal of Social Theory* 6 (3):327-355.

Pitkin, Hannah

2004 "Representation and Democracy: An Uneasy Alliance," *Scandinavian Political Studies* 27 (3): 335-342.

Pierre Lévêque and Pierre Vidal-Naquet

1995a "Cleisthenes the Athenian," in *Cleisthenes the Athenian: an Essay on the Representation of Space and Time in Greek Political thought from the End of the Sixth Century to the Death of Plato*, ed. by David Ames Curtis, Atlantic Highlands, N.J.: Humanities Press, pp. 18-22.

1995b "On the Invention of democracy," in *Cleisthenes the Athenian: an Essay on the Representation of Space and Time in Greek Political thought from the End of the Sixth Century to the Death of Plato*, ed. by David Ames Curtis, Atlantic Highlands, N.J.: Humanities Press, pp. 100-127.

Phip, Mark

2007 *Political Conduct*. Cambridge, Massachusetts: Harvard University Press.

Plant, Raymond

1988 "Needs, Agency, and Welfare State." in *Responsibility, Rights and*

　　　　　　Welfare: The Theory of the Welfare State. ed. by J. Donald. Moon, 55-
　　　　　　76.

Pocock, John G.A.

　　1975　*The Machiavellian Moment: Florentine Political Thought and Atlantic
　　　　　　Republican Tradition.* Princeton: Princeton University Press.

　　1992/1995　"The Ideal of Citizenship Since Classical Times," 收錄於
　　　　　　Theorizing Citizenship, Ronald Beiner (ed.), New York: State
　　　　　　University of New York Press, pp. 29-52.

Rawls, John

　　1999a　*A Theory of Justice.* Cambridge, Mass.: Belknap Press of Harvard
　　　　　　University Press.

　　1999b　*Collected Paper*, ed. by Samuel Freema. Cambridge, Mass.: Harvard
　　　　　　University Press.

Raaflaub, Kurt A.

　　2011　"From City-State to Empire: Rome in Comparative Perspective," in
　　　　　　The Roman Empire in Context: History and Comparative Perspectives,
　　　　　　ed. by Johann P. Arnason & Kurt A. Raaflaub, Chichester, West
　　　　　　Sussex, U.K., Malden, Mass.: Wiley-Blackwell, pp. 39-66.

Reidel, Manfred

　　1984　*Between Tradition and Revolution: The Hegelian Transformation of
　　　　　　Political Philosophy.* Cambridge: Cambridge University Press.

Ricoeur, Paul

　　2000　*The Just*, trans. by David Pellauer. Chicago: Chicago University Press.

Rosanvallon, Pierre

　　1988　"Beyond The Welfare State." *Politics & Society* 16 (4), 534-543.

　　2000　*The New Social Question: Rethinking the Welfare State.* trans. by
　　　　　　Barbara Harshaw. Princedon: Princedon University Press.

Rosenstein Nathan

　　1998　"Repulican Rome," in *War and Society in the Ancient and Medieval
　　　　　　Worlds: Asia, the Mediterranean, Europe, and Mesoamerica*, ed. by
　　　　　　Kurt Raaflab & Nathan Rosenstein, Cambridge, Mass.: Harvard

University Center for Hellenic Studies, pp. 193-216.

2006   "Aristocratic Values," in *A companion to the Roman Republic*, edited by Nathan Rosenstein and Robert Morstein-Marx, Malden, MA: Blackwell Pub, pp. 365-382.

Rousseau, Jean-Jacques

1997   *The Social Contract and Other Later Political Writings*, ed. Victor Gourevitch. Cambridge: Cambridge University Press.

Scheuerman, Bill

1995   "Is Parliamentarism in Crisis? A Response to Carl Schmitt," in *Theory and Society* 24: 135-158.

Schofield, Malcolm

1995   "Cicero's Definition of res publica," in J.G.E. Powell (ed.) *Cicero: The Philosopher*. Oxford: Clarendon.

Schmitt, Carl

1928/2008   *Constitutional Theory*, trans. by Jeffrey Seitzer, Durham and London: Duke University Press，中譯本《憲法學說》，劉鋒譯，台北：聯經出版公司，2004。

1988   *The Crisis of Parliamantary Democracy*, Ellen Kennedy (trans.). Cambridge, Mass., MIT Press.

1996a   *Roman Catholicism and Political Form*, trans. by G.L. Ulmen, Westport Connecticut: Greenwood Press.

1996b   *The Leviathan in the State Theory of Thomas Hobbes: Meaning and Failure of a Political Symbol*, George Schwab and Erna Hilfstein, Westport (trans.)., Connection: Greenwood Press.

2004a   *Constitutional Theory*, trans. by Jeffrey Seitzer (trans.). Durham and London: Duke University Press, 2008，中譯本《憲法學說》，劉鋒譯，台北：聯經出版公司，2004。

2004b   *Legality and Legitimacy*, Jeffrey Seitzer (ed. and trans.), Durham and London: Duke University Press.

2005   *Der Hüter der Verfassung. The Guardian of the Constitution*. Berlin: Duncker and Humblot GmbH，中譯本《憲法的守護者》，李君

韜、蘇慧婕譯，台北：左岸文化，2005。

2008　*Constitutional Theory*, trans. by Jeffrey Seitzer. Durham and London: Duke University Press.

Seitzer, Jeffery

1998　"Carl Schmitt's Internal Critique of Liberal Constitutionalism: Verfassungslehre as a Response to the Weimar State Crisis," in David Dyzenhaus (ed.), *Law as Politics*. Durham and London: Duke University Press, pp. 218-312.

Seneca, Lucius Annaeus

1995　*Moral and Political Essays*, ed. and trans. by John M. Cooper and J.F. Procopé. Cambridge: Cambridge University Press.

Shanks, Andrew

1995　*Civil Society and Civil Religion*. Oxford: Basil Blackwell.

Silbur, Richard

1995　"Beveridge." In *Modern Thinkers on Welfare*. ed. by Vic George & Robert Page. Lodon: Prentice Hall, 84-101.

Skinner, Quentin

2002　*Politics and Vision*, Vol. III, Cambridge: Cambridge University Press.

2005　"Hobbes on Representation," *European Journal of Philosophy* 13: 155-184.

2007　"Hobbes on Persons, Authors and Representatives," in Patricia Springhorg ed., *The Cambridge Companion to Leviathan*. Cambridge: Cambridge University Press, pp. 157-180.

2008　*Hobbes and Republican Liberty*. Cambridge: Cambridge University Press.

Smith, Athony D.

1977　*Nationalism and Modernism: A Critical Survey of Recent Theories of Nations and Nationalism*. London: Routledge.

Smith, Steven B.

1994　"Spinoza's Democratic Turn: Chapter 16 of the Theologico-Political Treatise," *Review of Metaphysics* 48: 359-88.

　　　2005　"What Kind of Democrat was Spinoza," *Political Theory* 33 (1): 6-27.

Spinoza

　　　1883　*A Theologico-Political Treatise*，中譯本《神學政治論》，溫錫增
　　　　　　依據1883年R.H.M. Elwes之英譯本中譯，北京，商務印書館。

　　　2000　*Political Treatise*, trans. by Samuel Shirley. Indianapolis &
　　　　　　Cambridge: Hackett Publishing Company, Inc.

Stacey, Peter

　　　2007　*Roman Monarchy & the Renaissance Prince*. Cambridge: Cambridge
　　　　　　University Press.

Taylor, Charles

　　　1998　"Nationalism and Modernity," in Robert Mckim and Jeff McMahan
　　　　　　ed. *The Morality of Nationalism*. New York: Oxford University Press,
　　　　　　pp. 31-56.

　　　2004　*Modern Social Imaginaries*. Durham and London: Duke University
　　　　　　Press.

Tilly, Charles

　　　2002　*Constitution and Democracy in Europe, 1650-2000*. Cambridge and
　　　　　　New York: Cambridge University Press.

Tomasi, John

　　　2012　*Free Market Fairness*. Princetion: Princetion University Press.

Ullmann, Water

　　　1965　*Medieval Political Thought*. London: Penguin Books.

Vernant, Jean-Pirre

　　　1980　*Myth and Society in Ancient Greece*, trans. by Janet Lioyd. New York:
　　　　　　Zone Books.

Vetlesen, Arne Johan

　　　2005　*Evil and Human Agency: Understanding Collective Evildoing*.
　　　　　　Cambridge, UK, New York: Cambridge University Press.

Voegelin, Eric

　　　1997　*History of Political Ideas*, Vol. I, Hellenism, Rome, and Early
　　　　　　Christianity, trans. by Athanasios Moulakis. Columbia: University of

Missouri Press.

Weymans, Wim

　　2005　"Freedom Through Political Representation: Lefort, Gauchet and Rosanvallon on the Relationship between State and Society," *Journal of political Theory* 4 (3): 263-282.

Wolin, Sheldon S.

　　2001　*Tocqueville Between Two Worlds: The Making of a Political and Theoretical Life*. Princedon and Oxford: Princedon.

Wood, Ellen Meiksins

　　1988　*Peasant-Citizen and Slave: The Foundations of Athenian Democracy*. London: Verso.

Yakobson, Alexander

　　2006　"Popular Power in the Roman Republic" in *A companion to the Roman Republic*, edited by Nathan Rosenstein and Robert Morstein-Marx, Malden, MA: Blackwell Pub, pp. 383-400.

Ziolkowski, Adam

　　2011　"The Background to the Third-Century Crisis of the Roam Empire," in *The Roman Empire in Context: History and Comparative Perspectives*, ed. by Johann P. Arnason & Kurt A. Raaflaub, Chichester, West Sussex, U.K., Malden, Mass.: Wiley-Blackwell, pp. 113-133.

從王權、專制到民主：西方民主思想的開展及其問題

2015年12月初版　　　　　　　　　　　　　　　定價：新臺幣550元
2016年3月初版第二刷
有著作權·翻印必究
Printed in Taiwan.

著	者	蔡	英	文
總 編	輯	胡	金	倫
總 經	理	羅	國	俊
發 行	人	林	載	爵

出　　版　　者	聯經出版事業股份有限公司	叢書主編	沙　淑　芬
地　　　　　址	台北市基隆路一段180號4樓	校　　對	吳　淑　芳
編 輯 部 地 址	台北市基隆路一段180號4樓	封面設計	李　東　記
叢 書 主 編 電 話	(02)87876242轉212		
台 北 聯 經 書 房	台北市新生南路三段94號		
電　　話	(02)23620308		
台 中 分 公 司	台中市北區崇德路一段198號		
暨 門 市 電 話	(04)22312023		
郵 政 劃 撥 帳 戶	第0100559-3號		
郵 撥 電 話	(02)23620308		
印　　刷　　者	世和印製企業有限公司		
總　經　銷	聯合發行股份有限公司		
發　行　所	新北市新店區寶橋路235巷6弄6號2F		
電　　話	(02)29178022		

行政院新聞局出版事業登記證局版臺業字第0130號

國家圖書館出版品預行編目資料

從王權、專制到民主：西方民主思想的
開展及其問題/蔡英文著 . 初版 . 臺北市 . 聯經 .
2015年12月（民104年）. 408面 . 14.8×21公分
ISBN　978-957-08-4651-5（精裝）
[2016年3月初版第二刷]

1.民主政治　2.政治思想　3.文集

571.607　　　　　　　　　　　　　104024635